DU MÊME AUTEUR

Aux Éditions Gallimard

LE DON DES MORTS, 1991.
PASSAGES DE L'EST, 1992.
LE PRINCIPE DE RUINE, 1993, « L'Un et L'Autre ».
LES TROIS MINUTES DU DIABLE, 1994 (« Folio », n° 2879).
VIOL, 1997 (« Folio », n° 3189).
D'AMOUR, 2002 (« Folio », n° 4188).
DIEU.COM, 2004, « Hors série Littérature ».
LA FRAGA, 2005 (« Folio », n° 4517).
QUAND MÊME, 2006, « Le Manteau d'Arlequin ».
CASTOR DE GUERRE, 2008 (« Folio », n° 4930).
NOUS, ON N'AIME PAS LIRE, 2009, « Hors série Connaissance ».
LA VIE ÉCLAIRCIE, 2010.
SIBIR, 2012 (« Folio », n° 5947).
DISCOURS DE RÉCEPTION À L'ACADÉMIE FRANÇAISE, 2013.

Aux Éditions Flammarion

PAYSAGE DE RUINES AVEC PERSONNAGES, 1975.
LE VOYAGE D'AMSTERDAM OU LES RÈGLES DE LA CONVERSATION, 1977.

Aux Éditions Hachette (P.O.L)

LES PORTES DE GUBBIO, 1980 (repris dans « Folio », n° 2758).

Aux Éditions P.O.L

UN PRINTEMPS FROID, 1983 (repris dans « Folio », n° 4424).
LA VIE FANTÔME, 1986 (repris dans « Folio », n° 4187).
CONVERSATIONS CONJUGALES, 1987.
ADIEU, 1988.

Aux Éditions Autrement (« Les Villes rêvées »)

ROME, 1986.

Suite des œuvres de Danièle Sallenave en fin d'ouvrage

L'ÉGLANTINE ET LE MUGUET

DANIÈLE SALLENAVE

de l'Académie française

L'ÉGLANTINE ET LE MUGUET

nrf

GALLIMARD

Hormis celles des pages 81, 195, 204, 240 et 265,
toutes les photographies sont de l'auteur.

Crédits photographiques :

p. 81 : Alain Denantes/Gamma-Rapho ; p. 195 : De Agostini/Leemage (gauche) ; Philippe Roy/Aurimages (milieu) ; CC-BY-3.0 (droite) ; p. 204 : *La taille de la vigne avec les armes de Jean du Mas, seigneur de l'Isle-Adam, conseiller et Chambellan de Louis XI,* in « Le livre des propriétés des choses », Barthélémy l'Anglais, 1480, Fr 9140, folio 185v. Bibliothèque nationale de France, photo © BnF, Paris ; p. 240 : dutempsdescerisesauxfeuillesmortes.net ; p. 265 : revolutionnairesangevins.com

À la mémoire de Grégoire Bordillon,
commissaire du gouvernement à Angers en février 1848,
premier préfet républicain du Maine-et-Loire.

Et à celle des perreyeux
de « La Marianne » de Trélazé en 1855.

« La France a toujours renfermé deux situations, deux classes sociales, profondément diverses et inégales, qui ne se sont point amalgamées ni placées, l'une envers l'autre, dans un état d'union et de paix, qui n'ont cessé enfin de lutter, celle-ci pour conquérir le droit, celle-là pour retenir le privilège. C'est là notre histoire. »

FRANÇOIS GUIZOT

« La géographie est la forme la plus durable de l'histoire. »

BISMARCK

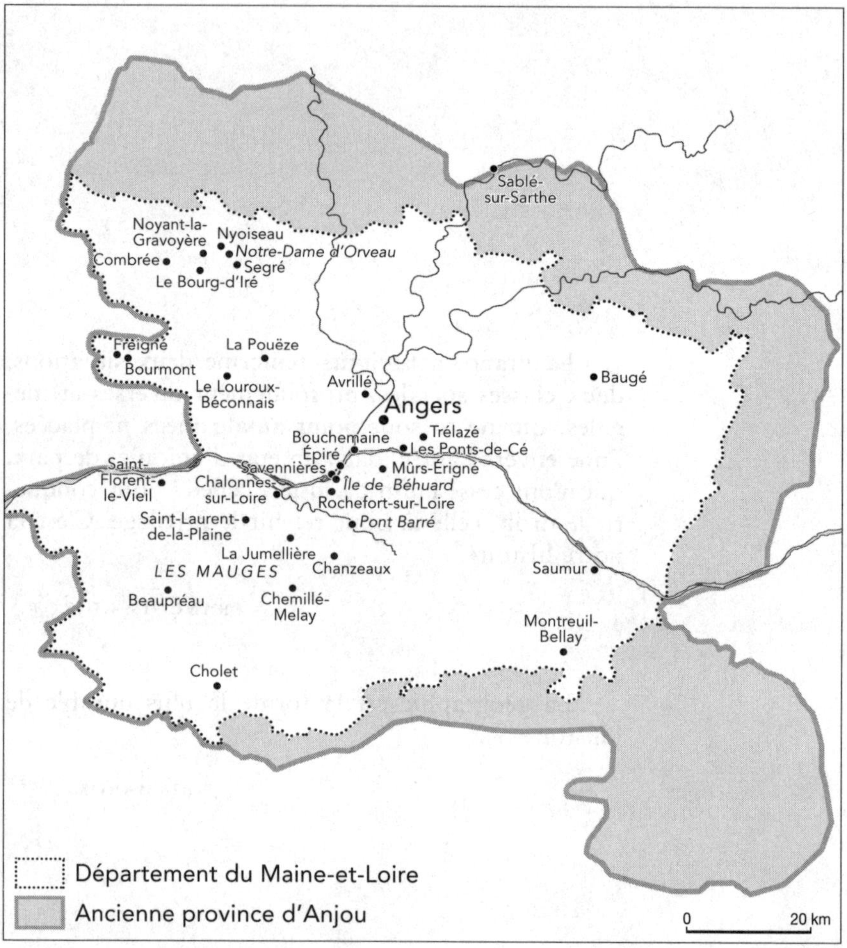
Sablé-sur-Sarthe
Noyant-la-Gravoyère
Nyoiseau
Notre-Dame d'Orveau
Combrée
Segré
Le Bourg-d'Iré
Freigné
Bourmont
La Pouëze
Le Louroux-Béconnais
Avrillé
Baugé
Angers
Bouchemaine
Trélazé
Épiré
Les Ponts-de-Cé
Saint-Florent-le-Vieil
Savennières
Mûrs-Érigné
Chalonnes-sur-Loire
Île de Béhuard
Rochefort-sur-Loire
Saint-Laurent-de-la-Plaine
Pont Barré
La Jumellière
Chanzeaux
LES MAUGES
Saumur
Beaupréau
Chemillé-Melay
Montreuil-Bellay
Cholet
Département du Maine-et-Loire
Ancienne province d'Anjou
0
20 km

1

« Un des plus beaux paysages du monde, où souffle vers la mer le vent républicain »

À midi juste, le mercredi 11 janvier 2017, je range ma voiture à La Roche-aux-Moines, commune de Savennières (Maine-et-Loire), devant la petite maison que j'ai louée. Les rangées de vignes s'étirent à l'infini, un peu de brume flotte au-dessus du grand fleuve qu'on ne voit pas. C'est la vallée de la Loire, « un des plus beaux paysages du monde, où souffle vers la mer le vent républicain » (Aragon[1]). Un vent de tempête, une vraie tornade, au moment de la Révolution sur cette terre de la « Vendée angevine », mais qui ne souffle plus guère lorsque je viens au monde. C'est le début de l'Occupation, un trou noir de l'histoire, une faille, un effondrement. La république est morte, mon père, instituteur socialiste et pacifiste, est prisonnier, seule dans son école, ma mère est sans nouvelles de lui. Le même mois, le même jour (28 octobre 1940), Pétain promulgue l'une des plus radicales de ses lois antijuives.

Me voici donc revenue dans le village de mon enfance, mais pour quoi faire ? Pour vérifier quelque chose : de quoi était fait l'héritage que j'ai reçu, ici, de mes parents, dans la « classe unique » de ma mère, l'héritage républicain. Par nostalgie ? Pour faire le bilan ? Sans doute. Mais surtout, parce que c'est l'époque qui le veut.

« La France, écrivait Sartre en 1961, était autrefois le nom d'un pays ; c'est aujourd'hui le nom d'une névrose. » Cinquante ans plus tard, elle s'est réincarnée dans la « question musulmane ». Associée au fantasme d'une immigration non contrôlée, et dramatisée par la série d'attentats qui ont ensanglanté notre sol, où des musulmans étaient impliqués, elle nourrit nos peurs, pervertit le dialogue social, empoisonne le débat politique. S'éveillent ou se réveillent des questions politiques, sociales, religieuses qu'on croyait oubliées. Des choix datant des guerres coloniales, notamment de la guerre d'Algérie. À droite, mais aussi à gauche, se manifestent un républicanisme pur et dur, un nationalisme identitaire, un universalisme abstrait fermé à toute revendication d'appartenance. Une surenchère de laïcité, où s'illustre une droite qui l'avait bien souvent bradée.

Ce retour aux « fondamentaux » républicains est-il la seule et la meilleure réponse aux défis d'aujourd'hui ? Est-il l'incarnation contemporaine, le fidèle héritier de notre bon vieil idéal républicain ? Ou de ses ambiguïtés, et de ses contradictions, de ses aveuglements ? Chacun peut y répondre à sa manière. La mienne, c'est d'être venue interroger cet « idéal républicain » sur les lieux mêmes où on me l'a transmis au milieu du XXe siècle.

Pour comprendre sur quel fond politique, historique, géographique il s'enlevait.

Cet idéal venait tout droit de la fin du XIXe siècle, de la république à ses débuts, malgré le grand changement des temps, malgré deux guerres mondiales, un génocide en Europe, l'apocalypse atomique en Asie, en France, l'effondrement de la république, l'Occupation, le sursaut de la Libération et le début des guerres d'indépendance coloniale... Il porte la trace des combats au travers desquels la république est née et s'est imposée au XIXe siècle dans la retombée des révolutions, face à une violente contre-offensive religieuse et politique, sur fond d'industrialisation et d'expansion coloniale. De ces luttes et de ces affrontements, ma région natale, l'ouest de l'Anjou, a été le théâtre constamment renouvelé. Le passé est très lourd : la guerre de Vendée sur la rive gauche du fleuve, la chouannerie sur sa rive droite. Une reconquête politique menée fermement par la droite légitimiste et catholique. Poids de la propriété foncière et pouvoir des châteaux. Lutte sourde et parfois ouverte de l'Église pour maintenir son emprise, notamment sur l'enseignement. Vigilance des pouvoirs contre des foyers de contestation sociale étroitement circonscrits dans quelques zones minières, industrielles. Et enfin question coloniale. Dont l'histoire commence ici ; c'est justement dans cet Ouest angevin qu'en 1830, un ancien chouan, le maréchal de Bourmont, partit de Freigné, dans le Segréen, pour prendre la tête de l'expédition d'Alger sur l'ordre de Charles X. À quelques lieues, c'est Le Bourg-d'Iré, fief du comte de Falloux, l'auteur de la fameuse loi de 1850 sur la « liberté de l'enseignement » donnant tout pouvoir aux congrégations...

L'école rurale, modeste et têtue, où j'ai reçu cet héritage, c'est une école qui poursuit avec une obstination sans relâche la grande ambition de soutenir et refonder un édifice admirable, la république. La France qu'on m'enseigne alors se croit éternelle, seule au monde. « Patrie des droits de l'homme », mère et gardienne de la Révolution, elle est la matrice de toutes les républiques. Face à une Église puissante qui ne désarme pas, l'école est un avant-poste sur une ligne de front. Dans cette terre particulièrement, aux confins de la Vendée militaire, où la Révolution est encore pour certains ce qu'elle est pour le hobereau normand, monarchiste et catholique, qu'est Barbey d'Aurevilly : « cette large ornière de sang qui a coupé en deux l'histoire de France[2] ».

Cette conviction donne une puissance inégalée à la défense de quelques principes fondamentaux. Une mémoire, celle de la Révolution de 89, et aussi la peur des barricades. Des symboles, le drapeau tricolore, le 14 Juillet, *La Marseillaise.* L'idée de la nation « une et indivisible ». L'égalité de tous devant la loi « sans distinction d'origine, de race ou de religion ». Une laïcité intransigeante. La foi dans l'émancipation par les livres. Une volonté de progrès. Une attention de tous les instants à la langue française, à sa rigueur, à sa correction. Une grande méfiance des attachements et des traditions ; une confiance idéalisée dans les pouvoirs de l'instruction.

Grandeur de l'idée républicaine incarnée dans son école. Émancipation du peuple, oui. Mais défiance devant la classe ouvrière, et peur de « la sociale ». Pour les funérailles nationales de Victor Hugo, en juin 1885, on a soigneusement évité de choisir un dimanche : on aime autant que les ouvriers ne puissent pas y participer. D'autres contradictions m'apparaissent très tôt. J'ai vingt ans au moment où la guerre d'Algérie se termine ; avec toute ma génération j'ouvre alors les yeux sur le démenti qu'elle apporte aux grands idéaux républicains de justice et de fraternité. La question coloniale pèse, depuis le début, sur l'idéal républicain de tout son poids d'aveuglement. En 1889, le clou de l'Exposition universelle organisée pour célébrer le centenaire de la Révolution française, c'est un « village nègre » avec ses 400 Africains, installé sur l'esplanade des Invalides. Question sociale, question coloniale... Elles viendront à leur heure. Car une autre question, des plus délicates, a fait tout de suite son apparition dans ce livre : la question religieuse.

Ce qui marquait alors fortement l'héritage républicain, c'est son anticléricalisme décidé, combatif. Ce n'était pas seulement un héritage des débuts de la république, c'était une nécessité, et même un devoir républicain dans cette partie la plus cléricale de l'Anjou. « On peut être anticlérical sans être athée ou hostile à la chose religieuse », note Jacqueline Lalouette dans un article de 1983[3]. Sans doute, et il le faut, si l'on veut rallier les croyants au principe de laïcité. Mais il est clair que nous, nous n'en restions pas là. L'anticléricalisme dérivait presque toujours en lutte antireligieuse. Comment accepter que la souveraineté politique fonde sa légitimité sur des dogmes ou des « vérités révélées » soustraites à toute vérification ? D'où une confrontation vive avec l'Église, un face-à-face d'hostilités récurrentes, des escarmouches, un état de guerre.

C'est une part de l'héritage que j'ai reçu, cette vigilance toujours inquiète face aux religions. Je l'ai assumée en essayant de concilier une radicale incroyance avec le désir de vivre en paix (une paix armée), avec la croyance religieuse et les croyants. J'ai même eu plusieurs fois l'occasion de reprendre à mon compte et de mettre en pratique l'adresse de Clemenceau aux catholiques : « Le jour où votre religion serait atteinte dans sa liberté légitime, vous me trouveriez à côté de vous pour vous défendre, au point de vue politique, bien entendu, car au point de vue philosophique, je ne cesserai d'user de ma liberté pour vous attaquer. » Ce fut le cas avant 1989, au cours de mes nombreux voyages aux pays de l'athéisme d'État. À Prague c'étaient des controverses sans fin avec mon ami Karel K., catholique affirmé, sur la foi et sur l'incroyance, où aucun des deux ne prenait le pas sur l'autre, mais je l'accompagnais parfois à Saint-Nicolas de la Vieille Ville, parce que c'était un acte de dissidence – sans toutefois assister entièrement à l'office.

Ce thème n'est pas épuisé, loin de là. Mais patience. Il est temps que j'entame, à partir de mon camp de base, le village de mon enfance, la vaste exploration de cet Ouest angevin que je me suis proposé de faire. En dessinant d'abord son cadre : un « fatal triangle » où « les prêtres sont tout-puissants », pour reprendre une expression de Stendhal[4].

2

Le « fatal triangle »

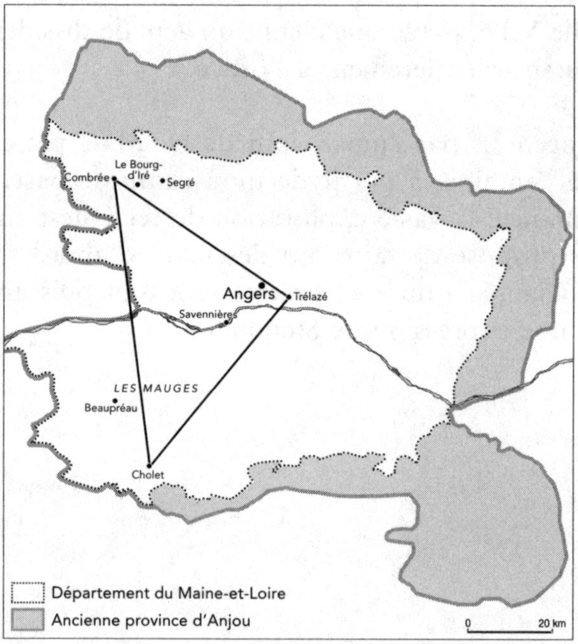

Je ne fais pas travail d'historien ; j'essaie d'éclairer nos contradictions d'aujourd'hui en réveillant des contradictions d'hier, en retraçant une expérience que je partage avec beaucoup d'autres :

une éducation républicaine sur une terre qui ne l'était pas. Je ne vois pas les choses d'en haut, mais d'en dessous, et la grande histoire ne m'apparaît que voilée, à travers toutes les couches que mon regard doit traverser.

Ce « fatal triangle » est entièrement inscrit dans la partie occidentale de l'ancienne province d'Anjou, devenue le Maine-et-Loire en 1791 au prix d'une perte de territoire assez sévère. D'est en ouest, l'Anjou se divise en effet en deux parties que tout sépare : géographiquement, historiquement, politiquement. À l'est, c'est le Baugeois et le Saumurois, tous deux ouverts et « républicains », le pays du calcaire « qui produit l'instituteur ». À l'ouest, c'est le pays du granit, le granit « qui produit le curé » (André Siegfried[1]).

Comme sommets du triangle, j'ai choisi trois localités, hautement symboliques. Au sud, la ville de Cholet dans les Mauges, berceau d'une partie de ma famille, côté père. Pays de mines et de bocage, marqué par la guerre de Vendée. Le petit séminaire de Beaupréau y fut longtemps le rival des Oratoriens d'Angers, foyer de cartésianisme. Deuxième sommet : au Nord, dans le Segréen, pays de ma mère, le collège de Combrée, fer de lance de l'enseignement catholique de l'ouest de la France. Tout près, le village du Bourg d'Iré, fief du comte de Falloux. Autre pays d'élevage et de mines, où la guerre de Vendée se poursuivit sous le nom de chouannerie.

Le troisième sommet du triangle, c'est Trélazé, la ville des ardoisières, la banlieue « rouge » d'Angers, tournée vers le Saumurois, partie républicaine de l'Anjou. La « tornade » révolutionnaire y a fait entrer « les idées de liberté individuelle, d'égalité des droits, de toute-puissance de la raison[2] ». La guerre de Vendée a ravagé la partie méridionale de l'Anjou, le pouvoir a changé de mains plusieurs fois : il n'est jamais passé entre les leurs. Les mineurs se sont révoltés en vain en 1855 ; ils ont fini à Cayenne.

Pourquoi Trélazé ? Parce que c'est à Trélazé que mon père et quatre autres jeunes instituteurs[3] décident en 1935 de fonder avec des ouvriers ardoisiers un club de football, le club de l'Églantine, qui existe encore aujourd'hui. L'églantine est la fleur des socialistes, les « églantinards » comme les appelle Maurice Barrès. Sous le gouvernement de Vichy, l'églantine rouge des socialistes est contrainte de laisser sa place au muguet pour le 1er mai. La rivalité de l'églantine et du muguet est comme le symbole et le résumé des grands affrontements de notre histoire nationale. Mais tout particulièrement d'une histoire singulière, celle de ma région natale, l'Anjou.

Dans ce « triangle fatal », au milieu du XXe siècle, un ordre immuable semble toujours régner : grande propriété aristocratique (plus de deux en moyenne par commune), petites exploitations familiales et quelques noyaux d'agitation politique et syndicale. Ce qui domine, c'est la profonde tradition catholique. Dès le lendemain de la Révolution, et sous l'ombre sanglante de la guerre de Vendée, une puissante contre-offensive catholique a marqué jusqu'au paysage lui-même. Les campagnes se sont couvertes de croix, on a édifié partout de monumentales églises. Un conservatisme politique, social et moral, soutenu par l'Église, s'est installé durablement. Que ne parviendront à secouer au XIXe siècle ni les manifestations d'une protestation ouvrière, ni l'action de républicains déterminés. Ni, un peu plus tard, le choc de la modernité et de deux guerres mondiales. En 1873, la question de la république n'était pas une question secondaire dans un Maine-et-Loire marqué par les souvenirs, le legs de la période révolutionnaire et contre-révolutionnaire : au lendemain de la Seconde Guerre mondiale, ces questions ne sont pas oubliées.

Au cœur de ce triangle, Savennières, mon village natal. Un grand fleuve, des vignes, une très ancienne église, des châteaux. Cet univers que l'histoire et mon histoire singulière ont géométrisé, ce n'est pas un espace neutre. C'est là que j'ai compris le monde, ses rapports de pouvoir, de domination, par le biais des toutes premières transmissions, presque inconscientes. Dans la voix de mes parents, dans le ton qui marque leur façon de dire certains noms propres. Ce sont les lieux de leur enfance, de leurs premiers postes, de leurs attachements, familiaux, amicaux. Ils sont heureux de vivre dans la région qui les a vus naître. Ils aiment sa géographie, ses paysages, ses habitants (pas tous) ; son histoire, son fleuve avec ses crues, ses poissons délectables et les vins de ses coteaux. Mais ce monde, en même temps, leur inspire de la défiance. Instituteurs publics dans une région et à une époque où l'école publique n'est pas toujours bien vue, ils ont le sentiment d'avoir percé à jour sa structure sociale, ses hiérarchies.

Avec quel air d'ironie discrète ma mère prononçait-elle le nom du château de la Lorie, près de Segré, et celui du marquis de « Saint-G'nys » (le « e » s'élide dans la prononciation locale) ! Le château avait été transmis par la marquise de Marmier à sa petite-fille, la duchesse de Fitz-James. Mais son fils y mène si grand train que, ruiné, il vend la Lorie en l'état en 1886 au marquis de Saint-Genys. À cette date mon arrière-grand-père a un peu plus de vingt ans, il épouse Fanchon B. (Françoise) à Segré, ils auront trois enfants et en élèveront six. En ce début du XXe siècle, le marquis de Saint-Genys fait de nombreux embellissements, en 1904, il fait édifier une grande galerie destinée à recevoir des objets anciens et des œuvres d'art. Et une remarquable pièce en rotonde, œuvre de l'architecte parisien Camut. Peintures raffinées, délicates : mon arrière-grand-père sait y faire. Mais voilà : le marquis de Saint-Genys avait l'habitude de laisser traîner des louis sur une cheminée quand mon arrière-grand-père venait y refaire les peintures. Par négligence ? Pour vérifier son honnêteté ? Cette façon de faire l'avait blessé. Il en avait parlé longtemps.

Et en face quelles nuances de respect, de solidarité, d'amitié, dans la voix de mon père pour nommer Louis Bertron, qu'il avait fréquenté dans le milieu des années 30, responsable du syndicat ainsi que de la coopérative de Renazé, importante agglomération ardoisière du Haut-Maine, militant antifasciste avant la guerre – mais rallié ensuite à Vichy. Ou Maurice Poperen (on prononçait « Poperin »), mort en 1937, instituteur anarcho-syndicaliste et historien du mouvement ouvrier, père de deux responsables politiques de la gauche des années 70, Claude et Jean Poperen.

Tout est là : à livre ouvert. Le poids de l'Église, avec ses processions, ses fêtes. Les rapports entre les sexes. Les alliances, la grande propriété, la soumission des domestiques, des employés des châteaux, des commerçants : ma mère n'aime pas que la baronne salue le boucher par son prénom, sans saluer personne d'autre, et se fasse servir la première, quand la boutique est pleine de clientes. Tout est clair et se dispose dans un ordre parfaitement évident : le haut, le bas, la droite, la gauche, dans un équilibre qui parfois se rompt, à l'occasion d'un événement local, ou national. Un monde extrêmement construit qui se révèle jusque dans la manière dont on parle de soi, dont on me parle, à moi qui ne suis qu'une enfant. Deux vieux habitent dans l'entrée d'une vaste cour, près de chez ma grand-mère. Ils sont souvent dehors, sur le pas de la porte, quand je vais lui rendre visite. Je les salue. « Ne m'appelle pas monsieur ! Je ne suis pas un monsieur ! Appelle-moi “père Guillot” ! » Il prononce fortement le « t » final de son nom : « père Guillotte ». Tout est dit : comme dans ce tutoiement dont le hobereau gratifie quelques-uns de ses employés, les plus jeunes. « Si c'était par amitié, passe », dit dans le roman du même nom le meunier d'Angibault[4], « mais c'était par mépris. »

Le centre de cet univers, c'est l'école. Ma famille est issue d'une longue lignée de dominés, où jamais personne n'a exercé de pouvoir. Quelque chose change quand on y devient instituteur. D'autres, dans la même branche familiale (celle de ma mère), feront des carrières de petits fonctionnaires, de « cheminots », au service du même État et de la même république, mais ça n'a rien à voir. L'école, c'est autre chose, c'est une mission. Et plus encore dans cet Ouest clérical et conservateur où, à l'aube des années 30, mes parents ont commencé leur carrière, dans la continuité, malgré la coupure de la Grande Guerre, des premières années de la IIIe République. Et de ses idéaux portés par l'école. J'ai compris cela, dans mon enfance : la puissance d'une Église adossée aux privilèges de classe, à la possession de la terre, à la rente, aux « châteaux ». En face, l'école publique du village, violemment rejetée. Une guerre, c'était une guerre, oui. On me dit : tout cela est oublié. Je n'en suis pas si sûre.

Au lieu de prolonger ce qui avait été jusque-là le destin familial, ils le retournent en leur faveur. Non qu'ils aient connu une grande ascension sociale, encore moins la gloire et la fortune. Mais quelque chose est enfin possible pour ce peuple qui ne pouvait compter que sur ses propres forces pour s'en sortir. Aujourd'hui, c'est la république qui le lui permet. En offrant l'instruction au peuple. L'école est au service de la république en combattant l'ignorance ; elle pourrait redire au lendemain de la guerre ce que dit à l'aube de l'an II le *Catéchisme républicain, philosophique et moral*, « par le citoyen Lachabeaussière ». L'ignorance ? « Tous les maux de la terre ont été son ouvrage / Elle a produit l'oubli, l'abandon de nos droits / Servi le fanatisme, enfanté l'esclavage / Enfin, elle a créé les prêtres et les rois. » L'ignorance est une faute, une faute plus encore politique que morale : un refus d'émancipation. D'où leur difficulté à comprendre le refus d'apprendre, ce refus buté, ce roc sur lequel on s'acharne en vain, qui ne cède pas.

En reparcourant le fatal triangle à partir de mon camp de base, la petite maison dans les vignes, j'ai vu ce qui avait changé, et la force de ce qui était resté. Au fur et à mesure de mes déambulations, j'ai vu se réveiller sur le terrain même certaines figures majeures des deux derniers siècles, dont l'action a été déterminante, bien au-delà de leur époque. Celles de la Contre-Révolution, comme le comte de Falloux, déjà nommé, ou Mgr Freppel, dont la statue veille encore sur le devenir angevin, Mgr Freppel, pour qui « la régénération de la France ne sera possible que par l'éducation chrétienne de la jeunesse ». Et, en face, toujours dans ces années d'avant la république (avec l'intermède de la IIe), des figures de démocrates, de syndicalistes, d'anarchistes, de féministes. La saint-simonienne Augustine Girault-Lesourd. Mme Gellerat, qui fonde à Angers la première école publique de filles en 1821, selon les méthodes des « écoles mutuelles ». Garnier, le médecin des pauvres dans le quartier déshérité de la Doutre, à Angers. Et, né quelques années plus tard, Grégoire Bordillon, premier préfet républicain d'Angers en 1848. Ou l'anarchiste Ludovic Ménard, ouvrier ardoisier, né sous le Second Empire en 1855, l'année du soulèvement de « La Marianne », et mort en 1935…

Avec, en basse continue, le lancinant désir de garder ou de retrouver les traces, si rares, des sans-pouvoir, des anonymes et des pauvres, mes ancêtres. Peintres en bâtiments, vignerons sur des terres louées. Comme un autre arrière-grand-père, roulier et violoneux dans les Mauges. Et sa femme, laveuse au lavoir municipal de Chalonnes-sur-Loire, pour qui le mot de progrès avait un sens : celui du jour où l'eau courante arriva dans sa cuisine.

Et justement. Quelques années avant sa mort, le comte de Falloux dota son village du Bourg-d'Iré d'un lavoir extrêmement moderne. Situé sur les rives de la Verzée, il abritait une dizaine d'emplacements avec une selle de lavage en bloc de schiste ; six foyers en fonte avaient été mis en place. C'était en 1881, au temps où l'action sociale s'appelait encore charité. Il faudra en effet quelques années encore pour que le pape Léon XIII, en 1891, avec l'encyclique *Rerum novarum*, encourage les catholiques à considérer la justice sociale comme supérieure à la charité.

Jean Jaurès écrit alors dans *La dépêche de Toulouse* : « L'Église ne s'est tournée vers les faibles que le jour où ils ont commencé à être une force. »

C'est à eux que je dédie ce livre.

3

Entre l'église et le château

Reprenons donc ce voyage à son début. Au matin du mercredi 11 janvier 2017, je quitte Paris vers 8 heures, peu après 10 heures je franchis le Loir, je ne suis pas encore en Anjou mais je suis déjà chez moi, Durtal n'est pas loin, et d'instinct je retrouve la langue de l'école et le style des leçons de géographie : « la Mayenne et la Sarthe "grossie du Loir"… » Plus je me rapproche d'Angers et même de l'Anjou (toute républicaine que je suis, je dis rarement « le Maine-et-Loire »), plus s'affirme un sentiment d'appartenance : mais qui appartient à qui ? Est-ce que j'appartiens à cette terre, est-ce qu'elle m'appartient ?

Je traverse Angers. Laissant l'hôpital sur la rive droite, je prends rive gauche la désastreuse autoroute urbaine qui a séparé la ville de son ancienne moitié prolétaire, la Doutre, devenue quartier bourgeois. L'ombre du château tombe sur moi : j'avais oublié à quel point la masse de ses dix-sept tours est impressionnante. Douze mètres de diamètre, une soixantaine de mètres de hauteur, et encore en ont-elles perdu huit sur ordre d'Henri III, c'est l'une des plus grandes forteresses médiévales de France. Il est vrai que Pierre de Donadieu de Puycharic, chargé de le raser, exécuta l'ordre avec tant de lenteur, que seuls les étages supérieurs des tours furent démolis. Il me semble que toute réflexion qu'on mène sur les caractères de cette province, sa difficulté à sortir de l'ordre hiérarchisé du pouvoir (église plus château), vient s'originer sur ces murailles puissantes, symbole d'un temps où de la Cité céleste jusqu'au plus humble village chacun avait sa place. Je continue. Au-dessus de moi, maintenant, c'est le puissant rocher de la Baumette séparé du château par la tranchée d'un large boulevard planté. Ici le roi René fit édifier un couvent, au milieu de ses vignes, avec quatorze jardins en terrasse, un cloître creusé dans le schiste et, au ras de la rivière, de grandes excavations pour y retirer les bateaux. Sur tout cela, le ciel est aujourd'hui exactement ce qu'il doit être : en harmonie avec le paysage. Il roule des nuages couleur d'ardoise qui ne cachent pas entièrement son fond de miniature, d'un bleu délicat.

La Loire n'est pas loin. Rapidement, je gagne Bouchemaine sur son rocher, embouchure, comme son nom l'indique, de la courte rivière de Maine, qui n'a pas de source, et seulement 11 kilomètres de longueur. (Mais ce n'est peut-être que la continuation de la Mayenne.) À Bouchemaine, la mairie, l'église, les maisons s'échelonnent sur le coteau avec tant d'élégance et se reflètent dans la rivière avec tant d'exactitude qu'on hésite entre deux visions de l'histoire, et du monde. Ce calme, cette apparence harmonieuse n'est-elle qu'une illusion trompeuse, masquant la réalité conflictuelle des affrontements, et des clivages sociaux, politiques, religieux ? Ou au contraire, cette élégance, des choses, des arbres, des maisons, n'est-elle pas le résultat d'une profonde volonté d'apaisement, rendant la vie possible, et même heureuse, *malgré tout* ? Je ne sais pas. Je ne le saurai jamais. Cette hésitation est le lot de ceux qui vivent là ou qui y ont vécu. Je sais que pour parler de ce monde avec la force critique nécessaire, il me faudra d'abord vaincre un sentiment de douceur, d'équilibre, qui à chaque fois me submerge de réminiscences heureuses, m'apaise et me désarme. « Il faut me pardonner ce cœur involontaire », a dit le poète Maurice Fombeure.

Cela aussi, c'est l'Anjou qui me l'a appris, transmis.

Quelques beaux virages d'une route sinueuse, partout déjà des vignes, de magnifiques propriétés viticoles. À Épiré, nous voici dans la commune de Savennières, Épiré y est entré entre 1790 et 1794. Le plaisir que j'ai à revoir ces endroits familiers se double, aujourd'hui, d'une curiosité inquiète. J'ai l'impression de venir demander des comptes à chaque village, à chaque église, à chaque château entrevu derrière les arbres de son parc, à chaque petite rue descendant en pente vers la rivière, aux toits d'ardoise des maisons, à l'encadrement de tuffeau blanc des fenêtres. Partout, je lis, je vois, je comprends : là a été accompli du travail, et il n'était qu'à moitié libre, qu'à moitié choisi. Fernand Braudel, dont les livres procurent tant de joie, parce qu'on déchiffre le monde avec lui, ne recule pas devant une expression violente ; ces beaux paysages soignés, ces vignes alignées sur des coteaux, c'est le résultat d'une « effroyable peine ». Je l'ai vite compris dans ces lentes journées d'enfance, cette peine ne profitait guère à ceux qu'elle accablait. (Le dos du père Jean : c'était un vigneron âgé, le père d'un ami de mes parents, vigneron lui aussi. Il marchait cassé en deux. Ah, le dos, le dos ! disait-il en se redressant, le poing enfoncé au creux de ses reins. Mais il ne se plaignait pas plus que ça.) Le travail est la source de tout. Le vrai producteur de la richesse, c'est celui qui taille la vigne, laboure entre les plants, récolte et presse les grappes. Ce n'est pas difficile à comprendre, pas besoin qu'on vous l'explique.

À l'entrée d'Épiré la route, devenue rue de village, est prise entre deux masses architecturales, l'église et le château, tous deux du XIXe. Entrée théâtrale sur la scène de cette histoire : je n'ai pas eu besoin de la choisir, elle s'est imposée ; me voici d'un coup au cœur de ce XIXe siècle conservateur et clérical. Je m'enfonce entre ces deux monuments d'arrogance sociale, politique et religieuse, qui dominent de toute leur masse les maisons basses et l'ancienne petite chapelle. C'est de ce goulet étroit que la république est sortie après un accouchement laborieux. À peine arrivée dans « ma » maison, j'ouvrirai mon Célestin Port à la notice « Épiré »[1]. Voici ce que j'y trouve : le château d'Épiré « est un beau château moderne en brique rouge » (moderne, entendons-nous : son dictionnaire a été achevé en 1878). Propriété de

Mme Élisabeth Poudret de Sevret, fille du colonel René Poudret de Sevret, veuve d'Emmanuel de Las Cases. C'était l'un des fils du mémorialiste de Sainte-Hélène, « mort en 1854 quelques jours après être devenu administrateur des mines de charbon de Chalonnes. Son frère Barthélémy lui succédera jusqu'en 1869 » (Célestin Port). La famille Las Cases est toujours présente à Savennières, puisque c'est à sa nièce, Marque de Las Cases, fille de son frère Barthélémy, que le château des Vaults fut légué.

Mme de Sevret fut aussi la généreuse donatrice de la nouvelle église – œuvre du plus pur style néo-gothique si répandu en Anjou, elle a été bénie le 9 novembre 1879 par Mgr Freppel, évêque d'Angers, ami de Mme de Sevret chez qui il descend quand il vient à Paris. Son architecte est Auguste Beignet – à qui l'on doit mainte église de ce style, des édifices publics, et même la mairie-école de Savennières où mon père enseigna vingt ans. Elle n'a pas le charme de l'ancienne, c'est le moins qu'on puisse dire. De celle-ci, un peu en retrait sur sa petite place, Célestin Port signale le « clocher à demi couvert de lierre ». Rachetée en 1906 suite à la séparation de l'Église et de l'État par René Bizard, fils de Théophile, nouveau propriétaire du château, c'est aujourd'hui un chai. Pour compléter le tableau, il ne manque que l'école. La voici. L'école des sœurs, évidemment. En janvier 1870, Mme de Sevret, toujours, fait don aux sœurs de Saint-Charles d'une maison pour y instruire « les enfants pauvres et recueillir quelques indigents ». (La maison de retraite existe encore.) Les sœurs de Saint-Charles sont une association fondée le 24 juin 1714 par Anne Jallot à Angers, « Maison et École de Charité ». Son but est double : soigner les pauvres et, parallèlement, former des maîtresses d'école pour les envoyer dans les campagnes instruire les jeunes filles et « pratiquer les mêmes exercices de charité à l'égard des malades ». La Congrégation de Saint-Charles d'Angers scolarise à la fin du XIXe le cinquième des écoliers du Maine-et-Loire.

C'est de Saint-Charles aussi que dépendait l'école privée de Savennières.

Quelques centaines de mètres plus tard, me voici arrivée. J'arrête ma voiture devant ma petite maison, tout en haut du rocher de Savennières, à La Roche-aux-Moines. Nous autres républicains de la vieille souche, nous aimons beaucoup les grands souvenirs historiques, surtout quand il y va de la mémoire nationale, de la constitution de la nation. C'est bien le cas ici : sur ce rocher, il y a huit siècles, le 2 juillet 1214, une bataille eut lieu, prélude à celle de Bouvines (27 juillet de la même année) qui fut l'une des premières manifestations de l'unité nationale selon Georges Duby[2]. Début 1214, revendiquant son titre de comte d'Anjou, le Plantagenêt Jean sans Terre, seul fils survivant de Henri II et Aliénor d'Aquitaine, décide d'envahir la France. Il débarque sur le continent à la tête d'une puissante armée et remonte vers Paris. Mais, au passage de la Loire, il se heurte à la défense héroïque du sénéchal Guillaume des Roches retranché dans sa puissante forteresse de La Roche-aux-Moines. Jean sans Terre est battu par Louis, fils du roi Philippe Auguste, il s'enfuit, laissant armes et bagages derrière lui, et ne remettra jamais le pied sur le sol français. Guillaume des Roches avait fait construire en 1204 ce puissant château fort pour protéger la route de Nantes des attaques répétées des seigneurs de Rochefort, les Saint-Offange. La forteresse est édifiée au faîte du coteau le plus abrupt de toute la région, en face de l'île Corbain disparue lors de la construction de la voie ferrée. Imprenable tant par ses murailles que par sa situation topographique, elle est entourée à l'ouest comme à l'est par des creux impressionnants, dits « coulées » : la coulée des Forges et la coulée de Serrant. L'ensemble étant renforcé par un puissant donjon qui renfermait dans son enceinte le manoir seigneurial construit par le chevalier Buhard, seigneur d'un des îlots voisins. L'île du chevalier, devenue île de Béhuard, sera le théâtre d'un des moments de la grande restauration catholique entreprise par Mgr Freppel[3]. Du château de Guillaume des Roches, il reste peu de traces : il fut détruit au XVIe siècle sur ordre du duc de Mercœur. Mes doctes amis de la revue *HCLM* en ont tenté la reconstitution graphique, qui est impressionnante.

Pour rejoindre le village, où je dois déjeuner, j'entreprends une vive descente en lacets vers la vallée. C'est une route dont à douze ou treize ans j'ai appris la forte pente sur ma bicyclette. Une forge y existait jusqu'à la fin du XVIIIe siècle. À droite de belles terrasses plantées de vignes. La paroi de gauche montre à nu des couches de schiste. Célestin Port : la route débouche « sur la station actuelle du chemin de fer, une des plus charmantes du parcours, qui communique avec Rochefort, par deux bacs de Loire, en traversant l'île de Béhuard ». Ce n'est qu'en 1900 que deux ponts successifs relient S. à Béhuard puis Rochefort. L'arrivée du chemin de fer à Savennières conduit à la suppression d'un bras de la Loire et du port autrefois situé en bas du village. Je passe devant l'emplacement de la gare, démolie vers 1970. Je me souviens bien. Derrière il y avait une sablière, où poussaient l'été de grands chardons bleus.

Dans les années 50, nous avions l'habitude de descendre vers la Loire les soirs d'été, par une route en pente douce jusqu'aux deux grands ponts. Un train s'annonçait, vers 9 heures. En attendant qu'il finisse de passer, on s'accoudait à la barrière. Pour le TGV on a supprimé le passage à niveau et on a creusé une route-tunnel sous la voie, rompant définitivement le lien du village à son grand fleuve. Qu'on n'aille pas imaginer que c'est un livre de nostalgie et de regrets. Mais tout de même : « Aimer le passé est un chemin de joie » (Victor Segalen[4]). Un coup de sifflet dans la courbe, un froissement dans l'air, c'était le Paris-Nantes, avec ses wagons éclairés où on voyait des têtes penchées sur un livre. On l'appelait le « train bleu », comme le mythique Calais-Méditerranée inauguré en 1886, symbole d'un raffinement, d'un mode de vie inconnus dans nos vignes.

J'ai compris plus tard dans quelle ignorance du « monde » nous vivions, dans quel isolement. Car des liens existaient cependant, mais dans une autre part de la société. Une société qui passait des vacances sur la Riviera, ou correspondait avec ses habitants, riches le plus souvent, parfois exilés, et ruinés. Il y a ainsi une lettre du baron Brincard, président du Crédit Lyonnais, dont le château de la Bizolière se dissimule derrière des futaies en haut du village de Savennières. C'est dans les *Mémoires* du prince Obolensky que je l'ai trouvée. La banque avait une succursale à Pétersbourg et les Obolensky avaient accueilli le baron avant la révolution d'Octobre. Il va se charger de trouver un travail au prince Michel à Beaulieu-sur-Mer.

Pour moi, c'étaient les vers d'Anna de Noailles que j'avais appris, au lycée, dans les mêmes années, ces vers où il y a du bleu qui est celui de la nuit : « Un train siffle et s'en va, bousculant l'air, les routes / L'espace, la nuit bleue et l'odeur des chemins. »

4

La république au village

Ma république, c'est la république au village, ou très exactement au « bourg ». Le mot village n'était alors jamais utilisé par ses habitants, c'était un mot des villes, et des citadins. « Ils habitent dans une ferme ? Non, dans l'bourg. » Avec cette élision prolongée et une lourde retombée sur le mot qui caractérisent l'ancien accent régional, aujourd'hui presque disparu, objet de caricature et de dérision. Le bourg, c'est l'agglomération, par opposition aux fermes, isolées, dispersées. Ce n'est pas seulement un gros village, c'est une structure administrative et économique complète, avec des artisans, des boutiques. Une structure politique et sociale, aussi. Le lieu où séjournent des gens plus aisés, ou plus dégourdis. Les riches, eux, habitent dans des châteaux, au milieu d'un parc. Ou dans de belles constructions, avec de grandes cheminées, de hauts toits, des portes ornées. La « république au village » dont j'essaie de retrouver les traces y est classiquement installée dans une mairie-école près de l'église. Le « bourg » ce sont ses bases, sociales, sociologiques, avec des rapports de pouvoir transparents.

Autant dire qu'il n'existe à peu près plus de « bourgs » dans ce sens du mot. Et peut-être pas davantage de « villages » au sens ancien, mais de faux villages, des villages dortoirs, avec des ensembles de maisons récentes, de facture industrielle. Même ici, en un sens, le village n'existe plus. Les anciennes maisons sont toujours là, rénovées, mais on y vit seulement, on n'y travaille pas. Il n'y a plus ni artisanat ni commerce, sauf une boulangerie, et une épicerie associative créée à l'initiative du maire, qui marche très bien. Seules parfois de larges baies, dans des maisons agréablement aménagées, témoignent qu'il y avait là une boucherie, une épicerie, une mercerie, une marchande de modes. Mais pour moi qui ai vécu là il y a plus d'un demi-siècle, je comprends quel lien il y avait entre la république et la vie dans les villages, quand je vois ces anciennes devantures, fermées de barreaux rouillés, et les caractères presque effacés des « établissements Brisset ».

En remontant à pied la grand-rue, il me semble que tout est aujourd'hui moins clair, moins lisible, que dans mes jeunes années. Ce n'est pas parce que je n'y vis plus. Ce sont les structures qui sont moins apparentes : quelque chose les dissimule, les déguise. Le monde s'est partout revêtu d'un voile d'agrément, de confort, de facilité. C'est un monde de consommation et de communication, où tout semble libre, facile, heureux, même si tous n'en profitent pas également, il s'en faut de beaucoup. La domination naturellement y est toujours présente, et ses formes toujours aussi violentes ; mais parées de couleurs qui en dissimulent les effets. L'omniprésence des téléphones portables et des « voies de communication » donne partout l'illusion que tout est proche et relié, que tout est accessible, que nul n'est tenu à l'écart de rien.

Mais n'est-ce pas la forme moderne, sophistiquée du progrès ? Jean-Pierre Le Goff en a très bien parlé dans son livre *La fin du village* : ce nouvel état de choses libère l'individu du poids d'enfermement et de soupçon des anciens mondes clos. Tout en le livrant à la solitude, à la perte des repères[1]. C'est très compliqué, tout ça. La Révolution, puis la république, ont mis l'accent sur le développement des transports, des routes, plus tard du chemin de fer. Le comte de Falloux dans ses *Mémoires* raconte qu'en 1830 pour aller de Segré à Angers (35 kilomètres) on mettait deux jours. Il fallait prendre la diligence au Lion-d'Angers, donc arriver la veille avec sa propre voiture et y dormir. La IIe République a tout de suite misé sur un réseau de chemin de fer en toile d'araignée qui sera seulement achevé au cours du Second Empire. Et, à peine établie, la IIIe République complète ce plan d'ensemble par l'installation d'un réseau dense de petites lignes locales, devant desservir toutes les sous-préfectures ainsi que certains chefs-lieux de canton : c'est le plan Freycinet. Cette œuvre de communication répond aux nouveaux besoins économiques mais aussi à une logique d'émancipation ; on désenclave, on aère des régions « arriérées ». Ce qui produit une sécularisation des modes de vie et de pensée : Eugen Weber l'a décrite dans son grand livre sur la *Fin des terroirs*.

Aujourd'hui, c'est tout à fait différent. L'évolution des voies de communication n'obéit plus à une logique d'émancipation ; elle répond aux nouvelles structures économiques, qui soumettent les hommes à des lois où le profit l'emporte sur la liberté. Pour aller travailler, ou faire ses courses dans les grands centres commerciaux, tout le monde circule vite et sans arrêt sur ces collines aplanies d'où on ne voit même plus la vallée. Et chacun s'imagine profiter ainsi de cette égalisation apparente des modes de vie.

Je m'arrête, je descends de voiture, je fais quelques pas sur la place du village où (toujours Anna de Noailles, c'est la suite du même poème) «… l'église et l'école / Cerclent d'un haut regard le pavé large et dur ». Bien restaurés, façade de l'église, trottoirs, escaliers. Presque trop. J'ai le droit de le dire, sans pour autant être suspectée de nostalgie excessive, car je suis « chez moi » si ce mot a un sens. Un « chez-moi » qui a totalement changé. Mais qui résiste bien à ces réflexes de xénophobie suscités par l'arrivée de migrants sur notre territoire : deux familles irakiennes viennent d'y être accueillies dans des maisons mises à leur disposition.

5

Toiles peintes

C'est un émerveillement. Au presbytère de Savennières, un ensemble de toiles peintes, un décor unique, fait aux mesures des panneaux, orne la grande pièce d'en bas, le « salon de compagnie ». D'une beauté, d'une fraîcheur uniques. Des paysages de fantaisie où des couples d'oiseaux se querellent. Partout des fleurs, des rochers, de l'eau, des cascades et au loin des « fabriques ». Le fond brun est celui de la toile brute, et la gamme éblouissante des bleus a été miraculeusement préservée. Je les ai découvertes récemment. De mon temps, c'était la salle du catéchisme, et on se doute que je ne la fréquentais pas beaucoup à cette époque. Maintenant, c'est un édifice dont la mairie dispose, et l'étage abrite une belle bibliothèque où, ce soir du 11 janvier vers 5 heures, nous allons tirer les rois.

D'où viennent ces toiles ? Il en existe quelques autres exemples dans des demeures privées des environs. Elles datent toutes de quelques années avant la Révolution. Il y avait en effet à Angers dans le dernier tiers du XVIIIe siècle une fabrique de toiles peintes contemporaine, quoique de moindre importance, de la fabrique de toiles des Danton-Moreau à Tournemine[1]. Mais qui était le curé qui les a commandées ? Un curé des Lumières ? Tout ce décor est celui des tapisseries classiques, pas un symbole ne rappelle qu'on est dans un presbytère. Est-ce le curé Hainost auquel on doit aussi la sacristie XVIIIe de l'église[2] ? Et l'extension du bâtiment, dont l'allure générale et le style XVIIIe surprennent par leur équilibre, la qualité de la construction.

Au XVIIIe siècle, parmi ces fabriques, celle de Tournemine avait été une magnifique entreprise. Nous l'avons un peu oublié, nous autres républicains qui nous sommes fait une idée convenue de l'« Ancien Régime ». Ce à quoi on pense le moins, c'est qu'à côté de la crise sociale, et de la crise économique qui dans les années 1780 vient frapper le peuple de disette, la France a connu pendant un siècle un développement sans précédent. La grande affaire, pour nous, c'est 1789 : avant, c'est un temps globalement disqualifié, même si l'école nous en a fait étudier l'histoire, la grandeur et même les fastes. La coupure révolutionnaire a été si forte, et son souvenir si soigneusement entretenu. Avant : c'est une espèce de mur sur lequel on vient buter. Pourtant « méconnaître l'histoire des indiennes, c'est assurément retirer à la connaissance de la société française, sous l'Ancien Régime, tout un pan d'histoire totale », écrit Serge Chassagne dans un ouvrage en 1971[3]. Il faut corriger la figure de la ville d'Angers, réputée pour son faible développement économique sous l'Ancien Régime : après le milieu du siècle, elle connaît un véritable élan économique, amorcé avec la création de la première manufacture de toiles à voiles en 1750. Des aventures industrielles hardies s'accompagnent souvent de voyages lointains : notamment aux Antilles. C'est dans l'industrie textile que se font le plus d'innovations. Les étamines, voiles et cordages d'Angers en font partie, et la manufacture d'impression d'Angers est créée en 1752. Des centaines de métiers s'activent alors dans les bourgs ; des manufactures qui produisent en série et exportent au loin. L'activité des ardoisières de Trélazé et du Segréen est en plein essor, on extrait du charbon dans la vallée du Layon, et du minerai de fer aux deux extrémités de la province. Comme dans le Segréen où nous irons dans quelques jours. Ce qui en contrarie le développement, c'est la faiblesse des moyens de communication, inexistants, la Loire exceptée.

Cependant, la chute est rapide. En 1771, l'entreprise des toiles imprimées dépose son bilan, et elle ne repart que difficilement en 1775. La grande préoccupation de la bourgeoisie angevine, c'est la terre, et non les investissements industriels ; ses fils se tournent plutôt vers le barreau. Anciens élèves du collège de l'Oratoire à Angers (rival du collège-petit séminaire de Beaupréau), ils feront partie « de cette jeunesse turbulente et enthousiaste qui appelle avec ardeur la Révolution » (Célestin Port). Ils créent en juillet 89 le corps des « volontaires nationaux d'Anjou ». Mais ils choisiront le parti de l'Ordre, les armes à la main, contre les « perreyeux » des ardoisières révoltés en 1790. (Les perreyeux, perreyeurs, perrayeurs, l'orthographe est flottante, ce sont les ouvriers des carrières.) À partir de là le destin de cette basoche révolutionnaire, et donc en quelque sorte de la bourgeoisie angevine éclairée, est scellé : ils se retrouvent pris entre « les prétentions nostalgiques des aristocrates et le maintien de l'ordre social bourgeois en face du danger représenté par la masse des petits travailleurs urbains[4] ».

Changement de décor : en 1820. Sous la Restauration, la manufacture de toiles va fermer. La fabrique de Tournemine est rachetée pour l'établissement du Bon Pasteur, dont la fondatrice, Euphrasie Pelletier, était arrivée à Angers en 1829. Grégoire Bordillon disait : « Il n'y a qu'un homme à Angers, c'est la Mère Pelletier. » Dans les débuts de la révolution industrielle, le sort des femmes pauvres, des filles pauvres n'était ni facile ni heureux. Le but de la congrégation, c'était de former de jeunes ouvrières, et d'abriter des « filles repenties ». La IIIe République lui confie ensuite la mission de rééduquer les « filles de justice », mineures passées devant le juge. Mais progressivement s'impose un régime de surveillance et de punitions, dont sont victimes des jeunes filles sans ressources que la justice ou l'assistance publique place dans l'établissement. L'une de mes arrière-grands-mères faillit y être envoyée, elle avait alors quatorze ans. Elle se félicitait plus tard d'y avoir échappé, à cause de l'infamant soupçon d'« avoir fauté » qui portait sur toutes celles qu'on y plaçait… L'histoire des filles de familles ordinaires, « anonymes », sans fortune et sans protection, c'est d'abord l'histoire d'une violence qu'on a exercée sur elles et qui s'est répétée de génération en génération.

Retour dans la nuit : lune, vent, grande clarté sur les vignes. Au loin, une ligne de points rouges, ce sont les éoliennes de Valanjou. J'ai vidé ma valise, disposé l'ordinateur, mes papiers et mes livres sur la grande table, le feu ronfle dans la cheminée. Au travail ! La nuit est tombée depuis longtemps mais je n'ai pas sommeil. Je prépare fiévreusement mes itinéraires, traçant sur la carte de furieux traits obliques tantôt rouges, tantôt verts, et des ronds orangés sur des lieux symboliques, Chalonnes, Chemillé, Saint-Laurent-de-la-Plaine, Le Bourg-d'Iré, Noyant-la-Gravoyère, Freigné, Trélazé… Est-ce qu'il est vraiment nécessaire de reparcourir des chemins, des routes, pour retrouver ce monde vieux d'un demi-siècle où on m'a coulée dans le moule républicain ? Oui. La vue des lieux abolit toute distance. Le temps passé est là, conservé dans ses moindres détails. L'odeur des pierres et de l'eau, la couleur des ciels, les arbres, les coteaux, c'est l'enveloppe sensible où il était logé.

6

« La Vendée et encore la Vendée, voilà le chancre qui dévore le cœur de la République[1] »

Jeudi 12 janvier. J'ai peu et mal dormi tant j'ai hâte de me mettre au travail. Je n'ai pas une seconde d'hésitation. Ma première destination sera, de l'autre côté de la Loire, la petite ville de Chalonnes. Chalonnes est, dans mon histoire personnelle, un lieu mythique, le berceau de ma famille du côté paternel, une ville à laquelle mon père demeura toute sa vie attaché. Mes grands-parents y eurent longtemps sur la route des fours à chaux, une petite maison dans les vignes, qui abritait le pressoir et le chai de mon grand-père, propriétaire de quelques arpents dans le Layon.

Mais ce n'est pas la seule ni la véritable raison : c'est qu'à Chalonnes, pourtant ville « bleue », j'entre dans les Mauges et sur le territoire de la guerre de Vendée. Et la guerre de Vendée est l'une des obsessions et peut-être la raison cachée de ce livre. Je retourne sans cesse contre moi-même et l'idéal républicain la phrase vengeresse de Barère qui voulait, lui, en finir avec le soulèvement : je ne peux, moi, en finir avec la guerre de Vendée. C'est la pierre d'achoppement sur quoi butent nos idéaux de justice et de fraternité.

Crime inexpiable, ou transition impitoyable vers un monde nouveau ? La guerre de Vendée fut aussi une guerre angevine, une guerre qui s'est déroulée « chez nous », et qui a commencé très tôt sur notre terre, le 12 mars 1793 exactement, quand

Saint-Florent-le-Vieil se soulève contre la conscription. Et c'est là que la Vendée militaire a connu ses principales victoires. « Berceau de l'insurrection, la province lui donne ses chefs et, dans les pays entre Loire et Moine, offre à ses sanglants combats un théâtre permanent. Sans cesse traversée, convoitée, abandonnée et reprise, la Vendée angevine reste profondément imprégnée de la cruelle épopée vieille pourtant aujourd'hui de deux siècles », écrit Sylvain Bertoldi[2].

Chalonnes est une ville « bleue » : plus tard, son « cimetière des protestants » abritera la tombe du conventionnel Jean-Baptiste Leclerc, enterré là parce qu'il avait refusé l'accompagnement et les prières de l'Église. Le républicain Célestin Port, dans son *Dictionnaire*, souligne la résistance de Chalonnes aux assauts vendéens, menés par d'Elbée et Bonchamps. En 1793, la Révolution tant espérée et d'abord acceptée des paysans s'est muée en Terreur. Soutenues ou non par Robespierre, les colonnes infernales vont sévir. Chalonnes a subi leurs assauts, et partiellement été incendiée. Le maire de Chalonnes s'est fait leur auxiliaire actif, attirant leur attention sur le château voisin de La Haute-Guerche, que Turreau incendie entièrement. C'était une superbe forteresse du XVe siècle, il en subsiste encore deux des quatre tours qui défendaient le logis et la haute-cour. Ses défenses extérieures sont en brique et pierre, elles comprennent courtines, canonnières, caponnières[3].

Tout cela se passait à quelques kilomètres de mon village natal : j'ai appris la république sous l'ombre, que nous voulions ignorer, de 1793.

La guerre de Vendée, c'est l'épine au flanc des républicains conscients. Nous n'avons vu dans les Vendéens, puis les chouans, que des « brigands » attachés à des superstitions où ils puisaient la haine de la Révolution et des Lumières. Encore une fois, je ne fais pas travail d'historien, je ne cherche pas à apporter de nouveaux éclairages sur une question si douloureuse et si largement traitée. Je fais un travail sur moi-même, sur la censure que notre formation républicaine faisait peser sur sa mémoire. Je devrais donc commencer par me délivrer d'un texte qui me pèse, et me revient sans cesse en tête, comme un résumé de tout ce qu'il me faut affronter. C'est la déclaration de Westermann au Comité de salut public en novembre 1793 après la victoire de Savenay. « Il n'y a plus de Vendée, écrivait-il. Elle est morte sous notre sabre avec ses femmes et ses enfants. Je viens de l'enterrer dans les marais et les bois de Savenay. J'ai écrasé les enfants sous les pieds de nos chevaux, massacré les femmes qui, au moins celles-là, n'enfanteront plus de brigands. Je n'ai pas un prisonnier à me reprocher. J'ai tout exterminé... Nous ne faisons pas de prisonniers, car il faudrait leur donner le pain de la liberté, et la pitié n'est pas révolutionnaire. »

Mais la source n'en est pas très sûre. C'est peut-être un faux, rédigé par un certain Crétino Joly.

Dans les années de l'après-guerre, un siècle et demi après l'écrasement de la Vendée, les traces de la guerre de Vendée étaient encore là, leur souvenir marquait deux camps alors en opposition sur la question scolaire. On disait « chouan » ou « vendéen » à propos de quelqu'un qui manifestait son refus des bienfaits de l'émancipation laïque et républicaine. La Vendée était la tache noire, la zone obscure de notre imaginaire. Qu'enseignait-on au sujet de la Vendée dans le milieu des années 50, à l'école communale, que disait-on chez moi, dans cette famille d'instituteurs ? Comme Clemenceau : que la Révolution est un bloc, qu'on ne peut séparer ce qui vous dérange de ce qui vous arrange. Que la Terreur blanche avait fait plus de victimes que la Terreur rouge. Ou, comme Michelet, que les émigrés, en s'alliant aux armées autrichiennes et à Brunswick, ou les royalistes, en rejoignant l'insurrection vendéenne, avaient « planté un poignard » dans le dos de la république. Ou Clemenceau encore, dans son discours de 1891 à la Chambre : « Vous n'avez pas changé, nous n'avons pas changé. » On n'avait pas oublié non plus, dix ans après la fin de la Seconde Guerre mondiale, qu'en 40 la presse vendéenne avait salué l'arrivée au pouvoir du maréchal Pétain. Pour ces républicains de village, les instituteurs, souvent en butte à une hostilité déclarée, l'école était la pointe avancée dans une terre de mission. Ils avaient fait leurs les mots de Victor Hugo : la Révolution est une « clarté », et le paysan breton ou vendéen est un « aveugle » qui ne peut la saisir. Mais ils n'avaient pas retenu la suite ; il a dit aussi que durant la guerre de Vendée, cette « formidable lutte de deux principes opposés », la France « était plus grande que l'Europe ; la Vendée plus grande que la France ». Et ils n'avaient pas toujours bien lu *Quatre-vingt-treize* qui met dans leur perspective juste l'affrontement « de la guillotine et de la tour féodale ». Il n'y aurait pas eu de guillotine s'il n'y avait pas eu la « tour féodale » et ses sombres cachots[4].

Il n'y avait pas de place chez nous pour une perspective juste sur la guerre de Vendée. Il n'y avait pas de place chez nous qui vivions pourtant au cœur d'un monde rural et paysan pour une compréhension juste de ce qu'est le monde rural et paysan (de surcroît catholique). Il m'a fallu du temps pour admettre ce qu'avait parfaitement admis Louis Brochet[5] en 1902 : « Sans doute, écrivait-il, en s'insurgeant contre la Révolution, les Vendéens ont combattu la France. Ce n'est pas à dire cependant qu'ils manquaient de patriotisme : seulement la patrie pour eux, c'était le pays qui les avait vus naître, le berceau de leurs familles, la terre que depuis dix-huit siècles ils avaient arrosée de leur sang, fécondée de leurs sueurs. Au-delà, tout territoire leur était inconnu, étranger. Aussi lorsque la France envahie proclama ce mot magique qui mit tous ses enfants sur pied : la Patrie est en danger ! – ils ne comprirent pas[6]. »

Tout tient peut-être dans ce mot, symbole d'une incompréhension radicale : le bocage, issu des défrichements du Moyen Âge. Avec ses haies, ses parcelles cultivées, ses prairies, ses arbres fruitiers. C'est plus qu'une entité géographique, un découpage de la terre, une structure de propriété. C'est un art savant de mêler les cultures, c'est une compréhension paysanne du monde, en accord avec la nature, c'est un mode de vie séculaire, qui ne va pas pouvoir survivre à la modernité. La Révolution est l'instrument de sa destruction, peut-être inévitable.

Je ne referai pas l'histoire de cette guerre, je m'en tiendrai à ce que j'ai découvert, et à la douleur qui a pesé sur moi chaque fois que, sur une route sinueuse entre des haies, m'éloignant du gai paysage des vignobles, je m'avançais vers ces lieux marqués par la révolte paysanne et la tentative de la mater, menée par les soldats de la Révolution, autres enfants du même peuple. Dans tous ces moments où je devais enfin accepter la réalité de ce que fut cette atroce guerre civile, une comparaison s'imposait à moi : se rejouait pour moi ce que j'avais vécu il y a vingt ans quand j'avais commencé à visiter, en Russie, le site des anciens goulags.

Cette guerre avait eu lieu, c'était une tentative d'en finir avec la résistance d'un peuple. D'où fatalement, par la suite, le procès interminable fait à la république et à l'esprit des Lumières. C'est ce que fait Soljenitsyne, il n'y a pas à s'en étonner. Invité en Vendée en 1993, il dit : « C'est ici que la roue rouge a fait ses premiers tours. » Commentaire de Philippe de Villiers : « C'est chez nous que la matrice du totalitarisme a été expérimentée. » À sa mort, en 2008, « le sénateur Bruno Retailleau », président de la région Pays de la Loire et soutien jusqu'à la dernière heure de François Fillon à l'élection présidentielle de 2017, salue « le résistant qui s'est dressé contre le système communiste soviétique, avec pour seule arme, sa plume et toute sa force de conviction » (*Ouest-France*).

Il m'a donc fallu tout à la fois accepter que cette guerre atroce avait eu lieu, les horreurs qu'elle avait causées et ne pas céder à la tentation inverse d'en faire un génocide et une condamnation des Lumières. Résolution parfois difficile à tenir. À preuve, le moment où j'ai découvert qu'aux Ponts-de-Cé, on avait tanné des peaux humaines. Cette affaire est une des plus controversées de la guerre de Vendée, une des nombreuses « idées reçues sur la Révolution française » (Jean-Clément Martin). Elle avait été soulevée au début du xxe siècle par le chanoine François-Constant Uzureau, mort en 1948. Il était né en 1866 à La Jumellière, dans les Mauges, fief du comte de Maillé, où j'irai dans les jours prochains. Il y a des Frémondière dans sa famille, dans la mienne aussi. C'est une figure typique de ce monde angevin. Apparenté à de nombreux soldats vendéens, le chanoine Uzureau est un érudit ecclésiastique, porteur d'une grande exigence dans sa recherche de sources et d'archives et qui en même temps se sent investi d'une mission : rendre justice aux victimes de la Révolution. Il avait fondé la revue *Andegaviana*, et c'est là qu'en 1903, il publie un article sous ce titre : « Une tannerie de peau humaine à Angers sous la Révolution ». Il y cite une source des Archives départementales de Maine-et-Loire, selon laquelle quatre habitants des Ponts-de-Cé dénoncent un chirurgien-soldat qui aurait prélevé des peaux humaines sur des cadavres flottant sur la Loire, en décembre 1793. Suite aux terribles combats du Mans (12-13 décembre 1793), les Vendéens refluent vers Angers et cherchent à passer la Loire. Des centaines d'entre eux sont arrêtés, fusillés près d'Angers et leurs corps sont précipités dans le fleuve. Les témoins de ces faits se taisent pendant près d'un an, jusqu'à ce que la fin de l'année 1794 leur donne l'occasion de témoigner contre les exactions commises par l'armée républicaine en 1793-1794.

Je cite un passage d'un article publié en 2013 par les *Annales de Bretagne et des pays de l'Ouest*[7]. Il faut rendre cette justice au chanoine Uzureau, écrit l'auteur, son honnêteté intellectuelle est difficilement contestable. « On le sait depuis les travaux de Jean-Clément Martin, la guerre de Vendée se pose d'emblée comme un cas exemplaire de ce rapport polémique entre l'Histoire et la Mémoire. » Polémique : c'est le moins qu'on puisse dire. L'affrontement est loin d'être terminé. D'un côté, l'historien, qui tente de remettre les choses en perspective, évoquant une pratique très ancienne d'usage de la peau et de la graisse humaines. De l'autre, ne cédant pas d'un pouce, ceux pour qui la guerre de Vendée a été un génocide, et qui, pour illustrer la barbarie révolutionnaire, considèrent comme véridique l'affaire très controversée, l'anecdote rapportée par Jean-Baptiste Harmand dans ses *Anecdotes relatives à la Révolution* : Saint-Just aurait porté une culotte en peau humaine. Ce n'était pas celle d'un Vendéen, mais d'une demoiselle qui se serait refusée à ses avances et aurait été guillotinée.

Nous retrouverons plus loin le chanoine Uzureau, dont la première mission avait été celle d'aumônier du Champ des Martyrs à Avrillé, où plusieurs milliers de condamnés furent exécutés.

Plus tard, au moment d'éteindre les feux, je m'interroge anxieusement. Les fusillades, les colonnes infernales, la peau humaine : ni génocide ni plan concerté, d'accord, mais tout de même[8]. Et le thème sur lequel je bute, c'est celui de l'homme nouveau, de l'homme régénéré dont la Révolution doit favoriser l'accouchement – on se souvient évidemment de la phrase de Carrier : « Nous ferons de la France un cimetière plutôt que de ne pas la régénérer à notre façon. » Les essais de Jean-Baptiste Leclerc sur la musique vont dans ce sens : elle doit servir à gouverner les hommes et à disposer entièrement d'eux, jusque dans leur intériorité ; il faut avoir « l'œil sur les actes journaliers de chaque individu pour les diriger vers le but commun sur lequel repose l'unité sociale ».

7

Une architecture de combat : Chanzeaux

Cette première évocation de la guerre de Vendée pèse lourd sur la matinée du 12 janvier où j'ai décidé de me rendre à Chalonnes. Au moment où je m'apprête à traverser la Loire, son ombre plane sur tous ces villages dont j'ai si longtemps ignoré qu'elle les avait touchés. Son ombre : sa sombre lumière plutôt. Un horizon de flammes et d'incendie. Début 1794, la défaite des Vendéens au sud de la Loire est en marche. Ils ont été écrasés quelques mois plus tôt à Savenay près de Nantes, et la Convention décide d'en finir avec eux. Au tout début de février 1794, les armées républicaines basées au sud d'Angers décrètent l'incendie général des propriétés entre le Layon et la Loire. C'est alors, visible depuis Angers, à des kilomètres de là, un rideau de flammes qui barre tout le paysage d'outre-Loire, comme le rapporte François-Yves Besnard dans ses *Mémoires : Souvenirs d'un nonagénaire*[1]. Cette terrible évocation suffit à maintenir vivant ce curieux personnage, curé aux prises avec la Révolution, manufacturier malheureux, acteur de la vie politique et arboriculteur reconnu (Martine Maroni[2]). Des vies oubliées s'éveillent à chacun de mes pas : c'est aussi l'objet de mon voyage, et de ce livre.

10 heures : me voici sur la route de Chalonnes. Afin d'apaiser cette brûlure, j'ai choisi pour m'y rendre une route qui tra-

verse un des plus beaux paysages de la région, la « Corniche angevine », magnifique barre rocheuse d'une vingtaine de kilomètres d'où on domine toute la vallée et le vignoble du Layon. (C'est de là qu'en 1908, l'aviateur René Gasnier exécuta ses premiers vols.) Dans cet Anjou rural et viticole, c'est une enclave industrielle et minière, on y exploita le charbon jusqu'en 1964 à la mine des Malécots, dont on a restauré un chevalement entre les vignes. Et l'on y retrouve la famille Las Cases. Sur la gauche de la route qui descend vers Chalonnes, à un endroit fort sinueux, la chapelle Sainte-Barbe-des-Mines fut édifiée en 1860 par Mme Élisabeth Poudret de Sevret, la veuve d'Emmanuel de Las Cases, dont j'ai longuement parlé en arrivant à Épiré. Ce n'est pas un très bel édifice : typique de ce style romano-byzantin, propre à l'époque, si courant dans la région, qui n'est pas beaucoup moins ingrat que le néo-gothique, son rival de la même époque, mais, comme lui, combien significatif.

Dans l'Anjou du XIXe siècle, le romano-byzantin et le néo-gothique sont en effet les deux styles dominants d'une véritable politique architecturale, civile et religieuse. C'est le symbole le plus exact du passé clérico-politique de ce pays. Dans la retombée des révolutions, le pouvoir politique (économique, foncier), appuyé sur le pouvoir de l'Église, s'incarne dans les formes visibles d'une architecture qui le légitime. L'Église, en remontant à ses sources byzantines et romanes ; la noblesse, en recréant artificiellement un passé mythique, le Moyen Âge gothique. De fait un très grand nombre d'églises sont alors édifiées dans le style romano-byzantin et souvent marquées de surcroît par le souvenir vendéen. Telles l'église Notre-Dame du Marillais, et la plus récente, l'église de Cholet, consacrée en 1941 par l'évêque d'Angers, Mgr Coste. Plus soucieux, semble-t-il, de donner les preuves de sa piété, de son « mysticisme » et de son attachement au « souvenir vendéen » que d'exprimer la moindre réserve envers les autorités d'occupation. L'église du Marillais avait été décidée en 1878, lorsque les Pères montfortains deviennent les responsables du sanctuaire. Terminée en 1913, elle est consacrée le 7 octobre 1920 par Mgr Rumeau, évêque d'Angers. Pour rappeler l'action (les exactions) des colonnes infernales, l'église du Marillais s'orne de vitraux, notamment celui du « Pré des Martyrs », qui retrace le massacre d'un millier de prisonniers raflés en divers endroits de la région.

Certaines églises adoptent l'autre style, le néo-gothique, qui est celui de nombreux châteaux, comme ce phénomène architectural stupéfiant, le château de Chanzeaux, à une quinzaine de kilomètres au sud de Chalonnes. Le village de Chanzeaux a conquis une renommée internationale à cause du livre de Laurence Wylie *Chanzeaux, village d'Anjou* (1966)[3]. Son château à lui seul est le symbole de ce qui se passe en Anjou, donc en France, au milieu du XIXe siècle : nostalgie et programme politique. Le désir d'une reconquête politique passe par un puissant mouvement de retour vers le passé. Ce n'est pas un hasard si aucune région de France n'a donné autant de place à ce retour au Moyen Âge que l'ancienne province d'Anjou, marquée en même temps par un fort conservatisme religieux et politique.

Le pouvoir, la domination et ses assises : Chanzeaux a été construit pour Théodore de Quatrebarbes, forte personnalité politique, immense fortune par sa femme[4]. Il est dans sa jeunesse, avec le comte de Falloux, l'un des animateurs du groupe des « jeunes catholiques » soutenu à Angers par le nouvel évêque, Mgr Angebault (à qui succédera en 1870 Mgr Freppel). Il participe à l'expédition d'Alger, commandée par le comte de Bourmont. Légitimiste, il se retire en Anjou à la révolution de Juillet, devient député, et siège à l'extrême droite. Il est aussi l'auteur d'une publication des *Œuvres complètes* du roi René, dont il offre à la ville une statue, œuvre de David d'Angers. En signe de reconnaissance, le conseil municipal décide en 1893 de donner son nom à une rue. Le procès-verbal de délibération ajoute en sa faveur qu'en 1849, « lorsque le choléra décimait notre pays, Grégoire Bordillon, cherchant un homme de dévouement pour combattre le fléau, s'adressa tout naturellement à ce royaliste fervent pour lequel lui, commissaire de la République, avait une estime singulière ».

Château de Chanzeaux,
lithographie d'un dessin du baron de Wismes, 1870.

Sa fortune, Quatrebarbes la tient de Rosalie Gourreau, dite Rose, son épouse, née en 1807. Le domaine de Chanzeaux est dans sa famille depuis 1769 où il a été acquis par son grand-père, Jacques Gourreau de l'Épinay, maire d'Angers de 1755 à 1759. Le château est incendié par les colonnes infernales en 1793. À la mort de ses parents, Rosalie recueille un gros héritage et, avec sa cousine La Grandière, elle en use largement pour pourvoir aux besoins des communautés catholiques de l'Anjou. Et elle financera, entre 1845 et 1850, le nouveau château de Chanzeaux, dont l'architecte est René Hodé à qui l'on doit la construction ou la reconstruction d'une dizaine de châteaux en Anjou vers le milieu du XIXe siècle. Comme celui de La Mabouillère, propriété du comte de Falloux. Avec René Hodé, le style néo-gothique a fait ses débuts éclatants en Anjou. À Chanzeaux, Quatrebarbes impose un style du XVe siècle, celui de son cher roi René, ou qu'il imagine tel : des tourelles, des créneaux, le tour des fenêtres encadré de motifs ciselés dans la pierre tendre du cru. Une grande pièce, à l'intérieur, s'inspire de la galerie des Batailles de Versailles.

Églises et châteaux de style archaïsant, tel est le cadre où a fini par s'imposer la république. De ce cadre, Quatrebarbes, « cette vieille monnaie du XIIIe siècle », est le symbole : sa mort, en 1871, fut l'occasion d'un énorme rassemblement légitimiste sous la houlette de Mgr Freppel. Mais il fut aussi extrêmement moderne et novateur en matière de gestion des domaines agricoles... C'est encore une chose qu'il faut bien comprendre : l'alliance du conservatisme politique et de la modernité économique. Agricole : c'est le cas du comte de Falloux au Bourg-d'Iré. Industrielle : Quatrebarbes et plus tard les Las Cases sont également propriétaires des fours à chaux de Saint-Lambert-du-Lattay.

8

Laurence Frémondière, ma grand-mère institutrice

Le même jour, midi. Je suis arrivée à Chalonnes.

Limite occidentale de la partie du fleuve classée au patrimoine mondial de l'humanité, Chalonnes, quand on y arrive par la route de Rochefort, là où le Layon se jette dans la Loire, c'est une des images les plus fortes et en même temps les plus élégantes de ces localités disposées « comme des perles » sur la Loire « douce à mon cou parfaitement », comme le chante Jacques Bertin dans « Retour à Chalonnes ». Sous leurs grands arbres, ses quais pavés abritaient autrefois de nombreux lavoirs, comme celui du quai Notre-Dame où travailla jusqu'à sa mort mon arrière-grand-mère. C'est la « vie d'avant » que la Révolution et toute l'histoire du XIXe siècle ne parviennent pas à effacer. Juste à droite, en bordure du fleuve, sur un promontoire rocheux, l'église Saint-Maurille a conservé une abside du XIIe siècle, mais elle a été dotée au XIXe d'un de ces hauts clochers sans beaucoup de style. Le fleuve rachète tout : redoublée dans ses eaux, l'image de l'édifice est d'une grâce presque parfaite. En 1422, Gilles de Rais, le sulfureux compagnon de Jeanne d'Arc, s'y est marié. (D'après Salomon Reinach, il aurait été victime d'un procès pour sorcellerie monté de toutes pièces par le duc de Bretagne qui voulait s'emparer de ses biens.) Au printemps de 1957, les obsèques de ma grand-mère y furent célébrées. Mon père, incroyant déclaré, l'avait voulu ainsi, sa mère, institutrice publique elle aussi, étant restée profondément croyante. (C'est comme cela que j'entends les choses, moi aussi.) C'était la première fois de ma vie que j'allais à la messe. J'ai été surprise quand le prêtre a parlé d'elle en disant : « Ta servante Laurence. »

J'aime saint Maurille parce qu'il est le patron des pêcheurs et des jardiniers, deux activités louables entre toutes, on le représente souvent en évêque tenant un poisson et une bêche. Les Angevins lui doivent la fête de la Nativité de Notre-Dame, dite « de Notre-Dame angevine », le 8 septembre. (La date était si importante en Anjou qu'on en avait fait un terme pour les baux.) La seule authentique *Vie de saint Maurille* a été écrite par Maimbœuf d'Angers vers 620, un ouvrage difficile à trouver, où on peut lire une étonnante allusion au passage de la Loire par des négociants transportant vers l'Espagne marchandises et esclaves[1]. La vivacité de cette évocation nous consolera peut-être d'avoir trouvé ailleurs une expression peu raisonnable sous la plume d'un éminent historien, Jacques Levron : « Saint Maurille, abbé de Chalonnes, doit affronter les cultes païens encore existants, prêchant la vraie religion[2]. » Diable ! La « vraie religion » ! Il n'y a qu'en Anjou qu'on peut écrire ça sans sourciller. Quels cultes païens, pour ce protecteur des jardins, sinon son vieux rival, Priape, chargé de monter la garde, si j'ose dire, entre des buissons verdoyants ? Pour l'Église, ces « cultes païens », ce ne sont que des « superstitions » et donc, selon le *Catéchisme de l'Église catholique*, des « déviations du sentiment religieux ». Le site de l'Institut du Verbe incarné en donne quelques exemples : croire que la musique religieuse chasse le démon, ou que la prière peut faire tomber la pluie. Non là, je me trompe, et je le fais exprès : l'Église n'appelle pas du tout cela une « superstition » mais une « procession de rogations ».

J'ai vu plus d'une fois, dans mon enfance, promener des statues de saints sur les coteaux pour appeler la pluie ou la faire cesser. Je croyais l'usage disparu. Point du tout. *La Croix* rapporte (5 juin 2011) que « cette année, sécheresse aidant, on a vu dans plusieurs diocèses, comme celui de Laval ou de Beauvais, des communautés catholiques organiser des processions et prières pour “demander la pluie” ». C'est une façon, explique le père Marie-François Perdrix, curé du Meslay-du-Maine (Mayenne), de rappeler qu'il ne suffit pas « de se tourner vers les assurances » et que « la science n'a pas réponse à tout ». On pourrait faire observer au père Perdrix que la science sans du tout y prétendre explique parfaitement ce phénomène naturel qu'est la pluie. Un moment du cycle de l'eau sur lequel des prières ont peu d'effet. Je comprends donc et j'approuve l'humeur railleuse que suscitait chez mes parents ce défilé d'images pieuses accompagné de chants à travers les rues de notre village et se prolongeant dans la campagne tout autour. Mes parents voulaient avec Condorcet, qu'ils n'avaient probablement pas lu, que l'école « rende la raison populaire » : il est en effet déraisonnable de croire que des prières feront tomber ou cesser la pluie. C'est là un enseignement que j'ai reçu d'eux, et sur lequel je n'ai jamais varié.

Mais revenons à Laurence, ma grand-mère. Je passais de longs moments l'été avec elle. Quand nous étions seules dans la petite maison de Chalonnes, elle essayait, sans le faire de manière ostensible, pour ne pas contrarier mes parents, de me donner des rudiments d'histoire sainte. Ces récits me plaisaient beaucoup pour leur aspect mythique, mythologique. Elle n'en faisait pas un objet de croyance ou de foi. J'ai lu quelques années plus tard et de la même manière les « contes et légendes » de la mythologie grecque et romaine. Pas un instant je ne me suis dit qu'on pouvait, encore moins qu'on devait, « croire » dans les personnages de ces fables, et je n'aurais jamais imaginé qu'on puisse leur demander quelque chose, ou attendre d'eux un soutien, une consolation. Mais j'acquis avec eux une espèce de familiarité, moins profonde sans doute qu'avec les dieux et héros de la Grèce ou les personnages de l'histoire romaine qui m'occupèrent si vivement dans les années qui suivirent. J'appris aussi de ma grand-mère de vieilles rimes, des rudiments de broderie au point de croix, comment faire une poupée avec des coquelicots en rabattant les fragiles pétales rouges et en les serrant à la taille avec un lien d'herbe pour dégager une petite tête brune. Et aussi des couplets de la Grande Guerre qu'avait faite mon grand-père. Comme aussi quelques traditions anciennes, ce qui nous ramène à saint Maurille et à la petite fontaine qui porte son nom au bas de la montée Saint-Vincent. Nous allions régulièrement accrocher des fleurs à la grille. J'ai su plus tard que les Gallo-Romains en faisaient autant à toutes les fontaines, et qu'il y en avait déjà une au même endroit.

Comment ma grand-mère était-elle devenue institutrice, et institutrice publique, elle dont les parents étaient nés dans les années 1860 à La Salle-de-Vihiers, au cœur même des Mauges « vendéennes » ? Son père était roulier, il assurait le transport de divers produits ou marchandises avec une voiture louée et des chevaux. Il jouait aussi du violon dans les fêtes et mariages. (Mon père usait de ce violon pour accompagner la leçon de chant dans sa classe.) Elle avait un frère, intelligent, doué, nerveux, qui « finira mal » (je n'ai jamais su comment), et une sœur, qui se noya (volontairement ?) dans un âge avancé. Elle s'était échappée de chez ses enfants, qui ne la traitaient pas trop bien, en blouse et chaussons, en emportant juste des biscuits, qu'on retrouva détrempés dans sa poche quand on la sortit de la Loire.

Mais la figure maîtresse de cette famille, c'est sa propre mère, dont j'ai déjà parlé, notamment dans mon *Dictionnaire amoureux de la Loire*. Une figure haute en couleur, mon arrière-grand-mère, toute sa vie laveuse au lavoir municipal de Chalonnes. Elle avait la passion des livres, elle en achetait dans les ventes, même si elle ne les lisait pas, c'était pour son « petit gars », mon père, dont la vivacité enfantine l'enchantait. C'est ainsi que je possède une traduction d'Homère par Mme Dacier, dans une belle édition du XVIIIe siècle. (Il manque un volume.) Pour ma grand-mère, devenir institutrice, c'est la promotion par excellence dans les débuts de la république. Institutrice publique, j'y insiste : est-ce un choix politique, militant ? Ça n'est pas impossible, Chalonnes est une ville « bleue » sur le fond des Mauges. À côté d'une statuette ancienne de la Vierge en faïence colorée, mon arrière-grand-mère garda toujours sur sa cheminée une photographie encadrée, celle des obsèques nationales de Victor Hugo, découpée dans un journal. On avait rendu publics les termes de son testament, ils étaient de nature à susciter la profonde adhésion et la reconnaissance de ce peuple dont elle faisait partie. Tout y est, les pauvres, le rejet des prêtres, le déisme : « Je donne cinquante mille francs aux pauvres. Je désire être porté au cimetière dans leur corbillard. Je refuse l'oraison de toutes les églises ; je demande une prière à toutes les âmes. Je crois en Dieu. »

Ma grand-mère était née en 1887, Jules Ferry avait fait promulguer en 1881 l'ensemble des lois qui créent l'enseignement gratuit, obligatoire et laïque, après celle du 29 mars 1880 qui ordonnait aux Jésuites de quitter l'enseignement dans les trois mois. Les enseignants des congrégations catholiques ont le même délai pour se mettre en règle avec la loi ou quitter aussi l'enseignement. Ces mesures viennent en réaction aux excès de la loi Falloux, votée trente ans plus tôt sous la IIe République, qui accordait aux congrégations religieuses une liberté totale d'enseignement. Cinq mille congréganistes sont presque aussitôt expulsés sans ménagement excessif. Dans le Maine-et-Loire la grande majorité des écoles publiques et notamment de filles s'ouvrent dans les vingt années qui suivent. Tous les villages ont leur école depuis la loi Guizot de 1833, mais dans les écoles de filles l'enseignement est l'exclusivité des religieuses. Et selon la loi Falloux, elles tiennent leur droit d'enseigner non du brevet de capacité mais d'une lettre d'obédience délivrée par la supérieure de leur congrégation. C'est l'article 49. En 1886, la loi Goblet (30 octobre) confie à un personnel exclusivement laïque l'enseignement dans les écoles publiques. La résistance des populations est peut-être plus un attachement local et familier aux « bonnes sœurs » que la preuve d'un antirépublicanisme[3].

Quelle avait été la formation de ma grand-mère ? Pour enseigner, à partir de 1886, il faut détenir l'un des deux brevets de capacité : le brevet élémentaire, ou le brevet supérieur, celui que passèrent mes parents, tous deux élèves des écoles normales. Le premier, dit « brevet de capacité pour l'enseignement primaire », est le seul titre requis pour enseigner dans un établissement quelconque d'enseignement primaire. Le second accorde des avantages et des droits supplémentaires, notamment en matière de salaire. Ma grand-mère avait un goût prononcé, ainsi que du talent, pour le dessin et la musique. Rien ne l'y avait préparée dans son milieu familial – d'où venait pourtant chez mon arrière-grand-mère cette passion pour des livres qu'elle ne lisait pas ? Ma grand-mère eut cette même passion pour les livres, elle devint une grande lectrice, je lui dois mon intérêt pour les romans des frères Goncourt. Toute cette époque vit avec une foi vibrante dans le pouvoir des livres, ainsi formulée par Hugo, à l'ouverture du Congrès littéraire international de 1878 : « Qui que vous soyez qui voulez cultiver, vivifier, édifier, attendrir, apaiser, mettez des livres partout. »

N'étant passée ni par l'école normale ni, auparavant, par le cours complémentaire, ma grand-mère ne fut donc formée que par le « cours supérieur », à l'instar de ces grands élèves studieux que décrit *Le grand Meaulnes*. Elle n'en fut pas moins l'une de ces innombrables institutrices aux qualités de qui la république dut de se fonder et de s'imposer. Cependant, lorsque la loi de 1905 imposa que les crucifix soient retirés des salles de classe, « ta grand-mère avait pleuré », m'a dit un jour une de ses anciennes élèves. En 1905, elle a juste dix-huit ans, elle vient d'être nommée. Depuis 1882, la circulaire Duvaux « prescrit le retrait des signes religieux des locaux scolaires [mais] avec toutes sortes d'accommodements possibles[4] ». On se doute que le Maine-et-Loire en avait trouvé… Mais en 1905, plus question d'atermoyer. Aristide Briand conçoit une troisième circulaire, datée du 15 septembre 1906 : « Je vous rappelle qu'il n'est pas possible d'admettre que la neutralité de l'école, inscrite dans la loi, ne soit pas entièrement respectée. » Désormais, il n'y a plus de crucifix dans les écoles publiques ni dans les mairies. L'État français les y réintroduit, notamment en Vendée, en 1941. Et certaines municipalités de Vendée et de Loire-Atlantique ne les auraient pas encore retirés à ce jour.

Ce livre plus que jamais mérite son titre : la guerre du muguet contre l'églantine n'est pas éteinte.

Malgré cet épisode de 1905, dont je n'ai jamais eu confirmation, ma grand-mère n'en était pas moins profondément attachée aux valeurs de l'enseignement républicain, et avait avec mon père de longues discussions sur les méthodes, les sujets d'examen, les programmes. Dans son enseignement, *Le tour de la France par deux enfants* d'Augustine Fouillée, qui signait G. Bruno[5], avait dû tenir une place de premier rang. Je n'ai pas retrouvé l'exemplaire qui était le sien, dont elle m'avait lu des passages dans nos vacances à Chalonnes. Sept millions d'exemplaires en sont vendus avant 1914. Augustine Fouillée avait d'abord publié un *Francinet. Livre de lecture courante. Principes élémentaires de morale et d'instruction civique, d'économie politique, de droit usuel, d'agriculture, d'hygiène et de sciences usuelles*. Et elle publiera en 1916 un *Tour d'Europe pendant la guerre*. Le *Tour de France* a été pendant quarante ans un cours de morale, d'instruction civique, de géographie, d'histoire, de sciences physiques et naturelles. Singulier destin que celui d'Augustine Tuillerie, plus tard Augustine Fouillée, morte nonagénaire à Menton en 1923 ! On a refusé que son nom soit joint à celui d'Alfred Fouillée sur la plaque qui portait déjà le nom de celui-ci dans une rue du 15ᵉ arrondissement à Paris. C'est que *Le tour de la France par deux enfants* contient un passage embarrassant pour notre époque politiquement correcte : au chapitre LXXV, un exposé sur les « quatre races blanche, noire, jaune et rouge » se double d'un commentaire rédhibitoire sur « la race blanche, la plus parfaite des races humaines » qui « habite surtout l'Europe, l'ouest de l'Asie, le nord de l'Afrique et l'Amérique ». Mais pouvait-elle penser autrement qu'on ne pensait alors ? Jules Ferry, qui fut le fondateur de l'école républicaine, ne fut-il pas aussi l'apôtre du droit que « les races supérieures » ont sur « les races inférieures » ?

La république et l'école que nous voulons aujourd'hui ne peuvent plus être, en aucune façon, celle d'Augustine Fouillée, où la beauté de la nature se conjuguait harmonieusement, sur fond de nationalisme revanchard, avec les réalisations du « génie humain » : grandes cités industrielles, canaux, ouvrages d'art. (Et l'apologie de la colonisation.) Mais ses principes demeurent inchangés : « la souveraineté populaire, le gouvernement du peuple, par le peuple, et pour le peuple ; le bien du peuple, pour et par le peuple[6] », rien de cela n'est possible si le peuple n'est pas instruit.

Un principe, ce n'est pas une forme qu'on répète, c'est une fin qu'on se donne.

9

L'enfant jeté sur les routes

Tout autre est l'histoire de mon grand-père paternel, né en 1881.

Ma grand-mère me parlait souvent de Verdun, où mon grand-père était allé deux fois, et dont il était revenu sans blessure. Et elle me montrait les objets faits par lui-même et ses camarades de tranchée avec le culot des obus dans les longues attentes avant l'assaut. J'en ai gardé quelques-uns : un petit couteau, à la lame glissée dans une balle de fusil, un coupe-papier et un de ces grands vases formés d'une douille de 75 mm aux motifs martelés avec un clou et un marteau.

Mais ce n'est pas elle qui m'a raconté son histoire, celle d'un enfant jeté sur les routes à dix ans. Ce sont mes parents, beaucoup plus tard. C'est vraiment le mot, « jeté sur les routes ». Il était né au Béarn, dans une petite ferme. Il a dix ans, il devient orphelin, ses tuteurs le spolient, il part droit devant lui, une besace à l'épaule. On est en 1891. Ce n'était pas rare, à l'époque. On trouve quelque chose de comparable dans un roman de René Bazin, *Donatienne*. Là, il s'agit d'un homme fait. Le mari de Donatienne, partie nourrice à Paris, est un pauvre paysan ; sans nouvelles d'elle, chassé de sa ferme parce qu'il ne peut payer le métayage, il se lance sur les routes avec trois enfants. Dans le cas de mon grand-père, l'enfant, c'est lui. Il est maigre, vif, débrouillard, il aime les chevaux, dans des fermes on le repère pour son aisance en selle, il devient jockey. Puis il tombe malade (début de tuberculose, il mourra d'un réveil de la maladie pendant la guerre). Il guérit. Reprend la route. Aujourd'hui on ne peut même pas imaginer qu'il y a à peine plus d'un siècle un enfant pouvait être aussi absolument abandonné à lui-même, et qu'il n'en conçoive ni regret ni amertume. C'était pourtant son cas. Il avait connu mille métiers et mille misères, et il se montrait d'une gaieté inaltérable. Courageux, modeste et sans prétention : il fallait le forcer pour qu'il montre la médaille du courage civil qu'on lui avait décernée quand il avait seize ans, pour avoir arrêté des chevaux emballés en se jetant à leur tête. De village en village, il traverse la France, et il arrive en Anjou vers 1901 ou 1902. S'établit à Saint-Laurent-de-la-Plaine, épouse ma grand-mère institutrice, et devient vigneron. Il était probablement catholique bien que d'une région forte d'une minorité importante de protestants, demeurés nombreux après la reprise en main de Richelieu. L'un des cinq derniers temples des protestants du Béarn fut longtemps à Jurançon. Parvenu à l'âge adulte, établi, père de famille, mari de l'institutrice, il est heureux. Il a une belle tête, une moustache sombre, des yeux rieurs. Une des rares photos que j'ai de lui le montre penché en avant, les deux mains réunies et les bras formant un cercle que va franchir le chat. C'est un jeu auquel on jouait beaucoup autrefois avec les chats. Un jour, il décide d'emmener sa femme et son fils dans ses Pyrénées natales. Il retrouve la maison de sa famille. Son nom (le mien aujourd'hui) est gravé sur le linteau au-dessus de la porte, au milieu d'un motif sculpté, comme c'était la coutume dans toute cette vallée, à Argelès-Gazost, aux Angles, à Lézignan. Il en est fier, ce n'est plus à lui, mais c'est chez lui. Ils retournent en Anjou.

Il n'a qu'un regret : ne pas avoir d'instruction.

Il est mort à Chalonnes dans les premières années de l'Occupation, je n'avais pas un an. Mais c'est à Saint-Laurent-de-la-Plaine qu'il a vécu le plus longtemps, avant que ma grand-mère ait son dernier poste, à Saint-Germain-des-Prés, de l'autre côté de la Loire. Saint-Laurent-de-la-Plaine est un haut lieu de la guerre de Vendée. C'était juste un siècle avant, même pas. Je ne suis pas certaine qu'il s'y soit beaucoup intéressé. Les sites de la mémoire vendéenne, eux, s'y intéressent. Peu favorables à la Révolution, c'est le moins qu'on puisse dire, ils se sont attachés à rapporter dans le détail les événements qui s'y sont déroulés, depuis le refus de conscription jusqu'aux exactions de Turreau.

La paroisse de Saint-Laurent-de-la-Plaine prit part comme toutes les autres au soulèvement de la Vendée. Ce qui le déclenche, là comme ailleurs, c'est la conscription, puis la Constitution civile du clergé. Un nouveau prêtre est nommé, il a prêté serment, on l'ostracise. Les femmes font le signe de croix quand elles le rencontrent. À quelques kilomètres de là, les patriotes de Chalonnes s'en émeuvent. Ils apprennent que des rencontres secrètes, un pèlerinage, des processions ont lieu près de la petite chapelle de Notre-Dame-de-la-Charité. Cathelineau, futur chef vendéen, vient s'y recueillir. Milieu 1791, des dénonciations sont envoyées à Angers. Le 24 août, le maire de Chalonnes y dépêche un détachement. Le 29, le maire de Saint-Laurent fait procéder à la destruction du sanctuaire. C'est alors que, selon un site de « mémoire vendéenne », la Vierge décide de prendre les choses en main : « la Sainte Vierge voulut elle-même consoler et affermir ses fidèles serviteurs en leur apparaissant à plusieurs reprises dans un chêne qui ombrageait les ruines du pauvre oratoire ». Ces « quercilâtres » excitent le sarcasme de La Révellière-Lépeaux, représentant angevin à la Constituante et à la Convention, ami de Jean-Baptiste Leclerc, le conventionnel de Chalonnes. Ami aussi d'un certain Pilastre, dont nous reparlerons, « botanophile » qui fit beaucoup pour le développement de son magnifique jardin des plantes sur quoi donnaient les fenêtres de mon lycée.

La Révellière. Il faut lire dans sa version numérisée son portrait par Albert Meynier, « docteur ès lettres, professeur agrégé d'histoire au lycée David-d'Angers et aux cours municipaux de la ville d'Angers », dans un livre de 1905[1]. Albert-Eugène Meynier était né en 1869, il fut professeur à La Flèche où il réussit malgré « sa petite taille, sa claudication et sa mauvaise vue ». La lecture de son livre est réconfortante : « L'Anjou a fait aussi beaucoup pour la Révolution », écrit-il. À la bonne heure ! Je continue : « Il ne fut pas seulement, par Cholet ou Segré, le berceau des Vendéens ou des chouans. Il fut bien plus encore, par Angers, Saumur ou Baugé, l'un de ceux de la liberté naissante. Les fumées de la Contre-Révolution n'arrivèrent pas à obscurcir l'éclat de ce foyer patriotique. »

Voilà qui est dit. Durant son enfance, victime des mauvais traitements d'un prêtre, La Révellière « s'éloigne de la religion » et devient bossu. Il est ensuite élève du collège de l'Oratoire, foyer de cartésianisme, d'où sortira une élite angevine favorable à la Révolution. « Vendéen de race et de cœur (il était né à Montaigu), Angevin d'adoption, bourgeois d'origine, d'éducation et de mœurs », il se passionne pour tout : les études, les livres, les langues, les dialectes (dont le vendéen), l'archéologie celtique. Je me trompe peut-être mais il me semble qu'il botanisait dans la Mayenne avec François-Yves Besnard (l'homme qui dans ses *Mémoires* fait surgir l'image d'un rideau de feu sur la rive gauche de la Loire). Mais la vraie passion de La Révellière est celle de l'égalité, dit Meynier (Meynier est un hagiobiographe). Il s'insurge contre « l'insolence des nobles » que les bourgeois, devenus leurs égaux par l'éducation, la science ou le mérite, « ne veulent plus tolérer ». Il va même jusqu'à haïr « toute supériorité », rappelant, avec Volney (encore quelqu'un dont je devrais faire le portrait, mais en aurai-je la place), « que tous les hommes, quelles que soient leur classe et leur condition, depuis celui qui rampe jusqu'à celui qui est assis sur le trône, tous les hommes, dis-je, sont égaux ».

À la Révolution, La Révellière est membre du club des Jacobins : il en sortira lorsque la Garde nationale réprime le soulèvement des perreyeux de Trélazé, en 1790. (J'en parle plus loin.)

À Saint-Laurent-de-la-Plaine, où Pierre, l'orphelin du Béarn, devient l'époux respecté de l'institutrice en 1902, les populations rurales, d'abord favorables à la Révolution, ont commencé à s'en éloigner en 1793, et entendent demeurer fidèles à « une organisation sociale rudimentaire, grossière, mais homogène, compacte, fortifiée par sa durée séculaire ». Ces malheureux sont égarés plus que coupables, pense La Révellière : « Ils doivent donc être absous d'une faute dont l'intention ne leur appartient pas. Les vrais coupables, ce furent les hommes de la Contre-Révolution et les émigrés. Tout un peuple inconscient fut égaré par une poignée de politiques trop avisés. » La Révellière-Lépeaux imagine donc de mener des actions de contre-propagande, afin d'éclairer « ces pauvres gens sur leurs véritables intérêts et de les raffermir en les instruisant » (Meynier). Et il entreprend avec quelques amis des « chevauchées patriotiques » dans les Mauges, en particulier autour de Beaupréau, « cette obscure métropole de l'idiotisme des Mauges ». Idiotisme ? On dirait une faute de français. Mais non : c'est le premier sens du mot, son sens disparu, le synonyme d'« idiotie » au sens médical, un « état d'arriération », Broussais comme Pinel l'emploient couramment. Évidemment, cela pose une autre question : la résistance à la république est-elle un signe d'arriération ? On le pense certainement en 1793, et après.

C'est là qu'ils tombent sur les « quercilâtres », un rassemblement de paysans attirés par une apparition de la Vierge dans un chêne. La chevauchée patriotique ne trouve son salut que dans la fuite. Plus tard on démolit l'arbre vénéré : mais la Vierge se transporte dans un autre buisson.

Élu le 5 septembre 1792 député à la Convention, c'est des Girondins que La Révellière se sent le plus proche, il tente pourtant de les convaincre de voter la mort du roi « pour des raisons tactiques ». Et il passe dans la clandestinité après leur chute, le 2 juin 1793.

Emmanuel de Waresquiel, dans son *Talleyrand*, le dit « hypocrite, bossu, anticlérical et vaniteux ». Bon. Son portrait, par Gérard, est au musée des Beaux-Arts d'Angers.

À Saint-Laurent-de-la-Plaine, parmi les noms de ceux qui prirent les armes de 1793 à 1799, il y a deux Frémondière, François et Georges. Un nom fort répandu dans les Mauges. Peut-être des parents du chanoine Uzureau. Peut-être des parents à moi, puisque c'est le nom de jeune fille de ma grand-mère. Dans ma famille, il y avait des religieuses, si je me souviens bien de certains récits de ma grand-mère. Et peut-être aussi des soldats de la république, personne ne peut me le dire, mais j'aimerais bien.

10

Tocqueville au Super U

Je crois bon, et même nécessaire, de suspendre un moment le flot épuisant des réminiscences, pour rapporter mon incursion, ce même jeudi 12, au Super U de Chalonnes, tout près justement de Saint-Maurille. Je suis totalement de mon temps, je ne sais plus très bien m'approvisionner ailleurs que dans des « grandes surfaces » – si du moins elles restent de taille humaine. J'ai trouvé ce qu'il me fallait à Chalonnes : un Super U épatant, pas trop grand, avec un parking commode, un point relais, un « drive » et, juste à côté, un magasin bio ! Le Super U lui-même est un « opérateur de l'agriculture biologique certifié par l'organisme Qualité France ». On y trouve de l'excellent saumon fumé que produit une entreprise toute proche, à Bouchemaine. À la sortie, je me fournis en grands cartons pour protéger les tapis de ma voiture de la boue collante de ces jours de grande pluie. Demain, ce sera inutile, le temps aura changé, il gèlera à pierre fendre, un soleil éclatant fera vibrer dans la lumière les branches raides de givre dans le vignoble et dans les bois.

Je veux multiplier ces plongées dans le présent le plus actuel. Elles font partie du mouvement même de ce livre, en alternance avec ces longs retours sur le difficile enfantement de la république, dans le heurt des révolutions et des contre-révolutions. J'essaie de comprendre le vieux fond social, politique, religieux, sur quoi s'enlève une éducation républicaine telle que je l'ai reçue, au lieu du siècle dernier… Ce n'est pas une curiosité gratuite, un moment de nostalgie personnelle : je cherche à m'éclairer moi-même, à éclairer ce moment que nous vivons, à comprendre nos impasses, nos difficultés à résoudre et même à poser les problèmes de l'heure. J'essaie de m'aider avec les réponses que mon éducation me suggère, plus encore peut-être les questions qu'elle m'a appris à poser. La république est stable dans ses institutions, ferme sur ses principes, consciente de ses valeurs : mais jusqu'où ? Jusqu'à quand ? Que vaut-elle, que peut-elle, face à ces formes de la vie d'aujourd'hui, économique, sociale, qui ont vu naître un nouvel homme, en qui le citoyen a laissé place au consommateur qui lui impose ses désirs et ses choix ? C'est là une vieille inquiétude, exprimée au XIXe siècle par des hommes de droite comme Bonald, ou par des libéraux tels que Tocqueville dans des textes bien connus. Tocqueville s'inquiète des conséquences d'un individualisme qui entraîne le repli sur le cercle de la famille et des amis, et fait passer l'intérêt particulier avant l'intérêt général : c'est la mort de la « vertu », ressort pour Montesquieu du régime démocratique. Pour surmonter ces risques, la république doit faire en sorte que les citoyens se sentent « concernés par le devenir de la nation, liés rationnellement et affectivement à elle[1] ».

Mais aujourd'hui le devenir de la nation n'est plus à l'ordre du jour dans un monde globalisé qui a introduit une catégorie absolument inconnue des sociétés précédentes : une croissance liée à la consommation des biens matériels. Cette fois, c'est une critique « de gauche », qui met l'accent sur le creusement des inégalités, et non sur les dangers de l'individualisme. Un système économique s'est mis en place qui repose sur un accroissement sans frein du désir de consommer, source de profit continu pour les plus riches, source de frustration croissante pour les plus pauvres. La multiplication de ces « grandes surfaces » n'a plus rien à voir avec ce que promettaient les lendemains de la guerre : une véritable amélioration du niveau et de la qualité de la vie. Les « grandes surfaces » n'ont pas de but social. Elles ne sont pas les héritières du « commerce véridique et social », créé par le fouriériste Michel Derrion dans les années 1830 à Lyon, pour fournir des coopératives aux ouvriers et en finir avec la « tourmente sociale ». Ce type de coopérative avait permis d'ouvrir deux écoles primaires et une « caisse des invalides du travail » qui versera des pensions mensuelles de 25 francs à huit coopérateurs âgés ou invalides. Elle sera dissoute après le coup d'État de 1851. Le Super U où j'entre en ce moment ne relève pas au départ du même système que les autres supermarchés : c'est une coopérative, mais une coopérative de commerçants, non de travailleurs. Ce qui fait une bien grande différence[2]. Dans la région, c'est paradoxalement vers la fin des Trente Glorieuses (début des années 70) que s'ouvrent un peu partout les premiers supermarchés. Cholet, 1968, Angers, 1969, sous le nom de Record. Record, dit Jean Plassard, président-directeur général de la Sogramo, c'est « une machine à vendre, mais nous avons voulu lui donner en plus, sans recherche de luxe excessif, une ambiance chaude, agréable, humaine... ». *Le courrier de l'Ouest* annonce : « Demain, 23 octobre, avec Record, votre vie va changer. » Le 24, fanfare en tête, un défilé parcourt les rues d'Angers. Un feu d'artifice est tiré à proximité de l'hypermarché, pour la première nocturne du magasin.

Ce sont les débuts du monde où nous sommes désormais plongés. La satisfaction de désirs artificiellement entretenus contribue à un certain apaisement social – pour un temps. La grande surface, symbole du progrès ? Mais non. D'abord la ruine du petit commerce et de la paysannerie. Et ensuite un désastre écologique. La vérité, c'est peut-être dans la bouche d'un syndicaliste poujadiste, Gérard Nicoud, qu'elle se trouve : « Le commerçant et l'artisan se trouvent coincés entre deux systèmes : l'un capitaliste, l'autre socialiste. Ils sont donc condamnés à être tués par une grande surface ou un magasin d'État. »

Allez, il pleut décidément trop, je rentre. Je finis par ne plus savoir, du reste, sur quel registre de réalité je me trouve, certainement pas dans le passé, mais pas exactement dans le présent non plus. Tout à l'heure, quand je marchais sous l'averse derrière l'abside de Saint-Maurille, je n'ai rien senti, ou plutôt j'ai senti, avec exaltation, que la pluie ne me mouillait pas. Que c'était un vernis sur les toits, sur les sols, une parure. Naturellement, comme il se doit, j'étais trempée. Je m'en aperçois quand je m'assieds dans la voiture. Et soudain, je me sens exténuée, à force de vouloir faire tenir ensemble le souvenir de ma grand-mère, le fleuve, la vieille nostalgie de « la sociale » et le présent des supermarchés équitables. De nouveau, la route, des virages, et quelques mesures d'une étude de Chopin qui donnent à tout cela une coloration apaisante. « Rien ne pourrait m'ôter l'idée et le désir, peut-être trop audacieux, mais noble, de créer un monde nouveau », écrivait-il.

Je suis arrivée, il ne pleut plus. Dîner devant le feu, avec un savennières blanc 2014 (une perfection). Je songe à tout ce qui m'attend : je n'ai même pas encore commencé. Soudain une question me traverse l'esprit. Au fait, à Angers, où était la guillotine ? Voilà mon obsession de la guerre de Vendée qui revient. Je lirai plus tard que la municipalité avait fait ouvrir un balcon dans un immeuble de la place du Ralliement, à l'emplacement actuel d'un grand magasin, afin que « les aristocrates puissent assister au travail du bourreau ».

Il est tard, j'éteins une à une toutes les lumières dans la petite maison dont je n'ai pas fermé les volets. Il fait grand froid, la lune montante fait ressortir la ligne pure des ceps, les rameaux courts, et les arbres sur le fond très blanc du ciel. Au loin, les points rouges des éoliennes clignotent, et de l'autre côté du fleuve, Rochefort et son coteau se découpent sur la nuit.

11

L'édit de Nantes à Angers

Vendredi 13 janvier. Pour saisir la guerre de Vendée au plus près de « chez moi », au nord des Mauges, j'ai décidé de traverser la Loire en bas de Savennières et de gagner Rochefort par les deux grands ponts, ce que je fais en tout début d'après-midi, non sans avoir jeté un regard sur ma gauche en direction de l'île de Béhuard. Le sanctuaire voulu par Louis XI et réveillé par Mgr Freppel peut attendre. Car j'ai une autre idée derrière la tête : la guerre de Vendée, cette « guerre fratricide » de la région angevine, n'est pas la première dans cette région, elle a été précédée par une autre, non moins violente, non moins fratricide, la guerre entre le pouvoir catholique et la Réforme. L'idée de remonter jusqu'aux guerres de Religion m'est revenue ce matin, au réveil, tandis que sur mon coteau je feuilletais mes notes. Je me disais, scrutant les lointains si proches d'où se détachent les villages théâtres des combats de 1793 : la guerre de Vendée n'a-t-elle pas porté un coup fatal aux idéaux de la Révolution comme les guerres de Religion avaient porté un coup fatal aux idéaux de la Renaissance ? Et j'ai alors pensé aux remarques si justes de Stefan Zweig dans son essai sur Montaigne. Montaigne est le témoin d'une catastrophe, celle qui a vu sombrer dans l'horreur des guerres de Religion le bel idéal humaniste de ces années-là, renouvelé de l'antique.

À vrai dire, j'y pensais depuis longtemps, depuis le moment

où, préparant ce voyage, je lisais à peu près tout ce qui pouvait concerner les lieux que j'avais choisi de revisiter. Chalonnes « eut sa part », dit Célestin Port, « des fureurs des guerres religieuses », mais aussi, plus près encore de chez moi, le village de Rochefort. En avril 1562, Desmarais de Saint-Aignan, chef calviniste, s'est réfugié dans son château après avoir été chassé d'Angers où il s'était emparé du château. Il est fait prisonnier et subit le supplice de la roue sur la place du Pilori à Angers[1].

L'Anjou a été un des foyers précoces de la Réforme en France. La première communauté réformée fondée à Paris avait pour ministre un Angevin, la seconde fondée en France l'est à Angers. Les thèses de Luther apparues dès 1520 y progressent continûment malgré l'interdiction formulée en 1523 par les vicaires généraux du diocèse et renouvelée en 1524 par l'évêque François de Rohan. Saumur deviendra un haut lieu de la Réforme en France avec son académie protestante. En 1535, Théodore de Bèze signale à Angers la présence « d'une église secreste avec des prescheurs ». Où se trouvait à Angers ce premier temple ? Je n'ai découvert que très tard l'existence du temple actuel ; c'est, dans le quartier des musées, une ancienne chapelle, la chapelle Saint-Éloi du prieuré Saint-Gilles-du-Verger, entre-temps petit séminaire. C'est dire à quel point le catholicisme occupe une place dominante, incontestée, dans cette partie de l'Anjou, au moment où je prends mes premiers repères. C'est dire aussi l'ingratitude des républicains, qui pourtant doivent tant aux protestants.

Cependant, les condamnations et les bûchers se multiplient. En 1539, aux « Grands Jours d'Angers », les premières condamnations tombent et les bûchers se succèdent à Saumur (1552) et Angers (1554). Lorsque sont convoqués en 1560 les états généraux d'Orléans, les protestants l'emportent dans le tiers état et dans la noblesse. Les catholiques protestent, la confrontation tourne à l'émeute où les huguenots arborent un mouchoir au chapeau. À ce signe de ralliement, plusieurs églises sont saccagées. C'est la « Journée des mouchoirs », le 14 octobre. À la suite de quoi les élections sont annulées, et des députés catholiques élus. La guerre s'éloigne de l'Anjou à partir de 1572, mais le château d'Angers demeure un enjeu qu'on se dispute. Il est menacé par le protestant Condé en 1585, puis par les ligueurs du maréchal de Brissac en 1589. On sait qu'il fut partiellement épargné par Donadieu de Puycharic lorsque Henri III donna l'ordre de le raser. Et quelques restes d'affrontements sporadiques ont lieu dans les années 1590 : l'Internet a mis en ligne un texte du XVIIe siècle, dont l'auteur est un certain Jehan Louvet, « clerc au greffe civil du siège présidial d'Angers ». Son « récit véritable de tout ce qui est advenu digne de mémoire tant en la ville d'Angers, pays d'Anjou et autres lieux, depuis l'an 1560 jusqu'à l'an 1634 » rapporte que des combats ont lieu autour de l'église de Rochefort en mars 1590. « Le lundi 5 mars Monsieur de la Rochepot a pris l'église de Rochefort et fait tuer le capitaine qui commandait dedans comme ils parlementaient. [...] Le 14 mars ceux du parti de l'Union des catholiques qui étaient venus de Nantes ont repris l'église de Rochefort où il y avait un fort où était le capitaine Pont que ledit sieur de la Rochepot y avait mis en garnison. » (L'Union des catholiques, c'est la Ligue.) Puis c'est l'affaire des frères de Saint-Offange, seigneurs de Rochefort, membres de la Ligue, en révolte contre le nouveau roi, Henri IV. De leur château il subsiste encore quelques ruines[2]. Pour obtenir la paix, Henri IV achète leur reddition pour quelque 6 000 écus. C'était en 1598 : au cours du séjour que le roi fit à Angers, et où il rédigea l'édit de Nantes (du 6 mars au 13 avril, en mai il sera à Rennes), installé dans le beau logis Barrault.

Nous autres, républicains « historiques », attachés aux lois fondamentales de la république, dont fait partie la laïcité, nous avons une grande dette envers le roi Henri IV. Comme le fait remarquer Joël Cornette, l'édit de Nantes « marque une étape importante dans l'histoire de la distinction entre le sujet politique, qui doit obéir à la loi du souverain, et le croyant, libre de ses choix religieux privés. Comme si l'homme se coupait en deux : une moitié privée et une moitié publique. En effet, désormais, les actions et les actes sont soumis, sans exception, à la loi de l'État, alors que la conviction intime, la foi, est libre[3] ». Reste à se demander pourquoi, aujourd'hui, la laïcité fait l'objet d'une captation aussi clairement instrumentalisée, devenant non une proposition de paix, mais une arme de guerre dirigée contre ces intrus que seraient, chez nous, les musulmans... La révocation de l'édit de Nantes par Louis XIV en 1685 a peut-être laissé de bons souvenirs dans quelques endroits de France.

En rédigeant l'édit de Nantes après s'être converti au catholicisme, Henri IV porte un coup d'arrêt définitif aux visées politiques de la Réforme en France et à celles, en face, de la Ligue. S'il a choisi de le rédiger à Angers, ce qu'on ignore souvent, c'est pour bien des raisons. Seule l'obstination de la Ligue prolonge, après l'abjuration d'Henri IV, une guerre qui n'a plus lieu d'être. Son chef, pour la Bretagne voisine, est le duc de Mercœur. Tout en rédigeant l'édit de Nantes, Henri IV va donc profiter de ce séjour à Angers pour négocier le mariage avec la fille du duc de Mercœur du fils alors âgé de quatre ans qu'il a eu de Gabrielle d'Estrées. Chargées de négocier le contrat, Gabrielle d'Estrées et Marie de Luxembourg se rencontrent aux Ponts-de-Cé. Il est signé le 5 avril 1598 ; il fut longtemps gardé dans des archives notariales privées, et il a été remis aux Archives départementales d'Angers en 2015[4].

J'ai assisté à la remise de ce document, non sans une certaine émotion, à cause de l'admiration que m'inspire l'auteur de l'édit, et aussi d'une espèce d'affection privée renforcée par la lecture de sa correspondance et l'idée des mystérieux entretiens secrets qu'il eut avec Montaigne avant de se décider à sauter le pas. Et nourries de détails anecdotiques : il fut baptisé d'une goutte de vin de Jurançon, où mon grand-père était né. Quant à son abjuration et à sa conversion, elles furent préparées par un certain curé Benoist, né à Savennières en 1521. Élève à Angers, rue Lionnaise, du collège de la Fromagerie, par la suite fondu dans l'hôpital général. Il fait partie de la suite de Marie Stuart qu'il accompagne en Écosse, est nommé curé de Saint-Eustache en 1569, compose un *Traicté enseignant en bref les causes des maléfices, sortilèges en enchanteries tant des ligatures et nœuds desguillettes, etc., etc.* Mandé personnellement par le roi, il l'assiste pendant la cérémonie du 25 juillet 1593 et le fait, à son entrée dans Paris, reconnaître par la Sorbonne. Le roi, plein d'estime et de gratitude pour lui, voulut l'avoir pour confesseur et le fit conseiller d'État. Il devint vers le même moment doyen de la Faculté de théologie et gouverneur de Navarre. Sur la fin de sa vie, il fut évêque nommé de Troyes, puis d'Angers. Un travailleur « à la vieille gauloise », dit Étienne Pasquier, et un esprit très avisé, une vie attachante qui méritait, semble-t-il, d'être contée. D'autant plus que Benoist jouit d'une certaine renommée au XVIe siècle, comme l'atteste son surnom « le Pape des Halles[5] ».

À Rochefort, les guerres de Religion ont laissé sur le clocher des traces de balles que pendant des années on a imputées à la guerre de Vendée. Du moins, c'est ce que dit un avocat du XIXe siècle, Aimé de Soland, historien, mais aussi botaniste à ses heures. Maire de la commune de Mûrs près d'Angers, il prononcera en 1889 un discours pour l'inauguration du monument aux républicains.

12

Haïti dans une bouère de la Loire

Il n'y a que quelques kilomètres de Savennières à Rochefort, la route est souvent coupée par les crues. Juste avant d'arriver au village, on a une belle vue sur le Louet, ce bras étroit de la Loire que domine l'étagement de son architecture. Ces jours-là, je ne progresse dans le temps qu'à reculons : pour restituer l'idéal républicain tel qu'on me l'a transmis, je dois prendre appui sur une mémoire longue, au fur et à mesure que je m'enfonce dans ces terres où je l'ai reçu. La guerre de Vendée, d'abord, cette ombre majeure ; des guerres de Vendée, il était naturel de passer aux guerres de Religion : nos divisions y prennent source. En s'installant, la république a dû et doit encore assumer ce double héritage. La république n'est pas née comme le soleil se lève. Elle n'est cependant une idée si forte, si neuve, et si radicale, que pour une raison essentielle : parce qu'elle reproduit la grande coupure révolutionnaire, la coupure de 1789, dont elle s'inspire. J'y avais pensé déjà la veille en admirant, au presbytère de Savennières, ses extraordinaires toiles peintes – il en existe justement aussi dans une demeure privée de Rochefort. Nous oublions trop souvent de quels développements, de quelles innovations, l'Ancien Régime avait été porteur. On peut dire que la Révolution de 1789 est née de cela : l'impatience de prendre le pouvoir politique, qui échappe encore à ceux qui ont le pouvoir économique. L'Ancien Régime est ainsi peuplé de personnalités fortes, voyageurs, découvreurs. D'aventures, celle des Angevins aux Antilles avant la Révolution, grands propriétaires du Baugeois (quart nord-est de l'Anjou), que rapporte Natacha Bonnet dans un numéro des *Annales de Bretagne et des pays de l'Ouest*[1]. Parfois, ce sont des aventuriers de condition plus modeste, comme les frères Labry (on a leur correspondance) : les quatre fils de la veuve Labry, teinturière à Angers, l'aîné, Auguste, et Christophe, Pierre et Jean-Thomas, partis en Amérique[2]. C'est toute une histoire d'exploitation des terres et des hommes, où la région d'Anjou va tenir une grande place au XVIIIe siècle. Ce sont de gros enjeux, précoloniaux : des esclaves noirs venus d'Afrique sont importés pour remplacer les indigènes massacrés par les Espagnols lors de la conquête.

C'est pour cela que j'en viens à Bertrand d'Ogeron, qui était né ici, à Rochefort, en 1613, dans la ferme de la Boire-Pelisse. Je veux voir si elle existe encore. Au XVIIe siècle, dit une notice de l'église Saint-Séverin à Paris, il prépara, « par les voies mystérieuses de la Providence, les destinées de la république d'Haïti ». Bertrand d'Ogeron, c'est la flibuste et l'épopée de la colonisation sucrière dans les Caraïbes, où la France va succéder à l'Espagne. Comment j'ai su qu'il était né à Rochefort ? Par hasard. À l'occasion d'un voyage en Haïti, j'avais retenu son nom, mais rien de plus. J'y repense forcément aujourd'hui, où tout le passé se met à ressurgir. Où est cette ferme ? Je suis passée cent fois sur cette route à bicyclette quand j'étais enfant sans voir aucun bâtiment. Je ralentis, je scrute le côté gauche, puis droit, de la route. Est-ce cet ensemble de toits, visible entre les troncs des arbres ? Et où se trouve la « boire » – la « bouëre », comme on l'écrit à l'époque, et comme on prononce toujours ? (Une « bouère », pour ceux qui ne sont pas angevins, c'est un bras mort du fleuve, qui se remplit d'eau en hiver, et disparaît presque totalement en basses eaux.) Soudain, entre les arbres, une belle, vieille et grande maison. Oui, c'est là. Sûrement. Probablement habitée, je n'irai pas plus loin. Il me suffit de penser que c'est la porte d'entrée de toute une épopée.

Bertrand d'Ogeron est un précurseur. Flibustier et boucanier lui-même, il est considéré, toujours sur la plaque qui orne son tombeau dans l'église Saint-Séverin à Paris, comme ayant jeté, « de 1664 à 1675, les fondements d'une société civile et religieuse au milieu des flibustiers et boucaniers des îles de la Tortue et de Saint-Dominique » (dont la partie baptisée Hispaniola parce que Colomb lui trouve une ressemblance avec l'Espagne donnera naissance à « Ayiti », la « terre des hautes montagnes »). Fils d'un riche marchand de Rochefort, il s'est engagé en 1656 dans la compagnie fondée pour coloniser la rivière Onantinigo. De la Martinique, après quelques déboires, il vogue vers Saint-Domingue, fait naufrage près de l'île de la Tortue, se fait boucanier puis revient en France. Il monte alors une nouvelle expédition, avec le projet d'importer à Saint-Domingue une cargaison de vin et d'eau-de-vie. Victime d'un escroc, il arme à Nantes un navire avec lequel il cingle vers Haïti. Et en 1665, il est nommé gouverneur « de l'isle de la Tortue et Coste Saint-Domingue » et entreprend une vaste opération de peuplement, en faisant venir de France des colons, et des « filles à marier ». Grâce à l'abbé Prévost et à sa *Manon Lescaut* (1731), on sait ce qu'il en est : ce sont de malheureuses prostituées ou condamnées de droit commun qu'on embarquait de force pour l'Amérique. En échange du voyage, les engagés devaient travailler trois ans (on les appelait les « trente-six mois »). Le cuir, le tabac sont alors les principales richesses de la future colonie française. Puis, à partir des années 1700, c'est le sucre qui se développe avec l'aide d'une main-d'œuvre d'esclaves rapportée d'Afrique, par le « commerce triangulaire », établi à La Rochelle et Nantes : de riches Angevins en seront les commanditaires, et feront construire au pied du château les beaux immeubles du quai Ligny, aujourd'hui remplacés par une rocade intérieure à toute heure grondante de voitures.

À partir de 1720, la partie française de l'île, qui deviendra Haïti, est le premier producteur mondial de sucre. Obtenu au prix que l'on sait. Montesquieu (*De l'esprit des lois*) : « Le sucre serait trop cher, si l'on ne faisait travailler la plante qui le produit par des esclaves. » En mai 2014, une exposition a eu lieu dans la chapelle Sainte-Barbe-des-Mines, à Chalonnes, pour marquer le 400e anniversaire de Bertrand d'Ogeron. Elle s'inscrit dans le programme Loire des Lumières, bien qu'elle propose un itinéraire « sur les traces des négriers en Anjou ».

13

Le Grand Choc de Chemillé
Avril 1793

M'éloignant de la Boire-Pelisse, je fais demi-tour non sans difficulté sur un chemin fort mauvais. Et je traverse Rochefort en direction des Mauges, laissant un peu plus loin sur ma gauche Saint-Aubin-de-Luigné et le château de la Guerche, incendié par les colonnes infernales en 1794. C'est là le territoire de la Vendée angevine, c'est là que cette cruelle guerre s'est approchée au plus près des lieux où j'ai passé mon enfance : à peine plus de 7 ou 8 kilomètres. Mon idée : reprendre sur les lieux mêmes la suite des victoires vendéennes, donc des défaites républicaines, au printemps de 1793. Dont, en avril, la bataille de Chemillé. Après, il y aura en juillet le massacre des républicains à Mûrs, puis leur défaite au pont Barré en septembre, avant la bataille de Cholet, en octobre. Retournement de la situation, fin de la guerre angevine : les républicains ont repris définitivement le dessus.

Je suis rapidement à Chemillé, à peine une quinzaine de kilomètres, c'est là qu'est né Jean Perdriau, une des premières figures du soulèvement vendéen avec Jacques Cathelineau, en mars 1793. Il était voiturier, c'était un ancien caporal des armées royales, né probablement en 1746 à Beaulieu-sur-Layon. Le 13 mars, il attaque Jallais, le 11 avril il est tué lors du « Grand Choc de Chemillé ». Je m'arrête donc, je range la voiture. Et j'en profite pour adresser un salut furtif à une femme morte depuis longtemps, et dont j'ai oublié le nom : la marraine de ma mère, qui vivait là, et qui avait beaucoup compté pour elle dans sa jeunesse orpheline. Mars, avril 1793, ce sont les mois où les Vendéens l'emportent sur les républicains, et vont de succès en succès, coupés de provisoires échecs. Voici le récit de l'affrontement appelé « Grand Choc de Chemillé » : « Le général Berruyer s'est porté dans les Mauges avec 17 000 hommes. Il se dirige directement vers Chemillé où l'attendent en force les Vendéens d'Elbée. » Généralissime de l'Armée catholique et royale, d'Elbée n'est pas un contre-révolutionnaire acharné : né à Dresde d'un père français et d'une mère saxonne, il est revenu d'émigration et aurait voulu mener une vie de bon propriétaire catholique, si les paysans n'étaient pas venus le supplier de prendre leur tête. Il est assez falot, de peu d'apparence, très religieux, mais une fois engagé, il agit.

« Après avoir traversé le village de Barré et fusillé tous ses habitants, Berruyer s'établit sur la colline au nord de l'Irôme. Il a divisé sa troupe en deux colonnes ; il en commande une et a confié l'autre à Duhoux, neveu du général Duhoux d'Hauterive. » Je les retrouverai tous dans quelques heures au pont Barré, autre victoire des Vendéens en décembre 93 : l'Irôme, ou l'Hyrôme, courte rivière, Barré, les deux Duhoux, le républicain et son neveu le Vendéen. Je reprends : « Les Vendéens l'attendent en force à Saint-Pierre-de-Chemillé. Les gendarmes foncent furieusement sur les retranchements élevés devant le petit bourg et les franchissent. Les paysans reculent. D'Elbée qui commande a beaucoup de peine à ressaisir ses hommes : déjà, il ne songe plus qu'à mourir en combattant. Un événement imprévu va changer la face des choses. La nuit est venue. Les prisonniers républicains faits dans les batailles précédentes, et qui sont attachés plusieurs ensemble, profitent de l'obscurité pour essayer de s'échapper. Comme ils atteignent les abords des lignes républicaines, les soldats de Berruyer les prennent pour une formation royaliste arrivant en secours des troupes engagées. Ils s'émeuvent et fléchissent. D'Elbée aperçoit leur erreur, tempête, supplie, menace, redouble d'efforts. L'armée républicaine bousculée recula en désordre. Chacun des adversaires s'attribua la victoire[1]. »

Ici se place la scène de la « clémence de d'Elbée ». Les Vendéens, pour venger les habitants massacrés à Barré, veulent exécuter leurs prisonniers. D'Elbée s'y oppose ; il leur fait réciter le *Pater Noster*. Lorsque ceux-ci arrivent au « pardonnez-nous nos offenses, comme nous pardonnons à ceux qui nous ont offensés », d'Elbée les arrête : « Ne mentez pas à Dieu. » Les prisonniers sont sauvés. Un vitrail en témoigne à Saint-Pierre de Chemillé. D'Elbée sera défait le 13 août à Luçon, et grièvement blessé le 17 octobre à la bataille de Cholet, dans ce fameux « combat de tigres contre des lions » où Bonchamps est blessé à mort. Anticipons un peu, passons par-dessus la bataille du Pont-Barré que nous retrouverons dans quelques instants. Je les conjoins tous deux, le Choc de Chemillé et la défaite vendéenne de Cholet, parce que cette bataille a donné lieu à une autre scène de clémence, la clémence de Bonchamps, blessé mortellement à Cholet. 40 000 Vendéens sont cernés par trois armées républicaines et tentent sans succès de rompre l'encerclement. D'Elbée est grièvement blessé et doit se réfugier à Noirmoutier où il sera plus tard capturé et fusillé. Bonchamps et Lescure sont blessés à mort. Un cri retentit : « À la Loire ! À la Loire ! » Charles de Bonchamps, agonisant, se replie avec l'armée vaincue vers la Loire en direction de Saint-Florent-le-Vieil, et voici ce que raconte sa femme : « M. de Bonchamps, après sa blessure, avait été transporté à Saint-Florent, où se trouvaient 5 000 prisonniers renfermés dans l'église. La religion avait jusqu'alors préservé les Vendéens de représailles sanguinaires ; mais lorsqu'on leur annonça que mon infortuné mari était blessé mortellement, leur fureur égala leur désespoir ; ils jurèrent la mort des prisonniers. » Comprenant qu'il allait mourir, M. de Bonchamps « demanda avec instance que ses derniers ordres fussent exécutés, et aussitôt il prescrivit que l'on donnât la vie aux prisonniers ».

Tombeau de Bonchamps, (détail)
par David d'Angers, 1825.

Parmi eux se trouvait le père de David d'Angers ; lequel exécutera un des plus beaux monuments de la sculpture française pour l'église de Saint-Florent, *Le pardon de Bonchamps* : un guerrier mourant, à l'antique, levant la main gauche. Et voici ce qu'écrivait Aragon en 1956 pour une conférence qu'il fit alors à Angers : « Entrez dans l'église, et regardez-le, ce païen, ce soldat de Marathon tombé, regardez ce qu'il y a dans ce visage de douleur traquée, ce qu'il y a de fruste dans cette mâchoire, cet air campagnard qui n'est que de par ici, je veux dire de là-bas, vers la mer, où les hommes croyaient tout ce que David ne croyait pas, où les hommes s'étaient levés contre tout ce que David le père, et son fils, cet enfant perdu dans les bagages de Bonchamps, devaient considérer, l'un et l'autre, toute leur vie, comme plus précieux que leur vie... Essayez de comprendre cette compréhension française, cette poésie à la mesure d'un des plus beaux paysages du monde, où souffle vers la mer le vent républicain. »

D'Elbée, quant à lui, ne mourra pas tout de suite ; il est transporté à Noirmoutier, et condamné à mort quand les républicains reprennent l'île. On le fusille assis sur un fauteuil, ses blessures l'empêchant de se tenir debout. Devant ses juges, il a protesté de sa bonne foi, il n'a rien contre les républicains, si on accepte de surseoir à son exécution, il se faisait fort de ramener à la raison les cantons des Mauges. Peine perdue.

Sa femme est fusillée à son tour, le 20 janvier.

À Beaupréau, une simple croix de granit à la mémoire de d'Elbée a été dressée au carrefour des rues d'Elbée, Mont-de-Vie, de la Sablière et de la Pépinière. Son socle gravé porte sombrement l'inscription « À la mémoire de d'Elbée et de ses compagnons d'arme, 1793 ». Il avait été prévu un monument plus important, pour lequel Charles X promit 1 000 francs. La belle-fille du souverain, Marie-Caroline duchesse de Berry, vint le 7 juillet 1828 poser la première pierre du monument que devait réaliser le sculpteur Molknecht (qui a érigé une statue en pierre de Cathelineau sur la place du Pin-en-Mauges). La révolution de juillet 1830 arrêta tout cela.

J'entre dans l'église Saint-Pierre de Chemillé derrière un bataillon de femmes armées de seaux et de balais qui entreprennent aussitôt un vaste ménage. Je jette un coup d'œil sans enthousiasme au vitrail du « Pater des Vendéens ». J'hésite. Est-ce que je vais continuer à m'enfoncer dans les Mauges ? À quelques kilomètres de là, c'est le château de Souchereau, à Jallais, où le général vendéen Stofflet est pris en janvier 1796, avant d'être fusillé à Angers le 25 février. (On estime généralement que l'abbé Bernier, futur négociateur du Concordat, a joué un rôle douteux dans l'arrestation de Stofflet.) Mais je renonce : il me paraît plus logique de prendre la route du Layon, et m'arrêter au pont Barré, puisque c'est la dernière grande victoire des Vendéens, la dernière, quelques semaines avant la bataille de Cholet, qui verra la situation se retourner définitivement contre eux.

Quelques kilomètres sur une route belle, un peu triste, ou bien c'est moi ? Il flotte dans toute cette campagne une morbidité, un dolorisme qui m'accable. Trop de chapelles, de monuments votifs. Je suis en plein territoire du « souvenir vendéen » ; territoire peu républicain. Je n'ai pas cherché à Chemillé la chapelle Saint-Joseph (141, rue du Presbytère) où on célèbre chaque année une messe pour l'anniversaire de la mort de Louis XVI. Elle abrite la Fraternité sacerdotale Saint-Pie X, fondée par Mgr Marcel Lefebvre en 1970. C'est une communauté bien représentée dans l'Anjou d'aujourd'hui. La communauté de Faye-d'Anjou rappelle ses consignes très sévères concernant la tenue des femmes : leurs jupes doivent couvrir les genoux quand elles sont assises, et elles ne doivent en aucun cas porter des tenues d'hommes. En juin 2013, à Angers, la Fraternité a ressuscité la Fête-Dieu et réuni six cents personnes. En janvier, des « heures saintes de réparation » avaient été mises en place « avant ou après la messe » « face aux lois iniques qui se trament contre le mariage ». Je me contenterai donc, à la sortie de Chemillé, d'une assez laide chapelle au bord d'un champ, entre trois arbres. Sa façade présente une niche abritant un Sacré Cœur. C'est la chapelle de Compassion, élevée en 1842 en reconnaissance à la Vierge pour la guérison de Rosalie Réthoré, atteinte d'une maladie incurable.

Suite monotone de haies, de virages, sous un ciel figé dans le froid hivernal. Je me suis arrangée pour éviter les grands axes, je ne rencontre pratiquement personne. Dans les rares voitures qui me croisent, est-ce qu'on peut imaginer un instant que je poursuis des images erratiques, l'évocation d'une violence fratricide vieille de plus de deux siècles ? Avec une obsession : celle de régler des comptes, avec moi-même, mon oubli, mon ignorance coupable. Pour en revenir plus calmement à des engagements auxquels je n'ai jamais songé à renoncer. Je ne veux ni accabler la Révolution ni minimiser le martyre des Vendéens. Ce que je veux, c'est choisir la république, plus que jamais, dans le moment où nous sommes. Mais à une condition : en embrassant tout, en ne cachant rien.

Je retraverse l'Hyrôme, et je rejoins la vallée du Layon en direction de Saint-Lambert-du-Lattay. Le nom de ce petit sous-affluent fait rêver. Même avec un « I » et sans « H », on se croirait dans l'Astrée. À une époque, il animait jusqu'à une vingtaine de moulins. Mais il fut aussi, près du village de Chanzeaux, fief de Théodore de Quatrebarbes, le témoin de scènes violentes fin 1793.

Notamment au pont Barré. La première fois qu'on m'en a parlé, je n'avais pas compris s'il s'agissait d'une victoire ou d'une défaite des Vendéens et, dans le fond, je ne m'en souciais pas. Je voyais seulement qu'il y avait eu, si près de chez moi, un affrontement meurtrier entre la république et les paysans soulevés. Et cette idée me frappait d'une stupeur et d'un effroi qu'on ne peut éprouver que devant une guerre civile. « S'il est certes un fléau, qu'il faille redouter avant tous les autres, un crime qu'il faille flétrir de toute l'énergie de son cœur, c'est la guerre civile », écrit Louis Brochet qui ne cache pas sa sympathie et son admiration pour l'« héroïque résistance de ces paysans guerriers » mais déclare sa pitié pour « les sans-culottes, les pauvres soldats de la République ». Guerre terrible, « glorieuse pour les vaincus, glorieuse aussi pour les vainqueurs : car, dans les deux camps, il y avait d'honnêtes gens, tous français, qui se battaient avec un égal courage, pour le triomphe de leurs principes » (*La Vendée à travers les âges*, 1902).

14

« Ici commence le pays de la guerre des géants »

Je n'ai pu éviter de reprendre la voie rapide. Entraînée par le mouvement, prise par la beauté du paysage qu'illumine un soleil rouge, je manque rater le site ; c'est au dernier moment que j'aperçois l'indication « pont Barré ». Je vire sec, je descends par un froid de plus en plus vif, et je m'arrête, en bas de la falaise, sur une sorte de terre-plein. Une voiture vient se ranger auprès de moi. La proximité de ce site me met dans un état d'étrange émotion, et je regarde avec soupçon l'inoffensif conducteur qui tapote sur son smartphone. Je descends de voiture ; silence absolu. Juste un léger bruit d'eau. Quelques bâtiments, un chemin, le froid me saisit. Au-dessus : la rocade, que j'ai quittée brutalement, et le nouveau pont sur le Layon. À presque 5 heures du soir, par cet exceptionnel grand froid dans une région au climat si doux, la lumière dorée donne de l'éclat à la moindre pierre.

Une croix précède l'entrée du pont, qui est très étroit, une passerelle plutôt, visiblement refaite. La croix a été posée par le Souvenir vendéen avec ces mots : « Ici commence le pays de la guerre des géants », puis le cœur vendéen et deux dates : 19.9.1793 et 20.9.1981.

Le pont Barré.

Le tablier actuel, en bois, date de la « restauration mémorielle du lieu ».

Durant la guerre de Vendée, le Layon (voir carte) est une ligne de démarcation. À gauche, ce sont les Mauges et le Choletais, royalistes ; à droite, le Saumurois, républicain. Le pont avait été un poste de gabelle, modifié lors de la canalisation du Layon. En septembre 1793, sur ce lieu isolé, la bataille du Pont-Barré a été un désastre pour l'armée de la Révolution. Le 17 septembre, les Vendéens, cinq fois moins nombreux que leurs adversaires, sont contraints d'abandonner le site. La route est libre pour les républicains qui poussent plus loin, en direction de La Jumellière, où ils mettent le feu aux maisons, et tuent quatre-vingts personnes, hommes et femmes : ce qui expliquera, j'en parlerai plus loin, l'affrontement de 1891, à la Chambre, entre le comte de Maillé, député de La Jumellière, et Clemenceau. Cependant les Vendéens reprennent le dessus, et ils écrasent à Coron les troupes de Santerre, ce général qui, disait-on, « n'avait de Mars que la bière ». Et ils remontent vers le pont Barré. Le 19 septembre, les deux armées cantonnées de part et d'autre de la rivière sont face à face. Parmi les républicains, il y a le « vieux cousin » de quelqu'un qui nous attend un peu plus loin dans le cours de ce livre d'hommages et de remémoration : Grégoire Bordillon. La famille de Bordillon gardait « religieusement » la médaille de cuivre de cet ancien député de la Garde nationale d'Angers, capitaine de sa compagnie[1].

Les Vendéens ont à leur tête le chevalier Duhoux, parent du général républicain qu'il va affronter. Ainsi que Sébastien Cady et Henri de La Sorinière. Trois ponts permettent le passage. Un certain Joseph Bernier, meunier de Saint-Lambert, traverse la rivière avec quelques cavaliers, rétablit un premier passage que franchissent sans attendre trois cents Vendéens. Pauvert, de Chanzeaux, mène la même opération avec une centaine d'hommes aux Planches, deuxième pont, en contrebas de Beaulieu. Reste le pont Barré : les Vendéens lancent l'assaut, les républicains sont écrasés sur le coteau.

Selon certains sites, il y aurait eu près de 2 000 morts. 1 362 morts exactement, selon le Bulletin historique et monumental de l'Anjou. 1 200 soldats républicains sont enterrés aux fosses Sébastien-Cady. Il faut parler un moment de Sébastien Cady. Officier, chirurgien, il était né à Saint-Laurent-de-la-Plaine, le village où ma grand-mère fut nommée institutrice en 1905 à son premier poste. Quelques mois plus tôt, en juillet, Sébastien Cady s'était déjà distingué au combat de La Roche-de-Mûrs, près de Rochefort. C'est une terrible défaite, déjà, pour les républicains. Le 20 juillet, les soldats républicains du 8e bataillon de volontaires établissent leur camp sur cette partie élevée du Louet, affluent de la Loire. Le 25, une partie de l'armée vendéenne de Bonchamps occupe les hauteurs de Denée, de Mozé, de Soulaines ; le 26, elle attaque les républicains, plusieurs centaines périssent, dont beaucoup en se jetant du haut de la falaise.

À gauche, le rocher de Mûrs.

Un monument en fonte peinte érigé en 1889 en rappelle le souvenir. J'ai voulu le voir, lors de mon passage suivant, en mars ; il fait un assez triste effet. Les alentours en sont négligés, et, dans son style, dans sa matière, le monument a vieilli. Mais quand on se penche sur le bord de la falaise, quelque chose vous prend à la gorge. Une fois de plus, des images d'une terrible violence s'emparent de vous, tandis que partout, le ciel, les arbres, l'eau, le silence vous invitent à la paix. L'autre monument républicain est à Nueil-sur-Layon : je fais une courte parenthèse pour en parler, les monuments républicains de la Vendée militaire sont rares. « Le 8 floréal, an II (27 avril 1794), jour de la Quasimodo, une importante troupe vendéenne commandée par Stofflet, l'ancien garde-chasse de Maulévrier transformé en chef de guerre, entre dans la commune, pillant les maisons à la recherche de vivres. Douze habitants, dont le maire M. Pilet, s'enferment dans la tour de l'église et s'y défendent à coups de fusil. Le feu est mis à l'église et au clocher. La voûte en pierre tient bon et les balles tirées du clocher déciment les assaillants. Les "résistants" sont alors dégagés après la trêve de la nuit. Seul le maire, blessé, meurt quelques jours plus tard. Le 5 mai 1895 est alors inauguré le monument des douze braves sous la forme d'une colonne de granit dressée sur la place d'armes, œuvre du sculpteur Moine de Coron[2]. »

Le monument à la République (Mûrs).

Je reste un long moment sur le pont Barré où il semblerait que la nuit hésite à tomber. Je suis au cœur indécis de ces affrontements, il y en eut beaucoup d'autres. Qui sont ces soldats de la Révolution écrasés ou sacrifiés en masse, et qui ailleurs, par un soir doré de septembre, heureux mois des vendanges, massacrent des femmes et des vieillards dans un village voisin ? Et ces Vendéens des Mauges, mes ancêtres, qui sont-ils ? Des villageois obstinés, des hobereaux fiers de leur nom, des prêtres tentés un moment de s'assermenter et revenus ensuite vers leurs ouailles ? Mais je vois bien aussi que tout le monde n'a pas les mêmes scrupules d'équité que moi. Le Souvenir vendéen entretient soigneusement par des commémorations et des messes une certaine vision « instrumentée », comme on dit aujourd'hui, de la guerre de Vendée. Le samedi 19 octobre 2013, à Saint-Laurent-de-la-Plaine, une « journée vendéenne » a été ouverte à tous en l'honneur de Sébastien Cady, avec la pose d'une plaque commémorative, 200e Veillée vendéenne animée par Dominique Lambert de La Douasnerie[3]. Président de la Vendée militaire, il organise des voyages « autour de Charles X, du duc et de la duchesse d'Angoulême, du comte et de la comtesse de Chambord, de Louise de Parme et des fidèles serviteurs de la famille royale ».

Le Souvenir vendéen a été créé en 1932 par Charles Coubard ; parmi les fondateurs on trouve aussi Tony Catta, le gendre collaborationniste de René Bazin. Aujourd'hui, l'un des présidents d'honneur est le cardinal Paul Poupard, né à Bouzillé (Maine-et-Loire), tiens donc, d'un père cultivateur, ancien élève de la « Catho » d'Angers, professeur au collège de Combrée, président émérite du « Conseil pontifical pour le dialogue interreligieux ». En 2002, un an après le 11 Septembre, le cardinal répondait aux questions de la revue catholique *Zenit* : « De nombreuses soi-disant "valeurs" de la civilisation occidentale actuelle ne sont aucunement des valeurs, mais des "antivaleurs", bien loin d'être des valeurs chrétiennes, elles sont souvent le refus ou la négation de celles-ci, comme la destruction de la famille, l'exaltation de l'homosexualité, la diffusion de la pornographie, l'immoralité diffuse, l'avortement, la violence gratuite, l'exclusion de Dieu de l'édification de la société : des phénomènes qui suscitent tous dans d'autres civilisations le mépris et même la haine de la société décadente de l'Occident. »

Épuisée d'hallucinations historiques je rejoins ma Roche-aux-Moines par un coucher de soleil violent. Me voici de nouveau réfugiée dans ma petite maison, bien contente de retrouver de la chaleur car le thermomètre frôlait les – 9 °C au pont Barré et je pouvais à peine retirer mes gants le temps de prendre des photos. Après un rapide dîner, toujours accompagné de mon excellent savennières 2014, je charge sur l'ordinateur une version numérisée par Gallica des Mémoires d'un curieux personnage. C'est Renée Bordereau, dite « l'Angevine », née à Soulaines en 1770. Une mythomane, dit-on. Le résumé de sa vie est parlant. Elle combat habillée en homme dans l'Armée catholique et royale. Sa tête est mise à prix. Elle est arrêtée sous Napoléon en 1809 alors qu'elle continue les combats clandestins, est envoyée en prison à Angers, puis au mont Saint-Michel jusqu'en 1814. Elle est décorée du Lys en 1815 de la main du duc de Berry, et écrit ses Mémoires en 1814 sur demande de Mme de La Rochejaquelein et Mme de Chastelleux[4]. « Je me suis ensuite trouvée à Saint-Lambert, où l'ennemi était campé sur les coteaux de Beaulieu, proche le pont Barré ; [...] j'en attrapai quatre que je tuai de ma propre main. L'un d'eux avait un enfant d'environ six mois enfilé dans sa baïonnette avec deux poulets... En arrivant auprès de la Loire, je détruisis cinq de mes ennemis et, en finissant ma journée, je cassai mon sabre sur la tête du dernier, dans la rue des Ponts-de-Cé. À moi seule, j'en tuai 21 ce jour-là... Là, nous avons mangé la soupe et les deux poulets que j'avais pris au quatrième républicain dont je m'étais emparée à Saint-Lambert comme je l'ai dit et qui portait aussi un enfant à la même baïonnette. »

Je m'aperçois que j'ai refait tout son itinéraire. Mais comment se le figurer exactement à plus de deux siècles d'écart ? Suffit-il d'avoir les yeux fixés sur la courbe des coteaux, les plants serrés du vignoble et, de temps en temps, la profonde faille où coule le Layon ?

15

« *La Révolution est un bloc !* »

Samedi 14 janvier 2017. Il y a cent vingt-six ans, un même mois de janvier, le 29. Nous sommes à la Chambre. Clemenceau : « La Révolution est un bloc ! [...] Vous ne voulez pas du Tribunal révolutionnaire ? Vous savez cependant dans quelles circonstances il a été fait. Est-ce que vous ne savez pas où étaient les ancêtres de ces messieurs de la droite ? Ils marchaient contre la patrie, la main dans la main de l'ennemi et ceux qui n'étaient pas avec les armées étrangères, ceux qui n'étaient pas avec Brunswick, où étaient-ils ? Ils étaient dans l'insurrection vendéenne. » Le comte de Maillé : « C'est leur gloire ! Ils combattaient des assassins. » Clemenceau : « Pour reprendre le mot de Michelet, "à l'heure où la France était aux frontières faisant face à l'ennemi, ils lui plantaient un poignard dans le dos". C'est que cette admirable Révolution par qui nous sommes n'est pas finie, c'est qu'elle dure encore, c'est que nous en sommes encore les acteurs, c'est que ce sont toujours les mêmes hommes qui se trouvent aux prises avec les mêmes ennemis. »

Je relis cet échange après le petit déjeuner, tandis qu'un soleil plus rouge que jamais monte à l'arrière de la maison vers Angers. Ma destination d'aujourd'hui est justement La Jumellière, fief du comte de Maillé... Armand Urbain Louis de Maillé de La Tour-Landry, comte de La Jumellière dit le « comte de Maillé », né en 1816, mort en 1903, est une autre des figures typiques de cette partie de l'Anjou au XIXe siècle sur lesquelles je m'attarde pour faire comprendre mon propos. Catholique, royaliste, riche propriétaire, il fut pendant vingt ans un représentant de la droite parlementaire, le défenseur des libertés locales et des droits de la famille. Il y a un village du nom de La Tourlandry, dans les Mauges, près de Chemillé (je tourne dans un très étroit périmètre). Doté d'une église romane incendiée une première fois durant les guerres de Religion, incendiée une nouvelle fois par les colonnes infernales le 22 janvier 1794. Reconstruite en 1895 par Mgr Freppel, et restaurée aujourd'hui (2014) à grands frais. 2,6 millions d'euros au total, financés à 95 % par les assurances. La raison ? « Elle est originale par son style romano-byzantin au niveau des coupoles et du clocher » selon la « commission patrimoine ».

Ah bon.

Tout de suite je vois les liens qui se tissent étroitement entre les grandes affaires du XIXe siècle : le pouvoir de la grande propriété, la contre-offensive du catholicisme postrévolutionnaire, l'occupation de l'Algérie. Car le comte de Maillé de La Tour-Landry, sous-lieutenant au 9e régiment de chasseurs à cheval, participe à la bataille de Mazagran (1840). C'est une victoire française, très exagérée cependant par les commentateurs : Ben Tami, lieutenant d'Abd el-Kader, à la tête de plusieurs milliers de cavaliers, stationne au village de Mazagran, à 4 kilomètres de Mostaganem, et se heurte à la défense héroïque du capitaine Lelièvre. Mais les attaquants arabes auraient été moins nombreux que ce qui avait été dit, et leur assaut très limité. Par la suite, le comte de Maillé participera à plusieurs reprises à des campagnes punitives contre des tribus insoumises : notamment contre les Ouled Sidi Cheikh, qui ont suivi Abd el-Kader dont l'influence commençait à se faire sentir dans le Sud, et lui fournissant des contingents pour attaquer la France. De nouveau, avec le même régiment, en 1868, Maillé participe à l'expédition punitive sur Laghouat avec la colonne Cerez.

Dans quelques jours, je remonterai à la source, en me rendant au nord de la Loire à Freigné, au château du maréchal de Bourmont qui commanda l'expédition d'Alger en 1830 : les grandes affaires de ce pays se jouent dans un tout petit triangle de mon Anjou natal. Toute cette noblesse rurale du XIXe siècle, dont pas un n'accueillera de bon cœur la république, s'est mise au service de la France dans l'armée d'Afrique. La conquête de l'Algérie, puis sa pacification, sont une mission de la France. « Il y a une loi politique, ayant la rigueur d'une loi physique, qui oblige la civilisation en contact avec la barbarie ou avec les peuples en décadence à marcher en avant[1]. »

Sous le Second Empire, le comte se fixe à La Jumellière, où il va faire reconstruire l'ancien château dans un style que l'époque a beaucoup pratiqué, le style néo-classique, en concurrence avec le néo-gothique. Un Louis XIII éclectique, en brique et pierre, doté de tout le confort, extrêmement moderne pour l'époque. On y pratique un art de vivre raffiné, un parc à l'anglaise est créé avec la participation des célèbres Duchêne père et fils – qui ont redessiné les jardins de Chaumont. À La Jumellière, le comte de Maillé mène une vie de travail, austère et réglée. C'est le modèle du « vrai chrétien », note Jean-Luc Marais[2]. Son éloge funèbre dresse le tableau de « l'utilisation chrétienne de la vie ». Une vie selon l'Église : un homme riche est « l'économe de Dieu » par la bienfaisance qu'il exerce envers les pauvres et envers l'Église, qui ne vit plus que de dons.

La Jumellière est la partie sud du fatal triangle que j'ai dessiné en commençant ; à son extrémité nord, à une cinquantaine de kilomètres de là, c'est le château du Bourg-d'Iré. Le comte de Maillé y rend souvent visite au comte de Falloux. Régulièrement élu et réélu, le comte de Maillé retrouve le 22 septembre 1889 son siège dans son ancienne circonscription de Cholet.

D'où l'échange avec Clemenceau, lui-même descendant de « Bleus » vendéens, que j'ai relu le matin de ma descente vers La Jumellière. L'occasion en est l'interdiction d'une pièce de Victorien Sardou, *Thermidor*, qui avait été jouée au Théâtre-

Français et jugée antirépublicaine. La mémoire de la Vendée est un foyer mal éteint qu'on ne cherche pas trop à rallumer dans ces années-là. Mais pour le comte de La Jumellière, elle est vive : le bourg a presque entièrement brûlé à la Révolution. Les colonnes infernales y ont commis des exécutions de masse. C'est Cordelier qui les dirige. Nous sommes en janvier 1794. Cordelier est arrivé à Saumur le 29 novembre et à Angers le 1er janvier. Il dirige la 5e division, 9e colonne, sous le commandement de Turreau. Le 25 janvier, il écrit : « Je suis arrivé aujourd'hui au village de Neuvy que j'ai trouvé incendié. Je n'ai point été inquiété dans ma route ; mais j'ai appris par des femmes qui sont restées dans les maisons échappées aux flammes, qu'environ cinq cents brigands, partis armés de fusils, et d'autres de bâtons, étaient passés à Neuvy deux heures avant mon arrivée. Il paraît qu'ils venaient d'un endroit nommé le Moulin des Landes des Mauges, où s'est fait ce rassemblement. Je ne dois pas te laisser ignorer qu'un bataillon de Maine-et-Loire, stationné à Sainte-Christine, distant d'une demi-lieue de Neuvy, informé qu'il existait un rassemblement de brigands de ce côté, vint les attaquer le matin ; mais, malheureusement, il fut mis en déroute et obligé de se replier sur Chalonnes et Saint-Florent. Je ne sais ce qui a pu occasionner cette déroute, les apparences seules me portent à croire que le commandant de ce bataillon s'est maladroitement engagé dans un défilé que lui présentait le ruisseau du Jeu, où j'ai trouvé quatre à cinq volontaires tués à peu de distance. Avant de partir ce matin de La Jumellière, j'ai fait passer au fil de la baïonnette environ vingt individus tant hommes que femmes, convaincus d'avoir participé aux troubles qui ont eu lieu dans ce département. De tous ceux qui composaient la municipalité, le maire seul est conservé, ayant été reconnu citoyen. En partant de La Jumellière, j'ai dirigé une colonne sur le village de Saint-Lézin, à laquelle j'ai attaché Flavigny. Je lui avais donné l'ordre de le livrer aux flammes et de passer au fil de la baïonnette tous les habitants, ce qu'il m'a dit avoir ponctuellement exécuté. »

Louis Monnier, Vendéen, témoigne sur le massacre de

La Jumellière du 25 janvier 1794 : « À une demi-lieue de La Jumellière, j'aperçois un homme, dans le coin d'un champ de genêts, qui baissait la tête et la relevait ; je crus que c'était l'ennemi qui était dans le champ de genêts... Ce malheureux m'aperçut et se sauva. Je lui criai "Arrête ! ou tu es mort". Il vint à moi ; je lui dis "Que fais-tu là ?". Il avait une pelle sur son épaule ; il me dit "Ah ! j'ai eu grand'peur". Il se mit à pleurer. "Voyez, me dit-il, dans le milieu du chemin, ma femme égorgée, mes cinq enfants avec, et je suis à faire une fosse pour les mettre." Je fis dix pas ; j'aperçus une femme étendue dans la boue, un enfant sur le bras gauche, un sur le bras droit, un autre sur la jambe gauche, un autre sur la droite, et le cinquième au sein de sa mère ; tous avaient la tête ouverte, le cerveau ôté et mis dans la poche de tablier de la mère. Jamais aucun homme ne pourra croire une barbarie pareille. Cependant, le fait est constant, je l'ai vu de mes yeux et j'en ai pris note. À un quart de lieue de La Jumellière, j'aperçois, dans un coin du chemin, un monceau de victimes, amoncelées comme une corde de bois, entre un chêne et un grand piquet. Il y en avait à la hauteur d'un homme et plus de quinze pas de long, tête à pied. Ce spectacle m'effraya. »

Dans une seule journée, le 28 février, la colonne de Cordelier fait aux Lucs-sur-Boulogne 563 victimes (Loire-Atlantique, à 100 kilomètres de La Jumellière)[3].

Le village a été reconstruit par la suite.

14 heures. J'ai laissé les livres derrière moi, mais je me sens chargée à bloc d'évocations historiques, que je compléterai encore à mon retour. Et me voici sur la route en direction de La Jumellière. Le froid est toujours aussi vif, j'ai dû dégager ma voiture prise dans un vrai bloc de glace. À côté de moi, sur le siège avant, près de mon appareil photographique, des feuillets sommairement attachés, avec des dates, des itinéraires, des noms de localités, des citations. Je roule peu de temps, tout cela est très proche, il m'a suffi de traverser la Loire et de passer

par Chaudefonds : me voici arrivée à La Jumellière, persuadée que je trouverais du premier coup le château. Il n'en est rien. Je tourne, vire, consulte en vain carte et GPS. Enfin une masse, indécise, entre les troncs pourtant dépouillés, avec de beaux volumes, de la pierre blanche et de la brique rouge, et une grille qui ne semble pas servir souvent. Cela m'étonne, car le château est devenu une résidence d'hôtes. Est-ce que ce ne serait pas en fait le château des Buhards construit dans les mêmes années et le même style pour le maire d'Angers, René Montrieux ? Je n'ai pas pu le vérifier, je n'ai pas eu de réponse au courrier électronique que j'ai adressé au château de La Jumellière.

Au fond, qu'importe ? Ce que je cherche avant tout, c'est à charger de vie la mémoire historique ; pour cela il me suffit de ces grands bois, de ces solitudes, de ces façades monumentales mais à peine entrevues. Cela me suffit : peut-être seulement du nom même de La Jumellière dans la manière locale de prononcer le mot, avec ce « j » chuinté, et ce fameux « e » angevin si particulier, sonorité douce, feutrée, qui dit les voix lentes, et le temps long.

16

Vers Beaupréau,
« obscure métropole de l'idiotisme des Mauges »

La formule n'est pas de moi mais du conventionnel La Révellière-Lépeaux. Ce même samedi, en effet, s'il avait fait moins froid, j'aurais bien voulu pousser en direction de Beaupréau (prononciation locale : « Beaupreau », on ne tient pas compte de l'accent sur le « e »), parce que c'est là qu'en octobre 1793 la bataille de Cholet s'est préparée, première grande défaite vendéenne, où périt Bonchamps : lutte formidable de lions contre des tigres[1]. Un chemin part de Beaupréau vers Cholet : c'est là que la colonne de Vendéens s'est engagée, une vingtaine de milliers de Vendéens, attendue plus au sud par les « Mayençais » de Kléber et Marceau.

Mais je renonce. Est-ce qu'il ne vaudrait pas mieux oublier tout cela un instant, et suivre paisiblement l'une de ces charmantes petites rivières comme le Jeu ? Ou cette autre, l'Oyon ? Merveilleuses vallées au printemps quand les terres gorgées d'eau voient pousser l'étrange gogane, la « fritillaire pintade », emblématique de la vallée de Loire. Mais je ne fais ni l'un ni l'autre. Je me suis donné une tâche, une mission, je dois la remplir le plus exactement que je peux ; et il me paraît bien plus nécessaire de faire entendre, à ceux pour qui le nom de Beaupréau ne signifie rien, de quoi il est porteur, dans cette région et au-delà.

C'est un nom d'une immense portée symbolique, depuis l'ouverture de son petit séminaire, devenu au XVIIIe siècle le rival du collège de l'Oratoire à Angers, ouvertement cartésien. Au XIXe siècle, différentes institutions catholiques, comme le collège de Beaupréau ou, dans le Segréen, celui de Combrée, sont de puissants éléments dans la machine de guerre et de reconquête qui s'est mise en place contre la Révolution et pour prévenir son retour. Y ont été formés ceux qui ont le mieux représenté au XIXe siècle ce cléricalisme appuyé. Je mesure la portée de ce que je suis en train de faire : on m'en tiendra rigueur, on y verra le retour d'un anticléricalisme désuet, dépassé. Il n'en est rien, ce n'est pas un combat d'arrière-garde. Comment expliquerait-on, sinon, qu'une lutte de trente ans ait été nécessaire pour qu'enfin s'ouvre, en 2015, un lycée public à Beaupréau ? Et que les mêmes résistances se soient fait entendre contre l'ouverture d'un collège public ? Qu'on veuille instruire ses enfants dans un établissement privé, religieux, est une chose. Le refus d'ouvrir une école publique en est une autre, elle a ici un sens sur lequel on ne peut se tromper : il fait douter des convictions républicaines que, par ailleurs, on continue de proclamer.

La création de ce collège-séminaire avait au XVIIe siècle répondu pleinement à l'esprit de la Contre-Réforme (autrement dit à l'étouffement de l'esprit du protestantisme). Il sera au moment de la Révolution considéré par un ancien élève, La Révellière, déjà cité dans l'affaire des « quercilâtres », comme le bastion de « tout ce que le sacerdoce a de plus ignorant, de moins décent dans ses mœurs et de plus fanatique ». Et de la résistance armée : Beaupréau est la patrie de d'Elbée, le général fusillé à Noirmoutier. Fermé en 1792, il se trouve « au centre, à peu près, de la véritable Vendée militaire, de cette population héroïque, qui se leva spontanément et comme un seul homme, pour secouer le joug ignominieux que la Convention faisait peser sur la France ». Tels sont les mots par lesquels, en 1900, l'abbé Bernier le présente dans sa *Notice historique sur le collège de Beaupréau et sur M. Urbain Loir-Mongazon*. Il n'y a rien d'étonnant à ce qu'il soit du parti des prêtres insermentés : le collège de Beaupréau est un foyer de « civilisation chrétienne », « la meilleure de toutes, la seule même qui soit bonne, absolument et sans restriction », pour un peuple attaché à la culture de la terre. Quand au XIXe la contre-offensive catholique se met en place contre les idées de la Révolution, et la crainte de leur retour, le collège est rouvert (1816) avec l'abbé Urbain Mongazon qui en 1761 l'avait marqué de sa personnalité. (Il fondera en 1833 à Angers l'établissement qui aujourd'hui porte son nom.) Après 1830, le collège est « considéré comme un foyer de réaction et un asile pour Vendéens ».

Je pense en me réveillant le lendemain matin à tout ce qui a pesé et pèse peut-être encore sur ces localités enfoncées longtemps dans le souvenir de la Vendée militaire, en proie à l'offensive catholique contre la Révolution, les Lumières, la république. Et à ce peuple de paysans du bocage, que la Révolution voulut rallier en les fusillant, selon un mot célèbre. Et que l'Église a utilisés contre la république. Ils n'étaient pas, au départ, les ennemis de la Révolution. J'en reviens toujours là : ils sont ma famille, je parle leur langue. Et nous, les républicains, nous ne les avons pas toujours bien compris. Mais, en face, la contre-offensive catholique du XIXe a considérablement brouillé la recherche des causes et l'interprétation de la guerre de Vendée. En mettant l'accent sur la révolte au nom de la religion, elle a paradoxalement conforté la « version révolutionnaire » : un peuple ignorant, son fanatisme religieux, l'appui d'un clergé « affamé de théocratie ». Tels étaient les termes de Lequinio, Breton de Sarzeau, représentant en mission auprès de l'armée de l'Ouest, dans son rapport du 1er avril 1794 au Comité de salut public sur la situation de la Vendée.

Or Célestin Port le notait déjà dans sa *Vendée angevine* (1888) : le paysan n'est pas contre-révolutionnaire « par nature » : la Révolution a d'abord été favorablement accueillie par une population accablée d'impôts, écrasée par la gabelle. Puis elle s'est retournée contre la Révolution. Pourquoi ? À cause de la conscription et de la Constitution civile du clergé.

Le soulèvement sera utilisé et encouragé par la noblesse et les émigrés – dont le rôle est cependant contesté par quelques historiens. Les paysans ont vu les terres leur échapper : ce sont les bourgeois des villes « bleues » qui profitent de la Révolution. Kropotkine va même un peu plus loin dans son livre *La Grande Révolution 1789-1793*[2]. Le peuple qui aspire à un changement a conçu de la haine pour l'aristocratie et le clergé. La bourgeoisie, indifférente en matière de religion, voit la Révolution comme un moyen d'enrichissement personnel par le biais de l'exploitation. Quant à la nature religieuse du soulèvement, tous insistent sur l'attachement de la population à leur curé : c'est le seul qui sait lire, il est le ciment de leur communauté, leur seul lien avec Dieu peut-être mais aussi avec le plus vaste monde qui les entoure.

Mais que cet attachement à « leur » monde ait eu de la valeur, et tourne autour de valeurs, nous ne nous en soucions guère. (Je tourne et retourne sans cesse le rouet de mes obsessions.) Michael Walzer : « l'idéologie politique séculière des architectes de la libération » est une « idéologie qui méprise la religion et le mode de vie traditionnels en tant qu'ils ont durablement fait obstacle à la conscience de soi politique du peuple et à son entrée dans la modernité ». 93 est « le berceau sanglant de la "modernité" » (Michel Ragon). Et la Vendée « le berceau de la résistance des peuples, inventant la guerre révolutionnaire ». Peut-être que je me répète, mais c'est si grave, si lourd ! Et de telles conséquences ! Sommes-nous capables d'accepter, d'admettre aujourd'hui ceux qui manifestent une pareille incompréhension, à nos yeux choquante, de la modernité, une modernité dont, eux aussi, comme les paysans de 93, ils profitent si mal ?... De ces résistances, de cette incompréhension, la classe dominante, les nobles conservateurs, se sont largement servis : ils les ont utilisées dans leur refus de la république, qui persistera jusque dans les années de la fin du XIXe siècle. « Le Segréen et les Mauges s'obstinent au XIXe siècle comme au XVIIIe dans le refus de la république, qu'acceptent les communes de la vallée de la Loire, du Baugeois et du Saumurois » (Jean-Clément Martin)[3].

17

Metalla : les Mauges ouvrières

Dans un article de 1934, intitulé « Bocage et plaine dans le sud de l'Anjou[1] », le géographe Louis Poirier, qui n'avait pas encore changé son nom en celui de Julien Gracq, écrivait : « Le paysage du Bocage diffère en tout point de celui de la Plaine [...] Bocage et Plaine en Maine-et-Loire s'opposent aussi depuis longtemps comme le pays de la grande et le pays de la petite propriété. » Je continue : « La grande propriété revêt en Anjou des caractères particuliers. Les châteaux çà et là s'éparpillent au milieu des champs, et, détail important, le grand propriétaire qui, presque toujours, est un noble, réside d'une façon permanente sur ses terres. Quoique souvent très riche, il reste un gentilhomme campagnard, qui aime à chasser, à visiter ses terres, à prendre contact avec ses paysans, ses "hommes". Cette particularité, qui lui confère la puissance politique, lui confère aussi la possibilité de surveiller lui-même et souvent avec beaucoup de capacité, la gestion des terres qu'il a affermées [selon] des conditions de fermage de caractère patriarcal et féodal, évoquant les redevances en nature de l'Ancien Régime. »

Ce monde-là n'a pas survécu à la guerre, à la Libération, aux Trente Glorieuses (1945-1975). Le château du comte de Maillé offre maintenant des chambres d'hôtes. Aujourd'hui le comte de Maillé n'obtiendrait pas gain de cause pour choisir l'emplacement d'une église, comme vers 1850 : le comte la voulait plus près de son château. Et le curé de son presbytère. Vaincu, il quitte la cure. La propriété foncière n'est plus aujourd'hui le socle du pouvoir politique. Mais les Mauges ne sont pas entièrement sorties de l'orbe des dominations soutenues par l'Église. Du poids de l'école dite libre. François Fillon a obtenu d'excellents résultats dans la plupart des communes des Mauges. Ce qui est confirmé ici, ce n'est pas seulement un ancrage à droite, c'est le retour d'une droite dont ici on a une expérience séculaire : conformisme moral, et catholicisme traditionaliste. (Le même François Fillon, le 9 avril 2017 : « Je n'ai participé qu'à une seule manifestation dans ma vie, c'était en 1984, pour l'école libre. ») Alors, les paysans des Mauges, otages des deux côtés ? D'une révolution qui les écrase, d'une Contre-Révolution qui les soumet à ses fins ? Et dont fleurissent aujourd'hui de nouvelles pousses ?

Preuve supplémentaire de la puissance d'un ordre théologico-politique qui s'est installé à travers les siècles dans la région : il n'y a pas été battu en brèche par l'expérience des luttes ouvrières. La soumission séculaire s'y est perpétrée, jusque dans cette partie des Mauges, « metalla », selon Célestin Port, siège d'une économie minière et, encore aujourd'hui, industrielle, quoique très affaiblie par les crises économiques successives. Il ne s'y développera pas cet esprit de révolte, sécularisé, voire antireligieux, et anarchiste, qu'on constate à Trélazé, la banlieue rouge. Pourquoi ? Mais c'est la région de Beaupréau, l'« obscure métropole », etc. Les Mauges, dit une autre étymologie, ce sont les « mauvaises gens ». Sous ce titre, Étienne Davodeau a construit une remarquable bande dessinée qui raconte l'histoire de ses parents, jeunes syndicalistes chrétiens des années 60 travaillant autour de Saint-Macaire-en-Mauges, capitale de la chaussure, aujourd'hui encore. Le contexte politique, économique, social et culturel est celui de la France des Trente Glorieuses puis des années de crise : élévation du niveau de vie, dureté du travail en usine, rapports conflictuels entre ouvriers et patrons dans une société marquée par la croissance. Dans une région aussi croyante, le choc est rude : la religion est au cœur de leur vie et, pour des gens élevés dans la foi, c'est un déchirement quand il leur faut affronter un patron catholique. C'est la lutte entre le clocher (de l'église) et la cheminée (de l'usine) : variante de la lutte du muguet contre l'églantine. Mais c'est aussi par l'intermédiaire de la religion que viennent les premiers frémissements d'une prise de conscience : ce sont de jeunes prêtres-ouvriers qui leur montrent la nécessité d'une union ouvrière. Ils créent les premiers clubs associatifs et aident à l'émancipation des jeunes filles en les aidant à s'organiser entre elles.

Tout cela a cinquante ans, et plus. Cette histoire de patrons chrétiens est sans doute d'un autre temps. Mais une fois encore, la persistance du vieux fond me frappe : voir ce qui s'est passé récemment autour d'une grande marque de la région, Éram, qui dans une publicité de 2011 a déplu fortement aux catholiques. *Libération*, 27 septembre 2011 : « La dernière campagne de pub d'Éram, "La famille, c'est sacré", avait pourtant tout pour plaire aux catholiques. » Et pourtant, cela ne s'est pas passé ainsi : à 100 kilomètres de Sablé, le « fillonisme » de la Vendée angevine s'est manifesté. « Chrétiens libres[2] », blog très offensif, a des sursauts de nausée en découvrant certains slogans : « Comme disent mes deux mamans, la famille c'est sacré. » Protestations aussi du forum « Fecit » proche de la Fraternité Saint-Pie X, animé par un certain Hugues Mauriac : c'est de la propagande homosexuelle, il faut boycotter Éram ! Un autre dénonce « le totalitarisme marchand et son athéisme laïcard ». Le groupe riposte en rappelant que la marque, fondée en 1927 par Albert-René Biotteau, a toujours su concilier les traditions chères à la région des Mauges et l'avant-gardisme. L'avant-gardisme ? Vraiment ? On aurait tort de voir dans les communicants d'Éram des apôtres de l'émancipation : les publicitaires font feu de tout bois, avec un cynisme sans mesure. J'espère donc que nous ne sommes pas condamnés au face-à-face désespérant des tenants d'une religion moralisatrice et des marchands, prêts à tous les détournements pour assurer la poursuite du profit.

L'industrie de la chaussure, dans les Mauges, est entrée dans une crise durable ; plus encore les mines d'uranium, notamment à Saint-Crespin-sur-Moine, définitivement fermées dans les années 90. On ne le regrettera pas, si l'on songe aux dangers de leur exploitation, brûlures de l'acide servant à l'extraction, présence du radon, humidité, obscurité. Mais leur fermeture a privé d'emploi d'anciens ouvriers de la chaussure, tombés au chômage, ou des ouvriers agricoles. Les plus graves sont les conséquences sociales, la disparition de la solidarité ouvrière : question essentielle de notre époque. Or celle-ci était puissante dans le bocage industriel. Elle unissait les ouvriers entre eux, et créait des liens extrêmement forts avec les « immigrés », venus d'autres régions de France, la Vendée, la Sarthe, l'Orne. Ou comme à Trélazé et, dans les mines et ardoisières du nord de l'Anjou (j'y serai dans quelques jours), Noyant-la-Gravoyère et Nyoiseau, venus d'Italie et de Pologne. « Les vrais mineurs étaient solidaires, parc' que quand ils descendaient au fond, ils étaient tous frères. Quand y en avait un qu'était en difficulté, on le soutenait et pis c'est tout », dit un ancien mineur[3].

La réponse sociale a été pendant longtemps la réponse à la question de l'immigration – c'est-à-dire de l'intégration. L'emploi en est la première condition : je me le suis redit plus d'une fois, en allant sur les traces de l'activité industrielle de cette grande région rurale. La république plus le chômage, c'est une combinaison chimiquement bien peu stable.

18

« La sainte île de Béhuard »

15 janvier. Comme c'est dimanche, je vais m'offrir un pur moment d'anticléricalisme basique ou, pour parler plus doctement, de contestation des entreprises théologico-politiques dont ma région natale s'est fait, au XIXe siècle, une spécialité. Et trouver une de ces occasions, qui se multiplient en ce moment, de sortir de cette « paix armée » où j'ai cru trop longtemps qu'on pouvait vivre avec les croyances religieuses. Je me propose en effet d'aller revoir un lieu qu'au demeurant j'aime beaucoup, à cause de la Loire et de ses maisons : l'île de Béhuard, à quelques kilomètres du centre de Savennières. De mon rocher, quand on descend vers le fleuve, on peut apercevoir ses arbres entre deux miroitements d'eau. C'est un lieu de pèlerinage parmi les plus fréquentés de la région.

10 h 30 : froid très vif, lumière admirable, la glace fond lentement sur les vitres de la voiture, j'écoute de la musique. Je descends la côte des Forges, longeant la voie ferrée, laissant à ma droite le beau parc du château de Varennes, et les souvenirs du major Pirie en kilt dans les rues du village. Et je tourne à gauche pour prendre la « route des ponts ». Au moment des inondations, nous aimions par jeu nous avancer sur cette route jusqu'aux limites du flot bourbeux qui venait presque battre le talus du chemin de fer. Des maisons en émergeaient, parfois leur toit et sa cheminée seulement, ainsi que les têtes noueuses

des aulnes taillés court. Puis l'eau se retirait, laissant pendant des semaines une trace limoneuse qui tardait à sécher. Alors la gogane se mettait à fleurir dans les prairies gorgées d'eau.

Je passe le pont du petit bras, dit de « la Guillemette », j'oblique vivement à gauche et me voici dans l'île de Béhuard, longue bande de terre habitée, cultivée, plantée de beaux arbres, lieu fragile, à cause des courants. La Loire y fait des ravages lors de ses crues. Des inondations la recouvrent jusqu'à six fois, rien que dans l'année 1866. René Bazin : « Les cloches sonnaient, celle de Béhuard et celles de dix autres paroisses cachées dans le bleu des collines, autour du lac immense que formait le fleuve[1]. » Je range la voiture le long du fleuve, je fais quelques photos, et je me dirige vers le sanctuaire.

Des pèlerinages, en Anjou, il y en a des dizaines, ici, et un peu partout. Selon le site « Mauges et Bocage », « l'Anjou se distingue entre tous par sa dévotion à la Sainte Vierge. Notre-Dame y porte le nom d'Angevine et vingt-deux villes du diocèse l'honorent comme leur patronne. Ses sanctuaires renommés y sont toujours vivants : Béhuard, Le Marillais, Les Gardes, etc. Angers et Saumur en comptaient de prestigieux : le Ronceray pour l'un, les Ardilliers pour le second ». Mais celui-ci mérite qu'on s'y attarde. Car son histoire est moins celle d'une ferveur religieuse que d'un projet politique. Il avait en effet disparu pratiquement depuis des siècles lorsque Mgr Freppel le réveille en 1873. « Cette île sainte de Béhuard, où pendant de si longs siècles rois et peuples, tous venaient déposer aux pieds de la Mère de Dieu l'hommage de leur culte[2] », dit Mgr Freppel. Je regrette, monseigneur, mais c'est très exagéré : pendant de longs siècles, le pèlerinage de Béhuard a été complètement oublié. C'est vous qui l'avez réveillé artificiellement en 1873. L'année 1873 n'est pas choisie au hasard : c'est celle de la fin officielle de la guerre de 70. Verdun est occupé, la France amputée de l'Alsace-Moselle. Surtout : c'est l'année où le maréchal de Mac-Mahon a été élu le 24 mai président de la République. Sorti du petit séminaire d'Autun, élève de Saint-Cyr, Mac-Mahon fait une carrière militaire essentiellement marquée par l'Algérie. Il participe à la conquête d'Alger en 1830, s'illustre dans les années suivantes par des raids contre les Bédouins et dans la prise de Constantine. Après la guerre de Crimée, il est une fois encore envoyé en Algérie, sur sa demande, et il écrase complètement les Kabyles. Fait maréchal par Napoléon III et duc de Magenta, il sera nommé gouverneur général de l'Algérie en 1864 et, nommé en 1871 à la tête de l'armée des « Versaillais », il réprime durement la Commune.

Tel est l'homme que la république a élu comme son second Président (le premier est Thiers qui ne vaut pas mieux), avec les voix des royalistes. Cette république-là, il n'est pas trop difficile de s'y rallier, ou du moins de conclure avec elle une alliance tactique. L'élection de Mac-Mahon a ravi Mgr Freppel, violemment hostile pourtant à la république, qui lui adresse un message de félicitations. Une exposition de 2015 consacrée à Mgr Freppel à la bibliothèque de l'Université catholique de l'Ouest a présenté sa correspondance avec Mac-Mahon, qui investit Freppel et le Comité royaliste du Finistère comme candidat aux législatives de juin 1880.

D'où la résurrection de Béhuard, qui s'était progressivement effacé des mémoires.

Le culte de la Vierge au rocher de Béhuard date de Louis XI qui, ayant échappé à la noyade, y fait édifier un sanctuaire auquel il offre une cloche. Il revient en 1472, séjourne quinze jours chez le chapelain, et il s'y trouve de nouveau en 1474. C'est de cette époque que date la reconstruction de l'édifice actuel. Par un acte de mars 1481, Louis XI institue un chapitre royal, composé d'un doyen, de six chanoines, de six chapelains et de trois choraux, à l'entretien desquels il affecte entre autres les revenus du « trépas de Loire » (bureau de péage) qui se trouve aux Ponts-de-Cé. Bien avant, dit-on, c'est notre saint Maurille de Chalonnes, le patron des pêcheurs, qui aurait consacré à Béhuard une statue de la Vierge des mariniers vers 450. Mettant ainsi un terme aux activités d'un certain Béhu, démon, ou magicien, qui menaçait ou rançonnait les voyageurs[3].

À partir de là, il n'est pas certain, malgré ce qu'on dit depuis la fin du XIXe siècle, que dans le haut Moyen Âge riverains et pèlerins soient venus prier au rocher de la Vierge, « en Buhard », comme on disait il y a encore un demi-siècle. (« Buard » ou « Buhard » étant le nom du chevalier qui en fait don à l'abbaye Saint-Nicolas. Laquelle y installe une écluse, des moulins et une chapelle.) Quoi qu'il en soit, le culte de la Vierge de Béhuard disparaît progressivement : à la Révolution, l'île est un poste de surveillance pour les républicains.

Le jour de la fête patronale, le 8 septembre 1873, Mgr Freppel entreprend de renouveler le pèlerinage. (Deux ans plus tard, en 1875, il fonde l'Université catholique de l'Ouest.)

Statue de Mgr Freppel (détail), place Sainte-Croix à Angers, par Léon Morice, 1923.

Si on voulait résumer d'un mot la figure de Mgr Freppel, on l'emprunterait à la revue *Résurrection*, dans son numéro 18, de juin 2002 : « un évêque de combat », ardent notamment dans « la lutte contre le laïcisme républicain[4] ». Né à Obernai,

Mgr Freppel est sacré évêque d'Angers à Rome le 18 avril 1870, dans les tout derniers mois de l'empire. Son action va être rapidement déterminante au premier concile du Vatican qui se tient alors autour de la question de l'infaillibilité du pape. Selon lui, l'infaillibilité ne vaut que pour les questions de dogmes, pas au-delà : il se trouvera donc vingt ans plus tard « providentiellement préparé » lorsque le successeur de Pie IX, outrepassant ses droits, prétendra commander aux Français le ralliement à la république impie et persécutrice, par opportunisme et libéralisme. Les libéraux catholiques utiliseront alors cette arme formidable de l'infaillibilité du pape pour imposer leurs opinions à toute l'Église, selon l'axiome cher à Mgr Lavigerie : « Il faut toujours obéir au pape vivant. » J'emprunte ce récit au site « La Contre-Réforme catholique au XXIe siècle », dont le fondateur est l'abbé de Nantes : « Mgr Freppel s'élèvera alors, seul contre tous, pour défendre la vérité catholique. » Son hostilité à la république n'aura jamais failli.

Ni l'esprit de reconquête sous le signe duquel Mgr Freppel place son magistère. Béhuard est la preuve de l'existence constante de revendications théologico-politiques dans cette partie de l'Ouest angevin. Et le symbole de ces récupérations spirituelles, d'une ferveur artificiellement grossie, à des fins politiques. D'où la construction en Anjou d'innombrables « grottes de Lourdes » : Wikipédia en dénombre une trentaine, comme celle de La Tourlandry, en un matériau « peu honnereux », dit le site. Ou, dans le Segréen, celle que fait édifier la famille Rougé. La résurrection du pèlerinage de Béhuard est un de ces moments de « recharge sacrale », notion proposée en 1987 par Alphonse Dupront dans son anthropologie du pèlerinage[5]. « Au lendemain de la rupture révolutionnaire et d'une époque ébranlée par la contestation interne du siècle des Lumières, écrit-il, l'enjeu pour les autorités ecclésiastiques est de relancer la foi par un immense élan de restauration institutionnelle, matérielle, religieuse, intellectuelle mais aussi sacrale. » L'engouement pour le culte de la Vierge est renforcé par le dogme de l'Immaculée Conception proclamé en 1854, par les apparitions miraculeuses de la Vierge à Lourdes en 1858 et, déjà, de La Salette en 1846.

19

De simples coïncidences ?

Cette résurrection n'est qu'un épisode d'une curieuse histoire : celle des coïncidences entre un événement « spirituel » et un événement politique. Le procédé en est expérimenté tout au long du XIXe siècle, et il se poursuivra bien au-delà. Sans doute la Vierge n'est-elle pas apparue à Béhuard, mais elle n'a pas manqué de le faire ailleurs, en 1830[1], en 1846, en 1858. Et à chaque fois, porteuse d'un message explicitement politique. À La Salette, en 1846, elle confie un « secret » à une petite fille, Mélanie. Ce « secret », révélé en 1858, c'est que la France perd la foi et que dans le monde un « monstre affreux » apparaîtra au début du XXe siècle. Est-ce qu'on ne l'a pas un peu réécrit, ce message de la Vierge, pour le faire coïncider avec la révolution russe ? Le site « Marypages » fait une allusion transparente aux « fausses doctrines », « matérialistes », diffusées dès le milieu du XIXe siècle – notamment par un certain Karl Marx, auteur en 1848 du *Manifeste du parti communiste*. Rien ne pouvait indigner davantage Grégoire Bordillon que les « prétendus miracles » de La Salette, dans cette Isère où il fut préfet, déplacé par Napoléon III en 1855. Ainsi que la diffusion, en France et en Italie, d'un « misérable petit livre qui se trouve entre les mains de toutes les dévotes » intitulé *Vie et miracles de sainte Philomène* (lettre du 25 décembre 1854). « Le tout sous le patronage de l'archevêque de Tours ! Grossière supercherie, oui ! »[2]

À l'époque, l'évêque de Tours, c'est Mgr Dupanloup, qui attribuait les inondations de la Loire à la colère de Dieu, furieux de la réédition des œuvres de Voltaire.

Et les coïncidences ne s'arrêtent pas là : après la guerre, en 1947, près de Saumur, aux frontières de l'Anjou, la Vierge apparaît à des enfants dans l'église de L'Île-Bouchard, les 8 et 9 décembre. Sous la forme d'un « beau ange », puis d'une « belle dame » qui leur baise la main en y laissant une trace phosphorescente. Émoi tout autour, etc. La Vierge s'exprime dans un français un peu maladroit : « Je vais vous dire un secret que vous pourrez dire dans trois jours : mes enfants, il faut beaucoup prier pour la France : ces jours-ci, elle est en grand danger. » 1947, c'est le temps des grandes grèves, plus tard qualifiées d'« insurrectionnelles »[3]. (C'est aussi dans nos vignobles l'année d'une cuvée admirable, restée légendaire : ces vérités-là nous appartiennent aussi, et elles forment un contrepoint heureux à la violence de l'histoire.)

En décembre, au terme de débats d'une extrême tension, l'Assemblée a voté une loi sur la « défense de la République et de la liberté du travail ». Le 8, le père Georges Finet, fondateur en 1936 avec Marthe Robin des Foyers de Charité, entre dans la chambre de celle-ci vers 8-9 heures du matin et lui dit : « La France est foutue ! » Mais Marthe répond : « Non, père, la Sainte Vierge va apparaître et demander la prière des petits enfants. » Le même jour, à 13 heures, la Vierge Marie apparaît à L'Île-Bouchard. Marthe Robin est une jeune paysanne qui, « toutes les semaines, revit la passion de Jésus en croix » et subsiste « sans aucune nourriture solide », sauf une hostie qu'on lui apporte une ou deux fois par semaine.

Ce n'est donc pas tout à fait un hasard si la Vierge s'est exprimée à L'Île-Bouchard en décembre 1947 : il s'agissait de sauver la France du péril communiste, rien de moins. Le maréchal Pétain avait, lui aussi, entrepris de sauver la France du péril rouge en la plongeant dans la teinture brune. Mais pour ne laisser rien au hasard, n'avait-il pas décidé de consacrer la France « au Cœur immaculé de Marie » ? Les petites filles de 1947 étaient les élèves de l'école fondée par Jeanne Delanoue en 1730 et qui porte son nom. Jeanne Delanoue, morte en 1736, originaire de Saumur, avait consacré sa vie et ses fondations à l'« évangélisation de l'ouest de la France », particulièrement de l'Anjou et de la Touraine. Dans une union mystique avec elle, la Vierge Marie l'avait accueillie par ces paroles : « Voilà, voilà celle que je fais chercher depuis longtemps. » Elle fut béatifiée en novembre 1947, et canonisée en 1982 par Jean-Paul II.

Le 8 décembre 2001, « à la suite d'une enquête », Mgr André Vingt-Trois, alors archevêque de Tours, « autorise ces pèlerinages et le culte public célébré en l'église paroissiale Saint-Gilles de L'Île-Bouchard ». Le 8 décembre 2014, Mgr Delmas, évêque d'Angers, a béni la nouvelle paroisse Sainte-Jeanne-Delanoue à Saumur.

Retour à Béhuard. J'avais entamé ma promenade en commençant vers le sanctuaire, bâti sur un rocher volcanique, sans trop m'interroger sur l'esthétique et l'époque des constructions : peut-être certaines sont-elles plus anciennes et moins laides que l'affreuse Madone qu'un jeune couple (qui parle espagnol) est en train de photographier. Il me sourit, je réponds de même, est-ce qu'on attend de moi une connivence, mais dans quel sens ? Je m'éloigne, et fais quelques pas en direction du fleuve, entre des maisons qu'on aurait plaisir à habiter, même seulement quelques semaines. Un groupe de jeunes cathos marchant d'un bon pas vient à ma rencontre et me salue. À quoi je les reconnais ? À tout. (Ce pas, ces coupes de cheveux bon genre, ces foulards dans le col de la chemise, ce ton de joie inimitable.) Dans quelques mois, le 15 août, se déroulera le pèlerinage attendu du jour de l'Assomption, chapelet à midi, prière à 15 heures, messe des pèlerins à 17 heures. Plus, cette année, une « brocante humanitaire ».

Puis je me réinstalle dans la voiture, d'où j'ai une vue parfaite sur les champs et, à droite entre des branches roussies, sur les eaux couleur aluminium. J'ai ouvert mon carnet, je lis ceci, que j'avais noté avant mon départ : « Actuellement les pèlerinages ont le vent en poupe. *La Croix*, 6 avril 2016 : "Partout en France, des sanctuaires et lieux de pèlerinage connaissent une renaissance, souvent liée à la volonté de l'évêque. Face à une évolution de la demande spirituelle, en dehors de la messe dominicale, les responsables de sanctuaires cherchent à attirer les fidèles en aménageant les lieux et en diversifiant les activités." » J'avais alors complété, c'est dans mes notes, en consultant le site diocésain d'Angers : « Source de dynamisme pour notre vie et notre foi, le pèlerinage est une occasion de déplacement géographique mais aussi de déplacement intérieur et même de dépassement de soi. C'est partir vers nos racines de croyants. On revient toujours transformé d'un pèlerinage ! Vivre un pèlerinage, même très court, c'est aller à l'essentiel de notre foi ; c'est reprendre conscience, ensemble, de la mission à laquelle nous sommes appelés. »

Quant à l'Assomption, mes notes m'indiquent aussi que je m'étais préparée. Je relis : « Pèlerinage ou pas, il a fallu des siècles pour que l'Assomption de Marie, sans fondement scripturaire, devienne un dogme. Fêtée le 15 août, l'Assomption avait déjà pris en France une signification politique majeure, lorsque en 1922 le pape Pie XI proclame la Vierge Marie "sainte patronne principale de la France", sous le vocable de "Notre-Dame de l'Assomption". La Constitution *Munificentissimus Deus* l'instaure le 1er novembre 1950 où on peut lire ceci : "Marie ayant été préservée du péché originel, et n'ayant personnellement commis aucun péché, rien n'obligeait son enveloppe charnelle à attendre la résurrection des corps à la fin des temps." En effet, rien ne l'obligeait.

… Lorsqu'il annonce le 28 août 2016 qu'il sera candidat à l'élection présidentielle, François Fillon abat aussitôt ses cartes. On peut s'y attendre ; comme dit *Libération*, c'est « une épiphanie calotine » comme on n'en a « pas connu en France depuis Falloux ou Mac-Mahon » (23 novembre 2016). Déclarant sa candidature, il ajoute : « Le 15 août j'ai célébré l'Assomption à l'abbaye de Solesmes voisine. » Rien d'étonnant à cela, « l'Anjou et le Maine ont façonné ma manière de penser ». Et le candidat qui alors ne doute de rien conclut : la France est « la fille aînée de l'Église et le pays des philosophes des Lumières ». Je ne crois pas que Joseph de Maistre et Mgr Freppel auraient applaudi à cette formulation et, une fois de plus, je leur donne raison : il ne sert à rien de vouloir nier l'antagonisme fondamental de ces deux France. Dont plus d'un petit village a été le champ de bataille, entre les murs passés à la chaux de son « école publique ». En tout cas, le protestantisme refuse ce dogme, y voyant un signe de la « mariolâtrie » catholique. Quant à l'islam, il y voit un péché majeur, le *shirk*, l'« associationnisme », une adoration qui conjoint Dieu le père, son Fils, et la Vierge Marie… Et je concluais ainsi : « Ce n'est pas du tout une question mineure que celle des dogmes : cette visite à Béhuard me remet en esprit la vigoureuse critique des Lumières, et celle de Renan. » (Là, j'avais écrit : « citation à retrouver ». Je m'aperçois que j'ai oublié de le faire.) « Un dogme ne se soutient que de l'autorité qui le proclame. Pour le pape Jean-Paul II, dans l'encyclique *Fides et ratio*, “la vérité révélée éclaire comme une étoile l'esprit humain, par le moyen de l'Église”. Les héritiers des Lumières laissent aux croyants le soin de voir s'il faut prendre à la lettre cette montée au ciel de la Vierge, ou en donner seulement une interprétation métaphorique. » (Je recopie tout cela tel quel.)

J'ai vraiment froid dans la voiture, moteur coupé. Le soleil est vif mais ne réchauffe pas… Je repars donc, et je file par le deuxième pont jusqu'aux Lombardières (Célestin Port dit Les Lambardières). Comme c'est réconfortant d'aller bon train, dans une voiture silencieuse, sur ces routes que je connais si bien ! Sous mes roues, le revêtement du pont émet des claquements familiers. Il avait été détruit par les bombardements à la fin de la guerre, on a reconstruit sa belle structure métallique, qui datait de 1887-1889 : orgueil de la modernité. De cela aussi, la république était fière, et son école en faisait état. Arrivés au Creusot dans leur tour de France, les deux petits garçons mis en scène par Augustine Fouillée (1877) admirent « les ateliers de construction où se font chaque année plus de cent locomotives, des quantités considérables de rails, des coques de bateaux à vapeur, des ponts en fer ».

La soirée, après le dîner, je me sens d'humeur joyeuse. D'humeur joyeuse et combative : la visite du sanctuaire de Béhuard m'y porte, moins pourtant que la vue de la grotte de Lourdes avec ses prothèses de jambes et de bras suspendues en ex-voto sur un fond de pierres suintantes... En refusant de fonder quelque vérité que ce soit sur la Révélation, ce que je mets en cause, plus encore que la croyance proprement dite, c'est l'Église et sa volonté d'emprise sur le politique. Renan : il serait « plus commode » de chercher à la connaissance, à la politique, à la morale, une révélation, un droit divin. « Le malheur, c'est qu'il n'y a rien de tel, qu'une pareille révélation aurait besoin d'être prouvée, qu'elle ne l'est pas. » Je suis donc loin d'accepter qu'on m'accuse d'une « haine de la religion ».

20

Les fils des croisés ne reculent pas devant les fils de Voltaire

Lundi 16 janvier. Virage à 180 degrés: je vais quitter les bords de Loire pour mener ma première incursion dans le nord de l'Anjou, en direction du deuxième sommet du triangle, à l'autre extrémité du département (voir carte). Destination : le Segréen, et les petites localités du Bourg-d'Iré, de Noyant-la-Gravoyère, de Nyoiseau avec leurs mines et leurs corons, à côté de beaux châteaux du XIXe, comme celui du comte de Falloux. Ou, plus ancien, celui du comte de Bourmont, qui prit Alger en 1830. Le Segréen est un tout autre monde que « la vallée » et même que le bocage des Mauges, par endroits coupé de vignobles. Des paysages sévères, des mines, aujourd'hui fermées, une structure de grande propriété féodale. Pas de vin dans le nord : mais des pommiers et du cidre (c'est tout dire). Pendant longtemps (?), un point commun : un catholicisme étroit.

Naturellement, ce fut une terre chouanne.

14 heures. Je monte tout droit vers le nord dans un paysage entièrement différent de la riante vallée où j'ai établi domicile. Je ne le reconnais pas tout à fait ; les catastrophiques remembrements successifs ont fait disparaître en grande partie les chemins creux et les fossés entourés de haies profuses. À quelques kilomètres de Savennières, c'est le village de Saint-Martin-du-Fouilloux (le « feuillu », par opposition aux essarts, terre défrichée). En 1921, Joseph R., vigneron et jardinier au château des

Vaults, y avait passé son « certificat » : c'était un ami de mon père, et son exact contemporain. Au banquet de son centenaire, en 2009, il tint à réciter, debout, sans une faute de mémoire, les six strophes du poème de Jean Aicard « Sans le paysan, aurais-tu du pain ? » qui se termine ainsi : « Et toute la terre est comme un chantier / Où chaque métier sert à tous les autres / Et tout travailleur sert le monde entier. » Jean Aicard : le chantre de la « petite patrie » et de l'école buissonnière, l'école « des oiseaux, des cigales / Et des roseaux penchés au bord des marais verts ».

Portrait de Joseph R. à Savennières, le 7 octobre 2006.

Je veux placer cette partie de mon récit sous son ombre bienveillante. Ce sont des hommes comme lui qui m'ont fait comprendre et aimer quelques-uns des traits de l'époque, du lieu, du milieu d'où je viens.

Un peu plus loin, je me dégage difficilement d'un réseau de routes à quatre voies, qu'on ne traverse pas sans périls. Partout, le réseau routier a arasé les formes délicates du paysage. Partout les routes étroites et sinueuses ont laissé place à de vastes rubans impeccablement entretenus, deux, quatre fois plus larges, et surtout, plus droits, ne tenant compte ni des reliefs ni des courbes du sol. Ces nouvelles voies ont mordu sur des terres, aplani les cultures, arraché des arbres, et elles survolent des rivières qu'on ne voit même plus. Rien dans les structures délicates de mon pays natal n'appelait ces ruptures brutales, tout y était degré, progression.

Je file cependant bon train et, soudain, par ma vitre laissée ouverte exprès malgré le froid, monte l'odeur incomparable de la terre, de l'eau, des feuilles en décomposition : je retrouve le paysage inchangé de mon enfance. Une petite route, une série de virages courts et puis l'étonnante longue route nationale qui coupe l'Anjou verticalement et qui me semble coïncider avec une fracture politique séculaire. Si la Loire n'a pas suffi à séparer un mouvement profondément commun, celui de la Vendée et la chouannerie, il existe une vraie ligne de séparation, entre à droite l'Anjou « bleu » (et parfois « rouge » comme à Trélazé) et à gauche le bocage austère, vendéen ou chouan, légitimiste et catholique.

Par une alternance de descentes vives et de pentes raides, je traverse successivement Bécon-les-Granits, La Pouëze, où Simone de Beauvoir passait avec Sartre des vacances chez « cette dame » (Mme Morel, de 1939 à 1951). Puis c'est Vern-d'Anjou et Marans. Je n'ai vu qu'au dernier moment l'indication « LE BOURG-D'IRÉ ». Au lieu d'entrer dans Sainte-Gemmes-d'Andigné, j'oblique donc sauvagement à gauche, sans prendre le temps d'aller voir si son église méritait l'arrêté de classement au patrimoine qui la sauve de la démolition. Le soir, je me renseigne : l'Internet nous suit partout, il n'y a plus d'excuses à l'ignorance et à l'imprécision. D'inspiration néo-gothique, l'ancienne étant devenue trop exiguë, elle est construite à partir de 1865 par Alfred Tessier, et bénie par Mgr Angebault. Célestin Port la crédite d'« une flèche de pierre élancée ». Je me demande si, par un souci excessif d'objectivité républicaine, Célestin Port ne s'est pas montré trop généreux, et ce qu'en pensait le chanoine Houdebine, professeur à l'Institution libre de Combrée, lui qui accusait Mgr Angebault d'avoir couvert l'Anjou d'églises ou de chapelles (environ 250) qui « ne sont que des pastiches sans caractère et sans nom ». Pour sa part, Mgr Angebault jugeait « déplorable » le style des anciens édifices romans.

Je longe la Verzée. Des bois dépouillés, des champs, de belles fermes, un silence, quelque chose de grave et de profond descend sur toutes choses. On imagine ce que c'était vers 1850, et surtout cinquante ans avant, pendant la chouannerie. Me voici enfin arrivée au Bourg-d'Iré.

Le nom du Bourg-d'Iré, petite commune de neuf cents habitants, ne dit sans doute rien au lecteur d'aujourd'hui. J'y suis à cause du comte de Falloux, l'enfant du pays, un « grand Angevin », auteur de la loi qui porte son nom.

Au Bourg-d'Iré, à la Révolution, le curé refuse de prêter serment, il est déporté. Le 16 juillet 1794, les chouans incendient l'église. Une habitante de la paroisse, Anne Hamard, est fusillée en 1794 à Avrillé. En septembre 1799, les chouans passent la nuit dans le bourg la veille du combat de Noyant-la-Gravoyère. Cinq cents soldats républicains revenant d'Italie où, capturés par les Russes, ils avaient été échangés contre la promesse de ne plus servir sont mis en déroute par les chouans, n'ayant aucune expérience de ce genre de combat.

Châtelain du Bourg-d'Iré, le comte de Falloux, né en 1811, était de noblesse récente. Son père, riche commerçant, avait reçu le titre de comte en 1825, en récompense de services rendus à la cause des Bourbons. Il devient député légitimiste et clérical du Maine-et-Loire en 1846. Il a alors trente-cinq ans, et il sera en 1848 l'adversaire des ateliers nationaux dont il obtient la fermeture. Je le rapporte aussi parce qu'un récit insistant, que la famille de ma mère se transmettait cependant sans trop y croire, nous donnait pour origine la venue en Anjou d'ouvriers chassés après leur fermeture – ou engagés dans des travaux locaux ? Je ne l'ai jamais su. Il est nommé ministre de l'Instruction publique par le prince-président, en remplacement d'Alexandre Freslon, l'ami de Grégoire Bordillon, commissaire de la République en 1848. Ensemble, ils avaient fondé le *Précurseur de l'Ouest*, journal républicain et libre-penseur supprimé dès les débuts de l'empire (1851). Bordillon n'aimait pas le comte de Falloux. Il disait de lui : « La foi manque à cette âme énervée par l'habileté ; il n'y a aucune grande passion qui l'inspire. »

En 1850, le comte de Falloux fait voter la loi sur la « liberté de l'enseignement » qui remettait entièrement celui-ci aux mains des congrégations. Victor Hugo dans un célèbre discours avait dit : « C'est une pensée d'asservissement qui prend les allures de la liberté. » Le comte de Falloux avait pour devise : « Dieu dans l'éducation ; le pape à la tête de l'Église ; l'Église à la tête de la civilisation » (*Discours et mélanges politiques*). Selon Tocqueville, il dégageait « un fumet de sacristie, désagréable à sentir ». Ses engagements déplaisaient tellement à l'évêque d'Angers, Mgr Freppel, qu'il donna le nom de « fallouxéra » à cette étrange maladie, cette « grande erreur qui fait le fond de ce qu'on appelle le catholicisme libéral ». Mgr Freppel l'excommunie en 1876 pour une affaire d'aliénation d'une propriété d'église.

La loi Falloux fait date dans l'histoire de l'enseignement en France : elle autorisait le clergé et les membres d'ordres religieux, hommes et femmes, à enseigner sans autre qualification qu'une lettre d'obédience, et prévoyait que les écoles primaires seraient placées sous la surveillance des curés. C'était la suppression de fait du monopole de l'État dans l'enseignement établi par Napoléon Ier. Symbole de la loi « réactionnaire », elle permettait cependant d'ouvrir l'enseignement élémentaire aux filles, même si elle les confiait aux congrégations : obligation est faite aux communes de plus de huit cents habitants d'ouvrir une école pour les filles. Dans cette affaire, Thiers poussa, plus que tout autre, aux mesures extrêmes. « Je suis prêt, disait-il, à donner au clergé tout l'enseignement primaire. Je demande formellement autre chose que ces instituteurs laïques, dont un trop grand nombre sont détestables ; je veux des Frères, je veux rendre toute-puissante l'influence du clergé ; je demande que l'action du curé soit forte, beaucoup plus forte qu'elle ne l'est, parce que je compte beaucoup sur lui pour propager cette bonne philosophie qui apprend à l'homme qu'il est ici pour souffrir. Je dis et je soutiens que l'enseignement primaire ne doit pas être forcément et nécessairement à la portée de tous ; j'irai même jusqu'à dire que l'instruction est, suivant moi, un commencement d'aisance, et que l'aisance n'est pas réservée à tous. » Ce sont les membres les plus catholiques de la commission qui calment ses ardeurs : comme l'abbé Dupanloup, ou le comte de Melun.

La loi est votée le 15 mars 1850, grâce à trois hommes, auxquels le comte de Falloux rend hommage : Montalembert, Dupanloup et Thiers. Montalembert a une formule, devenue célèbre, dont il fait la devise à son combat pour la « liberté de l'enseignement » : « Nous sommes les fils des croisés, nous ne reculerons pas devant les fils de Voltaire[1]. » Par la suite, M. de Falloux fait campagne à côté de M. de Montalembert en faveur du parti clérical, et se sépare complètement de Napoléon Bonaparte, dont il avait été le ministre, quand celui-ci se pose en prétendant. Il disait pourtant : « Le temps n'est plus, grâce à Dieu, où l'on faisait à la religion l'insulte de croire que, complice de l'ignorance, elle servait d'instrument docile à tous les gouvernements. »

... Il se trouve qu'en 1931, à sa sortie de l'école normale, ma mère avait été nommée à l'école publique de filles de la petite ville minière de Noyant-la-Gravoyère, à 3 kilomètres du Bourg-d'Iré. À sa façon modeste, ma mère s'apprêtait à apporter, pendant plus de trente ans, une réponse têtue aux entreprises cléricales sur l'enseignement que, malgré le changement radical introduit par les lois Ferry et par la loi Goblet de 1886, des émules du comte de Falloux continuaient de mener, sous d'autres formes. L'abrogation de la loi Falloux est envisagée en décembre 1993 mais, paradoxalement, à cause des limites qu'elle introduisait dans le financement de l'État, à qui elle interdisait (et par extension aux collectivités locales) de financer plus de 10 % des investissements (constructions et réparations). Le Conseil constitutionnel est saisi par les défenseurs de l'école publique : considérant notamment qu'un financement plus libre des établissements privés par les collectivités territoriales les mettrait dans une situation plus favorable que les écoles publiques, ce qui serait contraire à la laïcité, il obtient que la loi Falloux soit maintenue.

Et son esprit, en tout cas, est bien vivant, jusque dans le retour aujourd'hui de la question scolaire dans le discours de la droite dure. Ainsi Madeleine de Jessey, fondatrice de Sens commun, peut-elle déclarer en septembre 2016, dans un meeting de soutien à François Fillon, qui avait remporté haut la main en novembre 2016 la primaire de la droite et du centre : « Vous êtes un des rares candidats à vouloir revoir la règle qui limite à 20 % le financement par l'État de l'enseignement privé sous contrat, parce que vous estimez que les parents devraient avoir un minimum de liberté lorsqu'il s'agit de choisir dans quelle école ils souhaitent scolariser leurs enfants. »

C'est toujours la liberté selon le comte de Falloux, cette « pensée d'asservissement » (Victor Hugo). Et François Fillon, c'est l'homme de Sablé-sur-Sarthe, dont aux XIIe et XIIIe siècles le seigneur était Guillaume des Roches, sénéchal d'Anjou, l'homme qui fit fortifier La Roche-aux-Moines pour protéger la route de Nantes des assauts des Saint-Offange. « Même région d'origine, même portefeuille, un fil séculaire relie l'homme de la Sarthe à l'un de ses lointains prédécesseurs, le comte Alfred de Falloux. » Ce n'est pas moi qui le dis, c'est un article du *Point* : Laurent Theis, 9 avril 2017.

21

« Français, l'école athée insulte à notre France ! »

Tout autour du Bourg-d'Iré, le paysage n'est pas sans beauté, mais le village me paraît presque aussi triste et pauvre que dans les *Mémoires* du comte[1]. Sur ma gauche, sa statue en pied est assez mal placée, en contrebas. Inaugurée en 1912 – il se trouve que c'est la date de naissance de ma mère. Un fort bruit d'eau et une vapeur froide montant de la Verzée confèrent une espèce d'agitation sinistre à la petite place pentue. Gênée par une mauvaise lumière de contre-jour, je cherche le meilleur angle pour la photographier, tout en lisant, sur le socle, cette inscription : « Ce monument est le produit des offrandes de 140 établissements d'éducation libres, 275 souscripteurs individuels, de la Société des agriculteurs de France, du conseil général de Maine-et-Loire, de la ville de Segré, de la commune de Bourg-d'Iré, de l'hospice Swetchine. » Pour mémoire rappelons que la statue de Jules Ferry a été élevée aux Tuileries grâce à une souscription nationale ouverte par la Ligue française de l'enseignement à laquelle deux millions d'enfants des écoles laïques ont contribué à raison d'un sou chacun.

La silhouette du comte, menue, étriquée dans une redingote, et surtout le geste de sa main particulièrement maniéré, ne m'inspirent aucun sentiment de respect ni même la considération qu'on doit à un adversaire. Dans le discours qu'il prononce au Bourg-d'Iré au nom de l'Académie, le marquis de Vogüé évoque pourtant « sa taille haute, élégante et souple, qui semblait par instants s'infléchir avec abandon, mais qui se redressait avec fierté sous l'impulsion des mouvements de l'âme ; je crois subir le charme attirant de ses yeux bleus ». David d'Angers, républicain affirmé, lui trouvait au contraire « un regard de hyène ».

Statue d'Alfred de Falloux au Bourg-d'Iré, par Hubert-Noël Louis, 1912.

La décision d'ériger un monument à la mémoire de Falloux a été prise par un Comité du centenaire (1911), sur les attendus suivants : « Nous avons laissé mutiler cette loi libératrice du 15 mars 1850. Ferry a été l'artisan de ce forfait. L'enseignement primaire est devenu le monopole d'une secte. Nous avons essayé d'atténuer le désastre en ouvrant des écoles libres. » Une souscription est décidée, l'idée d'une statue se fait jour (justement Ferry a la sienne !), un comité d'honneur réunit autour de Mgr Rumeau le comte de Maillé, le comte Geoffroy d'Andigné, quelques abbés, le vicomte de Rougé, etc. Un nouvel appel à dons est lancé : « L'heure est grave. La lutte scolaire entre dans une phase nouvelle. Notre monument est plus qu'un hommage. Il est une protestation [...]. » Une hymne est prévue pour l'inauguration : « DIEU DANS L'ÉCOLE. Chœur à quatre voix avec accompagnement de fanfare ». Paroles : « C'est Dieu seul qui fait l'homme libre [...] Français, l'école athée insulte à notre France[2] ! » La statue est bénie « par Son Éminence le cardinal Luçon, archevêque de Reims, assisté de l'épiscopat de la province de Tours » (journal local, juillet 1912), en présence de Mgr Rumeau, évêque d'Angers, qui ne tarit pas d'éloges sur l'œuvre de Falloux : « Le diocèse d'Anjou a été celui qui a le plus profité de la loi Falloux avec 480 écoles primaires privées créées sur le territoire. » L'évêque de Luçon procède à une attaque frontale : « Nous assistons en France, messieurs, à un spectacle angoissant autant qu'étrange : l'essai tenté sur notre pays, par les sectes héritières de l'esprit des philosophes du XVIIIe siècle, d'un État athée et d'une Société sans Dieu. Ce qu'elles veulent nous imposer sous le nom de laïcisation, c'est, au fond, la déchristianisation, c'est l'athéisation de la France, et après la France, du monde entier. » Mgr Freppel, mort vingt ans plus tôt, et grand adversaire pourtant de Falloux, ne disait pas autre chose : « Ce que la Révolution française se verra conduite à vouloir établir, par la logique de son principe, c'est l'État sans Dieu, la famille sans Dieu, le mariage sans Dieu, l'école sans Dieu, le prétoire sans Dieu, l'armée sans Dieu, c'est-à-dire l'idée même de Dieu bannie de toutes les lois et de toutes les institutions. »

Il est clair qu'avec cette statue, l'Église envoyait un message politique au gouvernement de la IIIe République. Du reste, le sous-préfet de Segré n'est pas venu. Et il n'y a pas un seul représentant de l'autorité républicaine. Mais l'Académie française, où Falloux est entré en 1856, est là, en la personne du marquis Charles-Jean-Melchior de Vogüé. Dans son discours il évoque « la terre angevine, cette terre dont il incarnait les énergies, les fidélités, les regrets, les espérances ». Dire que Falloux « incarne la terre angevine », c'est tout à fait juste : à condition de réduire cette terre à l'alliance de l'Église et du pouvoir politique, et à cette volonté, à vrai dire constante dans le XIXe siècle angevin, de maintenir le pouvoir de la religion sur la société civile. (Mais c'est oublier « La Marianne », les écoles mutuelles, et la joie éclatante de 1848.) C'est ce qu'on appelle le cléricalisme. René Rémond y voit une regrettable « confusion des ordres » dans « l'ingérence de la société ecclésiale dans la société séculière et la dépendance du politique à l'égard du religieux ». (Spinoza : les Églises n'ont aucune raison non seulement d'influencer les États, mais même d'intervenir dans les affaires de la cité.)

Je fais quelques pas en remontant la rue principale, bordée de maisons que la pluie a assombries, puis je redescends vers le lavoir. Quelque chose d'indéfinissable pèse sur moi. En face, sur la colline, bien dégagée par la nudité hivernale des arbres, dominant la Verzée, un château : vérification faite, ce n'est pas celui du comte de Falloux, mais le château de la Douve, construit par Auguste Bibard à partir de 1871 pour Ambroise Louis Henri de La Forest d'Armaillé (1821-1892). Grâce à la fortune de sa femme, née Gabrielle de Buisseret-Steenbecque de Blarenghien. Même style que celui de La Jumellière : style « brique et pierre » ou néo-Louis XIII. Celui du comte, que je ne verrai pas aujourd'hui, est de vingt ans plus ancien, il avait été dessiné en 1852 par le prestigieux René Hodé. (Je remonte en voiture et vais errer un moment sur quelques sorties du village sans résultat.) René Hodé, natif du Segréen, a rebâti un très grand nombre de ces châteaux où la nostalgie de la noblesse foncière se conjugue avec la revendication politique. Ainsi, vers 1857, le château des Rues, à Chenillé-Changé : leur descendant Olivier de

Rougé s'inspirera en matière d'agriculture des propositions extrêmement novatrices du comte de Falloux. Légitimisme, conservatisme religieux et social, novation agricole : cela explique la longévité politique de cette caste, et sa lenteur à reconnaître la république. Un rôle essentiel est joué dans ces régions par les hobereaux qui possèdent plusieurs métairies perdues dans le bocage, et dirigent de leur manoir tout le village, expérimentant parfois de nouvelles méthodes pour améliorer l'agriculture[3]. Le rôle du comte de Falloux a été déterminant dans cette région du Segréen, terre où de grandes familles se partageaient la propriété foncière. Après le coup d'État du 2 décembre 1851, il a, comme il le dit, « pris congé de la vie politique ». Quitté le comité du comte de Chambord, et s'est retiré au Bourg-d'Iré[4]. Il va se consacrer à sa propriété, un vaste ensemble agricole d'une superficie de 700 hectares, avec une ferme et un moulin à eau, est également l'objet de ses sollicitudes. Et il en fait une exploitation idéale avec des bâtiments reconstruits selon les nouveaux principes de la rationalité et de l'hygiène. Il introduit également dans la région les plus modernes techniques agricoles, ainsi que la race anglaise de bovins Durham. En 1863, le propriétaire, dans sa brochure *Dix ans d'agriculture*, fait le bilan de ces améliorations dans son exploitation, grâce au « perfectionnement raisonné des méthodes culturales ». Avec lui, le village entre dans la modernité : au sens technique, non pas au sens d'une sécularisation. Sous son influence, Le Bourg-d'Iré devient un centre agronomique renommé, on y construit des demeures plus salubres, le comte fait édifier une caserne de pompiers et il offre un lavoir aux femmes du village.

Si la famille de Falloux était de noblesse plus que récente, de bien plus ancienne noblesse sont, au Bourg-d'Iré, les Armaillé. Mais au XIXe, les deux familles se partagent la mairie. Le père du comte de Falloux, Frédéric-Guillaume de Falloux du Coudray, avait été maire du Bourg-d'Iré jusqu'en 1826. C'est Ambroise de La Forest d'Armaillé qui lui succède jusqu'à la révolution de Juillet. Quand Henry de La Forest d'Armaillé est tué au front en

1917, c'est le comte Louis de Blois, petit-neveu de Falloux, qui lui succédait. Avant la Révolution, la famille d'Armaillé possédait des terres dans le Segréen où elle habitait, ainsi que dans les Mauges, autre pôle de ce récit !, la Menantière, aux environs de Beaupréau. En 1793, Médard d'Armaillé se met à la tête de ses paysans sous les ordres du marquis de Bonchamps. Il prend part à tous les combats en qualité de chef de division. Il traverse la Loire après la bataille de Cholet (octobre 1793) avec femme et enfants et, l'expédition de Granville (la virée de Galerne) ayant échoué, Armaillé est tué à la bataille de Savenay. Plus tard, un Armaillé participe à la conquête de l'Algérie.

Le XIXe siècle dans cette terre occidentale de l'Anjou : des châteaux, la propriété foncière, un légitimisme, un catholicisme de combat, une Contre-Révolution politique et la révolution agricole. C'est là notre contribution spécifique à la grande histoire nationale. Ainsi qu'à l'œuvre interminable de conquête puis de la « pacification » en Algérie, et à la répression, à Paris, des révoltes ouvrières. Partie en émigration à la Révolution, une première génération de ces nobles est revenue mener la guerre de Vendée au sud de la Loire et la chouannerie au nord. En 1830, le comte de Bourmont, parti de son château de Freigné pour entrer victorieusement à Alger en juin, n'y revient plus tout le temps de la monarchie de Juillet. Tous les grands noms de la région, je l'ai dit, vont participer à ce qu'on nomme alors la « guerre d'Afrique » génération après génération : les Maillé de La Tour-Landry, les Quatrebarbes... Maillé de La Tour-Landry, on l'a vu plus haut, y sert « avec distinction ». Dans les *Pièces sur la conquête d'Alger et sur l'Algérie*, on peut lire que le colonel d'Armaillé est aux côtés du général Clauzel quand il s'agit de purger la région de Blida de ses « brigands » et qu'il y montre un grand courage. Il y a un peu plus de trente ans, les « brigands » c'était, pour la Convention tant honnie, les chouans et les Vendéens...

22

Noyant-la-Gravoyère

Je quitte Le Bourg-d'Iré sans regret, sauf celui de n'avoir pas vu le château du comte. Mais je ne redescends pas tout de suite vers la Loire. Mon deuxième objectif, ce lundi, auquel je me suis préparée de longue date, et non sans une certaine émotion, c'est Noyant-la-Gravoyère où ma mère est nommée en 1931. Je m'attends encore une fois à changer radicalement de monde : je vais passer de la grande propriété rurale à l'exploitation minière, comme, dans les Mauges, lorsqu'on passe de La Jumellière ou de Beaupréau à Saint-Macaire-en-Mauges et aux ouvrières de la chaussure. Ce fort contraste, dans l'habitat, dans le paysage, se double d'un contraste social encore plus marqué : là vit une population, tantôt locale, tantôt immigrée, prête à la revendication quand il lui semble que ses droits ne sont pas respectés. (C'est plus lent et plus difficile dans les « metalla » des Mauges.) Il règne donc ici une « mentalité » extrêmement différente de celle du bocage. Le patron, ce n'est plus « not'maît' », ce sont les sociétés d'exploitation du minerai ou la Société des ardoisières. Les ouvriers se syndiquent, et connaissent entre eux une forme de solidarité ouvrière dont la classe paysanne n'a pas la moindre idée.

J'y suis en quelques tours de roue.

Noyant a été jusque dans le dernier tiers du XXe siècle le centre actif d'un réseau d'ardoisières et de mines de fer. Le terme même de « Gravoyère », qui renvoie à « gravier », signale la présence de nombreuses exploitations, de roches, de schiste (à Misengrain et à La Gâtelière), ainsi que de fer, dans les environs tout proches. L'extraction du fer y remonte à l'époque médiévale, voire à l'Antiquité[1]. Ce sont de petites carrières à ciel ouvert, d'une profondeur de deux à quatre mètres. Le minerai y est beaucoup plus riche en fer que la minette de Lorraine mais il est plus difficilement utilisable car il contient une quantité importante de phosphore et de silice. Une concession est instituée par le décret du 21 octobre 1874. C'est la concession du Bois, située à cheval sur les communes de Noyant-la-Gravoyère et de Nyoiseau. En 1912, quand l'ombre du comte de Falloux revient planer avec insistance sur la région, on inaugure une nouvelle concession, Bois II, avec un puits de 200 mètres et un chevalement métallique. La petite ville compte alors environ 1 500 habitants, tous des mineurs et leur famille, et il y a 800 syndiqués, tous des ardoisières, souligne Maurice Poperen dans le *Cahier* n° 3 du Centre d'études sociales angevin (CESA)[2]. En 1963 le puits est modernisé et porté à – 450 mètres. Bois III est creusé en 1935 pour la Société des mines de fer de Segré. Sa profondeur est de 400 mètres. Il est doté d'un chevalement métallique. C'est l'époque où ma mère était institutrice à Noyant.

En 1928, on dénombrait 900 mineurs. En 1945, il n'y en avait plus que 300, dont deux tiers au fond. L'exploitation est fermée en 1985.

Je suis arrivée. Je trouve tout de suite l'école. Ma mère rappelait toujours son émerveillement d'avoir commencé à enseigner dans une école flambant neuve. C'est aujourd'hui un vaste et beau bâtiment « moderne » qui porte le nom de René Brossard. (Je chercherai et trouverai, plus tard, qui c'était.) Instruire, construire, au propre comme au figuré. S'il y a bien quelque chose à quoi identifier la république, le projet républicain, c'est ça. La loi du 1er juin 1878 avait obligé chaque commune à construire un bâtiment d'école. Dès avant 1914, les écoles et « groupes scolaires » embellissent les villages, les quartiers populaires. Solennisant l'enfance et son accès à l'instruction par l'ampleur des architectures, la décoration des frontons, les symboles inscrits dans la pierre. Et, surtout à partir des années 30, on veut qu'il y ait de l'air, de la lumière, une architecture fonctionnelle : l'hygiénisme en vogue impose ses règles.

Ma mère se plut immédiatement à Noyant. Avant d'y être nommée, elle avait connu des années assez dures, avec ses deux frères, auprès d'une grand-mère sans fortune mais qui n'avait pas voulu qu'ils aillent « à l'Assistance ». À Noyant, tout juste âgée de dix-huit ans, elle fut vraiment heureuse, pour la première fois de sa vie. Elle qui vivait douloureusement son statut d'orpheline avait été pratiquement adoptée par un couple d'instituteurs plus âgés, les B. Mme B., que j'ai connue, avait un beau visage aux traits légèrement asiatiques : son père, officier, l'avait ramenée avec lui en quittant le Tonkin (vers 1890), laissant derrière lui la compagne indigène qui lui avait donné cette petite fille. Cela se faisait à l'époque. Pour la première fois, ma mère avait un petit appartement à elle, et j'ai gardé quelques-uns des meubles dont elle l'avait garni. Une armoire aux panneaux sculptés de motifs Art déco, une petite table ronde. Et j'ai quelque temps eu autour de mon lit le meuble d'angle, qu'on appelait un « cosy ». Elle avait conservé un très bon souvenir de ses élèves et de leurs parents, des familles de mineurs, qui élevaient des oiseaux (était-ce pour prévenir contre le grisou ? Même dans des mines de fer ?) et faisaient de vrais concours entre eux. Il arrivait aussi qu'ils se bagarrent après avoir bu trop de cidre. (On en récolte à Noyant 1 500 à 2 000 barriques, année commune, d'après Célestin Port.) Les autres boivent de la piquette, ou cette fameuse « boisson de cormes », réputée pour monter à la tête et rendre fou. Tous vivaient dans ces cités où je vais me rendre maintenant.

Noyant. 16 heures. Je n'ai pas pu ouvrir Google pour trouver René Brossard, je reprends donc la route pour aller voir les cités et le site des mines avant qu'il fasse nuit. Je sais qu'elles ont fermé en 1985. Et qu'on organise l'été une visite de la Mine Bleue de Misengrain, mais nous sommes en janvier. Je descends en voiture par un chemin à demi envahi d'herbe et très défoncé. Je fais quelques photos. Je ne suis pas étonnée, mais sa vue me serre cependant le cœur, de découvrir, aux lieux-dits Bois I et Bois II, une friche industrielle désolée : un haut bâtiment aux vitres cassées, des chevalements. Les oiseaux se rabattent en criant, la nuit tombe : une fois encore, comme on est loin du Bourg-d'Iré, du château de la Maboullière, autour duquel régnait le grand consentement aux inégalités spirituellement justifiées par l'ordre divin !

Bois II.

Puis je reviens dans le bourg. Il y a beaucoup de mouvement, des voitures circulent très vite vers de petites maisons chaleureuses, bien éclairées, dans cette heure indécise où on a quitté le travail et où on fait quelques courses après avoir pris les enfants à l'école. Oubliés, les chevalements, la descente aux puits, la cité et ses maisons sans étage. Oubliés, la crise des années 30, et les mouvements ouvriers. Où travaillent-ils tous, maintenant que les mines ont fermé ? C'est la vie d'aujourd'hui. Comme anesthésiée par une couche de vernis d'un éclat brillant, clinquant.

Nyoiseau, quelques kilomètres au nord-est. La cité ouvrière de Bois II. Petites cours, allées parallèles, appentis. Comme on est loin des splendeurs néo-gothiques ou faux Louis XIII de la noblesse rurale ! Et de l'architecture fonctionnelle et élégante de leurs fermes modèles. C'est une cité comme il y en eut partout en France, dans les villes minières ou sidérurgiques : dans le langage administratif, glaçant, c'est un « ensemble concerté d'habitat ouvrier, généralement monofamilial » (inventaire du patrimoine culturel). Dans cette partie du Segréen, une première cité avait été construite pour Bois I en 1913-1915 par Le Bot et Ménard. La deuxième date des années 20, sur des projets des entrepreneurs angevins Laboureau et Brochard. Dans les années 30, on compte 118 logements répartis en dix îlots qui comprennent chacun quatre maisons doubles, dont chacune dispose, à l'arrière, d'une petite cour avec remise et latrines, et un jardin potager pour chaque unité.

Je fais quelques pas entre les façades étroites, régulières et soignées. C'est un progrès sûrement, en termes d'hygiène et de confort, si l'on songe aux affreuses conditions du logement ouvrier au XIXe siècle. Et même aux petites fermes et maisons villageoises où sont nés certains des mineurs, venus chercher du travail aux ardoisières[3]. Mais il y a tout de même quelque chose de proprement intolérable dans le contraste entre les fastes architecturaux de la Maboullière ou de la Douve et ces cases ouvrières toutes semblables. Pas question cependant de s'en tenir à une vision misérabiliste de la condition ouvrière : il faut bien plutôt rappeler la vie chaleureuse, de contacts, de solidarité, d'entraide, que menaient les ouvriers et leurs familles. Ils étaient heureux, ici, les mineurs, parents de ses petits élèves, heureux et plutôt gais, ma mère le disait, heureux d'avoir du travail, un travail qu'ils aimaient. Oui, on pouvait aimer descendre avec les camarades dans la mine. Et cela n'en fait pas des « consciences mystifiées ». Ils avaient aussi la claire vision de leurs droits, et n'hésitaient pas à le faire savoir. Leurs protestations ont été constantes, depuis qu'en 1894, des fusions successives aboutissent à la formation à Angers de deux grandes sociétés, concentrant toute l'activité ardoisière de la région angevine : la Commission des ardoisières d'Angers et la Société ardoisière de l'Anjou. Noyant en fait partie. Les ardoisiers ne sont pas considérés comme des mineurs : ce sera tout le sens de l'action menée à Trélazé par le syndicaliste anarchiste Ludovic Ménard pour le faire reconnaître. Il n'y parviendra qu'en 1920.

(Rendez-vous avec lui le 20 janvier à Trélazé.)

23

René Brossard et les normaliens résistants

Je ne sais pas qui est René Brossard, je remonte dans ma voiture et je tente de nouveau Google sur mon téléphone portable. Le réseau est faible, je renonce, j'attendrai donc d'être rentrée chez moi.

Et voici ce que je trouve : je vais y passer le reste de la soirée. Mais comme j'aurais aimé le savoir quand je contemplais la façade de l'école en piétinant de froid sur le trottoir ! René Brossard est un jeune instituteur résistant arrêté le 4 juin 1943. Il fait alors partie des quatre élèves maîtres qui se font arrêter par la police française dans leurs écoles respectives pour des faits de résistance entre fin mai et début juin. René Brossard meurt sous la torture à la prison d'Angers en octobre 1943. Tigeot est fusillé à Belle-Beille le 13 décembre 1943 avec d'autres élèves de la promotion 1939-1942. Briant est condamné à mort puis gracié et déporté en Sibérie dans une mine de sel où il est fusillé le 31 mars 1944. Duveau est déporté à Buchenwald et est tué le 12 avril 1944 lors de l'évacuation des camps provoquée par l'avancée des Alliés[1].

Le site de Noyant-la-Gravoyère rapporte le témoignage d'un ancien élève, un certain Robert Rétif, ancien membre de la FNACA[2] qui réside maintenant à Audenge, en Gironde. Robert Rétif a assisté à son arrestation. En mai 2002 il a écrit un mémoire qu'il a lu dans les écoles de Noyant-la-Gravoyère. En voici le texte intégral. « Élève de sa classe en 1943 au groupe scolaire public de Segré dirigé par M. Brialy (souvenirs, souvenirs, ma mémoire fait un peu défaut, je m'en excuse, cela fait cinquante-neuf ans), j'avais neuf ans, comme tous mes camarades de classe, comme vous les enfants aujourd'hui. La récréation terminée, nous étions tous rassemblés dans la cour, sous le préau, afin de rejoindre nos classes respectives. Notre instituteur, M. Brossard, était dans le couloir surplombant la cour. De cette cour où nous étions encore rassemblés, j'ai vu, nous avons vu, deux hommes en civil (la Gestapo) s'approcher, encadrer notre instituteur. C'était le 4 juin 1943. M. Brossard, comprenant ce qui se passait, a couru tout le long du couloir, a brisé la vitre de la porte du fond de ce couloir afin de s'échapper. Mais tout était prévu pour son arrestation. Côté route, à la grande porte, des soldats en armes l'attendaient et il n'a pas pu s'enfuir. De retour dans la classe, un instituteur est venu pour nous dire "vous n'avez plus votre instituteur". Si je peux personnaliser mon propos, je me souviens avoir regardé son bureau, sans comprendre le pourquoi de ce départ mouvementé. Notre instituteur a été torturé à mort. Aujourd'hui ses restes sont ensevelis au cimetière de Noyant-la-Gravoyère. C'est pourquoi votre école porte le nom de René Brossard. »

L'histoire de René Brossard, c'est celle de tout un groupe, celui des « normaliens résistants » dont le *Maitron des fusillés* rapporte l'histoire. Ils s'engagent en octobre 1942 au Front patriotique de la jeunesse (FPJ), filiale du Front national. En avril 1943, en compagnie d'Alfred Clément et d'André Moine, René Brossard vole des armes et des documents militaires dans les vestiaires de soldats allemands à la piscine du SCO pendant leur baignade. Avec Adrien Tigeot et Alfred Clément, il participe à l'attaque de la mairie de Bouillé-Ménard pour récupérer des tickets d'alimentation et des tampons. Ils sont tous arrêtés et conduits dans la clairière de Belle-Beille à Angers, au lieu appelé parc de la Garenne ; ils y sont fusillés. Ce n'est pas très loin du parc de la Haye (le Champ des Martyrs), où eurent lieu, sous la Terreur, les fusillades d'Avrillé. Sur un scan de Gérard Balesme et Jacky Minier, mis en ligne par *L'Anjou laïque* dans son supplément au n° 47 d'avril 1999, on peut voir leurs visages, au milieu des élèves maîtres de la promotion 1939-1942. René Brossard est le cinquième à partir de la gauche. Comme tous les autres il a un air extrêmement juvénile qu'accentuent par contraste ses cheveux plaqués en arrière, ses lunettes rondes, sa cravate. Dans sa dernière lettre, Adrien Tigeot, qui n'a que dix-neuf ans, recommande à son plus jeune frère « de bien travailler à l'école ». Demande qu'on prie pour lui. Et pour sa fiancée, Noëlla, alors en prison, et qui mourra en déportation.

Le Kommandeur de la police SS à Angers, pendant l'Occupation, était Hans-Dietrich Ernst. Nous le reverrons plus loin, à propos de la déportation des Juifs de Maine-et-Loire. Mais l'histoire de René Brossard et de ses camarades n'est pas seulement un épisode de la barbarie nazie : c'est aussi un épisode de l'ignominie française. Voici ce qu'écrit le 8 juin 1943 J. Fuster, inspecteur d'Académie, au préfet d'Angers, Jean Roussillon : « [...] Brossard René et Tigeot Adrien, viennent d'être arrêtés par la police française [...] Une perquisition a décelé tout un stock de tracts communistes [mot souligné] et un flacon de chloroforme. Ils sont convaincus d'avoir cambriolé la mairie de Bouillé-Ménard et soupçonnés d'avoir cambriolé celle de Contigné. En conséquence, j'ai l'honneur de vous proposer, Monsieur le Préfet, la révocation de Brossard et de Tigeot. Veuillez agréer... » Révocation ! L'inspecteur sait très bien ce qui attend ces jeunes maîtres d'école. En mars de la même année, au collège de filles Joachim-Du-Bellay, qui sera mon lycée dans les années 50, la directrice Mlle Marie Talet, quatre professeurs et une élève sont arrêtées et déportées pour « tendance antiallemande ».

1943. Mon père est prisonnier au Tyrol, rien de cela ne peut lui parvenir. Qu'auraient-ils pensé de leurs jeunes camarades, eux, ces instituteurs socialistes, passés de l'enthousiasme à la déception après la chute du Front populaire, ces instituteurs pacifistes, poussés contre leur volonté dans une guerre qu'ils avaient rejetée de toutes leurs forces, et qu'ils ont perdue ?

Avec cette lecture et tout ce qu'elle m'évoque, je n'ai pas vu le temps passer, il est plus de 11 heures, je ferme mon ordinateur. Je me sens tout à coup saisie d'un grand découragement, seule dans ma petite maison vigneronne, éclairée par le feu de sarments et la lampe de ma table encombrée de livres. Qu'est-ce que je cherche, exactement ? Qu'est-ce que j'espère trouver ? Qu'est-ce que j'espère sauver ? Ceci, peut-être ? Le directeur dont parle Robert Rétif était un camarade de promotion de mon père, et l'un de ses meilleurs amis. Il s'appelait Marcel Brialy. J'ai été au lycée avec sa fille. Jean-Claude Brialy était le fils de son frère, colonel.

Mes parents en 1935.

Marcel Brialy est à droite sur la photo. Ma mère à gauche. Mon père, au centre. Est-elle encore à Noyant lorsque cette photo est prise ? Par qui ? Et quand ? Autour de 1935, au moment de l'Églantine, ou après ? Je ne sais pas.

24

Foi et politique au cœur des forêts

Il est temps de partir. La rue où je me suis garée porte le nom de Geneviève Verger, fille de mineur, résistante, membre du groupe Honneur et Patrie, déportée et morte en Allemagne. (Une école aussi porte son nom.) Le fondateur du mouvement Honneur et Patrie, c'est le gaulliste Victor Chatenay, élu maire d'Angers au lendemain de la guerre et qui le restera jusqu'en 1959. Chatenay a imposé le gaullisme comme la première force politique dans le département.

Cela suffit à me réconforter, en quittant Nyoiseau, d'emporter avec moi l'image et le souvenir de ces résistants, dans un Anjou où, peuple et notables confondus, on est massivement pétainiste quoique germanophobe, et hostile à toute collaboration active avec l'occupant. L'Église avait donné le ton : *La semaine religieuse du diocèse d'Angers* publie le 10 novembre 1940 (j'ai douze jours) un communiqué de l'évêque Mgr Costes, largement diffusé par la presse. L'évêque recommande « au clergé et aux fidèles » « un loyalisme sincère et pratique envers le pouvoir légitime exercé avec autant de sagesse que de courage par le maréchal Pétain ». Et « une discipline loyale accompagnée du respect des personnes envers les autorités et les troupes d'Occupation » – l'idée qu'on puisse avoir du respect pour qui occupe militairement votre pays est absolument renversante.

Au moment d'opérer mon retour vers la Loire en évitant Angers, j'hésite : dommage qu'il soit si tard, est-ce que je ne pourrais pas revenir demain ? Car il faudrait absolument, si je veux que le tableau soit complet, que je poursuive vers l'ouest en direction de Combrée et de sa prestigieuse Institution libre qui forma l'élite de la région et même d'ailleurs de 1810 à 2005. Il le faudrait, si je veux dresser avec exactitude la scène politique et morale sur laquelle, dans les dernières années du XIXe, la république, son école, ses principes, ses valeurs vont faire leur entrée institutionnelle. Car ce formidable ébranlement va retentir longtemps, jusque dans le milieu du siècle suivant, et peut-être même aujourd'hui. Mais il est tard, je dois rentrer.

Je ne suis pas allée à Combrée le soir même, mais le lendemain, longuement, sur l'Internet[1]. C'est le complément indispensable de mon incursion en pays segréen. Autour de Combrée, c'est le tableau classique du Haut-Anjou, la chouannerie plus le développement minier. Le blanc muguet et la rouge églantine. Le 12 mars 1793, les habitants de Combrée et des environs, opposés à la levée en masse, s'emparent de fusils, de sabres et de pistolets. Ils désarment les « patriotes » mais, quittant le bourg, ils sont surpris par les gardes nationaux. Vingt-sept insurgés sont capturés, déférés devant une commission militaire à Angers : trois sont graciés. Sur les vingt-deux guillotinés, quinze sont originaires de Combrée, trois du Bourg-d'Iré. Qu'on comprenne donc bien cela : un prestigieux collège catholique, sur fond d'un soulèvement contre-révolutionnaire, dont la mémoire est régulièrement réveillée. Bien plus, sans doute, que celle de l'activité minière si présente dans cette région. La forêt d'Ombrée garde pourtant les vestiges d'un puits d'extraction d'ardoise, et au bourg de Bel-Air trois cents logements sont construits en 1906, formant la cité ardoisière de Bois-Long. Heureusement, il y a des livres de témoignages, rassemblés par de courageux historiens locaux. Comme André Neau, qui, dans son livre *Perreyeux d'à-haut, perreyeux d'à-bas*, illustré de photographies, a recueilli des récits d'anciens mineurs, du temps « où il y avait du travail pour tous ». La solidarité (toujours ce mot), les accidents, les maladies (la redoutable « schistose », une forme de silicose qui ravage les poumons des mineurs), le poids des grandes familles... Dont les enfants sont élèves à Combrée, fer de lance, jusqu'à la fin des années 60, de l'enseignement catholique de l'ouest de la France. C'est d'abord un petit séminaire fondé par l'abbé François Drouet. Lequel est né à Beaupréau dans les Mauges, et sera soutenu par l'évêque d'Angers, Mgr Montault-Desisles. Le petit séminaire devient pensionnat et collège, avec l'appui du comte de Falloux... Quand il est ministre de l'Instruction et des Cultes, en 1849, celui-ci décide d'habiliter l'établissement de Combrée à dispenser un enseignement secondaire complet et à présenter ses élèves au baccalauréat ès lettres[2]. Devenu « Institution libre de Combrée », l'établissement formera plus de dix mille élèves, dont le chanteur Pascal Obispo.

Mais ce jour-là, j'ai poursuivi ma route, renonçant à Combrée et à maint autre lieu symbolique, comme le village de Noëllet, dont le prêtre en 1791 avait choisi de prêter serment, et est égorgé par les chouans en 1794[3]. J'aurais pu me rendre à Noëllet, pour le roman de René Bazin qui porte ce nom même s'il se passe au sud, dans le bocage des Mauges et non dans le bassin minier. Lui-même passa son enfance dans le Segréen, au domaine du Patys. Il est peu question de mines, et de destinées ouvrières, dans les romans de René Bazin. Et il n'est pas question davantage des découvertes de son oncle Ernest, et de son « bateau-rouleur », plate-forme perchée à six mètres au-dessus du niveau de l'eau, actionnée par une hélice et flottant sur d'énormes roues. Le monde de René Bazin est profondément rural, c'est là que se reconnaît le mieux l'écrivain royaliste et catholique, élève puis professeur à la « Catho » d'Angers. Il le saisit au moment de sa crise irréversible, au moment où, irréversiblement, ce monde bascule dans la modernité. Dangereuse modernité, où des voix s'élèvent pour que la justice sociale prenne le pas sur la charité dans le traitement de la question ouvrière. D'où cette note dans ses *Carnets* au moment où il prépare *Le roi des archers* : « L'héroïne, jeune fille honnête, de la seule honnête famille, ramène le fils du plus mauvais ouvrier qui finit par convertir le patron lui-même aux idées sociales et non socialistes des économistes catholiques[4]. » Tout est dit. René Bazin, mort en 1932, incarne parfaitement ce qu'a été, ce qu'a voulu être l'Anjou catholique, et qui, dans l'étrange époque qui est la nôtre, suscite encore, chez certains, un désir d'y revenir.

Il se fait tard, je continue, non pas dans la direction de Combrée, mais tout droit, et sans le savoir, je poursuis la même route : en Anjou beaucoup de chemins mènent au pied des autels. Celui que je prends me conduit en effet à mon insu vers une autre institution catholique de poids, Notre-Dame-d'Orveau. La campagne silencieuse que je traverse est coupée de puissants vallonnements ; partout, de belles fermes du XIXᵉ, avec de longues façades de briquc coupées de pignons au-dessus des portes d'entrée. Ce sont des fermes modèles, comme celle des Rues (Olivier de Rougé), dont le comte de Falloux a été l'initiateur. Soudain, sur ma droite, une inscription discrète, « Notre-Dame-d'Orveau ». Dans le souvenir vague que j'en ai, c'est une grande institution privée. Je quitte donc la grand-route au pied d'un assez laid petit sanctuaire à la Vierge. Depuis mes voyages en Inde, je n'ai jamais traversé un pays où les traces religieuses soient en telle profusion, croix, grottes, sanctuaires, chapelles... Uniformément marquées de ce ton inimitable de piété niaise et conquérante à la fois, le XIXᵉ siècle dans sa splendeur (je me répète mais c'est plus fort que moi).

Je me retrouve d'abord dans ce qui me semble d'abord être un cul-de-sac ; un pont de bois franchit un ruisseau, le Misengrain. Je m'apprête à faire demi-tour. Soudain, je croise quelques adolescents. Puis un bâtiment entraperçu entre les arbres me convainc que je ne suis pas perdue : c'est bien le pensionnat annoncé, et il est profondément immergé dans une campagne que l'hiver et l'approche de la nuit rendent aussi mystérieuse que celle du *Grand Meaulnes*. Il y a même quelque chose d'un peu menaçant dans cette discrétion, mais je ne suis jamais très favorablement disposée envers des institutions de ce genre. Je ne suis pas en terrain ami. Cela dit, je n'ai qu'une vague idée de ce pensionnat, ce n'est qu'un nom pour moi. Pas pour longtemps : je brûle de faire comme chaque soir une de ces explorations sur l'Internet qui complètent mes explorations sur les routes angevines.

Je me hâte de rentrer, évite Segré en ne traversant que ses quartiers excentrés, qui me frappent par leur modernité. La nuit est là, mais claire, entre les nuages, vers l'ouest. Flots de voitures dans les deux sens. De nouveau, ces grandes routes très droites, avec de fortes pentes. Vern, La Pouëze, Bécon ; puis mon lacis bocager. Avec l'approche de la Loire, quelque chose change dans l'air ; une lumière incertaine annonçant le fleuve se dissipe dans les vifs éclairages des ronds-points et des zones pavillonnaires. Saint-Martin-du-Fouilloux. À droite, la route de la Possonnière. Je pique vers la gauche, vers mon village et mon rocher. Un quart d'heure plus tard, le gravier de la cour crisse sous mes roues. J'éteins mes phares. Je regarde, j'écoute. Le ciel est vaste, ouvert, la lune apparaît. Les vignes sont silencieuses. Au loin, la ligne de points rouges des éoliennes marque l'horizon. Sur ma gauche, les deux beaux pins parasols du domaine.

Il fait chaud « chez moi » sous les belles poutres de mon logis. Au travail. (Léger dîner, un verre de savennières 2014.)

Voici ce que je trouve. D'abord des articles de la presse locale qui signalent la présence à Orveau d'« enfants de personnalités ». Marine Le Pen, qui y a mis sa fille en 2014. Philippe de Villiers, quelques-uns de ses enfants. Johnny Hallyday, sa fille Laura Smet. Le fils de Marine, lui, est scolarisé ou l'a été, tout près d'ici, à l'Institut Bois-Robert (hors contrat) de Bécon-les-Granits, jusqu'à ce qu'il en soit exclu pour insubordination

(*L'Express*, 10 février 2017). Bois-Robert est un pensionnat privé, né en 1968, sa création coïncide avec « des troubles sociétaux générateurs de profondes remises en cause qui allaient conduire aux manifestations de 1968 » (site internet du pensionnat). Ici donc, que les parents soient rassurés : « Nous sommes loin de l'anarchie pédagogique, de l'expérimentation continue sur des enfants-cobayes, du laisser-aller éducatif, voire dans les pires des cas, du délire oniro-pédagogique qui marquent certains établissements publics ou privés, confessionnels ou non, depuis une décennie. » Bois-Robert compte, parmi ses partenaires, l'Université catholique de l'Ouest. Coût de la scolarité (2016-2017) : autour de 17 000 euros. « Payable en une fois en début de scolarité, possibilité de paiement trimestriel. En sus de ces frais : les activités optionnelles (équitation, piano, danse, tennis, basket) : se renseigner auprès du secrétariat. » Bécon-les-Granits est à vingt minutes d'Orveau.

Orveau se dissimule derrière de grands arbres, mais c'est un lieu actif et conquérant. Le site de l'établissement montre de belles photographies du parc, de la chapelle, de la salle de sport. Construit vers 1830 pour un propriétaire de four à chaux (les fours à chaux sont au XIXe siècle en Maine-et-Loire une industrie très prospère), il est vendu dans les années 1880, au baron[5] et à la baronne de Vaux, qui le lèguent au diocèse d'Angers en 1912 – date de l'érection de la statue de Falloux –, afin d'y établir la première école normale catholique, confiée en 1917 aux religieux de Sainte-Croix, où seront formés les instituteurs du privé. Collège-lycée sous contrat, toujours sous la tutelle de la congrégation, mais avec une direction de laïques depuis 1994, Notre-Dame-d'Orveau accueille environ trois cents élèves, internes pour la plupart. Son emblème : une croix et deux ancres. En 2013, le nouveau directeur de Notre-Dame-d'Orveau, Yann de Cacqueray, en résume le principe éducatif qui le fonde, « la foi au cœur de l'enseignement » (sûrement ce qui explique que Johnny Hallyday et Marine Le Pen aient choisi d'y scolariser leurs filles). Pourquoi sous contrat ? Le directeur répond : parce qu'il est plus facile ainsi de diminuer les frais d'inscription. (En somme c'est nous qui finançons l'enseignement privé.) Cependant sur « Le Blog de la liberté scolaire » (au sens où le comte de Falloux parlait de la « liberté de l'enseignement »), il prend vigoureusement position contre tout contrôle public des écoles hors contrat.

Ma méfiance instinctive n'était donc pas, on le voit, entièrement injustifiée. Il y a un fort passé d'action religieuse et politique derrière tout ça. Le fondateur de la Congrégation de Sainte-Croix, Basile Moreau, s'était donné pour but, en 1837, d'agir contre les conséquences de la Révolution : et de « pallier le manque de prêtres et d'instruction chrétienne dans les campagnes sarthoises ». Ce pourquoi il a été béatifié par Benoît XVI, ses reliques, apposées dans le dos d'une dame, ayant guéri celle-ci d'une pleurésie en 1948. Ce n'était pas, au demeurant, un mauvais homme. « Attentif aux plus démunis », c'était un ami de Frédéric Ozanam. Il avait une voix forte, et l'accent sarthois. Comme le cardinal Suhard. Il avait fondé aussi, en 1833, l'institution du Bon Pasteur au Mans[6]. Comme le monde est petit ! Le biographe de Basile Moreau, le chanoine Étienne Catta, est l'un des frères de Tony Catta, gendre collaborationniste de René Bazin, fondateur en 1932 du Souvenir vendéen, l'association qui voulait « remettre en honneur un passé méconnu et souvent méprisé, redresser sur son socle de granit la croix vendéenne marquée du Sacré Cœur et de la fleur de lys ».

Il y a beaucoup de beaux noms, parmi les anciens élèves, des noms qui fleurent bon la France d'avant. Mais aussi la France d'aujourd'hui, et ses luttes politiques, idéologiques. On y relève celui de Benoît Sévillia, fondateur en avril 2013, avec Pierre Nicolas, du mouvement des Veilleurs à Versailles, ces « Éveilleurs d'espérance » qui veulent « réveiller les consciences sur les valeurs qui ont fondé notre civilisation ». Et se faire les « témoins d'une civilisation bimillénaire [...] nourrie de la transcendance divine ». Pour ce faire, les « Veilleurs » donnent régulièrement la parole à des « personnalités du monde intellectuel et du monde politique, du monde associatif et politique ». Comme Jean Sévillia, Michel De Jaeghere, Ludovine de La Rochère, Tugdual Derville, François-Xavier Bellamy, Marion Maréchal-Le Pen, Madeleine de Jessey ou Jean-Frédéric Poisson[7]. Ce sont des noms qu'on retrouvait récemment dans le combat contre le « mariage pour tous ».

« Foi et enseignement », peut-être ; « foi et politique », sûrement.

25

L'Algérie, ce « passé qui ne passe pas[1] »

Mardi 17 janvier, je me suis réveillée dans la nuit, je me lève sans allumer, je vais vers les fenêtres, lune montante, très vive. Sur ma table, mes grandes cartes sont déployées, zébrées de grands traits rouges et verts, dessinant mes itinéraires. J'ai hâte de continuer vers l'ouest mes incursions dans le Segréen, en direction du village de Freigné, enclave du Maine-et-Loire dans la Loire-Atlantique (que le bourg va peut-être rejoindre prochainement.)

Pourquoi cette hâte ?

Parce que Freigné abrite le château de Louis de Ghaisne de Bourmont, qui, alors ministre de la Guerre, prit Alger pour le compte de Charles X. Parce que l'Algérie est en France un passé qui ne passe pas. Parce que sous la conduite de cet ancien chouan, l'expédition d'Alger, plus qu'un débouché économique (qu'elle ne sera pas), ou qu'une diversion politique (inutile puisque Charles X tombe à la fin du même mois), s'est faite dans l'esprit de la catholicité conquérante... Ce dont nous payons encore les conséquences. L'aide de camp de Bourmont, d'Ault-Dumesnil, que nous retrouverons souvent, écrit : « Comme les croisades, la guerre contre Alger fut une guerre nécessaire et juste, qu'il est même permis d'appeler sainte[2]. » On va libérer les Arabes des Turcs, et ensuite par leur soumission (on ne croit pas trop à leur conversion) ramener cette grande terre barbare dans le giron de la « civilisation » : entendez, la chrétienté. Si en la personne de Bourmont, le bocage du Haut-Anjou y joue un rôle éminent, ce n'est donc pas par hasard. Qui se prolongera, du reste, bien après 1830. La plupart des rejetons mâles de ces familles nobles, tout légitimistes qu'ils sont dans leur majorité, vont accompagner en Algérie les débuts de notre politique coloniale. La colonisation de l'Algérie, durant ces cent trente années, n'a été qu'une longue guerre, menée durant tout le XIXe siècle par ce qu'on appelait l'« armée d'Afrique » : y ont servi comme officiers la plupart de ceux dont j'examine ici le rôle dans la contre-offensive politique et religieuse de l'après-Révolution. Procédant à une conquête puis à une pacification brutale, pour laquelle du reste, ils trouveront de dignes successeurs à partir de 1848, parmi les républicains (comme Cavaignac).

Depuis les années de la conquête jusqu'à la guerre d'indépendance l'Algérie est présente continûment dans notre histoire. Et plus que jamais dans le débat actuel autour de la question musulmane en France.

La question algérienne a si profondément divisé la société française que celle-ci en garde une sensibilité exacerbée, ombrageuse, qui se réveille à la moindre occasion. Un peu après cette « visite » à Bourmont, qui date de janvier 2017, je la vois revenir sur le devant de la scène. Et réenflammer la France. L'occasion ? Une déclaration d'Emmanuel Macron, alors candidat à la présidentielle. En visite à Alger, le 17 février 2017, il emploie pour qualifier la colonisation des termes dont il connaît sûrement l'origine et la charge émotionnelle. C'est, dit-il, un « crime contre l'humanité[3] ». Une association de pieds-noirs, le Cercle algérianiste, porte immédiatement plainte. L'homme de la Sarthe juge ces propos « indignes d'un candidat à la présidence de la République ». Le FN estime que le candidat Macron « a tiré dans le dos de la France ». En revanche, Benjamin Stora ne peut qu'en approuver la formulation : « Quand on parle de l'histoire française, dit-il, on parle des Lumières, de l'aspect glorieux, de la République égalitaire, etc. Mais très peu des zones d'ombre. » Du reste, ajoute-t-il, les mouvements d'indépendance sont nés de la « contradiction entre les principes d'égalité affichés et leur non-application[4] ». Je l'ai dit en commençant : de cette contradiction-là, justement, nous avons à vingt ans fait la raison d'une de nos premières grandes ruptures avec notre « éducation républicaine ». Les guerres d'indépendance coloniale, et particulièrement la guerre d'Algérie, ont marqué ma génération et plus encore celle qui la précède. Je n'ai évidemment pas connaissance des événements gros de menaces qui se déroulent à l'automne de 1954 en Algérie, mais dès le printemps de la même année, la guerre d'Indochine avait pénétré dans l'internat de mon lycée. L'une de mes plus proches camarades pleure tous les soirs dans son lit ; on est sans nouvelles de son père, officier de carrière, retenu dans la fameuse « cuvette » de Diên Biên Phu. Cependant, très vite, on se met à parler chez moi et autour de moi de plus en plus régulièrement des « événements » qui se déroulent en Algérie ; dans une famille amie, le fils déserte au moment d'y être envoyé. (Ils seront près de dix mille à en faire autant, objecteurs de conscience et insoumis, qui « ont dit non à la guerre sans nom », comme l'écrit Tramor Quemeneur.) Un peu plus tard, c'est un ancien élève de mon père, devenu agent de police dans la banlieue parisienne, qui est abattu lors d'un contrôle près d'un bidonville.

Mon père et ma mère, socialistes tous deux, pacifistes avant la guerre, et alors cruellement détrompés, ne se rejoignaient pas tout à fait sur le sujet de cette guerre. Nous n'avons rien à faire là, disait ma mère, nous ne sommes pas chez nous, ils sont chez eux. Nous leur avons apporté des routes, des hôpitaux et des écoles, disait mon père. Est-ce ainsi qu'on nous remercie ? Toutefois il s'entend fort mal avec ceux de ses collègues qui, revenus d'un long séjour dans les « colonies » ou en Afrique du Nord, y ont pris l'habitude détestable d'« être servis ». Il y a de l'anarchiste chez mon père : un homme ne doit ni servir ni être servi. Il continue de penser que la France exportait en Algérie quelques-uns de ses idéaux, mais il n'éprouve aucune sympathie pour les généraux putschistes et, en 1962, se ferme entièrement aux doléances des « rapatriés ».

Il faut bien comprendre cela : les « hussards noirs » qui ont formé mon père à l'école normale d'instituteurs dans la fin des années 20 sont aussi les « hussards de la colonisation ». Dans leur essai *La République coloniale*, Nicolas Bancel, Pascal Blanchard et Françoise Vergès ont bien montré le lien qui existe entre la « mission civilisatrice de la France » et son « idéal scolaire ». C'est « la possibilité d'une transformation, par l'éducation, des indigènes considérés, selon un schéma récurrent, comme des enfants qu'il convient de faire grandir ». Et précisément, le début de l'insurrection algérienne, c'est, le 1er novembre 1954, l'assassinat d'un couple d'instituteurs, Guy et Jacqueline Monnerot, arrivés depuis une semaine de métropole pour enseigner à Tifelfel, localité du douar de Ghassira.

Aujourd'hui, dans le bilan de la colonisation, on met en avant les bienfaits de l'instruction offerte par la France : et on cite M. Germain, l'admirable instituteur du *Premier homme*[5]. C'est faire peu de cas de la réalité : les élèves arabes sont très peu nombreux dans le primaire, et pratiquement inexistants dans le secondaire. En 2004 Kamel Kateb publie dans la revue algérienne *Insaniyat* (2004) une étude intitulée « Les séparations scolaires dans l'Algérie coloniale » (en ligne). De 1892 à 1948, le système éducatif français, en Algérie, comprend deux sous-systèmes ; le premier, semblable à celui de la métropole, regroupe les Européens et quelques fils de notables indigènes algériens. Le second est constitué principalement par le niveau primaire, les « écoles spéciales aux indigènes ». Cet enseignement a fait l'objet de nombreuses critiques : dispensé par des moniteurs indigènes algériens pourvus d'un simple certificat d'études primaires (et une année de formation), cet enseignement dévalorisé était considéré par beaucoup comme inefficace, des expressions peu élogieuses ont été utilisées à son endroit, « écoles gourbis », « instruction au rabais ». Sa finalité était d'améliorer la qualification de la main-d'œuvre indigène algérienne pour répondre aux besoins de la colonisation.

Aucune différence notable après la guerre. « En 1954, écrit Kamel Kateb, au regard de la population totale la proportion de scolarisés est l'une des plus faibles des pays du bassin méditerranéen : 3,6 % de la population totale. » Peu suspect de sympathie excessive pour le FLN, mais préoccupé par la misère de la population quand il arrive en Algérie en 1955, le général Faivre admet que « la scolarisation est tardivement relancée en 1961[6] ». Son article dans la revue *Études coloniales* est illustré d'une photo qui est à elle seule tout un programme : un groupe d'officiers et de soldats français devant un bâtiment en préfabriqué où le mot « école » est encadré de deux drapeaux tricolores. Favorable à une « solution associative », reposant sur une pacification « globale, humaine et légale », le général Faivre avait mis en place des groupes de harkis pour aider à l'autodéfense de certains villages, et il relève l'action menée « en faveur de la libération de la femme musulmane ». De grandes « cérémonies de dévoilement » sont en effet organisées à Alger en 1958, patronnées par les épouses du général Massu et du général Salan. Frantz Fanon, revenant sur cet épisode (« L'Algérie se dévoile » dans *L'an V de la révolution algérienne*, 1959), y voit non une libération mais une forme d'oppression. La question du voile qui nous obsède aujourd'hui s'éclaire en partie quand on se souvient de cet épisode et de la profonde ambiguïté de toute émancipation lorsqu'elle est dictée « d'en haut ».

Mais déjà tout était devenu différent, pour ma génération, dans les dernières années de la guerre d'Algérie. Les événements de ces années-là l'ont marquée d'une empreinte décisive. Et il nous a fallu, à tous, beaucoup de temps, pour que nous en arrivions à penser deux choses à la fois : que rien ne peut justifier en aucune façon une entreprise de colonisation. Et que le retour des Français d'Algérie avait été un drame, et l'abandon des harkis un véritable crime.

26

Un Vendéen faux et hypocrite

Mardi 17 janvier. Vers 2 heures, par un froid de gueux qui donne des couleurs exceptionnelles à mes vignes, je suis en route vers le Segréen, Freigné, et le château de Bourmont. J'ai honte de devoir l'avouer : j'ignorais ou j'avais oublié le rôle qu'avait joué le comte de Bourmont dans la conquête d'Alger, et en le découvrant, je n'imaginais pas que je serais plongée au cœur de mon pays natal. Ne me restait, à propos de l'expédition, que le nom du commandant de la flotte, le baron Duperré. J'ai quelques excuses à cela. La monarchie de Juillet a tout fait pour qu'on oublie Bourmont, légitimiste, adversaire déclaré de Louis-Philippe, parti aussitôt en exil. Lorsque j'ai découvert Bourmont, son nom, son rôle et sa carrière, c'était presque trop beau ! Il fallait que la conquête de l'Algérie ait été l'œuvre d'un chouan, d'un monarchiste légitimiste, né dans le Haut-Anjou, à quelques kilomètres de distance du château où naîtra, quarante ans plus tard, le comte de Falloux…

Qui était Louis de Ghaisne de Bourmont né en 1773, mort en 1846 ?

« Bourmont s'est conduit bassement, dit Napoléon dans le *Mémorial de Sainte-Hélène*. Il était connu pour être un des Vendéens les plus faux et les plus hypocrites : je n'aurais jamais dû l'employer. Bourmont est une de mes erreurs[1]. » À la veille de la bataille de Waterloo, dans la nuit du 14 au 15 juin 1815, l'armée française avait fait son entrée à Charleroi, quand tout à coup Bourmont abandonna ses troupes et passa à l'ennemi ; peu après, figurant comme témoin dans le procès du maréchal Ney et du général Bonnaire, il contribua, par ses dépositions, à les faire condamner. (Sur le site « Napoléon Bonaparte – L'épopée impériale ». On voit que je ne voyage pas seulement sur les routes.) Charles de Mazade en 1893, dans son livre sur le comte de Falloux, résumait ainsi la carrière de Bourmont : « soldat énigmatique, tour à tour Vendéen, général d'empire, défectionnaire de Waterloo, glorieux conquérant d'Alger ».

C'est un bon résumé à la fois de l'homme et de son époque : émigré en 1791, il obtient en 1795 du prince de Condé la mission de venir dans l'ouest de la France combattre, et assurer la liaison entre l'insurrection et l'émigration. Par la suite, sous la Restauration, il occupe divers commandements et le 9 août 1829, il est nommé ministre de la Guerre dans le gouvernement Polignac. Bourmont n'était en fait qu'un soldat médiocre, dit un article du *Figaro* de l'époque : « M. de Bourmont veut être maréchal : il mérite le bâton ! » Il le recevra en effet, il sera fait maréchal après la conquête d'Alger, suite logique de son engagement auprès des chouans. Général en chef du corps expéditionnaire contre la régence d'Alger, dont il avait conçu et préparé le projet, il débarque sur le sol algérien le 14 juin 1830, accompagné de ses quatre fils. Avec 453 navires, 83 pièces de siège, 27 000 marins et 37 000 soldats. Sous le signe de la croisade : il ne va pas seulement venger le fameux coup d'éventail donné en 1827 par le dey Hussein au consul de France ; il va « porter à l'islamisme le coup qui devait le frapper dans son repaire le plus redouté » (d'Ault-Dumesnil). Bourmont est « le destructeur de la piraterie barbaresque ». Avant de partir, accompagné de ses quatre fils, il est allé « demander à l'archevêque de Paris sa bénédiction pastorale » et, la veille de leur départ, les cinq croisés ont reçu ensemble « la sainte communion de la main de Mgr de Quélen ».

Polignac, ministre de la Guerre par intérim : « La France entreprend l'expédition dans l'intérêt de la chrétienté tout entière. »

D'Ault-Dumesnil : début juin 1830. Alger est en vue. L'expédition française a traversé la Méditerranée, « la brume, presque quotidienne dans ces parages, s'est levée et un beau jour luisait enfin pour la gloire de la France. Ce triangle blanc qui apparaissait sur une terre riche de verdure, c'était Alger avec ses maisons et ses murailles d'une éclatante blancheur. La population indigène se disait sans doute : "Les voici donc ces Français, ces chrétiens que nous allons tous exterminer" ». Bourmont livre les 19 et 24 juin les deux batailles de Staoueli. Son fils Amédée est tué près de Sidi Khalef. L'expédition française fait capituler les forces du bey le 5 juillet. La régence d'Alger est prise : d'Ault-Dumesnil exulte. D'Ault-Dumesnil est l'un de ses officiers d'ordonnance, l'ami de son fils Amédée, et l'auteur d'un ouvrage, *De l'expédition d'Afrique en 1830*, paru en 1832 et numérisé par Gallica. « Alger était à la France ; elle était conquise à la civilisation chrétienne ; elle entrait dans la grande famille des cités catholiques. » Le lendemain, une messe est dite : « Là est solennisé pour la première fois, après une désuétude de tant d'années, le jour du Seigneur. Il semblait, ce sacrifice chrétien, sanctionner le retour de la civilisation et de la liberté » (d'Ault-Dumesnil). Ceux qu'on a vaincus, ce sont du reste des Turcs, qui maintenaient les Arabes en sujétion : « La prise d'Alger par une puissance chrétienne est un événement qui, dans l'histoire, n'est pas sans analogie avec la fameuse bataille de Lépante. » Aux Arabes, on promet ce qu'on ne tiendra pas : immédiatement en effet, Bourmont fait aux Algériens une proclamation, où il parle d'abord comme Bonaparte, fait l'apologie de la civilisation chrétienne. Derrière : il y a la plume de Sylvestre de Sacy, professeur d'arabe à l'École spéciale des langues orientales dès sa création en 1795 ; qui révisera la version arabe de la proclamation aux Algériens du comte de Bourmont, en 1830.

Toujours la même promesse, qu'on ne tiendra pas : la conquête de l'Algérie est faite dans l'intérêt des habitants eux-mêmes. Son histoire est celle d'un parjure, qui se répétera en 1847 quand Lamoricière, soutenu par le duc d'Aumale, s'engage solennellement à laisser partir Abd el-Kader vers Damas et le fait jeter en prison. Mais l'exemple n'en avait-il pas été donné par Bonaparte qui, lors de la campagne d'Égypte, n'avait cessé de renouveler dans ses proclamations son respect de l'islam et de ceux qui le pratiquent ? S'était même dit prêt à s'y convertir[2] ?

Pour bien faire comprendre ce qui se passe alors, il faut lire ce qu'écrit Michel Habart dans *Histoire d'un parjure*[3] (1960). Morvan Lebesque en salue la parution dans *Le Canard enchaîné* : ce livre, dit-il, est le témoignage irréfutable, fondé sur des documents historiques, de ce que fut notre politique en Algérie, dès les premiers temps de la colonisation. Massacres, enfumades, destructions, déportations : selon Michel Habart, l'Algérie a perdu huit millions d'habitants en quarante ans, entre 1830 et 1871, entre la chute d'Alger et la répression de la révolte des Mokrani. Après les violentes polémiques qui accompagnèrent sa sortie, le livre de Habart fut interdit de republication. Mais c'est aussi l'histoire d'une trahison, dont les prémices ont été posées dès l'origine. Pour le montrer, Habart s'appuie sur un ouvrage qu'il fait redécouvrir, *Le miroir*, de Sidi Hamdan ben Othman Khodja, paru en 1833 à Paris, « le seul document algérien que nous possédions sur l'état de la Régence à la veille et au début de l'occupation française ».

Selon Hamdan, il y eut en fait trois proclamations. La première a été voulue par le duc de Clermont-Tonnerre et rédigée par Sylvestre de Sacy. Tirée à cinq cents exemplaires, elle est expédiée dans la régence d'Alger. La voici : « Nous, les Français, vos amis, partons pour Alger. Nous allons en chasser les Turcs, vos tyrans. Nous ne conquérons pas la ville pour en devenir les maîtres. Nous le jurons par notre sang. Soyez unis à nous, soyez dignes de notre protection et vous régnerez comme autrefois dans votre pays en maîtres indépendants dans votre patrie. Les Français agiront avec vous comme ils agissaient il y a trente ans avec vos frères bien-aimés les Égyptiens [c'est l'expédition de Bonaparte, et ses traîtrises]. Nous nous engageons à respecter vos trésors, vos propriétés et votre sainte religion... » Le 2 juin, un journal de Toulon en publie une version tronquée mais suffisante pour horrifier les ultras : quoi ! on y parle de la « sainte religion musulmane » ! Une deuxième proclamation est imprimée fin mai et distribuée à nos troupes. De nouveau : nous venons vous libérer mais – et cette fois le ton est plus menaçant – prenez garde ! Qui s'y opposera sera impitoyablement châtié. Enfin, une troisième proclamation est affichée le lendemain de la reddition, le 5 juin. Elle débute ainsi : « Je vous assure sur mon honneur que j'exécuterai fidèlement toutes mes promesses. » Elle fait ensuite retentir le ton de la menace : « Ne vous exposez pas à notre fureur. » Peu de temps avant son départ, Bourmont avait dévoilé devant la chambre de commerce de Marseille la nature du projet : faire de la régence d'Alger « une colonie ».

Or les Algériens prirent ces proclamations au pied de la lettre ; non par naïveté, mais, comme l'écrit Hamdan, « pourquoi soupçonner de félonie une nation connue pour être magnanime et équitable » ? Un roi aussi pieux que Charles X ne pouvait pas commettre au nom de la France un tel parjure... Le parjure est, pour un musulman, un sacrilège d'une extrême gravité qui, dit Habart, « voue le coupable à la mort éternelle, à l'anéantissement de l'âme ». (C'est du reste ce que promet Socrate à celui qui préfère commettre l'injustice plutôt que la subir : il voue son « âme immortelle » à la destruction. La justice n'a pas de pays, pas de frontières.) Alger prise, au nom de la « civilisation » – chrétienne, il va sans dire –, ses richesses et le « trésor de la Casbah » sont pillés ; les mosquées et écoles détruites et fermées, les habitants expulsés vers le désert ou anéantis dès la première velléité de résistance...

Cet épisode décisif des tout débuts, les récits historiques le développent rarement. Or c'est l'arrière-plan sur lequel s'enlève l'« éducation républicaine » qu'on m'a transmise, un fond de bonne conscience et d'ignorance. Et de contradictions. Témoin, ces deux phrases de Tocqueville : « Ce qu'il faut, dit-il, c'est donner des livres à ce peuple curieux et intelligent. Ils savent tous lire. Et ils ont cette finesse et cette aptitude à comprendre qui les rend si supérieurs à nos paysans de France. » Mais il disait aussi que brûler les moissons, détruire les villages et s'emparer des femmes et des enfants, c'étaient là des « nécessités fâcheuses, mais auxquelles tout peuple qui voudra faire la guerre aux Arabes sera obligé de se soumettre ». (Il ajoutera cependant que « nous avons rendu la société musulmane beaucoup plus misérable, plus désordonnée, plus ignorante et plus barbare qu'elle n'était avant de nous connaître ».)

Ce premier parjure sera suivi d'un autre : comme je l'ai dit, au moment de sa reddition en 1847, au lieu d'être conduit à Damas, comme la France s'y était engagée, Abd el-Kader est conduit à la forteresse de Lamalgue à Toulon. Quand il commence à comprendre, il est trop tard. Il entre dans une grande colère car il se sent trahi au plus profond de lui-même : « Je me disais [...] que, quand bien même je serais pris par les Français par la force, je n'aurais que du bien à recevoir chez eux, parce que ce sont des hommes de cœur et d'honneur, et qu'ils savent rendre mérite au vainqueur aussi bien qu'au vaincu[4]. »

Dans cette affaire de mensonges et de trahison, les preuves s'accumulent d'une évidence qui n'avait à l'époque échappé à personne : en Algérie, la France s'est parjurée, la France a menti, la France a fait des promesses en sachant qu'elle ne les tiendrait pas. Grâce à l'Internet, j'en trouve, et plus que je ne voudrais peut-être. Comme ce témoignage d'un Espagnol, don Francisco Aledo[5] : « Le général Bourmont avait proclamé au peuple arabe du territoire d'Alger qu'il n'était pas venu chez eux envahir ni occuper ce pays en faveur de la France et former là-bas des colonies ; que ses buts étaient sains et purs. » Qu'il leur offrirait des lois « qui feraient [leur] bonheur ». Et que l'armée repartirait pour la France « quand tout serait arrangé ». En somme, si l'on en croit l'*Histoire universelle de l'Église catholique*, quand, sous le commandement du général de Bourmont, la capitale de la Barbarie[6] deviendrait « la capitale de la civilisation chrétienne pour toute l'Afrique[7] ». Quelle importance de s'être parjuré, quand le retour de la civilisation sur des terres barbares se confond donc avec le « retour dans le giron de la chrétienté », mais aussi avec la résurrection de la terre elle-même ! Grâce à nous, en effet, le désert refleurit[8]. Cette vision enchante d'Ault-Dumesnil jusqu'à l'aberration. Son esprit est empli d'un brouillard de joie. En Algérie, écrit-il, nous avons débarqué dans un désert mais « l'art, en moins de deux jours, triomphe, comme par magie, d'une nature sauvage ». Mais, quelle nature sauvage au fait ? Quelques lignes plus haut, il a donné de la régence d'Alger une vision de paradis : « Les poiriers, les abricotiers, les vignes se mariaient dans tous les jardins aux palmiers, aux orangers, aux citronniers, aux figuiers, aux cactiers et à une infinité d'arbres différents. L'aloès étalait avec un luxe prodigieux ses feuilles colossales armées de longues et redoutables épines. Il s'étendait en haies impénétrables autour des enclos et le long des sentiers qui sillonnaient les ondulations du sol. Des fontaines et des puits offraient partout une eau pure, limpide et fraîche. »

Commence alors une longue et terrible histoire, celle, interminable, de la pacification. Et comme j'ai décidé de faire preuve d'une patience et d'une résolution obstinées pour comprendre le monde où je suis née, je cherche et je finis par trouver : le 33e régiment d'infanterie d'Angers s'est particulièrement illustré dans la conquête et la « pacification ». Dissous en 1997. Il a construit des routes avec le maréchal Bugeaud. Le génie d'Angers y a participé aussi : une plaque le rappelle au musée de l'École du génie. Lamoricière y avait débuté comme lieutenant.

Le même régiment avait à sa création participé au siège de La Rochelle, en 1627.

27

Le sémaphore sacré

Mais je ne suis toujours pas arrivée au château de Bourmont.

Sur la route de Freigné, afin de me ménager un passage plus aisé vers des moments lointains de l'histoire, j'ai essayé de ne pas prendre les grandes voies nouvelles, et de ne pas trop voir, autour de moi, toutes les marques vibrantes de la vie d'aujourd'hui dans les zones périurbaines – bandeaux de façade en plastique beige, entrepôts de tondeuses à gazon, magasins discount pour les pauvres. (Je les vois quand même.)

Suivons la carte. J'échappe à la grande quatre voies, juste après Saint-Georges-sur-Loire. Sans un regard pour la magnifique abbaye reconstruite au XVIIe, fondée au milieu du XIIe siècle par les Augustins de Robert d'Arbrissel, ou pour le château de Serrant et les Walsh. Quand aurai-je le temps de débrouiller la généalogie de ces émigrés venus d'Irlande avec les Stuart ? Un comte de Walsh joue un rôle équivoque pendant la Révolution, son fils, grand propriétaire de terres coloniales, est un esclavagiste notoire qui s'oppose à l'application des droits de l'homme à Saint-Domingue. Et est-ce son petit-fils qui est tué à Léogane (partie haïtienne de Saint-Domingue, fief de Bertrand d'Ogeron) en combattant Toussaint Louverture ? Comme autour d'Ulysse dans l'*Odyssée*, toutes ces ombres pâles se pressent autour de moi, demandant une attention que je n'ai pas le temps de porter à chacune. Je marque donc un court arrêt à Saint-Germain-des-

Prés, où ma grand-mère était institutrice juste avant la guerre. Inutile : je ne retrouve pas l'école où a été prise vers le milieu des années 30 une photo que j'ai toujours. On y voit une jolie salle à manger de style Art déco, sur la table les restes d'un repas de fête. Mon grand-père et ma grand-mère entourent un couple de jeunes fiancés, mes parents. Cette silhouette sur la gauche, est-ce celle de M. Veillon, l'instituteur aveugle, invalide de la Grande Guerre ?

Je repars. À droite, d'impressionnantes ruines : c'est Champtocé, où naquit Gilles de Rais en 1405 ou 1406. (Vous vous souvenez qu'il s'est marié dans l'église où on a enterré ma grand-mère.) On imagine ces tours puissantes dans le paysage de l'époque. Un peu avant Bouvines, le seigneur du lieu les avait rendues à Philippe Auguste. Une inflexion vers la droite, et je suis sur la bonne voie. Je file sans ralentir, quand, sur la gauche, en haut d'une colline, m'apparaît une tour et son toit en forme de dôme avec une statue au sommet.

Qu'est-ce que c'est que cela ? Je ne saurai le fin mot de l'histoire qu'à mon retour le soir quand je pourrai consulter mon Célestin Port. La statue de la Vierge a été installée en 1892, sur un ancien moulin, « par Mme de La Moricière, en action de grâce ». À la suite de quoi ? je n'en sais rien, Mme de La Moricière, née Marie-Amélie Gaillard de Ferré d'Auberville, de la famille Montagu, née en 1827, et morte en 1905, avait épousé le 21 avril 1847 le général Lamoricière.

C'est trop beau, en allant à Bourmont, de rencontrer les Lamoricière ! Quel dommage de ne pas l'avoir su au moment où j'y étais ! Car si c'est Bourmont qui prit Alger en 1830, c'est Lamoricière qui « pacifia » la terre algérienne, et reçut en 1847 au nom du duc d'Aumale, fils de Louis-Philippe, la reddition d'Abd el-Kader. Reddition au cours de laquelle, sous l'autorité du duc d'Aumale, il avait donné sa parole à l'émir d'assurer son départ vers Damas. Qu'il ne tint pas. « M. Guizot, au mépris d'une parole sacrée, le fit enfermer provisoirement, disait-il, au fort Lamalgue. » Je me répète, mais ces trahisons-là sont de conséquence, et nous les payons probablement aujourd'hui.

En attendant, la vue de ce sémaphore sacré s'agitant en plein champ me communique une espèce d'irritation que je connais bien. Trop, c'est trop. Ce ne sont pas les « racines chrétiennes » de la France qui sont partout ici outrageusement exposées : ce sont des implantations récentes, qui ont à peine plus de cent cinquante ans. Et à des fins plus politiques que spirituelles, j'en ai peur. Le passé chrétien de cette région l'avait dotée de réalisations splendides : l'église de Cunault, l'abbaye de Fontevraud, la collégiale Saint-Martin d'Angers. Mais ce que je vois maintenant, c'est tout autre chose. Ce décor de mes jeunes années, c'est le résultat d'une emprise, d'une mainmise violente sur toute une région, un paysage. Plus je monte vers le Segréen, plus cette impression se confirme : pas un carrefour sans une croix, tantôt de pierre, tantôt de métal, parfois accompagnée d'une date. Comme justement celle-ci, « mission 1847 » ! L'année où la France triomphe et manque à sa parole en Algérie.

Ce ne sont partout qu'actions de grâce, missions de réparation[1], grottes de Lourdes[2] et croix, et ce jusqu'à la fin du siècle, et même au-delà… Partout, sur cette terre, c'est l'expression d'un catholicisme de combat, et pour qui ne partage pas ses dogmes, ces croix et autres grottes sont une insulte. Elles vous signifient qu'il faut vivre sous une loi étrangère, ou bien être rejeté dans le néant. Que veut dire cette flambée de monuments ? La piété populaire ? L'attachement à l'Église de Rome ? Le soulagement après la fin de la Terreur, avec sa chasse aux « brigands » et aux prêtres insermentés ? Ou plutôt la marque du pouvoir qui s'installe, veut en finir une fois pour toutes avec la Révolution et le dit clairement ? Cette Révolution qui était pour le général Lamoricière « la négation du péché originel ».

Vers La Cornuaille, la route passe entre de beaux étangs, mais la campagne est toujours ponctuée de ces croix, de ces grottes et sanctuaires, chaque village écrasé sous la masse d'immenses églises sans style et sans goût. Ce n'est pas l'expression d'un peuple, c'est son oppression. Signe d'une violente reconquête, ces croix enfoncées dans le sol comme des épées. Un exorcisme généralisé. Une guerre a bien eu lieu, entre 1815 et 1880. Ici, c'est un champ de bataille et si on osait, un chant de victoire. Entre 1815 et 1880 ? Voire. Cela n'a pas cessé : voir ces miracles opportunément accomplis lorsque les « rouges » menacent. Cette violence religieuse inscrite dans le paysage a marqué les esprits et les corps, quelque chose a été empêché de naître, on en a rabattu les pousses verdoyantes dans un dolorisme mortifié, mortifère. Sur cette terre gorgée d'imprégnation religieuse, l'harmonie avec la nature a été brisée. Chaque bourg est écrasé sous la masse monumentale de laides églises qui ponctuent le paysage, et s'annoncent de loin. Elles ont écrasé aussi les restes de l'ancien patrimoine des xe et xie siècles : comme au Lion-d'Angers ou à Nyoiseau, les vestiges d'un cloître de l'abbaye. Toutes construites sous l'impulsion de l'évêque d'Angers, Mgr Angebault, ancien élève du collège de Beaupréau, enclos traditionaliste (« cette obscure métropole de l'idiotisme des Mauges »), dont l'influence est heureusement combattue au xviiie siècle par l'Oratoire d'Angers, foyer de cartésianisme, ouvert à l'esprit des Lumières et à un rigoureux enseignement des sciences. En élève fidèle de Beaupréau, quand il sera nommé évêque d'Angers en 1842, Angebault se montrera d'un ultramontanisme rigoureux. Partisan de la loi Falloux, il contribue au développement du collège de Combrée. Il se défie profondément de l'enseignement primaire, et déplore la disparition « de l'heureuse ignorance qui préservait nos campagnes et leur conservait la paix des esprits avec le calme des cœurs ».

Il est donc un artisan actif de la reconstruction d'une Église privée par la Révolution de ses couvents, de ses confréries, de ses corporations artisanales, et y parvient en repartant de ses paroisses. Mgr Angebault détestait le style roman, il opte comme toute l'époque pour un style pseudo-gothique, et j'ai déjà dit ce qu'en pensait le chanoine Houdebine[3]. Ou romano-byzantin. Ou byzantino-mauresque… comme à Carthage, la cathédrale Saint-Louis, primatiale d'Afrique construite en 1890.

Une même entreprise, donc, qui colonise en deçà et au-delà des mers : c'est Charles X qui décide de l'expédition d'Alger début 1830, mais à Tunis, en août 1830, c'est Louis-Philippe qui obtient la cession du terrain pour construire une chapelle à l'endroit où est mort Saint Louis, de retour de croisade.

C'est ce que je rumine plus tard, durant le chemin du retour, tandis que je roule à travers ces campagnes d'ordinaire désertes mais réveillées à 6 heures du soir par la vive circulation des retours du travail. Tout autour de moi, le vieux monde s'enfonce dans la nuit, mais remonte l'image de ce qu'il a été pendant plus d'un siècle à la suite de la Révolution de 89 : une dernière expérience française de théologico-politique. Qui ne comprend pas ce que cette notion recouvre n'a qu'à venir en Anjou, il en verra le spectacle partout exposé.

28

La « saignette » de Freigné et les « fanatiques au superlatif »

Toujours sur la route de Bourmont, après Villemoisan et son sémaphore sacré, voici La Cornuaille, petit bourg où le comte de Bourmont, tout juste revenu d'émigration, participe le 8 septembre 1795 à un accrochage avec le général républicain Bonnaud.

Au début de la Révolution, la région s'est enflammée ; le curé de La Cornuaille, Charles Thierry, meurt « d'une manière bien malheureuse ». Après la bataille de Cholet et le passage de la Loire, c'est la « virée de Galerne » : le curé a suivi « ses bataillons désolés, il vient avec eux à Granville et périt enfin dans la déroute du Mans, au mois de novembre 1793. Des témoins reconnurent son cadavre au milieu de ceux qui furent écrasés par les caissons de l'artillerie de l'armée victorieuse » (extrait d'*Un canton de l'Anjou sous la Terreur et durant la guerre de la chouannerie* par Hippolyte Sauvage, 1873). Maintenant, nous sommes en 1795 : Bonnaud avait quitté Angers à la tête de quatre colonnes pour aller réquisitionner des vivres. Louis de Bourmont et Guillaume Plouzin, dit le Lion, tentent de s'opposer à la progression des troupes républicaines, mais inférieurs en nombre, les chouans doivent rapidement battre en retraite. Le 13 septembre, à Angers, le représentant Louis-Alexandre Jard-Panvillier écrit au Comité de salut public : « Le 8 de ce mois, la troupe aux ordres du général Bonnaud a remporté une victoire sur les chouans dans le district de Segré. Deux cents chouans au moins ont péri dans cette affaire. On a ramené beaucoup de grains à Angers. »

À la suite de cet engagement, « les républicains poursuivirent leur route mais rencontrèrent cette fois les troupes de Pierre-Louis Godet de Châtillon au village de Pontron ».

Je croyais avoir laissé les Lamoricière tout de bon près de Villemoisan, avec ce ridicule Moulin de la Vierge : il n'en est rien. Car le nom de Pontron me ramène à eux. Les restes de l'abbaye cistercienne de Pontron appartenaient en effet à la famille du général.

L'abbaye est en terre révoltée. Fondée par l'ermite Clément, elle se situe entre les communes de La Cornuaille, de Villemoisan et du Louroux-Béconnais. Cœur de la chouannerie angevine, Le Louroux-Béconnais est la patrie de Noël Pinot, curé du Louroux à partir de 1788. Refusant de prêter serment, il est arrêté et guillotiné à Angers « dans ses habits de messe » en 1794. C'est Jean-Paul II qui l'a canonisé : pour le pape polonais comme pour Soljenitsyne, cette région est pain bénit ; la guerre de Vendée est une anticipation du goulag.

Lamoricière hérite de l'abbaye par un frère de sa mère, Marie-Joseph-Louis-Gérôme Robineau. En 1791, les Robineau s'étaient portés acquéreurs lorsque la « ci-devant abbaye » avait été mise en vente par voie d'adjudication. Ils ont des idées plutôt avancées, ils soutiennent les « écoles mutuelles », ancêtres des écoles laïques. Mais Marie-Joseph Robineau avait une sœur, Désirée. Elle épouse Sylvestre de Lamoricière, lequel, à seize ans, avait rejoint les chouans aux côtés de Charette et Bourmont. Ce sont les parents du général. Quand Lamoricière hérite de l'ancienne abbaye, il en subsiste encore une très belle cheminée, une chapelle, des jardins, des cloîtres à colonnes, etc. Il la fait démolir en 1852 pour y édifier de nouvelles fermes (la manie d'amélioration agronomique des nobles). Les meubles et la grille principale sont transportés dans les châteaux voisins, l'autel de marbre d'Italie dans l'église de Saint-Philbert-de-Grand-Lieu, village proche de celui d'où est issue la famille du général.

Je ne m'attarde pas à La Cornuaille et je reprends la direction de Freigné par la « route des Touches » (ce nom m'intrigue à cause du roman de Barbey d'Aurevilly[1]). La Touche aux Ânes était autrefois un relais important sur la route d'Angers à Rennes. Les conducteurs y arrêtaient leurs bêtes, le plus souvent des ânes, d'où le nom de l'endroit, et s'y reposaient. « À droite de la maison, dit une relation du XIXe siècle, on voit encore des ânes sculptés dans le mur et bien conservés, et la cheminée porte la trace de nombreux ânes. L'auberge avait grande renommée et Charles IX y dîna le lundi 4 novembre 1565. La veille, dimanche 3 novembre 1565, Sa Majesté dîna à Candé, beau et grand village, et coucha au Louroux, petit village. Le lendemain dîna à la Touche aux Ânes qui n'est que deux maisons, et coucha à Angers qui est une belle et grande bonne ville et fort château. »

(Vérifier que c'est bien le même endroit. Je n'ai pas trouvé l'auberge.)

Et me voici enfin à Freigné, la Loire est très loin, et le joyeux pays des vignerons. Le paysage tout entier est grave et sombre, ou bien c'est mon humeur ? Penser qu'ici a commencé l'affaire de l'Algérie dont nous ne sommes toujours pas sortis ne rend pas gai. Le comte René de l'Esperonnière, 1894 : « Comme dans tout le pays, les collines, parallèles à la Loire, courent de l'est à l'ouest, mais çà et là des mamelons isolés viennent brusquement couper leurs lignes monotones, creusant entre elles de profondes vallées où croissent de robustes chênes[2]. » Qui dit vallée dit refuge : c'est un cadre visible, matériel, pour une terre chouanne. La chouannerie est très présente à Freigné pour un épisode que relate le chanoine François Uzureau, directeur de *L'Anjou historique*, dans la *Revue de Bretagne et de Vendée* (1903). C'est l'affaire du curé Morin. En février 1794, celui-ci s'était caché dans le bourg chez une sœur de charité de sa paroisse, nommée Marie Lardeux, une « sœur saignette » (c'est-à-dire chirurgienne). D'abord, on ne le trouva pas, mais on était sûr de sa présence. D'après le citoyen Huart, agent national de la commune de Candé, « la plus grande preuve que ce calotin existait ce jour dans le bourg, c'était les hosties toutes fraîches coupées que je tenais avec la boîte, les ornements, surplis tout déployés et venant de servir ». Découvert, il est amené devant le Comité révolutionnaire d'Angers dans la journée du 28 février. Le 4 mars, le Comité révolutionnaire écrivait à la commission militaire : « Nous vous faisons passer les pièces du scélérat Morin, curé réfractaire et vendéen de Freigné. Son interrogatoire est consigné sur un de nos registres. Quand vous voudrez travailler ce brigand sacré, vous le ferez prendre au Comité. » Interrogé, il révèle qu'il a tenté à plusieurs reprises de quitter la France, profitant de la loi sur la déportation des prêtres insoumis. Le 5 mars, il est condamné à mort pour « avoir eu des intelligences avec les brigands de la Vendée et fait partie de leur rassemblement » et « avoir provoqué au rétablissement de la royauté et à la destruction de la République française ». Il est exécuté le même jour, place du Ralliement, à 4 heures du soir.

Quant à la « saignette », Marie Lardeux, « fanatique au superlatif », « ayant gardé chez elle l'ex-curé de sa paroisse pendant quinze jours », elle est déclarée digne de la guillotine au premier interrogatoire ; et finalement condamnée à être fusillée. Le 16 avril 1794, elle est exécutée, en compagnie de 97 autres victimes, « au Champ des Martyrs près Angers[3] ».

Juste avant d'entrer à Freigné, j'ai laissé à ma droite une route plus étroite avec cette sobre indication : « Bourmont », sur un très petit panneau. Il faut ici beaucoup d'imagination pour penser à l'Algérie, à sa conquête. Préparant mon petit voyage, j'avais vu sur l'Internet que le château organisait, chaque année en juillet, un parcours historique relatant « l'histoire de la commune et de son château de 1750 à 1850 ». Fêtes populaires, révoltes, drames et chouannerie : rien sur la prise d'Alger et ses suites.

Il y a encore, dans les environs, des hommes qui, entre 1954 et 1961, ont fait en Algérie une guerre qui ne disait pas son nom. Un numéro des *Cahiers du Baugeois* a recueilli récemment leurs témoignages, douloureux, embarrassés : ils se sont tus, à leur retour, personne, au fond, ne voulait savoir[4].

Ces soldats du contingent, envoyés de l'autre côté de la Méditerranée pour tenter de conserver à la France ses « départements » d'Afrique du Nord, étaient des « jeunes gens ordinaires confrontés à l'intolérable » selon l'expression de Claude Juin. Claude Juin, né dans les Deux-Sèvres, a fait la guerre d'Algérie comme appelé, et on a récemment réédité *Le gâchis*, le livre qui avait été publié en 1960 et aussitôt interdit. En 2012, après une thèse sur ce sujet et sous le même titre, *Des soldats tortionnaires*, Claude Juin évoque ce que fut le destin de deux millions de jeunes Français « ordinaires » envoyés sans préparation soutenir la politique dite de « pacification ». Appelés à devenir des meurtriers. « Formés aux valeurs républicaines des Droits de l'homme, ils ont pourtant laissé croître en eux un racisme et une haine viscérale à l'égard de la population musulmane. »

À l'entrée, je suis accueillie, comme je m'y attendais, par une école privée, l'école Sainte-Anne (son adresse : rue du Maréchal-de-Bourmont). Le comte de l'Esperonnière, dans l'ouvrage déjà cité, signale qu'« une nouvelle école, destinée à recueillir les sœurs en cas de laïcisation[5] », « a été récemment construite par M. le comte de Bourmont, à deux cents mètres du bourg, sur le chemin qui conduit à la Pugle [un lieu-dit] ». Est-ce la même ? C'est aujourd'hui la seule école primaire de Freigné. L'école publique la plus proche, si mes renseignements sont exacts, est l'école Jules-Ferry de Saint-Mars-la-Jaille, en Loire-Atlantique. Et en Maine-et-Loire, celle de Candé, à 6,5 kilomètres. Je croyais que la loi de 1886 faisait obligation à toute commune d'être « pourvue au moins d'une école primaire publique », sauf dérogation ou regroupement autorisé (ouverture obligatoire à partir de quinze inscrits) ? Sur le site de Sainte-Anne, que je consulte de retour à Paris, on trouve ceci en petit, à côté des propositions éducatives et pédagogiques : « Une école signe de vie – découverte de l'Évangile – développer les valeurs chrétiennes – écoute de la parole de Dieu – espérance, partage, respect, pardon, réconciliation – participation aux actions humanitaires – temps forts liturgiques de Noël et de Pâques. » L'application de la loi de 1886 à Freigné me semble donc absolument nécessaire. Et pas seulement à Freigné. Sur un peu plus de 300 communes, en Maine-et-Loire, 85 (dont 63 dans les Mauges) sont sans école publique.

29

Des siècles de silence

Demi-tour donc : rien d'autre à faire à Freigné. Je retrouve la route étroite que j'avais laissée sur ma droite en arrivant. De beaux bâtiments m'accueillent, aucun n'a les dimensions ni la solennité que j'imaginais, ce n'est pas encore le château du comte. Et en effet : le voici maintenant, au bout d'une grande allée bordée de beaux arbres, devant moi, avec ses deux tours massives encadrant le porche. Derrière, de l'autre côté de ces majestueux propylées, une vaste cour est fermée en direction de la vallée par un logis de style Renaissance. Silence. Devant le château de Bourmont il n'est pas difficile de retrouver l'esprit de la chouannerie : même absence de tout bruit, mêmes taillis et bois épais, mêmes grands arbres, même solitude quand on s'engage sur la route étroite. Des branches dépouillées où crient des corneilles, un soleil rouge qui ne réchauffe pas.

Toujours personne. Je fais quelques pas prudents, par décence, pour montrer, au cas où on me verrait d'une fenêtre, que je sais parfaitement qu'on n'entre pas chez les Bourmont comme dans un moulin. Toujours personne, et le froid est de plus en plus vif. Au bas d'une des deux tours, une porte entrouverte, je m'approche, j'écoute, aucun bruit. Sur une chaise près de l'entrée, une paire de jumelles. Je m'avance encore un peu, je fais quelques photos. La nuit va tomber, le silence est complet entre ces arbres dépouillés.

Le château de Bourmont.

Le château de Bourmont est situé, dit l'Esperonnière, au milieu d'un « magnifique ensemble, comprenant plus de trente fermes ou moulins, plusieurs bois taillis et de futaie ». Il a été considérablement modifié, agrandi, remanié depuis la fin du XVIIIe siècle. Seuls les deux bâtiments des communs, les portails sud et est, le portail du jardin potager et l'orangerie sont du XVIIIe. Le châtelet, comprenant la chapelle seigneuriale Saint-Christophe, a été reconstruit en 1882 selon les plans de l'architecte angevin Auguste Bibard. Le logis, rebâti entre 1892 et 1894 par l'architecte Le Diberder, de Nantes. Auguste Bibard est partout dans ce récit : il a reconstruit le château du Bourg-d'Iré, pour les Armaillé, à Angers, dessiné le jardin du Mail, et fait les plans d'un manoir pour la riche famille des Richou, minotiers-banquiers qui ont une maison à Savennières, Les Grifferays. Ce sont les nouvelles dynasties qui supplantent les nobles de la vieille roche dans la prise de possession du pouvoir économique en France.

La seigneurie de Bourmont, à la lisière de l'Anjou et de la Bretagne, située dans la baronnie de Candé, a été établie au

XIVe siècle en faveur des La Tour-Landry, puis Maillé de La Tour-Landry. Par l'alliance en 1691 de Marie-Hélène de Maillé de La Tour-Landry (1670-1752) avec Marie-Henri, comte de Ghaisne (1662-1710), elle passe à la famille de Ghaisne de Bourmont, à laquelle elle appartient toujours. Nous connaissons bien le comte de Maillé, son apostrophe à Clemenceau, son château de La Jumellière et les paysans qui faisaient une haie sur la route quand il regagnait son domaine. Cette longue référence généalogique met en lumière les liens tissés au cours des siècles, le réseau de pouvoir qui tient toute cette région depuis le Moyen Âge jusqu'à (presque) nos jours : les La Tour-Landry, les Maillé, les Quatrebarbes, les Bourmont. Puissance foncière, puissance politique, légitimée par la puissance de l'Église. Et la même histoire partout. Au-dessus de la Loire, côté chouan ; au-dessous, côté vendéen. C'est l'histoire même de ce triangle de terre (le fatal triangle) où la république peine à s'établir.

En 1795, le château est choisi pour siège de l'état-major réuni autour de Scépeaux, beau-frère de Bonchamps. La Vendée s'est déplacée vers le nord après l'échec de la virée de Galerne. Scépeaux est blessé au Mans, et il organise la chouannerie sur la rive droite de la Loire. Son quartier général se trouve d'abord à l'abbaye de Pontron. Puis au début de 1795 il le déplace au château de Bourmont. Bourmont reçoit alors de lui le commandement en second de ses troupes et la fonction de major général de l'Armée catholique et royale du Maine, d'Anjou et de la Haute-Bretagne. Le 14 mai 1796, à Angers, Scépeaux signe sa soumission auprès de Hoche, et dépose les armes au château de Martigné, à Saint-Denis-d'Anjou, dans la Mayenne, avec Bourmont, Tercier, Gaullier et les principaux autres officiers de sa division le 16 mai 1796.

Je ne peux guère rester plus longtemps, il se fait tard, et ma voiture est rangée assez loin dans l'allée du château. Est-ce que j'en sais davantage sur Bourmont ? Il me semble. Comme il est énigmatique, le savoir qu'on retire d'être allé « sur les lieux mêmes » ! Pourtant, je ne saurais me dispenser de le faire. J'ai besoin de ce qui se passe entre ce qu'on sait et ce qu'on voit, une espèce de décharge électrique si puissante que le corps en est ébranlé. La preuve : l'œil fixé sur cette vaste entrée de pierre et de bois, je ne vois pas une racine traîtresse et en sortant de la cour du château, je m'étale, il n'y a pas d'autre mot, au pied de ces grandeurs historiques. J'ai la peau arrachée par endroits, mes paumes et mes avant-bras sont meurtris. Un peu plus loin, à Candé, la pharmacienne me conseille l'homéopathie pour éviter l'œdème aux genoux.

Plus tard, de retour dans mes vignes, je tâche de reprendre la lecture de d'Ault-Dumesnil. J'y trouve ceci : « Les croisades, a très bien dit M. de Bonald, sauvèrent l'Europe. [...] Dans la lutte entre la croix et le croissant, les musulmans furent les agresseurs, et on peut dire que jamais guerre n'eut une cause plus légitime que ces guerres si justement appelées saintes[1]. » Sa position est simple, elle est celle de toute son époque : « Un pays dont l'islamisme a fait un stérile désert ne peut être rendu à la vie civilisée que par la substitution progressive du règne de l'Évangile à celui du Coran, et de l'activité chrétienne au fatalisme musulman. » Position que partagent tout aussi bien des athées radicaux, comme Sainte-Beuve[2]. J'aurais pu m'inspirer aussi de Quatrebarbes : « De la France, [l'Algérie] attend le christianisme et la civilisation, pour se couvrir d'une population laborieuse et dissiper les épaisses ténèbres de la barbarie, où elle est plongée depuis tant de siècles. » Le seul à prendre résolument le contre-pied, c'est Michelet : « Où paraissent les chrétiens, paraît le désert ; où sont les Arabes, l'eau et la vie jaillissent de toutes parts, les ruisseaux courent, la terre verdit, devient un jardin de fleurs. Et le champ de l'intelligence aussi fleurit. Barbares, que serions-nous sans eux[3] ? »

Mais je ne peux me concentrer sur ma lecture. Je demeure sous le coup d'une de ces secousses historiques que les lieux suffisent à provoquer ; la nuit qui descend, le silence absolu, ce lieu formidable et désert hanté par l'ombre de Scépeaux. Voici que surgit, dans le petit matin brumeux, la calèche du comte de Bourmont. Il quitte Freigné sans retour, ignorant qu'il n'y reviendra pas avant douze ans, ayant tourné le dos à l'illégitime Louis-Philippe. Là commençait l'histoire d'un grand malheur arrivé à l'Algérie et, en un sens aussi, à la France, et qui n'est pas encore terminé.

Et puis ce soir, je dîne à Angers chez les V. Il faut que je me prépare et que je tâche de passer un pantalon sur mes genoux raides et brûlants. Le repas se déroule agréablement dans une belle salle à manger décorée de panneaux peints. Durant tout le dîner, j'essaie de ne pas me tortiller sur ma chaise et j'évite de poser sur la table mes avant-bras douloureux. Puis les choses changent brutalement : l'Algérie française a été la grande cause de jeunesse du maître de maison. Qui l'évoque en des termes si radicaux que j'en suis saisie : « J'ai fait là-bas tout ce qu'il fallait. » C'est-à-dire ? Des interrogatoires musclés ? Des « corvées de bois » ? Le ratissage de zones rebelles ? Et ce tantôt, j'étais à Bourmont ! Le raccourci provoque chez moi, de nouveau, cette commotion historique que j'avais ressentie quelques heures plus tôt, devant la puissante place forte chouanne du Segréen. Un raccourci historique tellement saisissant que je reste sans voix. Il me semble que je tiens entre mes mains (écorchées) les deux bouts d'une chaîne d'événements, de souffrance, où presque deux siècles d'histoire se concentrent. Silence. Une légère gêne suit cette profession de foi. J'essaie une diversion ; j'entreprends de faire un récit plaisant du gadin que j'ai pris à Bourmont. Naturellement je n'emploie pas ce mot, pourtant si familier à notre enfance dans les cours d'école. On rit. La diversion a réussi. Peut-être est-ce que je voulais étouffer cette petite voix que j'entends toujours, silencieuse, résolue : celle des « révoltes muettes qui ont crié tout bas », comme disait Jaurès, « et que vous ne comprimerez pas toujours »[4]. Nous parlons, dit-il, « au nom de siècles de silence ». Mais le silence de qui ? Des révoltés, comme ceux de « La Marianne » ? Des Algériens enfumés dans leurs grottes ? De mes aïeux domestiques ou journaliers ? Des ouvriers déportés après 1848 (mes ancêtres aussi) ? Des appelés du contingent, qui en 1830 ou en 1954 partent faire la guerre à des hommes aussi pauvres qu'eux ? Des paysans vendéens, qui se dressèrent contre la Révolution parce qu'ils avaient mis en elle leurs espoirs ?

J'ai des ancêtres parmi eux tous. Tous sont mes ancêtres. Mes ancêtres, ce sont tous ceux dont aucun n'eut le pouvoir de changer sa vie.

30

« Un souverain paresseux, entouré de concubines »

C'est l'image qu'on a, dit l'écrivain algérien Kateb Yacine, du grand adversaire de la France, l'émir Abd el-Kader, vaincu et trahi comme on sait par Lamoricière et le duc d'Aumale. Kateb Yacine, dans un discours de 1947, fustigeait les Occidentaux incapables de voir en lui autre chose qu'« un souverain paresseux, entouré de concubines[1] ». Or, note-t-il, « souverain d'Algérie, il pose les fondations d'un État, où ni l'instruction, ni la justice, ni même les élections municipales n'étaient négligées ». Le mot de « smala » pour désigner sa préfecture ambulante a subi la dégradation de beaucoup de mots de la culture arabe : en réalité, ce n'est pas une foule braillarde et mal organisée, c'est une capitale mobile, la capitale errante de son État.

C'est en travaillant à mon *Dictionnaire amoureux de la Loire* que je m'étais intéressée pour la première fois à l'émir Abd el-Kader. Pourquoi ? Parce que, étant passé de Toulon au château de Pau, l'émir avait été finalement assigné à résidence au château d'Amboise. L'arrivée de l'émir à Amboise est rapportée par *Le progrès de l'Indre* du 10 novembre 1848 : « Abd el-Kader est arrivé à Amboise à 11 h 30 du soir ; les Arabes ont débarqué sur la grève, près du pont ; ils se sont assis en rond, les jambes croisées à la manière de leur pays. Les voitures qui attendaient sur le quai ont immédiatement conduit l'émir et sa suite au château. Malgré l'heure avancée, une grande partie de la population assistait à ce spectacle. » On imagine leur stupéfaction de voir descendre du bateau ces hommes en djellaba, ces femmes voilées. Le château était dans un état d'abandon, sale, ni meublé ni chauffé. Les habitants d'Amboise fournissent aussitôt la petite troupe en lits et couvertures. (Ce serait bien de raconter cela aux enfants aujourd'hui.) À Amboise, Abd el-Kader est rejoint par sa première épouse et par sa mère. Ses compagnons supportent très mal la détention, lui-même ne se plaint jamais ; il passe son temps dans la méditation et la prière, forçant l'estime de ceux qui lui rendent visite. Et ils sont nombreux, toujours selon *Le progrès de l'Indre*. « Ecclésiastiques, savants, commerçants, militaires viennent discuter religion avec ce maure, barbare, sarrasin, mahométan qui a résisté si longtemps à la France. Abdelkader surprend tout le monde par son érudition. Le vicomte de Falloux raconte dans un journal parisien qu'il a rencontré un musulman expliquant mieux le Verbe de Dieu et la nature du Christ que ses propres prêtres[2]. »

Formidable prolongement à ma visite au château de Bourmont ! Falloux rendant visite à Abd el-Kader, non pas à Amboise, mais juste avant à Pau, où celui-ci est encore en 1848. Peu de temps après, le comte Alfred de Falloux est nommé ministre de l'Instruction publique. Falloux et Bourmont ont presque deux générations de différence. Bourmont appartient à l'Ancien Régime, il est né en 1773, Falloux en 1811. Bourmont meurt l'année même (1846) où le comte de Falloux commence sa carrière politique en étant élu député du Maine-et-Loire. Un an plus tard, en Algérie, c'est la reddition définitive d'Abd el-Kader (1847). Mais justement, c'est là que leurs destins se croisent : sur la question de l'Algérie. Le comte de Falloux, qui n'a pas vingt ans lors de l'expédition d'Alger, va montrer un grand intérêt pour la colonisation – dans une perspective précise, la perspective religieuse qui est la sienne et celle de l'époque. La position du comte de Falloux est celle des légitimistes, qui dans les années 1830 et 1840 pensaient que, voulue par Charles X, la conquête de l'Algérie constituait « le symbole d'une nouvelle France, qui permettrait le renouveau de la chrétienté[3] ». Le développement économique de l'Algérie, en particulier du chemin de fer, est donc vu dans cette perspective : il doit selon lui ouvrir des voies nouvelles et inespérées à l'évangélisation d'un immense territoire, de surcroît repris aux Turcs[4]. D'où son désir de rencontrer Abd el-Kader.

Leur long entretien est rapporté, en novembre 1848, par *L'ami de la religion et du roi*, « journal ecclésiastique, politique et littéraire ». L'émir est en détention à Pau, « où il attend que les autorités françaises honorent leur engagement solennel de le transférer en Orient pour qu'il puisse finir ses jours à La Mecque dans l'étude et la pratique de son culte ».

Ahmed Bouyerdene (*Un spirituel dans la modernité*[5]) souligne que Falloux, en se rendant au château Henri IV de Pau, avait espéré obtenir de l'émir Abd el-Kader « des promesses de "collaboration" politique et de "rapprochement religieux" ». En vain : Falloux en conclut qu'on ne peut faire d'un musulman un « transfuge de [sa] religion ». Mais il ne renonce pas : et se rabat pour conclure sur une question œcuménique. « Mais ne savez-vous pas que notre Dieu a son Vicaire sur la terre que nous nommons le Pape [...] Ne séjourneriez-vous pas à Rome avec plaisir ? » Réponse d'Abd el-Kader : « Je respecte le Pape et je connais l'existence de sa capitale. Je le considère comme un ami des croyants sincères, quels qu'ils soient [...]. Si le Pape voulait y former une conférence entre ses prêtres et les miens, je serais heureux d'y prendre ma place. » Falloux en est ému, comme il est frappé de sa profondeur théologique et mystique. « Il parle mieux du Christ et du Verbe que bien des prêtres de ma connaissance. » Si le comte de Falloux s'incline devant les preuves d'une « spiritualité » qui fait honneur à l'émir, je doute cependant que l'année suivante il ait salué les sympathies « républicaines » que celui-ci exprime en février 1848. Et qu'il émette ou éprouve des réserves sur notre présence française en Algérie ou sur les modes de pacification du territoire qu'emploie l'armée.

Au moment où Falloux rend visite à Abd el-Kader, de nombreux projets de colonisation voient le jour, dont le mémoire de Lieutaud, notaire à Alger : « Il serait beau, en parcourant un jour l'Algérie, de marcher continuellement au milieu des villes, des villages, portant des noms nationaux...[6] » La IIe République avait redéfini la colonisation en Algérie, en préconisant la création de « villages départementaux ». La colonisation n'est pas populaire, elle coûte cher, et rapporte peu. L'idée serait donc de « prendre dans chaque département un contingent de population pour en faire un village distinct en Algérie ». On pourrait y adjoindre quelques-uns de ces dix mille enfants trouvés dont l'État a la charge chaque année. Pour les frais d'installation, on aurait recours aux « centimes additionnels » (taxe supplémentaire proportionnelle à l'impôt et prélevée par les communes). Serait enfin cultivée une terre que « l'Arabe se contente de gratter ». Et la « rédemption » offerte aux déracinés. Un « village de Maine-et-Loire » devrait ainsi voir le jour sur une propriété située en Algérie, connue sous le nom de La Rassauta.

Légitimiste, Falloux refusera plus tard les positions ultraconservatrices du comte de Chambord, qui pourtant avait approuvé sa politique en matière d'enseignement. Mais Falloux n'aurait sûrement pas désapprouvé les termes de la *Lettre sur l'Algérie* que le petit-fils de Charles X publie en 1865. Pour le comte de Chambord, la colonisation ne se dissocie pas de l'évangélisation : cette terre est le dernier « don de la Monarchie » à la France et doit connaître un développement analogue à celui de la France métropolitaine : routes, chemin de fer, édifices communaux, et surtout écoles – « bâtir des écoles », pour « y faire pénétrer peu à peu dans les masses nos idées, notre langue, nos mœurs ». Mais surtout, l'Algérie n'est pas une « colonie » : c'est une nouvelle province dont la création doit tourner à l'avantage de la civilisation chrétienne (mais aussi des intérêts géostratégiques de la France dans cette Méditerranée autrefois « lac français » convoitée par l'Angleterre)[7].

C'est déjà la thèse du « royaume arabe » de Louis-Napoléon Bonaparte, prince-président, puis empereur des Français. Qui porte un grand intérêt à l'émir et, en 1852, quelques mois avant son coup d'État, s'acquitte de la dette non honorée par le gouvernement français en le faisant libérer. Abd el-Kader se rend à Damas, et son image devient rapidement plus positive, lorsque, là-bas, il sauve les chrétiens lors d'émeutes religieuses. C'est alors, note Carole Boidin, « une figure marquante du panthéon scolaire de la IIIe République[8] ». Napoléon III lui remet la Légion d'honneur et Abd el-Kader assiste avec lui aux grandes festivités de l'inauguration du canal de Suez en 1869. En insistant sur ses qualités morales, son courage, son habileté, on en fait un adversaire à la hauteur des ambitions françaises, ce qui renforce encore la légitimité de notre présence : s'étant incliné devant nous, il est devenu « un ami fidèle » de la France, écrit « G. Bruno » (Augustine Fouillée) dans *Le tour de la France par deux enfants*. C'est Jugurtha, c'est aussi Vercingétorix. Un Vercingétorix mystique, préparant l'Algérie, disent les auteurs de manuels scolaires catholiques, « à recevoir la révélation chrétienne ». Plus tard, sa figure s'estompe, et quand l'Algérie se soulève contre la France, « il est quasiment absent du discours des insurgés » (Carole Boidin). « Sans doute était-il trop discrédité par sa soumission finale. Seul le parti communiste distribue un tract en 1956 pour inciter les paysans algériens à suivre son exemple. »

… Pour ma part, j'avais découvert sa profonde humanité en lisant la lettre qu'en 1839 il avait adressée au roi Louis-Philippe, une lettre dont la force et la dignité impressionnent : « Je t'ai déjà écrit deux fois pour t'ouvrir ton cœur. Tu ne m'as pas répondu. Mes lettres ont été interceptées sans doute […]. La conduite de tes lieutenants est injuste à mon égard et je ne peux supposer encore qu'elle soit connue de toi, tant j'ai confiance en ta justice. » Que s'est-il passé ? Abd el-Kader a signé avec le général Bugeaud le traité de la Tafna le 30 mai 1837 : la France limitera l'occupation de l'Algérie à celle de quelques ports côtiers. En réalité, le but était d'obtenir la neutralité de l'émir qui laisserait les mains libres aux Français pour prendre Constantine. Mais Abd el-Kader attaque la tribu des Ben Zetoun, « des Kouloudjis, établis là par les Turcs pour servir de rempart contre les Kabaïles [Kabyles] » (Tocqueville[9]). Et qui soutiennent les Français. La lutte reprend, et Abd el-Kader déclare la guerre sainte.

René Vautier, dans son film *Déjà le sang de mai ensemençait novembre* (1987), cite un décret pris par l'émir : tout soldat arabe qui ramènera un soldat français vivant recevra 8 douros ; et si celui-ci est mort, vingt coups de bâton sur la plante des pieds.

31

Les « Bédouins des bords de Seine »

Prolongements et conséquences de la conquête de l'Algérie : immenses. Sa nature, ses développements vont marquer notre histoire d'une telle façon, qu'on demeure confondu de le voir si souvent occulté. Pourtant, l'Algérie a été le point de départ d'une interprétation durable de notre rôle dans le monde moderne. À cause de la Révolution, la France est devenue « l'horrible patrie des athées ». Il est temps qu'elle se régénère ; la France va plonger sur tout son territoire dans une contre-offensive catholique tandis qu'elle retrouve, au-delà des mers, grâce à l'Algérie, son rôle de pointe avancée de la civilisation chrétienne.

Paradoxe qui n'étonnera pas ceux qui ont un peu la pratique de notre XIXe siècle : l'Algérie, conquête puis pacification, sera le terrain d'entente et l'occasion d'une alliance non seulement entre monarchistes et républicains, mais entre catholiques et anticléricaux. La plupart des rejetons mâles de ces familles nobles feront une carrière ou du moins un passage dans ce qu'on appelait alors l'« armée d'Afrique ». La Révolution les avait vus passer par l'émigration puis rejoindre la chouannerie, la Restauration voit leur retour en France et à la vie politique. Et, sous la monarchie de Juillet, tout légitimistes qu'ils sont pour la plupart, ils vont accompagner en Algérie les débuts de notre politique coloniale. Procédant à une conquête puis à une pacification brutales. En Anjou : Bourmont est accompagné par un Armaillé, puis c'est le comte Théodore de Quatrebarbes qui se signale « dans toutes les occasions pendant la campagne de la conquête d'Alger » (d'Ault-Dumesnil), et qui, pour rester fidèle à ses principes politiques, démissionne après la révolution de juillet 1830 et rentre dans la vie privée. Bourmont, lui, choisira l'exil. Une grande partie du corps expéditionnaire les imite. Quatrebarbes avait fait le récit de la guerre de Vendée dans son village de Chanzeaux, après y avoir participé[1]. Aucun de ces nobles qui avaient défendu, les armes à la main, le droit des Vendéens d'être fidèles à leurs traditions et à leur Dieu n'imagine un instant reconnaître ce droit aux Arabes.

Conquise par la noblesse chouanne, l'Algérie sera « pacifiée » par leurs descendants ou héritiers, comme Lamoricière, mais aussi, dans une parfaite continuité, par des républicains. Cavaignac, général républicain, fils de régicide, est cité comme un modèle par Bugeaud. « Si ces gredins se retirent dans leurs cavernes, imitez Cavaignac aux Sbéhas. Enfumez-les à outrance comme des renards. » Et le cruel maréchal de Saint-Arnaud : « J'ai laissé sur mon passage un vaste incendie. Tous les villages, environ deux cents, ont été brûlés, tous les jardins saccagés, les oliviers coupés » (Petite Kabylie, lettre de mai 1851).

Victor Hugo, *Les Châtiments* : « Ce général avait les états de service d'un chacal. » Mais il parle de son comportement face aux barricades de 1848, non des massacres qu'il a ordonnés en Algérie.

Cette alliance de l'ancienne noblesse et des républicains sur la terre d'Afrique, je n'imaginais pas la retrouver cependant, en France, au moment des soulèvements ouvriers. Les uns comme les autres ont appris dans la « guerre d'Afrique » des méthodes dont ils feront usage pour réprimer, notamment en juin 1849, les révoltes des ouvriers parisiens, qu'un compagnon du maréchal de Bourmont nomme les « Bédouins des bords de Seine ». Le motif de la « croisade pour la civilisation », développé en Algérie, s'applique parfaitement et de façon explicite à la lutte que le parti de l'Ordre va mener contre les ennemis de l'intérieur. Les « barbares » ne sont plus dans les déserts d'Afrique ou les steppes de la Tartarie, ils sont « dans les faubourgs de nos villes manufacturières », écrit Saint-Marc Girardin au moment de la révolte des canuts en 1831. Et sur les barricades de juin 48, d'Ault-Dumesnil : « La mémorable expédition que couronna la prise d'Alger, écrit-il, a eu pour la France un prompt résultat de la plus haute importance politique : elle a été la rude et grande école militaire pratique, d'où est sortie cette incomparable armée, qui, essentiellement identifiée avec les habitudes et les allures de la vie de campagne, [sauva] le pays des ennemis du dedans en 1848. » Quelles étranges alliances ! Leur point commun : l'ordre.

La république s'est scindée en deux : c'est le bloc des « républicains d'ordre » qui l'a emporté. Surtout éviter « la Fronde du peuple, la Fronde avec l'élément populaire, communiste, socialiste de plus » (Lamartine). Rejoignant ceux qui avaient fait allégeance à la république en février, sans être du tout des républicains, comme le comte de Falloux. Élu représentant du peuple par le département de Maine-et-Loire, Falloux n'avait pas caché que son « ferme propos [était] de travailler de tout son pouvoir au triomphe de l'Église et de la légitimité », selon un de ses biographes. Membre de la commission du travail à l'Assemblée constituante, il fait voter le 21 juin 1848 ce fameux décret de suppression des ateliers nationaux qui provoque un mouvement insurrectionnel de grande ampleur.

Après s'être illustrés en Algérie, anciens chouans, républicains, nobles vont se retrouver de nouveau, cette fois pour en finir avec le peuple des barricades, le peuple de « la sociale ». Charles Mullié rapporte qu'« un montagnard soutenait un jour, dans une réunion ministérielle, le droit qu'il s'arrogeait de s'écrier : Vive la république démocratique et sociale ! “À quoi bon ? repartit le maréchal Bugeaud ; la république démocratique, vous l'avez ; la république sociale, vous ne l'aurez jamais ! C'est moi qui vous le dis, prenez-en note” ». Cavaignac va donc mater, dit d'Ault-Dumesnil, les « Bédouins du bord de Seine » : redisons cette désignation significative. Si d'Ault-Dumesnil emploie le mot de « Bédouins » pour qualifier les habitants de la régence d'Alger, c'est pour faire ressortir qu'ils sont étrangers à cette terre, puisque venus d'Arabie en conquérants sur leurs chameaux et que ce sont des nomades : occuper leurs terres n'est pas les en déposséder. Ce fut l'argument de la « conquête de l'Ouest » : les Indiens, pourtant premiers occupants, eux, n'étaient pas des sédentaires.

Cavaignac, mort à Flée dans la Sarthe, aux limites de la province d'Anjou, à une petite centaine de kilomètres du Bourg-d'Iré, sera à la présidentielle de 1849 le rival malheureux de Louis-Napoléon Bonaparte. En 48, ministre de la Guerre au sein de la commission exécutive, bientôt surnommé « prince de sang », il va mener la répression la plus dure entre le 23 et le 26 juin. Les opérations militaires se déroulent essentiellement contre les barricades dressées dans l'Est parisien tant sur la rive gauche que sur la rive droite de la Seine. 4 000 ouvriers d'un côté et 1 600 gardes et soldats de l'autre sont tués. Quant aux insurgés qui ont survécu aux combats, un décret du 27 juin 1848 prévoit qu'ils seront soumis à la « transportation ». La loi du 24 janvier 1850 désignera finalement l'Algérie comme destination. (Et plus tard, la Guyane.)

Bouclons la boucle : c'est le général Lamoricière qui enleva la barricade de la rue Saint-Maur-Popincourt le lundi 26 juin 1848.

32

Faire le zouave

Pour juger de l'image qu'on a d'un peuple, il suffit de voir l'usage qu'on fait de sa langue : l'autre conséquence de la « guerre d'Afrique » c'est l'importation de mots arabes dans le langage courant. Et toujours dans un usage ironique, dépréciatif.

Ainsi du mot « zouave », venu rejoindre comme beaucoup d'autres la masse de ces vocables d'origine arabe dont le sens en français est devenu péjoratif. « Faire le zouave », c'est faire le pitre, faire l'intéressant, amuser la galerie. De même souk, smala, ramdam (de ramadan), ou nouba : tous, sans exception, évoquent une compagnie désordonnée, du bruit, des comportements peu civilisés...

Lamoricière avait reçu en Algérie le surnom de Bou Chechia, « l'homme à la chéchia », pour avoir déterminé l'uniforme du corps des zouaves, et pour l'avoir porté. (Il est en uniforme de zouave pour la prise de Constantine sur le monument de Saint-Philbert-de-Grand-Lieu.) Dissous seulement en 1962, le corps des zouaves né de la conquête d'Alger illustre à la perfection le lien qui va s'établir entre les aventures coloniales, impériales et antirépublicaines que la France va mener dans le milieu et la seconde partie du XIXe siècle. Le maréchal de Bourmont avait contribué à former la « première réunion » (d'Ault-Dumesnil, qui le souligne) de la compagnie des zouaves. Ce corps, devenu mixte, est composé au départ de l'incorporation de soldats kabyles de la régence d'Alger ; la tribu des Zouaoua donne des janissaires aux Ottomans sous la régence. (Les spahis algériens, unités de cavaliers, sont créés en même temps.) Lamoricière fait dessiner leur uniforme sur le modèle du costume arabe masculin par le commandant Duvivier. Le même Duvivier, qui portait les prénoms charmants de Franciade Fleurus, leur adjoint 5 000 soldats et officiers parisiens qui arrivaient des barricades (de 1830). Ce sont les « volontaires de la Charte » maintenant désœuvrés et dont on cherchait à se débarrasser : « on les envoya faire la guerre en Afrique[1] ». Les colonies et les guerres ont toujours servi à faire, dans la population, le tri que réclame l'ordre moral et social. Ainsi certains de mes ancêtres, ouvriers parisiens rescapés de juin 48, se retrouvèrent près d'Angers employés à des grands travaux, selon une légende familiale tenace. Est-ce eux qui travaillèrent à la ligne Angers-Nantes, qui passe à Savennières et fut inaugurée en 1851 par Napoléon III ?

Les effectifs indigènes étant de plus en plus importants, en 1841 on crée les régiments de tirailleurs algériens et tunisiens. Les unités de zouaves ne seront désormais constituées que de Français.

Et les zouaves vont s'illustrer dans deux guerres : en Crimée, contre l'expansionnisme russe (1853-1856), et dans les États pontificaux, pour soutenir le pape contre Garibaldi (1866). Sous le commandement de quelques-uns de ces officiers pacificateurs de l'Algérie qui en juin 48 ont détruit les barricades ouvrières.

1854 : c'est la bataille de l'Alma, d'où la fameuse statue du zouave fièrement adossée au pont du même nom, d'abord accompagnée de trois autres soldats, un artilleur, un grenadier et un chasseur, supprimés en 1970. Puis rehaussée, déplacée. En 1854, la Russie a des desseins sur la Turquie, « l'homme malade de l'Europe ». Nous nous efforçons de leur faire obstacle en soutenant les Turcs – pour une fois. Mais c'est au nom de la France catholique. La France n'entend pas renoncer à sa mission qui est, depuis les croisades, de défendre la foi chrétienne en Palestine. Toujours la croisade ! La guerre de Crimée fut une guerre atroce, dénoncée par Victor Hugo. Là encore, une boucle se boucle : le choléra[2] tue le maréchal de Saint-Arnaud, l'homme qui s'était illustré par sa cruauté en Algérie.

1866. Un autre bataillon de zouaves, sans rapport avec le premier pour sa formation, ce sera celui des « vaillants zouaves pontificaux » : ils tirent ce nom de ce qu'ils sont rassemblés par Lamoricière pour venir au secours du pape dont les États sont menacés par l'avancée de Garibaldi. (Je n'aurai garde d'oublier la sympathie de Bordillon pour Garibadi. Revenu à Faye-d'Anjou, il lui fait envoyer une barrique de son vin.)

Dans cette entreprise, Lamoricière est rejoint par des descendants de Vendéens, comme Henri de Cathelineau et ceux qu'il nomme ses « croisés ». Il était né le 9 janvier 1813 à La Jubaudière, dans le Maine-et-Loire, et son grand-père, Jacques Cathelineau, avait été premier généralissime de l'armée royale et catholique de Vendée. Mort le 14 juillet 1793 « pour sa piété et sa défense de la foi, surnommé le Saint de l'Anjou ». Ses frères meurent tour à tour, l'un à la bataille de Savenay, un autre guillotiné, un autre à Cholet en 94. Il a un fils, Jacques-Joseph, qui reprend le flambeau vendéen. Henri de Cathelineau avait rejoint Bourmont au Portugal durant son exil et il sera par la suite de toutes les aventures légitimistes et catholiques. Son petit-fils, le capitaine Gérard de Cathelineau, est tué durant la guerre d'Algérie en 1957.

La devise des zouaves pontificaux était : « Point de défaillance, soldat de Dieu, soldat du Roi [...] Dieu est avec nous et au Ciel Pie IX et Henri V prient pour nous[3]. » Leur chant : « Vive Lamoricière ! / Répétons tous en chœur / Son noble cri de guerre / Perdre la vie, sauver l'honneur. »

L'affaire de Crimée avait eu peu de retentissement dans ma province natale, à part tout de même ceci : à Trélazé, le bruit s'était répandu que l'empereur avait fui en Crimée, et que « la sociale » était pour demain ; c'est ainsi que commença l'insurrection de « La Marianne ».

Mais l'affaire de Rome avec la création des zouaves pontificaux est d'un tout autre ordre. Dans un article intitulé « Rome et la conscience catholique dans l'Ouest (1860-1870)[4] », Marcel Launay rapporte « l'agitation qui s'empare des diocèses de l'Ouest à propos de la défense des États pontificaux ». Le souverain pontife devient le martyr d'une grande cause. « L'évêque de Nantes ne consacre pas moins de cinq lettres pastorales sur ce sujet, ses collègues d'Angers et de Rennes trois, dont le ton devient de plus en plus dramatique au fur et à mesure du démembrement des États pontificaux. » La Contre-Révolution a échoué dans cet Ouest anciennement vendéen : elle trouve un nouveau champ d'action en Italie. Pour l'aristocratie bretonne ou angevine, la Vendée militaire ressuscite « en même temps que sa vocation traditionnelle de défenseur du trône et de l'autel ». Le désir d'aller défendre cette noble cause « saisit à la fois les chaumières et les châteaux ». Charette, neveu du général vendéen, est rejoint par Bernard de Quatrebarbes, neveu de Théodore. Lequel (toujours d'Ault-Dumesnil), en « véritable chevalier français, et digne fils des croisés, avait repris en 1860, pour obéir à sa foi, sans souci de son âge, l'épée qu'il avait déposée en 1830, par dévouement au principe monarchique, et courut, prêt à verser son sang pour la cause de la papauté, se mettre au service du souverain pontife ».

Les Mauges fournissent la moitié du contingent angevin. « L'œuvre des volontaires pontificaux » lancée par le baron Onfroy en 1867 fixe comme but aux paroisses de subvenir aux besoins des zouaves par des souscriptions de 500 francs. C'est, encore une fois, une croisade : ceux qui succombent recevront la palme du martyre comme Bernard de Quatrebarbes, tué à Monterotondo, et on proposera de canoniser certains zouaves. « Le souvenir de la défense des États pontificaux restera longtemps gravé dans les mémoires catholiques de l'Ouest » et il sera exploité par le parti royaliste durant les débuts de la IIIe République.

À la bataille de Mentana (1867), les zouaves se sont acquis une « gloire analogue à celle des croisés, conquérants du tombeau de Jésus-Christ, en défendant Jésus-Christ lui-même dans la personne de son vicaire sur la terre ». Croisade, croisade, quand tu nous tiens !

En 1870, c'est la prise de Rome le 20 septembre par les troupes de Garibaldi. Les biens ecclésiastiques sont confisqués, et l'État s'approprie les couvents. Fin des États de l'Église, le Vatican devient « résidence papale » (et ne sera proclamé État que par les accords du Latran signés en 1929 avec Mussolini)... Ce qui entraîne le licenciement du corps des zouaves rapatriés à Toulon. Mais Charette (le neveu) obtient de fonder un corps franc qui conserve l'uniforme de zouave mais change son nom en « Légion des volontaires de l'Ouest ». Et il reçoit alors pour sa légion, exécuté par les religieuses de Paray-le-Monial, un drapeau du Sacré Cœur portant l'invocation : « Cœur de Jésus, sauvez la France », d'abord destiné au général Trochu. « Les Volontaires cousent alors sur leurs vêtements militaires de petits Sacrés Cœurs en laine que leur a distribués le Père de Boylesve. »

En 1870, Charette se bat contre les Prussiens, mais refuse de participer à la répression de la Commune, non par sympathie pour cette cause mais parce qu'il n'accepte pas de se battre contre d'autres Français. Le 28 mai 1871, dans la chapelle du grand séminaire de Rennes, le corps des volontaires est consacré au Cœur de Jésus, au cours de la célébration eucharistique.

La guerre étant terminée, les bataillons sont dissous le 13 août.

Fin de l'histoire : les zouaves participent à la Première Guerre mondiale souvent à côté des tirailleurs algériens. L'un de mes oncles, en 1930, fit son service militaire sous cet uniforme inconfortable, d'un orientalisme démodé. Dans les débuts de la guerre d'Algérie, mais sans la chéchia et les pantalons bouffants, des bataillons de zouaves composés d'appelés et de rappelés de métropole ou des départements d'Algérie sont affectés à la mission de « maintien de l'ordre » et démantèlent de nombreux réseaux du FLN. L'indépendance de l'Algérie signe leur fin.

Ne reste aujourd'hui, tenace induration dans notre vocabulaire, qu'un usage péjoratif, ironique du mot.

Pour conclure :

Sur cette affaire des zouaves se nouent les fils complexes de notre histoire – coloniale, sociale, politique, religieuse – au XIXᵉ. Une histoire où ma région natale, l'Ouest angevin et vendéen, a joué un grand rôle, avec ses chouans et Vendéens, ainsi que leurs descendants, de Bourmont à Charette. Car cette histoire se prolonge : le symbole qu'en 1793 les Vendéens portaient en insigne ou tatoué « sur le bréchet » (Balzac, *Les Chouans*) revient en 1832, revu et corrigé par la duchesse de Berry. Puis il figure sur l'uniforme des zouaves pontificaux. Et aujourd'hui il n'a pas disparu. On le retrouve dans l'actuel logo du département de Vendée. Et dans celui de la Fraternité Saint-Pie X.

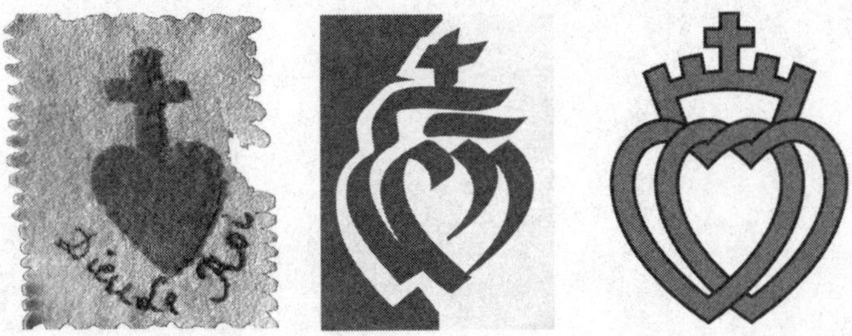

Insigne de la Vendée militaire (1793) ; Logo actuel du département de la Vendée ; Fraternité Saint-Pie X

La Fraternité sacerdotale Saint-Pie X a été fondée en 1970 par Mgr Lefebvre, et condamnée par Rome en 1975. Pie X est le symbole de la résistance aux lois laïques : en 1905, au moment de la loi de séparation votée en France par l'Assemblée, la majorité des évêques français avait conseillé de s'y plier, dans la pure tradition gallicane, ce n'est pas que la loi leur plaise, mais on obéit au pouvoir. Pie X n'est pas de cet avis : il interdit toute collaboration, notamment avec l'encyclique *Gravissimo officii munere* du 10 août, rebaptisée par Mgr Duchesne *Digitus in oculo*, « doigt dans l'œil »[5]. Pour le pape, cette loi, « en brisant violemment les liens séculaires par lesquels [la] nation [française] était unie au siège apostolique, crée à l'Église catholique, en France, une situation indigne d'elle et lamentable à jamais ». Pour Mgr Duchesne, partisan d'une séparation sans drame, celle-ci était tout de même une rupture dans la tradition de l'Église de France : « Pendant quatorze siècles, depuis qu'il y a un État français. Ensemble nous avons dirigé la nation [...] et travaillé de concert pour son bien[6]. »

33
Le retour de Bou Chechia

Avril 2017 : quelques mois après mes explorations en terre angevine, je fais un court séjour en Loire-Atlantique, non loin de l'embouchure du fleuve. Au cours d'une excursion dans le pays de Retz, je m'arrête à Saint-Philbert-de-Grand-Lieu pour voir ses marais et son abbaye, un des plus vieux édifices religieux de France. Mon obsession de la guerre de Vendée, qui me tient toujours, trouve aussitôt à se réveiller : Saint-Philbert-de-Grand-Lieu et ses environs se sont soulevés en effet en mars 1793 contre la conscription de février. Les « Vendéens » qu'on ne nomme pas encore ainsi prennent Machecoul. Des massacres ont lieu jusqu'à la fin du mois d'avril. On précipite les patriotes dans les douves du château : 100, 150, 400 morts ? « Le curé constitutionnel Letort est assommé à coups de fourche et de baïonnette dans la tête, et pour comble d'horreur, une femme lui ôta sa qualité d'homme[1]. »

Et soudain, tournée en esprit vers une époque plus lointaine mais non sans rapport, voici qu'au centre de la petite place, près de l'église, je découvre un monument gigantesque, écrasant de ses proportions le carré de petites maisons paisibles. C'est celui de Lamoricière, installé d'abord à Constantine, et rapatrié ici. Je n'y avais pas un instant pensé en projetant cette promenade à bicyclette vers le lac de Grand-Lieu. Par son style, par sa taille, cet ovni de bronze 1900 est ici parfaitement incongru : j'imagine combien il l'était encore davantage à Constantine, quand il rappelait chaque jour leur défaite aux Arabes soumis. Le poids du métal scellant le tombeau des résistances étouffées. Je ne peux m'en arracher, je tourne autour, ce ne sont que scènes de combat, des zouaves montent à l'assaut, en bas, un officier se meurt, entouré de ses hommes. Et une série d'allégories. L'Algérie, figurée par une jeune Arabe à la mine soumise, offre des fruits et des fleurs à une statue de la France, hiératique et les seins nus, qui la regarde à peine.

Juché à son sommet qu'il couronne, Lamoricière est représenté en action, sabre au clair, chéchia sur la tête. Mais d'en bas, sa silhouette se détache sur un fond d'arbres coupés court, comme décapités par son sabre… C'est don Quichotte contre les moulins à vent, Ajax pris de folie qui se jette sur un troupeau de moutons qu'il égorge. Don Quichotte et Ajax meurent de douleur quand ils reviennent à la raison : Lamoricière, non. De retour en France, il prend d'assaut les barricades ouvrières de juin 48.

À l'origine, Lamoricière n'est pas un légitimiste, ni un catholique très assidu, c'est un jeune polytechnicien plutôt voltairien, mais bien de son époque. Plus tard, il comprendra que la religion est un élément essentiel de l'ordre politique, social, moral… À vingt-quatre ans, tout juste sorti de Polytechnique, il suit Bourmont à Alger. Il apprend l'arabe et en 1833 il prend la direction du bureau des affaires arabes, reprend du service, combat Abd el-Kader et, en 1837, chef de bataillon, il s'illustre en 1837 par la prise de Constantine. Voici le récit qu'en fait Léon Galibert dans *L'Algérie ancienne et moderne*, rapporté par le site « Algérie ancienne » : « Le colonel Lamoricière, à la tête de ses zouaves, attendait avec impatience le signal de l'assaut : le duc de Nemours [deuxième fils de Louis-Philippe] le lui donne. Stimulés par la voix de leur chef, ces braves se précipitent aussitôt sur la brèche, à travers une grêle de balles ; et, renversant tous les obstacles, ils couronnent les remparts de leurs baïonnettes, au-dessus desquelles flotte le drapeau tricolore. » Etc. C'est le sujet d'un tableau d'Horace Vernet actuellement au centre médical du Chillon en Anjou (près du Louroux), ancienne propriété des Robineau, où Lamoricière passa son enfance. Et du monument de Saint-Philbert.

Monument à Lamoricière, Saint-Philbert-de-Grand-Lieu, par Jean-Baptiste Belloc, 1909.

Décidé par le conseil municipal de Constantine en 1903, il avait été érigé le 3 février 1909, sur l'endroit même d'où Lamoricière s'élança à la conquête de la ville. Le sculpteur Jean-Baptiste Belloc a conçu une œuvre colossale : 5 mètres de haut, 3 mètres de base, une masse de 6 tonnes. L'inauguration a lieu le dimanche 25 avril 1909. Ce sont des années délicates, où l'on s'interroge en France sur la possibilité d'établir en Algérie l'obligation militaire. Après tout, un service de trois ans ne serait pas plus cruel que la dépossession française. Mais une note d'état-major fait état d'un doute sérieux : « Comment escompter un sentiment de patriotisme chez ceux qui nous considèrent malgré tout comme des oppresseurs ? » (J'aime le « malgré tout ».) Y sont hostiles à la fois les colons, craignant que l'armée ne soit une école de subversion, et les Algériens. De grandes manifestations ont lieu un peu partout, soutenues par des Français « libéraux » et le parti « jeune-algérien ». Clemenceau reçoit à Paris une délégation. En Algérie les colons parlent de « désastre national » et de « faillite de la civilisation » (*La dépêche algérienne*)[2].

Le monument à Lamoricière vient à point nommé rappeler qui tient le sabre. On imagine aisément ce que peut ressentir un Arabe algérien, obligé de contempler chaque jour et de fêter régulièrement ce symbole de sa défaite et de sa soumission. C'est autour de ce monument, du reste, que sera fêté en 1937 un grand événement, le centenaire de la prise de la ville, auquel assiste le président Albert Lebrun qu'une photo de l'époque montre dans sa voiture découverte entouré de spahis. En octobre, la fête donne lieu à un grand meeting aérien. Fête sans commune mesure sans doute avec celles qui avaient eu lieu pour célébrer le centenaire de la prise d'Alger. *Le petit journal* : à Toulon le président de la République Gaston Doumergue s'était embarqué le 3 mai 1930 sur le croiseur *Duquesne*, pour l'Algérie. « De la prise d'Alger à nos jours, un siècle a suffi pour transformer les côtes barbaresques en départements riches et prospères. » « La grandeur des nations, écrit *Le temps*, est faite de leur capacité d'expansion, qui suppose la possession d'un empire colonial. » Je ne résiste pas au désir de continuer – mon propos l'exige, je suis l'enfant de la république coloniale : « Tout bien considéré, c'est peut-être en matière de politique indigène que la réussite française en Algérie apparaît comme la mieux venue : là est la caractéristique essentielle de ce que nous y avons réalisé. Abd el-Kader, guerrier chevaleresque digne de nos grands soldats, a pu nous combattre avant de nous aimer : en luttant contre nous à l'époque héroïque de la conquête, les indigènes algériens luttaient, sans le savoir, contre eux-mêmes. Ils s'en sont vite aperçus. Ils ont compris que l'hégémonie française, c'était la paix française, l'ordre, la prospérité ; qu'à l'anarchie et à la barbarie allaient se substituer la civilisation et le progrès. » Et le *Journal des débats* (conservateur) conclut ainsi : « Nous sommes heureux avant tout de voir que l'élite musulmane, sans avoir rien à sacrifier de ses croyances et de ses sentiments, se plaît à notre culture, en proclame l'attraction et travaille à l'association féconde et fraternelle des divers éléments voués à la même œuvre sur le même sol ancestral. » (On se demande ce que pensent ceux qui n'appartiennent pas à cette « élite musulmane ».)

Mais c'est dans une tout autre tonalité que paraît, le 30 avril 1930, un numéro de *L'Humanité* : « Nous sommes en présence d'une manifestation impérialiste sans précédent. » Puis : « Il est de notre devoir de rappeler que l'histoire de la colonisation en Algérie n'est qu'une longue suite de crimes, d'expropriation, de vols, de misère, d'esclavage pour les paysans, les ouvriers et les petits artisans. » Et l'article se conclut ainsi : « Vive la lutte des peuples coloniaux pour leur indépendance ! »[3] En Algérie, note *Le populaire,* le journal de Léon Blum auquel avant la guerre mes parents étaient abonnés, « les socialistes des trois départements d'Oran, d'Alger et de Constantine sont unanimes pour condamner la commémoration qui a été faite de la conquête militaire de l'Algérie ». Ces fêtes successives sont, pour les Algériens, une « école de résistance ».

À Constantine, pendant ce temps, le monument de Lamoricière, impavide, traverse l'histoire. Y jette-t-il seulement un œil, le préfet de Constantine Lestrade-Carbonnel qui décide, en mai 1945, de couvrir les auteurs des abominables massacres de Sétif et de Guelma ? « Vous avez sauvé l'Algérie qui restera française, je vous félicite. » Avait-il reçu de cette grande ombre le conseil de donner aux autorités locales l'ordre de tirer sur ceux qui arboreraient le drapeau algérien ? Avait-il puisé un encouragement dans la vue de ce sabreur d'un autre siècle ? Lamoricière s'était rendu célèbre par la pratique de la « razzia ». La razzia, prétendument inspirée d'une technique de prise de butin, est devenue dans le contexte de colonisation un système de terreur et d'épuisement, une méthode d'anéantissement de l'adversaire par la destruction de ses ressources – évidemment reversées dans l'intendance de l'armée française, ce qui fait d'une pierre deux coups.

Après l'indépendance, la statue est déboulonnée dans la nuit du 8 au 9 juillet 1962, et entreposée en pièces détachées au dépôt de la Moutonnerie à Nantes. Un peu partout, les Algériens arrachent les plaques de rues, déboulonnent ou brisent les statues[4]. La plupart ont été réinstallées en France. Notamment les statues équestres de Jeanne d'Arc, une à Vaucouleurs et l'autre à Caen. Ou celle du duc d'Orléans déplacée d'Alger à Neuilly, sur le lieu même où il est mort en 1842 d'un accident. Ou celle du maréchal Bugeaud, œuvre d'« Auguste Dumont, membre de l'Institut », qui, retirée d'Algérie, est installée en juin 1969 à Excideuil (où il avait une maison) au pied du château des Talleyrand-Périgord, en présence de « Madame Anne Farthouat-Dufraisse », son arrière-petite-nièce. À cette occasion, des discours sont prononcés exaltant l'œuvre du « Père Bugeaud, le chef rude, cordial et bon qu'il fallait à ces soldats d'Afrique »...

Saint-Philbert-de-Grand-Lieu est tout proche du lieu-dit La Moricière d'où sa famille tire son nom. En 1963, le maire réclame le monument, il est amené de Nantes, remonté, et inauguré le 29 juin 1969, devant deux mille personnes. Les honneurs militaires sont rendus par le peloton équestre de l'école interarmes Saint-Cyr-Coëtquidan. Le corps du général Lamoricière repose, lui, à la chapelle du cimetière de Saint-Philbert.

Il est temps de conclure et de quitter Lamoricière. Revenu en France en 1847, après la reddition d'Abd el-Kader, il épouse une riche héritière, Marie d'Auberville, à Saint-Thomas-d'Aquin. Il participe à l'écrasement des barricades de juin 48, et devient ministre de la Guerre. En 1851 il contribue, au Louroux-

Béconnais, à la création d'une « école dirigée par les sœurs ». Le voltairien est rentré dans l'ordre. Et il se met au service du pape quand la France décide de venir à son secours contre Garibaldi. Il meurt en juillet 1865. Des funérailles solennelles sont célébrées à Rome. Puis en novembre au Louroux-Béconnais avec neuf prélats et trois cents prêtres. Un monument à Lamoricière est inauguré par Mgr Freppel en 1879, à Nantes, dans la cathédrale Saint-Pierre ; dans son homélie, Mgr Freppel fait une allusion explicite à la bataille de Lépante. Encore les Turcs, encore la croisade. Au dire de Mgr Freppel, un des ultimes propos du général Lamoricière aurait été : « Les principes de 1789 sont la négation du péché originel. » (Ce qui n'est pas faux, y compris du point de vue des héritiers de 89.)

Tout est dit. Je peux quitter Saint-Philbert-de-Grand-Lieu.

... Et retrouver Lamoricière, quand je voudrai, à Angers. Dans l'actuelle Université catholique de l'Ouest qui doit sa création à Mgr Freppel. À son fronton, on reconnaît les armes des Quatrebarbes et la bibliothèque s'appelle bibliothèque Lamoricière. Le site de la « Catho » précise : « À l'époque de sa fondation, le palais académique accueille les facultés et leurs cours, ainsi que la bibliothèque qui est rapidement dénommée "bibliothèque Lamoricière" en hommage au legs de la veuve du fondateur des zouaves pontificaux. » Ou à l'École du génie à Angers : sur la place d'armes, un monument rappelle la prise de Constantine[5].

34
L'esprit vigneron

Jeudi 19 janvier. Aujourd'hui, pause. T. veut me montrer l'ensemble du domaine viticole de Savennières. Et d'abord celui de ses parents, dont elle a repris l'exploitation.

La taille de la vigne, 1480.

Au matin, vers 8 heures, un ciel de perle exceptionnellement clair. Deux ouvriers entament leur journée dans les vignes ; ils vont tailler pendant plusieurs semaines encore. C'est une opération à la fois savante et délicate. Demain le tracteur passera entre les rangs pour ramasser le bois coupé et l'emporter au broyage. Tout ce travail aura été inutile, je l'ai su dès le mois de mars, la gelée a tout détruit, il n'y aura pas de vendanges. Je les regarde faire, je fouille dans mes papiers et je retrouve cette image médiévale.

Notre ancêtre sur les coteaux taille exactement comme aujourd'hui ses vignes, mais avec une serpette, c'est la seule différence entre lui et nous[1]. (Avec son costume et sa coupe de cheveux au bol.)

Derrière lui, un château, des arbres dépouillés (on taille en hiver). La présence des arbres dans un vignoble a beaucoup de sens, mon ami Patrick B. me l'a expliqué, cela m'avait complètement échappé : ils régulent l'apport en eau sur un terrain. Au pied du château, un cours d'eau, rivière ou fleuve, visible au bas de la colline, exactement comme la Loire au pied de La Roche-aux-Moines. La pente est aussi forte que sur certains de nos coteaux, la terre du clos est retenue en terrasses, marquées par ces beaux « plessis » de bois tressé qu'on voit souvent sur les miniatures, par exemple au pied du château de Saumur dans *Les Très Riches Heures du duc de Berry*.

Le travail de la vigne, la vue même des coteaux plantés, le mode de vie que leur culture implique, c'est un univers où je me reconnais bien plus que dans les bocages des Mauges ou du Segréen. Un double héritage m'a été transmis ici, par l'enseignement laïque de l'école et de mes parents, mais aussi par « la vallée », ses calmes coteaux et leur population vigneronne, mes « instituteurs sauvages » selon la formule de Chateaubriand.

Les sombres idéaux du bocage demeurent sans effet ici, ils se dissipent dans le souffle du fleuve. Tandis que je sillonnais, les jours précédents, ces campagnes du sud et du nord de la Loire, privées par le remembrement de leurs anciens chemins creux et sauvagement morcelées par de grands axes routiers, je voyais bien, car de petites routes subsistent encore, quel abri le bocage avait pu fournir à une paysannerie révoltée, du temps de la chouannerie. Et, durant les décennies qui ont suivi, quel terrain d'élection pour imposer au peuple paysan une religion faite de rites et de soumission. Par contraste, les vignobles de la Loire ou du Layon, à mon retour, m'apparaissaient comme des terres de liberté. Oui, la vue même de ces coteaux porte à un paganisme calme, rayonnant : tout autre chose que ce qui monte des terres d'élevage et de bois. La vallée, le monde des vignerons et du vin, est un règne, un royaume à part. Le vin est à lui seul une civilisation. « Jamais homme noble ne hayst le bon vin, dit Rabelais, c'est un apophthegme monachal. » Davantage encore, la vigne, dit Roger Dion[2], suscite des habitudes et des rites rivaux des rites de l'Église. Le développement de ces vignes est lié au développement monastique. Et très tôt, note Roger Dion, le vin enrichit la classe bourgeoise des villes : chacun veut avoir sa maison des champs, entourée de vignes. La vigne est aussi, comme partout et toujours, une question sociale. Et il a existé pendant longtemps toute une classe de petits vignerons, modestes locataires, et parfois propriétaires, de petites parcelles. De ce fait, le vigneron occupe une place privilégiée parmi ceux qui travaillent la terre, et il a une conscience très vive de sa situation économique et financière. Les conflits sont fréquents entre propriétaires et ouvriers qui voulaient travailler leurs propres vignes, et qui s'avertissaient mutuellement de quitter le travail par un « tintamarre ». Le mot est né aux environs de Blois, la marre étant la houe du vigneron.

Mes parents s'étaient fait des amis dans la population vigneronne de S., alors composée de métayers ou de très petits propriétaires qui récoltaient un vin d'assez bonne qualité, parfois même excellente, souvent au prix d'une « chaptalisation[3] » excessive, aujourd'hui strictement réglementée. Elle était nécessaire pour assurer un degré alcoolique suffisant et garantir la vente année après année. J'ai dédié à deux d'entre eux mon

Dictionnaire amoureux de la Loire. Ils avaient en commun de nuancer tous leurs propos d'une ironie discrète, d'un scepticisme encore accentué par les intonations de la langue angevine, ses inflexions, qui semblent ouvrir dans chaque affirmation l'espace possible d'un doute. Leur acceptation apparente de l'ordre cachait une solide défiance à l'égard des grandeurs et des pouvoirs, aux limites d'un anarchisme paysan de haute tradition. Mais ils ne l'exprimaient souvent qu'en demi-teintes, et demi-formules, au bord de la rétractation. C'était l'effet d'avoir toujours vécu dans l'ombre des châteaux, et dans leur dépendance économique. Mes parents, dans leur liberté de fonctionnaires, ne le comprenaient pas toujours. Cette espèce de prudence, ce refus de trop s'engager, de prendre parti, c'était à leurs yeux le signe d'une mollesse constitutive qui parfois les irritait.

Philippe Gabillard dans les *Annales de Bretagne et des pays de l'Ouest*[4] voit dans le vigneron « un type humain fort différent des autres Angevins : plus joyeux, moins profondément marqué par les valeurs catholiques, plus sociable, plus indépendant et plus aisé. Ici, on est loin du puritanisme des Mauges ». Les vignes ont une influence sur le caractère de ceux qui en vivent et j'ajouterai : sur le caractère de ceux qui vivent à leur contact. « Les vendanges provoquent des débordements condamnés par l'Église. Entre 1880 et 1904, nombreux sont les prêtres à se plaindre du penchant à la luxure de leurs ouailles que ce soit à Chalonnes, Saint-Lambert-du-Lattay ou Saint-Georges-sur-Layon, Saint-Cyr-en-Bourg (sur la Dive), le Vaudelnay, Cizay-la-Madeleine (sur le Thouet) [...] Ici le Clergé a perdu beaucoup de son influence : la population est devenue indifférente[5]. » C'est encore plus net dans le pays niortais, où on saluait encore en 1894 la figure de Claude Durand, et son chant des vignerons composé en 1848 : « Bons villageois, votez pour la Montagne : / Là sont les Dieux des pauvres vignerons / Car avec eux, bonnes gens de campagne, / Seront rasés les impôts des boissons. / Bons, bons vignerons / Aux prochaines élections / Il faut, campagnards, / Nommer des Montagnards. » Mais ici, dans la vallée, on le prendrait pour un exalté : il suffit que, secrètement païen, antique et dionysiaque, le service du vin vienne rivaliser, selon le fameux calembour de Rabelais, avec le service divin. Lorsque en septembre, dit aussi Ronsard, « ès tonneaux angevins » on voit « bouillir la jeunesse des vins »[6], c'est le monde ancien qui ressuscite dans toute la force de l'inspiration poétique.

J'y reconnais à distance, et à travers une histoire houleuse, quelque chose qui subsiste de l'esprit de la Renaissance. Sur lequel, tout de suite, l'Église ne s'est pas trompée : en 1553, les jeunes poètes de la Pléiade se réunissent à Arcueil, près de Paris, pour fêter l'un des leurs, Jodelle, qui a obtenu le prix de tragédie. La fête dionysiaque se célèbre, en « débausche honnête ». Le diocèse de Gentilly proteste, les protestants ne sont pas en reste : ces prétendus « humanistes » ne sont que des hérétiques et des païens ! On leur en tiendra longtemps rigueur. Quand Jodelle meurt dans la misère, Pierre de L'Estoile écrit dans son *Journal d'un bourgeois de Paris sous Henri III* : « Sa vie ayant esté sans Dieu, la fin fut aussy sans luy, c'est-à-dire très misérable et espouvantable. »

Tel était le monde qui aurait pu naître de la merveilleuse période de la Renaissance, si elle n'avait pas sombré dans les guerres de Religion. Un scepticisme de vigneron, une vague prudence concernant les fins dernières, l'obéissance aux propriétaires, un paganisme tranquille, un accord entre l'homme et la nature bien plus proche de l'évangélisme souriant de Rabelais que des visions farouches des prédicateurs chrétiens. La nature – c'est-à-dire la Loire et ses lumineux coteaux – est une référence constante et un modèle. L'exemple, c'est le travail de la vigne, la plus charnelle, la plus terrienne, et la plus spiritualisée des activités humaines – la plus éloignée de l'idée d'un dieu vengeur, idole des habits noirs et des sacristies. L'Église a planté des vignes, dont elle avait besoin pour les sacrifices de sa messe ; mais nous en avions fait un tout autre usage. Nous autres vignerons (mon grand-père avait quelques arpents dans le Layon), nous lui avions repris le vin, nous l'avions arraché à ses douteuses opérations, à ses prestidigitations, pour en faire la lumière et la consolation de cette vallée terrestre, la seule à laquelle l'homme peut prétendre. Il y avait là, et aussi en Touraine, ou en descendant encore un peu la Loire, tout ce qu'il fallait pour le développement « toscan » ou « grec » d'une civilisation entièrement de ce monde : facilités du sol, du climat, mais aussi ce qu'il faut de brumes et d'air marin pour assurer le goût du mystère, et de l'infini. Tout était en place pour un miracle grec traversé d'énigmes cimmériennes. Mais par une configuration historique et politique encore inexplorée, il a fallu subir l'imprégnation mortifère d'une vieille religion bédouine rejustifiée par la pseudo-humanisation des Évangiles ; on nous avait imposé de préférer l'au-delà à l'ici-bas, et nous avons cédé. Les idéaux et les principes de la république, cernés de toute part au cœur d'un océan de catholicité, ne trouvèrent donc qu'un appui indirect dans cette population vigneronne prudente et madrée qui ne « disait trop rien », mais n'en pensait pas moins.

Mais j'arrête là, il est 2 heures de l'après-midi et, comme convenu, Tessa m'attend devant la maison, au volant du 4 × 4 du domaine, une grande et grosse chose carrée marquée de boue à ses flancs. Nous partons. Le temps est splendide, très froid, le ciel clair, les coteaux se découpent et de l'autre côté de la Loire on voit nettement la ligne de Rochefort, et de la Corniche angevine. Juste un peu de brume au loin, bleutée. L'extension du vignoble est en cours, depuis des années ; à plusieurs endroits, de vastes parcelles sont préparées pour être replantées, les angles de vue se multiplient, ainsi que l'entrelacs des parcelles, diversement entretenues, et aussi le statut des vignerons dont beaucoup sont simplement locataires, un jeune et nouveau viticulteur a édifié un bel ensemble moderne de chais. Nous revenons par un grand détour, au-delà des frontières du village, entre de belles fermes dont l'architecture se devine entre les haies dépouillées.

Et je conclus la soirée, après le coucher du soleil, par la lente dégustation, chez moi, d'un vin chenin 2015, jeune, déjà puissant et prometteur. Les rayons du soleil couchant traversent mon verre. Abu Nuwas, le poète persan : « Si l'on mélangeait le vin à la lumière / Le résultat serait lumière sur lumière. »

35

Un monde sans dieu(x)

Dans ce cadre, il était sans doute plus facile qu'ailleurs de connaître ce type d'éducation totalement areligieux que j'ai reçu. Il était, plus que la conséquence, son cœur même. Mgr Freppel n'a pas tort lorsque, au moment où on célèbre le centenaire de la Révolution, il l'accuse de « vouloir établir, par la logique de son principe, l'État sans Dieu, la famille sans Dieu, le mariage sans Dieu, l'école sans Dieu, le prétoire sans Dieu, l'armée sans Dieu, c'est-à-dire l'idée même de Dieu bannie de toutes les lois et de toutes les institutions », je l'ai déjà cité.

Chez nous, c'était chose faite, c'était une chose qui allait de soi. J'ai ainsi été élevée à l'écart, à l'abri, disons, pour rester neutre, *en l'absence* de toute emprise, de toute référence religieuse. De tout appel à une vérité révélée, dans la conduite de la vie quotidienne, comme pour l'explication du monde, moral, social, politique[1]. Nous faisions tous sans le savoir (je veux dire : mes parents, ma famille) la réponse de Laplace à Napoléon : Sire, je n'ai pas eu besoin de cette hypothèse. Nous n'avions pas besoin de cette hypothèse. C'est une chose que la fascination actuelle pour les religions rend presque incompréhensible. Je dois le raconter cependant, non pour le donner en exemple, ou en modèle, mais pour rendre toute sa dignité à un mode de pensée ignoré, voire méprisé, de ceux qui depuis toujours ont baigné dans une atmosphère de religiosité.

Naturellement, la religion était partout, avec ses monuments, son calendrier, ses rites, et jusque dans le vocabulaire. Mais il était évident que, malgré les manifestations de pratique religieuse auxquelles elle se soumettait plus ou moins régulièrement, la population du village, sauf exception, n'était pas exagérément pieuse. Sous ce climat modéré, la religion avait sauf exceptions perdu ses traits d'emportement mystique ou guerrier. C'était un monde spirituellement paisible, si j'ose dire, peu enclin aux enthousiasmes et aux fanatismes religieux. Suivre les processions, c'était plutôt une concession faite aux évêques et aux châteaux. Je n'ai jamais rencontré quelqu'un qui fût persuadé que la pluie reviendrait (ou qu'elle cesserait) parce qu'on avait promené saint Romain[2] entre des draps tendus aux façades et piqués de fleurs en papier. Les églises, les cimetières avec leurs croix au milieu des fleurs, les calvaires des carrefours, c'était un décor, mais je ne participais en rien aux spectacles qui s'y déroulaient. Je vivais au milieu de tout cela comme au Moyen Âge les habitants de Rome au milieu des restes du monde antique : on en a hérité mais on suit d'autres lois. L'idée d'un autre monde, d'un arrière-monde, d'un outre-monde, expliquant celui-ci, lui donnant son sens, n'avait pour moi aucune signification. De même l'idée que nos actions puissent connaître un châtiment ou une rétribution après la mort ; il était bien suffisant déjà qu'elles puissent y échapper dans ce monde-ci et que rien ne soit fait ici pour le corriger ! Il y avait des « croyants » : mais que signifiait « croire » ? Ni Jugement dernier, ni paradis, ni enfer, pas davantage cet être suprême, cette conscience omniprésente qui semblait surplomber la vie de quelques-uns : rien de cela n'avait de sens pour moi. Ce n'était sans doute plus ce « moment unique » où, toujours selon Flaubert, « les dieux n'étant plus et le Christ n'étant pas encore, [...] l'homme seul a été »[3].

On fêtait Noël (nous aussi) et le dimanche les cloches de l'église appelaient les fidèles à la messe, ou à des fêtes. Mais j'ignorais tout de leur dimension spirituelle, je les ramenais à une fonction qui ne leur est pas étrangère, le maintien de règles sociales très matériellement incarnées. Ce qui ne m'empêcha nullement d'aimer nos puissantes églises romanes. À Cunault, ce que j'éprouvai la première fois que je vis sa haute silhouette n'était évidemment pas un sentiment religieux, une illumination mystique, encore moins le début d'une conversion : ce que la vue de cette puissante et calme architecture m'avait immédiatement imposé, c'est le sentiment d'un accord entre elle, le paysage dont il semblait être l'expression et le peuple anonyme dont j'étais issue. Je ne savais rien des guerres de Religion – juste qu'il y avait un « carré des protestants » dans quelques cimetières, et cependant je voyais bien qu'autour de ce que certains appelaient leur foi, ou leur religion, de vifs antagonismes pouvaient naître.

Notre profonde irréligion n'était pas un mol indifférentisme, toujours prêt à basculer dans une non moins molle croyance. Ce n'était pas non plus une ostentation de discours et de principes fracassants, nous n'étions plus en 1880. Je l'ai dit plus haut : c'était une question réglée, et donc une affirmation continuée, quotidienne, une manière de vivre, ferme, sereine, paisible. Mes parents assumaient à leur manière l'héritage de l'enseignement qu'ils avaient reçu dans le début des années 30, tout imprégné d'une solide réprobation des menées de l'Église et de ceux qu'on nommait alors les « calotins ». (Le mot faisait partie de leur vocabulaire et je n'aurais pas trop de mal à le faire revenir dans le mien.) Certains de leurs collègues allaient beaucoup plus loin qu'eux, libres-penseurs abonnés à des journaux anticléricaux, dont les lourdes caricatures n'amusaient pas mes parents. (J'ai détesté de même, lors d'un voyage dans les années 70, le grotesque « musée de l'Athéisme » établi à Saint-Pétersbourg, alors Leningrad, dans l'église Notre-Dame-de-Kazan). Mes parents n'auraient jamais participé à ces banquets gras du Vendredi saint, dont on attribue la création à Sainte-Beuve, qu'ils trouvaient un tantinet vulgaires, mais ils soutenaient des initiatives alors mal vues dans l'Anjou clérical. Les mariages civils, naturellement. Mais aussi, et peut-être surtout, les enterrements civils (dont Victor Hugo avait donné le premier exemple), avec leurs discours au cimetière et leurs immortelles rouges. Rien ne peut davantage me choquer que la commisération avec laquelle on en parle aujourd'hui, forme de cette révérence actuelle pour les religions, masque d'une peureuse lâcheté. Et, un peu plus tard, la pratique de la crémation. Mais, pour le reste, dans la vie quotidienne, ils me donnèrent l'exemple d'une vie qu'un dévot se refuse à imaginer : calme, dans la plénitude sans limites d'un monde sans dieu(x). Dans leurs études, dans leurs lectures, dans leur profession, mes parents avaient développé un goût prononcé pour la nature, ses lois simples (dont on avait le spectacle partout), et ils en avaient tiré une confiance dans l'ordre du monde. À quoi ils ajoutaient une grande confiance dans la capacité humaine à inventer, à construire, à développer. C'était encore par bien des traits le monde « d'avant ». Malgré la succession de deux grandes guerres, leurs effets terribles, leurs conséquences sur la vie de chacun, et les premiers grondements d'un monde qui s'annonçait, il demeurait encore un espace pour ces restes d'un monde antique, ancien, où la technique n'avait pas encore conquis jusqu'au plus petit espace quotidien, où les livres, l'histoire, les sciences naturelles (ces « leçons de choses » de l'école primaire) proposaient les modes raisonnables, rationnels et rigoureux d'une explication, sans référence aucune à l'idée que ce monde ait pu être créé puis gouverné par un être invisible et partout présent, témoin et juge de nos actions.

Les tenants de la croyance religieuse se font, et diffusent à dessein, une image extraordinairement fausse du monde des incroyants ; c'est pour eux un monde étroit, borné, positiviste, sans ouverture sur le mystère des choses. Telle est leur conviction, et c'est leur intérêt de la faire partager. Il n'en est rien : aux athées résolus de dire leur expérience, qui n'est ni un « drame » ni un « malheur ». De dire la joie, la force d'une certitude exaltante : la connaissance et la compréhension du monde sont des tâches infinies, dont aucun ne verra la fin, mais qui donnent du sens à chaque moment de l'existence. De dire aussi la mélancolie active, roborative, de l'athée véritable, véritable héritier du monde antique.

L'attitude profondément non religieuse de mes parents, cette forme archaïque d'athéisme rural, n'excluait nullement l'inquiétude et le sentiment du mystère. À la campagne, telle que je l'ai connue, il suffit d'un rien pour les faire renaître. Il suffit d'avoir connu l'hiver dans les grandes étendues solitaires coupées de vent, et la nuit qui descend sur le fleuve avec d'étranges reflets. À peine avait-on quitté les dernières maisons et les dernières lumières du bourg qu'une solitude profonde s'emparait de vous, dans un silence saisissant. Partout il y avait de l'incompréhensible, mais il ne portait pas le nom de quelque divinité protectrice ou vengeresse, c'était la condition même de l'existence. Tout se mêlait. J'avais vécu mes premières années entourée de femmes inquiètes, et partagé sans pouvoir la nommer l'anxiété du temps de guerre et de la trop longue absence de mon père. S'y était ajouté très tôt le sentiment du caractère éphémère, provisoire de toutes choses. Mais la joie éclatante des petits matins au début de l'été balayait tout ; l'éveil des peupliers au printemps dans les prairies inondées ; l'odeur de poisson et de vase sur les grandes grèves l'été. Ce sont d'ardentes certitudes, violentes, qui se forment alors et ne se démentiront jamais. L'un de ces moments me revient vivement en mémoire. C'est un matin de juin, vers 6 ou 7 heures, je dois avoir dix ans, nous nous rendons chez des amis, ou plus probablement mes parents étaient-ils « convoqués » pour faire passer une épreuve du « certif' ». À l'orée d'un bois, sur la droite, les arbres foisonnent d'un feuillage profus, de ce vert si clair, qui ne dure pas. Sur la gauche, une prairie, descendant vers la vallée en vagues d'un vert plus sombre, parsemées de courtes fleurs jaunes. Le ciel est très haut, transparent, traversé de vibrantes rayures de lumière. Je n'ai rien oublié de ce foudroiement : là est le monde, et tu y es chez toi. Marcel Conche a très bien dit ce qu'on éprouve alors ; il lui suffit de citer Héraclite pour le faire comprendre : « Ce monde est le même pour tous, ni un dieu ni l'homme ne l'a fait, mais il a toujours été, il est et il sera feu toujours vivant, s'allumant en mesure et s'éteignant en mesure[4] ». La philosophie, les lectures viennent plus tard (parfois jamais). Cette expérience-là vient très tôt, elle est le fond de notre nature ou, plutôt, de notre condition. Il faut creuser, et le souvenir en revient.

Rien ne serait jamais assuré à jamais, aucun recours n'était à attendre de puissances supérieures, invisibles. Mais il y avait là quelque chose d'exaltant, l'opposé même de cette « tristesse » de l'athée, ainsi résumée par Michel Houellebecq : « un dimanche triste, comme souvent le dimanche à Paris, surtout quand on ne croit pas en Dieu[5] ». Houellebecq : ce genre d'athée est le pire ennemi de l'athéisme.

36

« Emparez-vous de cette terre. Prenez-la. À qui ? À personne »

Jeudi 19 janvier. La parenthèse Renaissance est terminée, je m'apprête à compléter le fatal triangle par son troisième sommet, un peu excentré, la ville ardoisière de Trélazé. Tout est prêt, photos, itinéraires et quelques adresses. Mais je ne me décide pas. Il me reste à tirer les conclusions de mon incursion dans la question algérienne, réveillée par la vue des puissantes tours du château de Bourmont. Comme je l'ai fait après avoir pérégriné sur les terres du soulèvement de 93, ou en évoquant le rideau de flammes qui barre le sud de la Loire quand l'armée républicaine tente d'en finir avec les rebelles. Ce retour sur soi, cet examen, cette autocritique, c'est un moment douloureux, mais indispensable : Vendéens et chouans sont une épine au flanc de la république ; l'Algérie aussi.

Reprenons les choses au moment où la France vient de s'emparer de la régence d'Alger. C'est le début de la monarchie de Juillet. Comment va-t-elle traiter les Arabes qu'elle a soumis au prétexte de les libérer ? Vont-ils accepter notre domination et au bout de combien de temps ? Un premier point d'abord : de l'avis général, il y aura une résistance, et cette résistance se fera au nom de la religion. « La religion est la seule idée commune que possèdent les Arabes » (Lamoricière), « c'est en son nom qu'on les réunira et le mot de ralliement sera “guerre sainte”. Jamais, on n'obtiendra qu'ils fassent leur prière du vendredi pour le roi

Louis-Philippe. Ce serait comme si l'on demandait aux catholiques d'Irlande de reconnaître la reine d'Angleterre pour leur souveraine spirituelle ».

C'est la pensée de l'époque dans les rapports avec l'Algérie nouvellement conquise. D'Ault-Dumesnil, déjà cité : « Un pays dont l'islamisme a fait un stérile désert ne peut être rendu à la vie civilisée que par la substitution progressive du règne de l'Évangile à celui du Coran, et de l'activité chrétienne au fatalisme musulman. » Avec ça en tête, comment voulez-vous qu'on puisse penser amicalement près de deux siècles plus tard à ceux qui, parmi nous, sont de confession ou de culture musulmane ?

Lamoricière n'est pas un chrétien fervent ; on souligne l'incrédulité de sa jeunesse ; mais le curé du Louroux-Béconnais en témoigne, il porte « au progrès du catholicisme le plus grand intérêt ». Cette identification de « l'Arabe » à l'islam est promise à un bel avenir : elle est commode, parce qu'elle permet de ne pas interroger les autres raisons du rejet de la présence française. Elle s'appuie sur l'idée, et en retour la justifie, que l'Algérie avait été conquise par la monarchie pour servir les desseins supérieurs de la Providence. Au demeurant, elle n'a pas que des effets négatifs, elle encourage à étudier la religion et l'histoire de ce peuple pour définir « notre position vis-à-vis des populations musulmanes en Algérie et dans tout l'Orient », comme l'écrit Tocqueville dans ses *Lettres sur l'Algérie* du 23 juin et du 22 août 1837. Étude qui ne va pas sans une certaine sympathie pour le Coran, partagée par Lamoricière ou Lamartine (et partiellement, on l'a vu, par le comte de Falloux) : à leurs yeux, sur certains points le Coran marque un progrès sur l'Évangile. Mais tous soulignent la violence de certains endroits du texte. Conclusion de Tocqueville : l'islam multiplie les appels à la guerre sainte et au meurtre des infidèles, il laisse peu de place réelle à la liberté et aux libertés[1].

Mais les choses vont-elles changer une fois la monarchie abattue, et remplacée en 1848, puis en 1871, par la république ? Non. La continuité se fait sans aucun mal. À aucun moment la république ne songe à rejeter cet héritage. En 1848, la république s'installe, et les républicains démontrent aussitôt toute l'ambiguïté de leur position vis-à-vis de l'Algérie. En décembre, le territoire est découpé en trois départements. On prépare des colonies pour l'installation de nouveaux habitants. Et le 26 novembre 1849, à Zaatcha, a lieu un des épisodes les plus dramatiques de la colonisation : l'extermination de la population et la destruction de l'oasis. « L'opiniâtreté de la défense [de Zaatcha] avait exaspéré les zouaves. Notre victoire fut déshonorée par les excès et les crimes [...] Rien ne fut sacré, ni le sexe ni l'âge » (Alfred Nettement, historien catholique et légitimiste, critique acharné de la Révolution française). L'extension se poursuit et, malgré les violences de Saint-Arnaud, la Kabylie reste insoumise.

Même chose, sous la IIIe République, après la parenthèse du Second Empire. Comme l'écrit Ismaÿl Urbain en 1882 à un ami : « On n'est pas un bon républicain quand on dit un mot en faveur des indigènes » (Lettre à d'Eichthal). Né à Cayenne d'un négociant français et d'une Guyanaise, Ismaÿl Urbain est un saint-simonien qui avait appris l'arabe, et s'était converti à l'islam dès son premier séjour en Égypte, « convaincu que l'islam a[vait] libéré les esclaves et défendu les femmes, contrairement aux autres religions[2] ». Interprète militaire en Algérie dès 1837, marié à une Algérienne, il sert la cause des autochtones auprès du duc d'Aumale, puis de Napoléon III, qui s'inspira de lui dans son projet de « royaume arabe ».

Il suffit que ce projet ait été signé de « Napoléon le Petit » pour que les républicains ne se montrent pas véritablement soucieux de faire évoluer la situation de domination militaire en Algérie. Pourtant, dans le milieu du XIXe, ce n'est pas à la république et aux républicains qu'on doit l'attitude la plus généreuse envers les indigènes d'Algérie, mais à l'empereur Napoléon III. Sous le Second Empire, l'Algérie, pour les républicains, c'est d'abord la destination des « transportés », les condamnés des grands procès. D'abord après le coup d'État de Louis-Napoléon Bonaparte. « Sur 19 464 personnes condamnées par les commissions mixtes, 9 820 furent “transportées” (239 à Cayenne ; 4 549 en Algérie avec le signe + qui signifiait résidence forcée ; 5 032 en Algérie, signe –, c’est-à-dire en résidence libre) » (Cazals). Puis en 1858, après l’attentat d’Orsini. Dans de très mauvaises conditions, soumis à de durs travaux de défrichement, pris entre une détention sévère et les incursions des Kabyles.

La question algérienne ne prend donc pas dans la conscience de la « gauche » de l’époque. Victor Hugo ou George Sand n’ont pas vraiment le sentiment qu’en Algérie un déni de droit s’accomplit, dans la violence, et pour longtemps. Un numéro de 2006 de la revue *Les amis de George Sand* s’est posé la question : l’Algérie a-t-elle fait partie de ses préoccupations[3] ? Modérément. George Sand fait allusion à « l’Afrique » à propos notamment de son neveu Oscar Cazamajou, qui entre 1845 et 1852 y a servi comme zouave puis spahi. Mais elle est surtout sensible, comme les peintres le furent, à l’exotisme orientaliste que l’Algérie fait entrer en France. Son fils Maurice y fait un voyage, mais elle n’est pas tentée de l’accompagner, alors qu’au retour de celui-ci des États-Unis, elle s’est indignée en apprenant le sort réservé aux Indiens. Sa prise de conscience du drame des populations algériennes est très lente. Elle s’intéresse au livre du général Daumas *Mœurs et coutumes de l’Algérie*, inspiré justement des enquêtes d’Ismaÿl Urbain. Mais elle était si « violemment hostile à Louis-Philippe, puis résolument éloignée de l’Empire, qu’elle ne pouvait adhérer à la pensée la plus sérieuse et la moins oppressive du développement de l’Algérie », commentent les auteurs de l’article.

Napoléon III veut faire de la France une grande puissance. La marine de guerre se modernise et l’étendue du domaine colonial triple entre 1850 et 1870 pour atteindre un million de kilomètres carrés. La Nouvelle-Calédonie est annexée en 1853, la côte du Gabon est acquise en 1862, la France et l’Angleterre obtiennent l’ouverture de nouveaux ports de commerce en Chine (1858) et s'emparent de Pékin (1860). Un ministère de l'Algérie et des Colonies est créé en 1858. Les troupes françaises achèvent la colonisation de l'Algérie en 1857 : mais les projets de développement se heurtent à l'hostilité des gouverneurs (Pélissier, puis Mac-Mahon) et des 200 000 colons qui refusent de céder des terrains aux Arabes. L'empereur fait alors deux voyages en Algérie en 1862 et 1865. Quittant l'Algérie après le premier, il promet : « Je reviendrai » et à son retour, en septembre, dans un discours, dessine le cadre de son action : « Notre premier devoir est de nous occuper du bonheur des trois millions d'Arabes que le sort des armes a fait passer sous notre domination[4]. »

Au printemps 1865, Napoléon III, escorté par Ismaÿl Urbain, effectue donc un deuxième séjour d'études en Algérie. Il est reçu par Mac-Mahon qui sera en poste jusqu'en 1870. À peine arrivé, l'empereur fait savoir qu'il est venu à la rencontre des Algériens « pour s'enquérir de leurs besoins ». Il découvre les fléaux qui accablent l'Algérien : impôts arabes, justice expéditive, usure, etc. Et mesure les privilèges des colons : exonération de l'impôt foncier et exemption du service militaire. Ses impressions, il les consigne dans une brochure de 88 pages destinée à Mac-Mahon et publiée en novembre 1865, où il définit ainsi l'Algérie : « Ce pays est à la fois un royaume arabe, une colonie européenne et un camp français. » Daniel Rivet[5] : « À la suite de sa tournée d'inspection en Algérie, l'empereur promulgue un deuxième senatus-consulte (14 juillet 1865) pour fixer le statut des personnes : "L'indigène musulman est français", mais régi par la "loi musulmane". Ce faisant, il confère aux Algériens, musulmans ou juifs, des droits civils (accès aux fonctions administratives et aux grades militaires) et politiques (droit de vote et éligibilité aux élections locales en territoire civil). Pour jouir non seulement de la nationalité mais aussi de la citoyenneté, les sujets indigènes sont toutefois tenus de renoncer à leur statut personnel fixé par la loi religieuse : ils doivent abandonner la polygamie, le divorce (interdit en France jusqu'en 1884) et les prescriptions de leur droit successoral. »

Le discours du 5 mai 1865 (« La France n'est pas venue détruire la nationalité d'un peuple »), la lettre à Mac-Mahon (« La France qui sympathise avec les idées de nationalité n'a pas le droit de transformer en Français les indigènes de l'Afrique du Nord ») pouvaient sembler annoncer une évolution vers un régime de protectorat. Dès que des indiscrétions eurent fait connaître l'orientation très arabophile de la lettre à Mac-Mahon du 20 juin 1865, le bruit se répandit qu'une vice-royauté serait reconstituée en Algérie au profit d'Abd el-Kader. Mais le refus d'Abd el-Kader, en 1865, succédant à sa dérobade de 1860, mit fin à cette politique arabe de Napoléon III dont l'émir était sans doute le seul instrument possible[6].

Les années 1866-1868 sont marquées en Algérie par une série ininterrompue de catastrophes qui provoquent une mortalité considérable : la population des musulmans d'Algérie est passée à la fin du Second Empire de 2 732 851 (1861) à 2 125 052 personnes (1872). La famine soulève les protestations de Mgr Lavigerie, des autres évêques d'Algérie et des groupes protestants qui font campagne à travers le monde en faveur des victimes. Cette famine sera ensuite considérée comme un « crime colonial ». Non par Mgr Lavigerie pour qui cette famine est un châtiment divin. « Tous les maux de l'Afrique proviennent de l'islamisme », note-t-il en 1868 dans un mémoire sur les bureaux arabes, « les indigènes sont inaccessibles à tout progrès[7] ». Et il ajoute : « Jamais le moment n'a été aussi solennel pour les musulmans d'Algérie. Il faut les transformer. » Lettre pastorale du 6 avril 1868 : « Il faut relever ce peuple, il faut cesser de le parquer dans son Coran. » Visitant l'Algérie, les républicains ne pensent pas autrement.

C'est dans ce contexte que survient la guerre de 1870. Le 18 janvier 1871, des contingents de spahis refusent de partir, un incident éclate, trois jours plus tard, l'insurrection débute : on prêche la guerre sainte et l'indépendance du pays. Les Algériens sont écrasés, mais de nouvelles révoltes éclatent dans tout le pays. Le 16 mars, c'est la révolte des Mokrani ; elle soulève le tiers de la population du pays. C'est la plus grande insurrection contre le pouvoir colonial français depuis 1830. 100 000 soldats sont envoyés la mater : de nombreux chefs de tribus seront déportés en Nouvelle-Calédonie où Louise Michel les rencontrera, déportée, elle, pour avoir participé à la Commune.

Protestations républicaines ? On les attend encore. Cela fait mal à dire. Le 18 mai 1879, Victor Hugo prenait la parole à un banquet commémoratif de l'abolition de l'esclavage, trente et un ans plus tôt.

Et voici ce qu'il dit. « Au dix-neuvième siècle, le Blanc a fait du Noir un homme ; au vingtième siècle l'Europe fera de l'Afrique un monde. [...] Allez, Peuples ! Emparez-vous de cette terre. Prenez-la. À qui ? À personne. Prenez cette terre à Dieu. Dieu donne la terre aux hommes. Dieu donne l'Afrique à l'Europe. Prenez-la. » (Prophétique anticipation du fameux « une terre sans peuple pour un peuple sans terre[8] » qui justifia au XIXe siècle le départ des Juifs d'Europe pour la Palestine.)

Je ne peux m'empêcher de noter le fort contraste entre ce texte et le magnifique salut que le même Victor Hugo avait adressé à la mémoire de John Brown, pendu en 1859 pour avoir appelé à l'insurrection armée afin d'en finir avec l'esclavage.

Je ne peux m'empêcher non plus de noter un autre contraste entre la position de Victor Hugo et, à l'autre bout de l'Europe, celle de Tolstoï, devant une situation comparable, l'interminable « pacification » de la Tchétchénie par les troupes russes. On le voit bien dans son admirable récit *Hadji Mourat*[9], écrit à la fin de sa vie. Un récit qui n'a pas d'équivalent en France. Le destin occidental se joue au Caucase comme en Algérie. Dans le Caucase, un tsar borné et son haut commandement mènent une politique de razzia, tuant, pillant, brûlant les récoltes et les maisons. Au nom de la civilisation et de la chrétienté. En 1851, Tolstoï y rejoint son frère comme officier. Et il multiplie dans ses carnets ses observations sur la sauvagerie de l'occupation russe face à la résistance d'un peuple. Les soldats russes, mal entraînés, sont eux aussi des victimes : de pauvres paysans contraints de faire la guerre contre d'aussi pauvres qu'eux. L'indignation froide de Tolstoï se donne libre cours dans la description d'un « aoul » (un village, un « douar », en Algérie) réduit à néant après le passage des cosaques. Et depuis le moment de sa reddition jusqu'à celui de sa mort, la figure du Tchétchène Hadji Mourat n'est pas sans rappeler de façon saisissante celle d'Abd el-Kader ; jusque dans sa façon de combattre, la noblesse est tout entière du côté du vaincu.

Sous la IIIe République, les avancées démocratiques demeurent lettre morte dans nos « départements » d'Algérie, notamment en matière scolaire. Les « bons républicains », de Jules Ferry à Léon Blum, demeurent convaincus du devoir des « races supérieures » envers les autres. Tels sont les termes de Jules Ferry à l'Assemblée en juillet 1885. Seul Clemenceau ose lui répondre : « Coloniser, c'est convertir de force aux bienfaits de la civilisation. Races supérieures ! Races inférieures, c'est bientôt dit. J'y regarde à deux fois avant de me retourner vers un homme et une civilisation, et de prononcer : homme ou civilisation inférieurs. » Mais il demeure isolé, comme le sera en 1904 Anatole France pour son article publié par la *Neue Freie Presse* « La folie coloniale », essentiellement repris du discours de Nicole Langelier dans son roman *Sur la pierre blanche*[10].

Puis vient la loi de séparation des Églises et de l'État en 1905 : l'article 43 stipule que « des règlements d'administration publique détermineront les conditions dans lesquelles la présente loi sera applicable à l'Algérie et aux colonies[11] ». « La vérité et la justice républicaines devraient être la vérité et la justice aussi bien d'un côté de la Méditerranée que de l'autre », déclare Paul Gérente, sénateur d'Alger. La loi est donc votée mais, dans les années suivantes, un certain nombre de décrets déterminent les conditions dans lesquelles la séparation des Églises et de l'État y sera assurée. Déclarer que « la République ne reconnaît aucun culte » serait pour un musulman « le plus monstrueux blasphème » (René Pinon). D'où la création d'« associations cultuelles », auxquelles les catholiques ne seront pas soumis : la loi de séparation de 1905 donnera au culte musulman une existence officielle ; elle permet en réalité aux autorités françaises de tout contrôler, les biens comme les hommes, le pèlerinage à La Mecque, la date du ramadan.

Plus tard Léon Blum dans son discours du 9 juillet 1925 devant les députés déclarera : « Nous admettons le droit et même le devoir des races supérieures d'attirer à elles celles qui ne sont pas parvenues au même degré de culture, et de les appeler aux progrès réalisés grâce aux efforts de la science et de l'industrie. » Devoir qu'il distingue du « colonialisme », forme redoutable de l'« impérialisme » (distinction peut-être trop subtile pour être honnête).

C'est la vulgate républicaine, jusque dans les années d'après la Libération, une vulgate qu'on enseigne dans les écoles. L'histoire coloniale fait partie de nous, de notre grandeur, de notre fierté, on essaie d'étouffer ce qui s'est passé en Algérie en 1945, les massacres de Sétif. Les guerres d'indépendance l'imposeront enfin à notre conscience, d'abord avec l'Indochine, puis avec l'Algérie.

En attendant, tout petit républicain est un petit colon de cœur et d'esprit, qui ignore tout de la manière dont la colonisation s'est construite et se maintient. Dans leur école de village, mes parents, instituteurs formés par et pour la IIIe République, se sont forcément soumis comme il se doit à l'instruction ministérielle du 20 juin 1923, rappelant « que la France est une puissance mondiale, qu'elle possède des colonies dans toutes les parties de la terre, que l'étude de ses colonies est inscrite au programme du cours moyen ». Les programmes de 1925 introduisent l'histoire de la conquête et de la formation de notre empire colonial. Et ils ancrent cette histoire dans une perspective longue : depuis le règne de Louis XIV. Mais c'est surtout la gloire de la IIIe République : « La France s'était relevée des désastres de 1870 et restait une grande nation. Un grand patriote, Jules Ferry, promoteur de cette œuvre grandiose, a su percevoir les avantages moraux que l'expansion coloniale procurait à notre pays, et que l'opinion, trop longtemps indifférente, a fini par comprendre[12]. »

37

Une histoire subie plus que choisie

Je ne sais plus qui a dit : les travailleurs créent une richesse dont ils ne profitent pas, et ils font les guerres pour défendre les intérêts de ceux qui en profitent.

Cette phrase me revient, et avec elle, le souvenir d'une gravure que j'avais vue, dans la cuisine d'une ferme, du style image d'Épinal, tachée par les mouches et la fumée de la cheminée. Toute une famille, vieux et jeunes, à laquelle s'est joint un curé, écoute le récit d'un jeune marin. Les hommes ont des sabots et le plus vieux un bonnet de coton, les femmes des coiffes de dentelle. Le jeune marin a l'air farouche, une manche de son uniforme est épinglée au-dessus du coude, son autre poing frappe la table, il raconte son histoire à un auditoire fasciné. Cette scène doit se passer vers 1880. C'est un personnage de Pierre Loti, c'est Sylvestre, qui ne serait pas mort de la fièvre jaune sur le bateau le ramenant du Tonkin.

Ce groupe de paysans qui écoute le récit du fils revenu de pays qu'ils ne peuvent pas même imaginer, ce sont mes ancêtres. Faut-il le redire ? Aucun de mes ancêtres ne fut un « grand Angevin », ni dans cette partie du Haut-Anjou où la famille de ma mère est installée depuis longtemps, ni au sud de la Loire, berceau de ma famille grand-maternelle. Ils sont métayers parfois, plus souvent, ouvriers agricoles dans les nombreuses terres que possède une grande ou une petite noblesse rurale (« not'maît' »).

Ils ont cultivé les terres, planté les arbres, bêché les jardins, servi à table ou dans les cuisines de quelque château du lieu, dans un rayon d'une vingtaine de kilomètres. Vers 1914, un tiers des Français avaient servi ou servaient comme domestiques : il a dû y avoir beaucoup de domestiques chez les miens. Ils ont refait les belles toitures d'ardoise, rafraîchi les peintures, comme mon arrière-grand-père au château de la Lorie. C'est la seule guerre qu'il ait faite, une escarmouche dans la longue guerre sociale, interminée.

Mais l'histoire vient les retrouver périodiquement, une histoire qu'ils ne font pas, mais qu'ils accompagnent ou subissent. À la Révolution, ils se sont retrouvés face à un monde nouveau que certains acceptent avec enthousiasme et qui, à d'autres, ne semble pas fait pour eux. Quelques-uns rejoignent l'Armée catholique et royale. Quelques autres les Bleus. Et puis le roi et les cloches reviennent. Quand vient l'aventure coloniale, une fois encore ils vont y participer sans l'avoir décidé ou même accepté. Ils n'avaient pas le choix. Certains font-ils partie du corps expéditionnaire qui appareille le matin du 25 mai 1830 ? Peut-être. Plus tard, ont-ils participé aux missions de pacification et de colonisation ? Peut-être, puisque le 6e génie d'Angers y prend une part active. Ils ont souffert, certains y sont morts des fièvres, d'autres ont été attirés dans des embuscades, égorgés. Mais ont-ils conscience de ce que sont ces paysans algériens, commodément appelés « fellahs » (paysans), puis « fellagas » (bandits) et même « fellouzes » durant la guerre d'Algérie ? Ces gens, en face d'eux, avec leurs vêtements, leur langage, leur religion, si différente, ils sont, en réalité, exactement comme eux : des paysans, des laboureurs. Ce n'est pas moi qui le dis, c'est Flaubert : « Le fellah tout nu laboure les champs avec un hoyau et s'arrête pour vous voir passer, tout comme les bons paysans de France[1]. »

Telle est en effet la rencontre qui n'eut pas lieu, celle des paysans de France et des fellahs du Maghreb auxquels Louis de Bourmont en 1830, sous couleur de les libérer du joug turc, apportait la domination française. Ils avaient pourtant, ces journaliers agricoles d'Anjou et ces fellahs de la Mitidja, plus de choses en commun qu'avec le marquis de Saint-Genys ou le comte Louis de Bourmont. Sans aucun doute. Je n'y aurais jamais pensé dans le temps de mon enfance, de ma première jeunesse ; mon arrière-grand-père non plus, même s'il était traité avec la même condescendance insultante, par le marquis de Saint-G'nys, que ses contemporains algériens par Louis de Bourmont et ceux qui lui succédèrent à Alger. Maintenant, c'est ainsi que je vois la « question musulmane » : d'abord et avant tout, une question sociale, une question de classe[2].

Dominés de tous les pays, n'oubliez jamais ce qui vous unit.

Et dans ce contexte, celui d'une histoire subie plus que choisie, la question arabe ne cesse de s'inviter régulièrement. Comme une nouvelle fois, dans les années 20, à l'occasion de la guerre du Rif.

J'ai plus d'une raison d'en parler, d'abord parce qu'un ami de mes parents, plus âgé qu'eux d'une dizaine d'années, homme curieux et sceptique, avait fait son service militaire au Maroc entre 1925 et 1927. Des éléments du contingent s'y trouvaient en effet mêlés avec une armée de métier encadrée par les vétérans de la Première Guerre. Ensuite parce que ce fut la première guerre d'indépendance dans notre empire colonial. Abd el-Krim, le leader marocain : « Nous considérons que nous avons le droit, comme toute autre nation, de posséder notre territoire. Nous voulons nous gouverner par nous-mêmes et préserver entiers nos droits indiscutables. »

La guerre du Rif est une guerre bien oubliée[3]. Je n'en ai plus jamais entendu parler jusque dans les années 60. Abd el-Krim est mort en 1963. Je résume. Après l'effondrement de l'Empire ottoman, le Moyen-Orient semble s'embraser contre la tutelle européenne qui se met en place. « En 1921, l'opération maladroite de pacification espagnole dans le Rif se transforme en déroute retentissante contre les tribus menées par Abdelkrim[4] »… Lyautey, résident général de la France à Rabat, sent la menace pour la partie du Maroc dont nous avons pris le protectorat. Il va donc affronter Abd el-Krim et une véritable guerre a lieu. Juillet 1925, Philippe Pétain prend les commandes des troupes françaises, il y noue des rapports d'amitié avec Franco. Victoire de la France en 1926.

En France, cette guerre ne fait pas l'unanimité, loin de là. Mais c'est essentiellement le parti communiste qui va mener au quotidien la campagne d'opposition. Le 2 juillet 1925 *L'Humanité* publie un « Appel aux travailleurs intellectuels », où Henri Barbusse, Aragon, Desnos, Paul Signac déclarent : « Nous proclamons une fois de plus le droit des peuples, de tous les peuples, à quelque race qu'ils appartiennent, à disposer d'eux-mêmes. » La question coloniale se trouve, grâce aux communistes, mêlée à la question sociale : la similitude de situation est soulignée par les mouvements révolutionnaires. André Marty : « Il n'y a pas d'hésitation possible : ouvriers et paysans doivent fraterniser avec les peuples coloniaux et soutenir leurs revendications[5] » – ce stalinien bon teint sera exclu du PC en 1952 lors d'un procès stalinien. Les socialistes condamnent cette guerre et refusent de voter les crédits militaires, mais ils ne s'associent pas à la campagne d'opposition. Même si Léon Blum rappelle son opposition de principe au colonialisme, « forme la plus redoutable de l'impérialisme », cette opposition demeure pour lui conciliable avec le « devoir de civilisation ».

En revanche, la France officielle, la France républicaine, se glorifie de cette guerre et de sa victoire en des termes sans équivoque. Aristide Briand à la Chambre en décembre 1925 : « C'est dans le même esprit de paix que nous entendons terminer dans un bref délai les affaires du Maroc et de la Syrie aussitôt qu'auront été réduites les agressions fomentées contre l'œuvre de civilisation et de traditionnel libéralisme de la France. » Un an plus tard, victorieux d'Abd el-Krim, il reçoit le prix Nobel pour son œuvre de réconciliation internationale.

Quelles traces de tout cela dans les années qui suivent, celles de la guerre, de l'Occupation, de la reconstruction et des guerres de décolonisation ? Ce jeune homme d'autrefois dont j'ai parlé, appelé sous les drapeaux pour faire la guerre aux Rifains révoltés, avait été plus tard prisonnier en Allemagne durant la Seconde Guerre mondiale. Ces guerres se mélangèrent-elles dans son esprit ? Ou bien fit-il la différence ? Il avait un frère ou un cousin, je ne sais plus, qui alla combattre, dans les rangs de l'armée française, le royaume arabe de Syrie qui contestait le partage du Moyen-Orient entre les grandes puissances, France et Angleterre[6]. Est-ce que leur sentiment dominant ne fut pas toujours ce fatalisme des « pauvres », des « sans-pouvoir » : nous ne décidons de rien ? Je le vois bien, tout enfant, quand j'entends ces vétérans qui parlent de « la guerre » – de 14, de 39 : ce n'est jamais pour y voir des guerres justes. Un vieux qui avait été prisonnier en Allemagne pendant la Première Guerre mondiale disait : j'étais dans un petit bois, j'ai entendu le coucou, il chantait exactement comme en France.

Cette sorte de pacifisme-là, qui a jamais su le comprendre ?

38

Les monzamis

J'ai six ans, puis sept, huit, dix ans. Petite républicaine avec ses lunettes rondes et ses galoches des années d'après-guerre, j'ai pour univers la cour de l'école où nous habitons, de grands arbres, un jardin, des livres et la compagnie de mes chats. Il n'y a pas d'« étrangers » chez nous. C'est quoi, alors, un Arabe, au milieu du siècle dernier, dans la petite communauté où je vis, plus ou moins unie autour de son clocher ? On ne se soucie guère qu'il y ait eu des Arabes dans la vallée de la Loire, il y a des siècles, c'est un temps enfoui, oublié. Leur trace est attestée pourtant, dans le département, dans la province, dans la région. Plus de quatre-vingts monnaies arabes ou à légende arabe ont été trouvées dans le Grand Ouest de la France entre 1837 et 2001. Certaines proviennent de la région d'Ancenis, aux marges de l'Anjou. Ce sont deux dirhams cordouans. Selon toute vraisemblance, les dirhams d'Ancenis ont été enfouis ou perdus dans les années 870-875, c'est à l'époque de la présence des Vikings sur ces terres. On sait que Charles le Chauve est parvenu à leur faire évacuer Angers en 873, contre l'autorisation d'hiverner dans l'« île de la Loire ». Peut-être une île située au pied du monastère de Saint-Florent (Saint-Florent-le-Vieil, Maine-et-Loire)[1] ?

Quand on me parle des « Sarrasins », à l'école, dans les livres, à propos de Roland à Roncevaux, plus tard des Maures, dans

Le Cid, c'est tout juste si je comprends que ce sont des musulmans, Berbères ou Arabes. Quant à la bataille de Poitiers, elle n'est pas encore redevenue d'actualité, comme aujourd'hui. On aurait surpris tout le monde, et même de bons instituteurs républicains, en citant la malicieuse conversation rapportée par Anatole France dans *La vie en fleur*. « M. Dubois demanda une fois à Mme Nozière quel était le jour le plus funeste de l'histoire. Mme Nozière ne le savait pas. "C'est, lui dit M. Dubois, le jour de la bataille de Poitiers, quand, en 732, la science, l'art et la civilisation arabes reculèrent devant la barbarie franque."[2] » La « barbarie franque » ? Eh oui, Anatole France a raison : ce sont les Francs, plus exactement les Germains, qui, à partir du Ve siècle, ont déferlé sur l'Europe et détruit l'Empire romain. Non les Sarrazins.

Dans ces mêmes années 50, on ne parle pas de la guerre du Rif ni de l'expédition de Syrie, qui restent dans le domaine du témoignage privé. On ne fait pas davantage allusion autour de moi aux morts algériens, tunisiens, de la Première Guerre. Ils sont pourtant quelque 100 000 à avoir péri au front, dont 70 000 à Verdun. Zouaves, tirailleurs algériens, marocains, tunisiens, sénégalais, goumiers, spahis..., « quittant la terre de leurs pères pour répondre à l'appel de la République » selon la formule consacrée. La république leur en a-t-elle été reconnaissante ? Qu'a-t-elle fait pour leur mémoire ? Y pensent-ils, les instituteurs ? Dont mon oncle, qui vers 1930 avait fait son service militaire dans les zouaves ? Je ne me souviens pas d'avoir vu des Arabes sur ses photos de régiment. Autour de moi aucune allusion non plus aux combattants de 39-45 et aux camps spéciaux de prisonniers qui leur furent réservés en 40 (cf. plus loin). Encore moins aux « événements » de Sétif, premier grand soulèvement algérien, qui fit des dizaines de milliers de morts. Les guerres d'indépendance se rapprochent, mais leurs débuts ne feront que renforcer la méfiance et les stéréotypes : sur les Arabes ne courent en effet que des idées reçues, des images négatives. Arabes, musulmans, je ne sais même pas si autour de moi on fait la différence. On a fêté vingt ans plus tôt le centenaire de la conquête de l'Algérie : à Oran, comme à Paris, une vision lénifiante de la conquête. Une affiche de l'époque montre un colon la main posée sur l'épaule, en signe d'amicale protection, d'un vieillard chenu, décoré de la médaille militaire (14-18). En 1931, l'Exposition coloniale n'a toutefois pas eu le succès qu'on en attendait : les surréalistes, la gauche socialiste et communiste ont protesté contre l'« entreprise de brigandage » qu'est le colonialisme. (Je ne suis pas sûre qu'ils aient été lus sur mes coteaux.)

Dans un petit film tourné pour les actualités[3], la caméra se promène entre un mélange de mosquées, de groupes humains hétéroclites, d'architectures africaines... Le pavillon algérien, décoré par Jean Bouchaud, est un bâtiment européen avec un minaret, dont la façade sud présente un ensemble de bâtiments de type saharien. Des dromadaires promènent des couples rieurs en canotier et petite robe d'été, dans la poussière de Vincennes, de l'été, du temps : ces jeunes couples ont l'âge de mes parents. Mon père, jeune syndicaliste, souvent appelé à Paris pour des congrès, a-t-il profité d'un de ces voyages pour la visiter ?

C'est le mirage dans lequel la France baigne, celui de notre grandeur et de notre mission. La réalité est tout autre : en Algérie, notamment, où la conquête s'éternise, et où ce qu'on appelle la « pacification » s'accompagne d'indicibles cruautés. Notre manuel d'histoire, vers 1956 ou 1957, ne parle plus de « razzias », ni de « brigands insoumis » comme on le fait tout au long du XIXe siècle : mais de pacification, sans guillemets. (Une étude serait à faire rien que sur le mot de « brigands », qui désigne les Vendéens dans la bouche des républicains, et les indigènes insoumis dans la France coloniale...) Une nouvelle image de « l'Arabe » domine ; il fallait, au moment de la conquête, avoir un ennemi digne d'être combattu, sur qui notre supériorité aurait du sens ; l'Arabe devient alors un adversaire courageux, noble. Une fois vaincu mais non soumis, il se mue en rebelle, fourbe, cruel, bref, congénitalement méchant et paresseux : on est d'ailleurs obligé de cultiver des terres qu'il a laissées en friche, ou couvertes de « palmiers nains ». Sa cruauté, sa traîtrise, sa dissimulation, son fanatisme, à quoi l'Arabe les doit-il ? À sa « race » ? À sa culture ? À sa religion ? Tout cela à la fois (comme aujourd'hui !). Malgré tous « nos efforts », il refuse de se civiliser et continue d'afficher ses différences[4]. Là encore, le seul à prendre une position résolument opposée, c'est Michelet : « Les Arabes ont fait au monde le plus riche présent dont aucun génie de peuple ait doué le genre humain. Si les Grecs lui ont donné le mécanisme logique, les Arabes lui ont donné la logique du nombre, l'arithmétique et l'algèbre, l'indispensable instrument des sciences[5]. »

C'est une affaire entendue, ce sont les Arabes de « là-bas ». Dans ma petite commune de naissance, juste avant le début de la guerre d'Algérie, un « Arabe », c'est un de ces « monzamis » dont Alain Rafesthain a écrit le roman émouvant[6], qui traversent le village par un jour de printemps où les feuillages verts exultent, ou par une de ces radieuses après-midi d'automne où le soleil rougit les vignes. Un personnage inoffensif, un tapis sur l'épaule. Pour qui nous n'avons ni pitié ni considération, « nous », les braves gens, les ruraux, les villageois, le maire, l'instituteur et le curé. Les femmes prennent en le voyant leur visage dur, lèvres minces et chignon serré. Il passe, il déplie un ou deux tapis, n'insiste pas, continue son chemin. J'ai gardé l'image de l'un d'entre eux, il remontait la route du cimetière son tapis coloré sur l'épaule, et il a fini par disparaître dans le dernier virage. Où allait-il ? Et comment ? À pied, de village en village, jusqu'à une ville et après ? Qui était-il ? Un soldat algérien de la guerre qui venait de se terminer ? Il avait une petite moustache et un béret rond qui lui enserrait étroitement la tête. Est-ce que ceux qui ont fait la guerre du Rif, de Syrie les remarquent, commentent leur costume, leur façon de parler ?

La « colonisation » bientôt ébranlée dans ses fondements nous enveloppe encore de son mirage qui colore tout. C'est pourtant la fin : en 1954, désastre de Diên Biên Phu, quelques mois après le début de la guerre d'Algérie. Les guerres coloniales sont le gouffre où à plusieurs reprises la république risque de périr, elle qui a sombré il y a une quinzaine d'années dans la collaboration. Quelque temps encore, et l'Afrique occidentale et l'Afrique équatoriale cesseront d'être françaises. Mais en attendant, et en un mot, notre monde, paisible, rural, et plus ou moins remis de la secousse de la guerre, est adossé à notre puissance coloniale. Et la république s'en accommode très bien. Comme de ce décor d'une « villa », dont je me suis souvenue, il y a quelques jours, tandis que je descendais la rampe qui relie le pont de la Guillemette à l'île de Béhuard, où je traquais le souvenir de Mgr Freppel. Je le raconte maintenant, parce qu'il a tout à fait sa place ici. Les rues calmes d'un village des bords de Loire, peut-être même est-ce Béhuard, avec des petites maisons de vignerons et, parmi elles, une villa un peu à l'écart, cossue sans être opulente, et d'une facture résolument moderne (style Art déco, début des années 30). Elle se détache nettement des autres maisons, en tuffeau, et couvertes d'ardoise. Là vit un couple, sans enfants, ou bien les enfants sont déjà partis. On les voit peu, madame sort seule le dimanche pour aller à la messe, on dit que monsieur boit. Il a en effet le teint fort rouge, et les yeux jaunes. (Une année sur deux il passe quelques mois à La Bourboule pour soigner son « foie colonial[7] ».)

Le jardin est assez grand, invisible derrière de hauts murs. La façade de devant est percée d'une porte encadrée de deux belles fenêtres en arc surbaissé. Un petit perron s'ouvre en haut d'un escalier double, deux palmiers l'encadrent. Ces palmiers incongrus sont les seuls du village, et ils ne s'y plaisent pas trop. Leur tronc est pelé comme le dos d'un vieux chien, les palmes pendent, desséchées. De l'autre côté de la porte, dans le couloir assez vaste qui ouvre sur le jardin, au pied de l'escalier, il y a de part et d'autre, répondant aux palmiers de l'avant-cour, deux porte-parapluies cerclés de métal doré. La seule fois que je les ai vus, j'accompagnais mon père pour une raison que j'ai oubliée. Ils m'ont fait horreur. Ils avaient l'air d'être recouverts d'une peau épaisse, plissée. Au retour, j'interroge : « C'était quoi ? De la peau ? — Oui, c'est de la peau, me répond ma mère. Ce sont des pieds d'éléphant. »

39

« Trabadja la moukhère »

Je suis issue de ce peuple français pétri d'arrogance coloniale qui au dessert des banquets et des repas de noce entonne « Trabadja la moukhère/Trabadja la moukhère, trabadja bono/Trempe ton cul dans la soupière/Tu verras si c'est chaud/Si qu'c'est chaud, si qu'ça brûle/Si qu'ça brûle, si qu'c'est chaud/Trabadja la moukhère, trabadja bono ». Je ne comprenais rien : qui était cette « moukhère » ? (Le mot, lui, hélas, m'était connu[1].) « Trabadja » ? J'entendais « Ravadja », était-ce son nom ? Personne ne m'a jamais dit que c'était « trabadja », « elle travaille », en sabir pied-noir mêlé d'espagnol. Laissons l'opprobre retomber sur ces chanteurs adulés, qui paradent en photo, le chapeau sur l'œil, dans un beau pardessus en poil de chameau. Tel Maurice Chevalier, créateur de la chanson[2]. Il y a aussi Alibert (Henri Allibert) et sa chanson « Nénufar », marche officielle de l'Exposition coloniale en 1931. « Quittant son pays/Un p'tit négro/Vint jusqu'à Paris/Voir l'Exposition coloniale/C'était Nénufar/Un joyeux lascar/Pour être élégant/C'est aux pieds qu'i' mettait ses gants/[...] Faut pas croire toujours/C'que Nénufar raconte/Ainsi l'autre jour/Il m'a dit /Quand je fais mes comptes/À la craie j'écris/Sur l'dos d'ma chérie/Et d'un coup d'torchon/Après j'efface les additions. » Le même Alibert : « On pouvait dire en la voyant/Harbi loubia couscous barka/Oh ! Sapristi ! La belle enfant !/Barka couscous harbi loubia / Ce n'était pas un prix d'vertu / Harbi loubia couscous barka / Deux gros garçons elle avait eus / Barka couscous harbi loubia / Le premier avait pour père / Un Espagnol et trois tirailleurs / Quant au second, disait la mère / C'est l'fils d'l'équipage du croiseur » (« Viens dans ma casbah »).

Tout y est, jusqu'à la parodie méprisante de la langue arabe. Un blogueur, dont les souvenirs se réveillent, cite cette autre chanson : « Ali allah ali allah, après le frichti, c'est le kawa / Si tu veux manger pour dessert, des bonnes bananes qui coûtent pas cher / Ah sa bonno pour t'amuser / Tu jettes les peaux ça fait glisser / Tous les bicots[3] se cassent le nez / Y a que ça de bon pour rigoler. » Simone Simon, l'actrice que nous admirons tant, était aussi chanteuse, voici un exemple de ce qu'elle chantait : « Moi tout faire pour te plaire / Moi avoir petits mollets pas laids / Et beaux p'tits macarons tout ronds / Moi chanter la chansonnette / Souffler dans clarinette / Et claquer castagnettes » (tiré de l'opérette *Toi, c'est moi*).

La plus connue de toutes, c'est la chanson « La fille du Bédouin », musique de Raoul Moretti et André Barde, créée en 1927 par Georges Milton[4]. Georges Milton, de son vrai nom Georges Désiré Michaud, vraie tête à claques aux cheveux gominés, au sourire niais, est le symbole même des années d'avant-guerre, années de jeunesse de ceux qui m'ont élevée, formée. Qui ne reprenaient pas ses couplets, mais les écoutaient avec un air d'indulgence amusée. Sur un site hagiographique, on le dit « vrai Français moyen, rondelet, habitué à prendre l'anisette du coin au café, aimable tyran domestique qui aime les petits plats concoctés par sa femme ». Comme tout se tient ! L'anisette est l'apéritif fétiche des pieds-noirs algériens, inventée en 1872, par des distillateurs français d'Afrique du Nord. C'est l'Anis Gras d'Alger. Puis vint l'usine Cristal, créée en 1884 par la famille Limiñana d'Oran. Et la marque Phénix des frères Timsitt d'Oran, « largement consommée par la communauté israélite puisqu'elle avait reçu l'agrément des rabbins[5] ».

Georges Milton, affiche de Coquin d'Amour, *1932.*

Le racisme antiarabe nourrit cette France abjecte et bon enfant qui sombrera en 40 dans une abjection encore pire, mais hélas prévisible. Celle qu'annonce une chanson de Ray Ventura : « Ça vaut mieux que d'attraper la scarlatine », où il est question de la fâcheuse habitude de raccourcir la queue des chiens. Mais comme dit « Blumenthal à Lévy » : « Ça vaut mieux que d'attraper la scarlatine… » C'est un ensemble où on hésite à piocher tant on a peur de se salir.

Dans le répertoire de Georges Milton, il n'y a pas seulement des chansons coloniales, il y a aussi « Coquin d'amour » et « Si tous les cocus ». Et ces hymnes à la bassesse française que sont « C'est-y toi qui s'appelle Émilienne ? C'est-y toi, c'est-y toi ou c'est-y pas toi ? » (1931) et « Totor, t'as tort tu t'uses et tu te tues / Pourquoi t'entêtes-tu ? » (1932). Ou encore : « Je lui fais pouet pouet / Elle me fait pouet pouet » tiré d'*Elle est à vous* (1929).

Cette dernière chanson fut au répertoire des musiciens officiels du pouvoir en Éthiopie : venus d'Arménie, ils y mêlent différents hymnes nationaux, des marches militaires à l'européenne ainsi que des airs d'opérettes.

Braves républicains de la IIIe (et de la IVe) ! Pour conclure, provisoirement, ce chapitre de votre ignominie tranquille, je citerai l'auteur chéri des instituteurs, Marcel Pagnol, dans *Marius* (1929). Relisons donc pour conclure la scène du café. Un Arabe (qu'à l'époque on appelle un « sidi ») entre dans le Bar du Vieux Port. « Zouli tapis, mademoiselle ? » demande-t-il à Fanny qui répond sèchement sans le regarder : « Macache. » Il se tourne alors vers « Msiou Marius » dont la réponse est encore plus brutale : « On t'a dit non, sale bicot ! »

40

Vers Trélazé, par Sainte-Gemmes

Vendredi 20 janvier. Troisième sommet du triangle fatal : la ville ardoisière de Trélazé, à 10 kilomètres d'Angers, où mon père fut nommé au début des années 30 à l'école de la Maraîchère. Trélazé, c'est la ville « rouge », l'opposé en tout point de l'esprit rural, conservateur, catholique qui règne dans les Mauges et le Segréen. Jeune instituteur socialiste, mon père y fonde en 1935, avec des ouvriers ardoisiers et quelques-uns de ses collègues, le club de football de l'Églantine. Ce n'est pas un grand événement dans l'histoire nationale. C'en est un dans l'histoire de ma famille, mon père en conserva une grande fierté, moins pour l'importance du club ou pour ses succès sportifs, que pour l'expérience qu'il y fit des luttes et de la solidarité ouvrières.

En début d'après-midi, je quitte donc mon rocher sur la Loire, accompagnée une fois encore par ce froid étonnant qui électrise les souvenirs. Malgré le soleil je dois encore dégeler mes portières scellées dans un bloc compact avant de démarrer. À côté de moi, sur le siège passager, avec mon appareil photo, une brève présentation, empruntée au *Patrimoine des communes de Maine-et-Loire*, des monuments que je veux voir, la mairie, l'école de la Maraîchère, l'église Saint-Pierre et la place Francisco-Ferrer, la chapelle Saint-Lézin, le musée de l'Ardoise, le monument à Ludovic Ménard. Ludovic Ménard – anarcho-syndicaliste, fondateur de la Fédération des ardoisiers (ouvriers des carrières d'ardoise) – occupe une place très particulière dans ce récit : il est né en 1855, l'année de « La Marianne », il meurt l'année où est fondée l'Églantine (1935).

Après ma visite à Noyant-la-Gravoyère et Nyoiseau, où ma mère eut pour premiers élèves des enfants de mineurs, souvent bretons, c'est la deuxième fois que je me rends dans une région de mines maintenant abandonnées. Je vais quitter les villages, leurs vignes, leur paix, le souvenir des anciens rythmes, pour aller dans un tout autre univers : celui d'un travail pénible, au contact d'un sol dur, de l'eau qui envahit les carrières, des blessures qu'occasionne la découpe du schiste. À la rencontre aussi d'une mémoire historique qui n'est pas celle de la vigne, des villages et des châteaux, ni celle de la guerre de Vendée, mais des plus anciennes entreprises à caractère industriel de la province. Les premières carrières de Trélazé, aux noms pittoresques, Tire-Poche, Champ-Robert, Terre-Rouge, Bouc-Cornu, ont été progressivement inondées. Mais ce sont leurs ardoises qui ont couvert Chambord, et d'innombrables châteaux ou cathédrales. Dès le XVIe siècle et jusqu'à la Révolution, les terrains ardoisiers sont la propriété de communautés religieuses comme l'abbaye Toussaint d'Angers. Concédées à des entrepreneurs qui vendent le schiste à des ouvriers, lesquels se chargent de l'extraction et de la taille, et recèdent les ardoises obtenues aux entrepreneurs. L'exploitation est manuelle. Elle se spécialise rapidement, répartie entre les ouvriers « d'en bas », les fendeurs, qui font au ciseau la première taille qu'on remonte ensuite à dos d'homme par de grandes échelles, et les ouvriers de surface. Au prix d'énormes risques physiques, quotidiens. Ils travaillent sous des abris au toit incliné, les fendeurs se protégeant les jambes d'épais matelas de feutre. Et puis il y a les crues de Loire. À partir de 1735, la levée étant achevée, on va commencer à développer les parties basses des filons : ce qui donne lieu en 1743 à l'érection d'une pyramide. Mais les digues sont de moins en moins entretenues : d'où de grandes crues, comme celle de 1856, qui occasionne la visite de Napoléon III, un an après l'insurrection de « La Marianne ».

Pour m'y rendre, j'ai choisi de longer la Loire dans un paysage qui m'est familier et dont la beauté un peu mélancolique me frappe pourtant à chaque fois. Je suis comme Balzac, « tout disparaît » lorsque j'aperçois les bords de la Loire. Mais à peine ai-je fait quelques kilomètres le long de la rive que je m'arrête au village de Sainte-Gemmes et descends vers le fleuve. L'ancien château devenu asile psychiatrique[1] donne sur un large chemin riverain, peut-être de halage, où dans nos promenades du dimanche il nous arrivait de croiser la longue file des malades, en promenade eux aussi, l'air endormi, se tenant par le bras ou par le bas de la veste. Je n'arriverai donc jamais ! Je vais recommencer à multiplier les arrêts, comme sur la route de Bourmont ! Mais je ne peux faire autrement : aller d'un point à un autre dans l'espace, c'est convoquer des moments différents du temps. Réveiller l'histoire de cette région où la république s'est imposée difficilement, à travers des oscillations, des affrontements. Et la secousse de guerres terribles, comme la Grande Guerre, qui a laissé son empreinte dans les consciences : tous, autour de moi, ont été dans les années 30, pour cette raison, des pacifistes résolus. À propos de la Grande Guerre, il me semble que l'un des directeurs, peut-être le docteur Baruch, avait mis au point, après la Première Guerre, une thérapeutique nouvelle pour ceux que les combats avaient traumatisés sans laisser de traces physiques et qu'on appelait les « pithiatiques », ceux qui s'autopersuadent, des hystériques masculins, en somme.

En arrière-fond, c'est toute la vie de l'Ancien Régime en Anjou et sa puissance qui nous accompagnent partout et qui, si républicain qu'on puisse être, font partie de notre fierté régionale. Leur évocation entraîne à des rêveries, à des uchronies. Sur ces autres orientations que l'histoire aurait pu prendre, quand le XVIIIe siècle s'engageait dans la voie du développement. Voici par exemple l'un des propriétaires du château de Sainte-Gemmes, Georges Nicolas Baudard de Vaudésir, petit seigneur angevin, receveur des tailles de l'élection d'Angers, ami de Marmontel, qui rencontra dans son château de Sainte-Gemmes « la fine fleur des lettres angevines ». En 1752, il achète la charge de « trésorier des colonies françaises d'Amérique ». Son fils Claude se retrouve associé à toutes les grandes entreprises coloniales de son temps, il a des propriétés à Saint-Domingue. Il anglicise son nom en « Saint-James ». Avec lui s'éveille une nouvelle fois l'histoire des établissements angevins aux Antilles, dont j'avais amorcé l'histoire sur une « bouère » de Loire à Rochefort... Forme de l'expérience coloniale bien différente de ce que sera l'entreprise de conquête et colonisation initiée par Charles X en 1830. Y participent de nombreuses autres familles, comme celle des « Pays » de Lathan, sur les confins de l'Anjou et de la Touraine. Les Pays étaient partis s'établir à Saint-Domingue, mais ils vivaient aussi parallèlement en Anjou, où ils possédaient nombre de terres et de charges. C'était « une famille bourgeoise anoblie, évoluant au siècle des Lumières, siècle du "progrès", siècle où les implantations coloniales et la Traite des Noirs atteignirent leur paroxysme, mais également siècle agité par les troubles révolutionnaires[2] ». Les Pays « jouant sur les deux tableaux (à la colonie, l'argent de la canne à sucre ; en métropole, celui des fermages) [...] parviennent à égaler l'aisance financière de la haute noblesse ». C'est un âge d'or qui va subir « de plein fouet la tourmente révolutionnaire ». Ce ne sont alors que « confiscations, dépossessions et quête d'indemnités »...

L'histoire des Angevins aux Antilles va sombrer avec la Révolution : elle me suggère une rêverie historique où ma région natale tient une place éminente. Est-ce qu'avec ces grandes familles, et autour d'elles, il n'aurait pas pu se passer un tournant libéral, constitutionnaliste, vers 1780, à la mode anglaise, comme le rêvait Voltaire ? « La philosophie des Lumières a pu pénétrer à l'est de l'Anjou grâce à un certain nombre de causes qui ne sont pas fortuites : économie de marché, indépendance matérielle partielle du paysan, diffusion plus facile des idées, état scolaire favorable, routes plus nombreuses, esprit plus ouvert du paysan de l'openfield que celui du paysan du bocage. Cette zone orientale de l'Anjou était donc beaucoup mieux préparée à recevoir les idées révolutionnaires que la zone occidentale. Les événements qui se dérouleront en Anjou en 1793 le démontreront[3]. » Ces familles s'installent là où se trouve le plus grand nombre de petites écoles, et de collèges : à Saumur, Beaufort, Angers, Baugé.

Ces grands propriétaires en Anjou et à Saint-Domingue progressivement acquis aux Lumières pratiquent aux Antilles, il est vrai, et sans état d'âme, un régime indigène inspiré du Code noir, que la Convention s'empresse d'abolir. Mais ils sont ouverts aux novations. L'un d'eux constitue une énorme bibliothèque. Ailleurs, ils rejoignent les « physiocrates », admirés par Arthur Young, améliorent l'agriculture et, autour d'Angers, poursuivent de grandes aventures comme celle de la fabrique des toiles peintes de Tournemine… On aurait évité la Terreur, la guerre de Vendée ; mais aussi la violence de la Contre-Terreur, et de la reconquête catholique…

14 h 30. J'ai poursuivi un moment mon chemin sur une route où règne la paix de rives un peu abandonnées, envahies aujourd'hui par cette plante parasite aux fleurs jaunes, la jussie. Une paix si souvent rompue : comme en janvier 1794, quand un voiturier-marinier (« voiturier par eau ») nommé Jean Desvignes y est fusillé. Juste à l'endroit où je suis, qui s'appelle Port-Thibault. Avec d'autres « ayant comme lui pris part à l'insurrection de Vendée[4] ». Combien ? Mille ? Davantage ? Probablement avait-il fait traverser la Loire en octobre à des Vendéens partant pour la « virée de Galerne ». C'était son métier. Ou peut-être était-il vendéen de conviction.

Plus tard et plus loin, sur une prairie, en mars 1940, au bord du fleuve nonchalant, ce sont des soldats polonais qui s'entraînent. Des soldats polonais ? Oui. Le gouvernement polonais en exil, qu'on a préféré éloigner de Paris, s'est installé au nord d'Angers, dans le très beau château de Pignerolle. Un officier polonais est chargé d'entraîner un peloton sous commandement français, avec du matériel et de l'équipement français. « La compagnie était basée à près d'un kilomètre de Sainte-Gemmes [...] sur les rives du très beau fleuve – la Loire [...] Il me fut possible de faire connaissance avec le matériel et l'équipement français. Ma déception fut grande », raconte-t-il.

Pendant ce temps, mon père est en Normandie avec son peloton d'artilleurs.

41

« Gloire et honneur à l'école laïque »

J'arrive enfin à Trélazé : une longue rue, des maisons peu élevées, quelque chose d'ancien dans la structure même de l'espace, une publicité pour l'« éco-quartier de la Maraîchère » qui « marie 126 logements à un environnement urbain composé d'équipements publics ». Il n'a désormais de « maraîcher » que son ancien nom, mais Trélazé s'est en effet développé sur les très anciens jardins de cette partie fertile de la vallée.

Je me suis engagée trop vite et trop loin, et me voici devant la mairie. Je ne le regrette pas. Ce beau bâtiment me donne aussitôt de précieuses indications sur un sujet central de ce livre, l'école. En application de la loi Guizot de 1833 sur l'enseignement primaire, on a construit ici une mairie, une école de garçons laïque et une école religieuse pour les filles (tenue par les sœurs de Saint-Charles. La distinction en dit long : aux filles, l'enseignement religieux est indispensable). Avec l'instauration de la république, l'ensemble déjà modifié est remanié en 1875 par l'architecte Dainville. Bodin exécute deux sculptures représentant les outils des ardoisiers d'un côté, et ceux des agriculteurs de l'autre[1]. La république a hérité de formes voulues par la monarchie de Juillet mais elle leur donnera le sens qu'elle souhaite : la laïcité. C'est ça aussi, la république, continuité, et rupture. Justement, avec les lois laïques. (Mais non sur le plan social.)

Tout près, l'église Saint-Pierre. Je me suis rangée sur son flanc gauche, il ne passe personne, le soleil éclatant de ce froid lundi de janvier étonne. Il y a là quelque chose de figé, d'anormal. L'église a été édifiée en 1840, protégée des inondations par les grandes levées du XVIIIe siècle, et bénie le 26 novembre 1843 par l'évêque Angebault (dont on connaît le bon goût en matière d'architecture religieuse). Mais tout Trélazé est dans l'adresse de l'église : place Francisco-Ferrer. (C'est l'adresse aussi du Groupe trélazéen de la libre-pensée.) Rapprochement qui n'a rien d'involontaire : Trélazé est une capitale de l'anarchisme français. On mesure mal aujourd'hui l'importance du mouvement anarchiste. Né avec Proudhon en 1840, c'est pendant la première moitié du XXe siècle, dans certains pays, un mouvement social de masse au travers de l'anarcho-syndicalisme et du socialisme libertaire. L'antithèse et le rival malheureux du communisme autoritaire.

Ce n'est pas un hasard si c'est à la place de l'église qu'on a donné le nom de Ferrer. Dans un article déjà cité[2], Jean-Luc Marais donne le récit d'événements consécutifs à la loi de séparation des Églises et de l'État. « L'affrontement à Trélazé se déroule sur le terrain des processions. Dès 1894, des anarchistes avaient provoqué des incidents lors de la procession de la Saint-Lézin puis en 1903 et 1904, et elle ne fut pas reprise ensuite. En 1905, des ouvriers tentèrent de manifester lors de la procession de la Fête-Dieu (les processions avaient été interdites à Angers) ; le maire Halopé requit les forces de l'ordre et il n'y eut pas d'incident. En 1906, nouvelles contre-manifestations, mais sans effet, car les anarchistes (200 selon le curé) se querellèrent entre eux. Mais en mai 1908, la nouvelle municipalité, conformément à son programme, interdit toutes les processions. Elle reprend le presbytère au curé, et rebaptise la place de l'église, "Place Francisco Ferrer, victime des jésuites". »

L'affaire Francisco Ferrer[3], 1909. Le peuple s'est soulevé contre la guerre coloniale au Maroc. Les évêques dénoncent « les partisans de l'école sans Dieu, de la presse sectaire et des cercles anarchistes qu'il faut supprimer ». « La monarchie met plusieurs jours à reprendre le contrôle de la ville, et le bilan est cruel, 2 000 arrestations, 500 blessés, 78 morts. Les révolutionnaires sont traqués, les syndicats interdits, les écoles laïques fermées. [C'est] la "Semaine tragique". À l'étranger, elle provoque un mouvement de solidarité orchestré, en France, par la CGT, le Parti socialiste-SFIO et la mouvance anarchiste. » Le 1er septembre, Francisco Ferrer est arrêté : « fondateur, à Barcelone, de l'École moderne, vite devenue un symbole de résistance à la monarchie et à l'Église », il est réfugié en France depuis 1906. Il n'était venu à Barcelone que pour voir sa famille, « et n'a joué aucun rôle dirigeant dans l'insurrection [...]. Ferrer est désigné comme le principal fomenteur de révolution, et enfermé dans la forteresse de Montjuich. Il est passible de la peine de mort. [...] Des comités de défense se créent un peu partout ». Mais la campagne mondiale en sa faveur ne suffit pas. « Le 13 octobre, à l'aube, il est fusillé dans les fossés de Montjuich, sans [...] témoins. »

En 1901, Ferrer avait fondé l'« Escuela moderna » dont la devise était : « Nous ne répandons que des solutions qui ont été démontrées par des faits, des théories ratifiées par la raison, et des vérités confirmées par des preuves certaines. » C'est exactement celle de l'école laïque, et de l'enseignement que mes parents, parmi tant d'autres (sans être le moins du monde anarchistes), eurent à cœur de pratiquer. Anatole France fut en 1908 le président d'honneur de la Ligue internationale pour l'éducation rationnelle de l'enfance qu'il venait de fonder.

À Trélazé, l'héritage de Ferrer, c'est, dans l'entre-deux-guerres, note Jean-Luc Marais, « le détachement religieux de la grande masse de la population, comme en témoignent les baptêmes toujours plus tardifs : en 1933, 55 % des enfants sont baptisés après un mois ».

C'est dans ce contexte que se place la création de l'Églantine.

Je n'ai pas de plan de la ville, je m'aperçois qu'elle est plus grande que je ne croyais, étirée le long d'une longue rue centrale, la route d'Andard. Je décide de reprendre la voiture et de repartir en arrière sur les indications imprécises d'un jeune couple : « L'école de la Maraîchère ? — C'est par là (geste vague) mais c'est pas tout près. »

Je tourne et vire, me heurte à des déviations que mon GPS n'a pas prévues : « À 200 mètres tourner à gauche. À 200 mètres… » Répète tant que tu veux, c'est barré. Et soudain, je suis arrivée : une longue place triangulaire au plan incliné, herbue, plantée d'arbres, paisible, presque rurale, malgré les immeubles de rapport. C'est là. À ma droite, le bloc massif des écoles de la Maraîchère, devant moi une esplanade et le monument à Ludovic Ménard. Au fond un supermarché Lidl. Un distributeur *low coast* dans le quartier autrefois peu favorisé, le quartier Saint-Lézin[4], c'est dans l'ordre.

Je me dirige immédiatement vers l'école, qui me surprend par sa monumentalité et la modernité de son style architectural. Comment faire pour y entrer sans avoir prévenu de ma visite ? Le concierge me suggère d'attendre la sortie de 3 heures. J'hésite, je fais quelques photos. Vraiment, ses proportions sont parfaites, c'est un vrai hommage à sa mission. Elle a été conçue très tôt, sous le Seconde Empire. En 1866, le conseil municipal et son maire Jean-Baptiste Fourcault confient le projet à l'architecte Dainville. Deux longues ailes sont réunies par un avant-corps central au fronton triangulaire. Elle comprend une école pour les filles, une pour les garçons, et une salle des fêtes. À l'intérieur de cette école figurent les inscriptions suivantes : « Gloire et honneur à l'école laïque », et « Dans le pays du suffrage universel, tout citoyen doit savoir lire et écrire ». « La salle de la Maraîchère devient à la fin du XIXe siècle et pendant une grande partie du XXe siècle, un haut lieu de rassemblements syndicaux des ardoisiers trélazéens, qui mobilisent jusqu'à 1 500 ouvriers par réunion.[5] » Et de l'alphabétisation des populations ouvrières de Trélazé. Déjà, en 1881, Célestin Port en avait donné un tableau dans *L'école. Revue de l'instruction populaire* : « Dans ces écoles de libre accès, ou nulle place ne reste vide, c'est un spectacle touchant et qui a sa véritable grandeur dans sa simplicité naïve, que de voir assis côte à côte, sur le même banc, ces braves gens de tous âges, saisis tout à coup du besoin d'apprendre. Le jeune fondeur, le front accoudé, pensif, à la poursuite d'un problème ; tout près, quelque vieux soldat qui épelle ses lettres sous la baguette intelligente d'un enfant ; partout des visages éprouvés par le labeur d'une rude journée, qui s'éclairent à ces lueurs nouvelles d'un horizon supérieur. Je voudrais le redire aux désespérés, s'il en est encore dans nos grandes villes, et les mettre en face de ces réalités consolatrices. Il y a là autre chose que mode passagère ou duperie, mais un mouvement profond, un entraînement réfléchi vers ces séductions de la vérité et de l'intelligence, qui nous feront des hommes libres. »

Je n'entrerai pas aujourd'hui dans l'école. 3 heures ont sonné, des parents arrivent de tous côtés, je fais demi-tour. Je ne verrai pas cette fois la mythique salle des fêtes. Mais lors de mon passage suivant, fin mars, c'est là que me conduit immédiatement mon ami Michel G., après en avoir pris les clefs à la mairie.

La salle des fêtes, école de la Maraîchère, à Trélazé.

Au fronton, la silhouette d'un fendeur, reconnaissable aux épaisses protections dont il entoure ses jambes et à ses énormes sabots. Mais il n'est pas saisi dans l'action : il fait une pause dans son travail, il réfléchit, la joue posée sur son poing. Sous le bandeau, ces mots : à gauche, LABOR, à droite, PENSÉE. « Gloire et honneur à l'école laïque » : c'est dans l'ordre inverse le titre d'une chanson[6] dont voici les paroles :

Honneur et gloire à l'école laïque,
Où nous avons appris à penser librement,
À défendre à chérir la grande République
Que nos pères jadis ont faite en combattant.

Chantée lors du cinquantenaire de l'école laïque en 1931 – l'année où, en même temps, la république fêtait son empire colonial dans une grande exposition.

L'école (laïque), cette grande fierté des républicains, ne fait pas autour d'elle l'unanimité. Je ne parle pas de l'opposition constante des tenants de l'école dite « libre ». Je parle d'une critique émanant de l'extrême gauche, critique promise à un long avenir : l'école n'est pas « au service du peuple » comme elle le prétend, mais au service de son exploitation. C'est le sens d'une brochure de Joseph Boyer, *L'école laïque contre la classe ouvrière*, brochure de l'Internationale des travailleurs de l'enseignement, « une internationale syndicale au service de la bolchevisation de la Fédération, 1924-1928[7] ». Elle s'ouvre par ces mots de Lénine : « L'école a pour but de servir aux capitalistes des valets serviles et des ouvriers intelligents » (discours d'août 1918 au premier congrès de l'enseignement de l'URSS). Ses fins sont, plus ou moins explicitement, de rallier les enseignants à l'Union soviétique, mais cette brochure a le mérite de poser des questions dérangeantes.

Résumons sa thèse. La création de l'école primaire en 1881 achève le travail commencé dix ans plus tôt avec l'écrasement de la Commune. L'Église soutient les châteaux et leurs écoles, les écoles congréganistes. La conquête du pouvoir pousse la nouvelle bourgeoisie industrielle à entrer en rivalité avec la noblesse foncière, elle crée donc « son » école : le paysan illettré ne peut devenir un bon ouvrier, il lui faut un minimum d'instruction. La bourgeoisie industrielle soutient donc la création de l'école obligatoire. Ce qu'elle ne soutient nullement dans les colonies où elle n'a pas besoin d'un prolétariat instruit. Après un siècle de présence française, à peine 1 % des enfants apprend à lire. Instruire, mais pas trop. Former des citoyens dévoués et non les émanciper, tel est donc le rôle assigné à l'école laïque, gratuite et obligatoire. Mais aujourd'hui (1931), le prolétariat relève la tête, et rejette les prétendues valeurs morales, civiques, philosophiques que l'école veut inculquer aux enfants. La bourgeoisie a un double ennemi : la classe ouvrière, les peuples colonisés ; il n'est plus temps pour elle de s'affronter à l'Église, bien plus tôt de l'appeler au secours. Les discours officiels n'attaquent plus l'Église, ils affirment qu'ils « la respectent », on laisse se développer le mouvement des Davidées. Et lorsque l'école prétend donner aux enfants du peuple l'égalité d'instruction, c'est une imposture : elle ne sera possible que par la « suppression totale de l'inégalité économique ».

C'est évidemment pour l'auteur un appel à soutenir l'Union soviétique. Quant à se mettre au service du peuple, si c'était bien une « splendide promesse » faite au tiers état, selon l'expression d'Ossip Mandelstam, on sait du reste comment l'Union soviétique l'a remplie.

1931 : l'année même de cette brochure, mon père et ses camarades sortent de l'école normale, certains sont séduits par la radicalité du propos, ce sont les futurs instituteurs communistes, comme déjà Louis Bouët, instituteur à Saumur, révoqué pour pacifisme lors de la Première Guerre, premier secrétaire fédéral du PCF lors du congrès de Trélazé le 23 janvier 1921. Ils se retrouvent autour de *L'Anjou communiste*, le nouvel hebdomadaire rédigé et fabriqué à Saumur, par l'imprimerie du Progrès. Mais mon père et ses amis se montreront hostiles à cette « bolchevisation » de la lutte syndicale, à plus forte raison lorsque, dans ce même début des années 30, c'est la stratégie « classe contre classe » qui l'emporte chez les communistes. Le choix révolutionnaire s'oppose en effet radicalement au choix républicain : un choix que mes parents, et beaucoup de leurs amis, ne renieront jamais. C'est celui-là qui m'a été transmis, dans toute sa rigueur. (Et que j'ai à un moment contesté en faveur de l'autre.)

En quoi consiste-t-il ? Son principe, c'est la lutte du droit contre le privilège. Tel qu'on en trouve la formulation chez un penseur et homme politique qui n'était pas républicain, François Guizot, lequel écrit dans ses *Mémoires pour servir à l'histoire de mon temps* : « La France a toujours renfermé deux situations, deux classes sociales, profondément diverses et inégales, qui ne se sont point amalgamées ni placées l'une envers l'autre dans un état d'union et de paix, qui n'ont cessé enfin de lutter, celle-ci pour conquérir le droit, celle-là pour retenir le privilège. C'est là notre histoire[8]. »

Les lois sur l'enseignement des années 1880 avaient pour but de susciter l'apparition d'une élite intellectuelle, mais reposant sur le mérite, et non sur la naissance. Tel est l'« élitisme républicain » dans sa rigueur, aujourd'hui contestée (pour son insuffisance ou pour son hypocrisie). J'en ai été, j'en suis le produit. Pourtant, autour de 1968, je me suis trouvée prête à rompre avec lui, lorsque les analyses de l'obscur Joseph Boyer ont revu le jour sous la plume de Pierre Bourdieu et de ses épigones. Son mot d'ordre, « ce n'est pas l'école laïque qui émancipera le prolétariat, c'est la lutte des classes », à peine modifié, exerce alors sur la jeunesse étudiante et les jeunes enseignants, dont je suis, une vive séduction qui n'est pas tout à fait sans motifs. Qui peut nier que l'école ne peut à elle seule en finir avec les inégalités qui pèsent sur les apprentissages des enfants ? Et que l'enseignement lui-même, en particulier l'enseignement littéraire, a été longtemps dominé par une vision idéalisée du monde, et des rapports sociaux ? Mais faute de pouvoir en finir avec la structure même des privilèges économiques et sociaux, il était inévitable qu'on mette en accusation cette culture même dont, par leur situation, les enfants « du peuple » étaient tenus à l'écart : les œuvres de l'art ne sont plus alors que les objets par lesquels la classe dominante tente de maintenir son pouvoir sur les dominés.

Redoutable perversion d'une idée juste. L'école ne peut à elle seule assurer l'égalité dans une société inégalitaire. Mais parce que cette société est inégalitaire, et tant qu'elle le sera, il incombe à l'école de veiller à ce que l'inégalité sociale ne se redouble pas d'une inégalité devant la connaissance, le savoir, le maniement de la langue. Arracher les œuvres à l'interprétation et à l'usage qu'en fait, ou faisait, la « classe dominante », et les rendre au plus grand nombre, offrir à tous le pouvoir de libération qu'elles contiennent, injustement capté par une minorité, c'est cela, l'ambition républicaine. L'idéal républicain.

Ce n'est pas devant la Maraîchère de Trélazé que je vais le renier.

42

« *La Marianne* »

Trélazé, républicaine, puis anarchiste. La ville de Trélazé n'a pas de monuments aux morts de la guerre de 14, le conseil municipal de l'époque s'étant opposé à l'édification d'un tel monument qui n'était pas à ses yeux un symbole de paix. C'est une ville de révolte ouvrière, la plus connue étant, en 1855, « La Marianne ». Mais précédée par bien d'autres mouvements de protestation contre la difficile condition d'ardoisier. Dont l'un des plus importants se situe au début de la Révolution. Dans les villes et faubourgs, le chômage, la flambée des prix, les pénuries et privations ont vite séparé de la Révolution le peuple qui l'avait au départ bien accueillie. La révolte des ardoisières en 1790[1] est une « émeute de la faim comme toutes celles qui l'ont précédée depuis les débuts de la Révolution tant à Angers qu'à Saumur. Elle fut occasionnée par la cherté du pain que rendait insupportable le chômage frappant une grande partie des ouvriers des carrières d'ardoise, du port et des manufactures. Pendant quelques jours, l'ensemble du "quatrième état" se souleva ». Et tout de suite on s'attaqua aux volontaires de la Garde nationale, qui s'étaient pourtant préoccupés très vite de l'acheminement des grains. Mais, « enfants chéris de la bourgeoisie, ils apparaissaient au menu peuple à la fois comme les garants de l'ordre que les possédants imposaient aux pauvres et comme le symbole outrageant de la richesse et de la réussite sociale[2] ».

Les aristocrates ne s'y trompèrent pas et ils tentèrent de récupérer l'insurrection et d'exploiter la répression qui la suivit.

Le 4 septembre, un samedi, c'est le grand marché des grains et farines d'Angers. Le prix du grain a augmenté dans des proportions inquiétantes. Un mouvement de foule a lieu, « les marchands de grains s'enfuient. Suite à cette ruée, on s'empare des charrettes, et tous les ustensiles saisis alimentent un immense bûcher. Aussitôt alerté, le maire d'Angers fait prévenir la Garde nationale et le commandant du "Royal Picardie", régiment de cavalerie caserné dans la ville ». On prend quelques mesures pour faire baisser le prix du grain.

René Debarge : « C'est le lundi 6 septembre que les moments tragiques arrivèrent. Les mesures prises par l'administration départementale étaient trop tardives. Vers huit heures du matin, un cortège d'environ deux mille ouvriers des carrières se mit en marche. Il arriva au centre d'Angers dans le milieu de la matinée. Sur le champ de Mars, attendaient la Garde nationale et le régiment du "Royal Picardie".

« Les deux troupes s'observèrent pendant quelque temps. Les administrations siégeant à l'hôtel de ville décident de déléguer auprès des insurgés M. Deshoulières, le maire d'Angers, qui promet une prochaine diminution du prix du pain. Il supplia les "honnêtes citoyens" de rentrer paisiblement chez eux. Ces paroles prononcées, le tumulte reprit, la foule indignée se rapprochant de la Garde nationale. Les premiers coups de feu éclatèrent, des hommes tombèrent. Puis une fusillade nourrie éclata tandis que les cavaliers du "Royal Picardie" se mirent à charger. »

Le gros de la Garde nationale restait passif, mais les compagnies d'élite, grenadiers et chasseurs, ainsi que les anciens volontaires (les uns et les autres issus de la bonne bourgeoisie) aident les cavaliers du Royal Picardie à pourchasser les émeutiers.

« L'assaut fut bref mais fit pourtant plusieurs morts et de nombreux blessés. Rentré à l'hôtel de ville, le maire proclama la loi martiale et fit sonner le tocsin. Après s'être dispersés, les manifestants se dissimulèrent pour éviter les représailles.

« Dès le lendemain, de nouvelles troupes arrivèrent et de grandes proclamations appelant au calme furent affichées à travers le département du Maine-et-Loire.

« Restait à punir les soi-disant coupables. Après une instruction qui ne dura que vingt-quatre heures à peine, les sentences furent rigoureuses. Deux ouvriers des carrières furent condamnés à être pendus ainsi qu'un sergent de la Garde nationale qui avait voulu entraîner sa section avec les insurgés. Une femme fut également pendue, et deux autres emprisonnées. Une autre encore fut fouettée en place publique et attachée au pilori. »

Et René Debarge conclut : « Il est incontestable que les "perreyeux" [il écrit « perrayeux » comme on le fait parfois] ainsi que les ménagères des faubourgs d'Angers ne se sont pas révoltés pour piller, incendier et maltraiter les gens mais, soulevés par la misère, ils n'avaient d'autre intention que d'obtenir une police raisonnable pour le prix du blé et du pain. »

Mais la grande affaire de Trélazé, c'est celle de « La Marianne », en 1855.

À Paris, l'agitation ouvrière qui avait culminé durant les journées de juin 48 a été réprimée dans le sang ; elle se calme plus ou moins sous l'effet des mesures sociales du nouveau régime, sincères ou calculées. Emprisonné en 1844 au fort de Ham, Napoléon III avait écrit un ouvrage d'inspiration saint-simonienne et socialiste, *De l'extinction du paupérisme*. Il y exposait les moyens pour en finir non avec la misère, ou la pauvreté, mais avec le « paupérisme » qui en est la conséquence, la misère physique et morale qui touche les quartiers ouvriers des villes industrielles. Bas salaires, logements insalubres, nourriture pauvre, enfants malades, chômage, accidents, alcoolisme, prostitution, délinquance voire criminalité. La solution : des colonies agricoles, et un catholicisme garant de l'ordre. Il ne s'agit pas de mettre la classe ouvrière au pouvoir, mais de donner à la classe ouvrière un « avenir » et de « la relever à ses propres yeux ». Après le désastre de Sedan, où il est fait prisonnier, il écrira encore :

« Qui donc sur les trônes d'Europe ou dans les conseils souverains s'est jamais occupé de l'ouvrier ? Moi seul, et si je revenais au pouvoir, ce serait encore la question qui m'intéresserait le plus[3] ! » Grâce à un ensemble de lois qui encadrent autoritairement la classe ouvrière tout en mettant en place des élections professionnelles et des mutuelles, l'empereur parvient à « circonscrire » l'agitation ouvrière. Dans *La vie ouvrière en France sous le Second Empire*, Georges Duveau parle d'« ouvriers fatalistes et le plus souvent soumis ». Mais la tentation républicaine n'est qu'assoupie : à Trélazé, bien avant le tournant « libéral » de l'empire, l'agitation ouvrière va la réveiller. Dur et dangereux, le travail de l'ardoise l'est devenu encore plus avec les débuts de l'industrialisation. On avait longtemps opéré à ciel ouvert, mais les sites donnaient lieu à de graves éboulements. La machine à vapeur permet des puits de plus en plus profonds, mais il devient de plus en plus risqué d'y descendre, faute de boisements adéquats. D'où la présence à Trélazé de « La Marianne », « une société secrète née dans le centre et l'ouest de la France au début des années 1850. Issue de la "jeune Montagne parisienne" et des clubs de 1848, elle s'implante en Maine-et-Loire après le coup d'État de Louis-Napoléon, notamment dans les milieux ardoisiers d'Angers, Trélazé et des Ponts-de-Cé qui rassemblent à cette époque près de trois mille ouvriers carriers[4] ».

Un rapport de 1851 informe le préfet qu'on assiste à la formation dans le département d'une « association républicaine » dont le but serait de « renverser le gouvernement et établir le socialisme ».

Plusieurs éléments vont se conjuguer qui expliquent l'éclatement de la révolte en 1855. Le bruit a couru que l'empereur a fui en Crimée, que le champ est libre, et que « la sociale » est pour demain. Août 1855, l'Exposition universelle bat son plein ; les ardoises sont à l'honneur, on peut y remarquer « une table de billard, magnifique monolithe venu d'Angers[5] ». Mais les ardoisiers continuent de mener une vie extrêmement précaire, à l'abri de leur « tue-vent », menacés par les chutes, et par la

« schistose ». Leur vie, c'était du Zola, dit l'un de leurs petits-enfants devenu ardoisier lui-même, vers 1918. On ne commencera à construire des cités ouvrières que vers 1864.

Le 26 août, des centaines d'ouvriers se révoltent, pillent la gendarmerie pour s'emparer des armes. « "La République démocratique et sociale est proclamée. En avant !" Ces mots sont attribués à un ardoisier trélazéen de trente ans, cheveux et sourcils châtains, front haut, yeux bleus, nez aquilin, François Attibert. Avec son collègue "perreyeux", Jean-Marie Secrétain, un Angevin de trente-deux ans, il a pris la tête d'une émeute de plus de 600 ouvriers, partie de Trélazé et des Ponts-de-Cé pour marcher sur Angers. Il y aura cent cinquante ans cet été[6]. »

Armés de sabres, de poignards et de vieux fusils, ils se rassemblent aux Plaines puis pénètrent dans Angers par le quartier de la Madeleine, en chantant *La Marseillaise*. Force extrême du symbole, *La Marseillaise* avait disparu. L'hymne officiel du Premier Empire était *Veillons au salut de l'Empire*[7]. Sous le Second, le chant *Partant pour la Syrie* fut l'hymne officieux de la plupart des cérémonies[8] : Napoléon III avait cherché en vain un hymne de substitution avant d'interdire *La Marseillaise* à la fin de son règne. Les émeutiers progressent jusqu'à la rue Hanneloup. Une charrette pleine de barres de fer et de 200 kilos de poudre prise aux Ardoisières parvient jusqu'à la place du Ralliement avant d'être saisie. La colonne est arrêtée par les gendarmes qui se trouvaient en embuscade dans la rue Bressigny. Christophe Aubert : « Le préfet d'Angers peut faire afficher partout dans la ville, le lundi 27 août : "Un attentat vraiment inouï est venu menacer la sécurité de notre ville [...] [mais grâce à] nos jeunes soldats, nos gendarmes et nos sergents de ville, ces misérables se sont dispersés et ont pris la fuite". »

138 hommes sont arrêtés, jugés et condamnés. On peut lire grâce à la numérisation de Gallica l'acte d'accusation prononcé par « Nous, Procureur Général près la Cour Impériale d'Angers, Chevalier de la Légion-d'Honneur » qui « en exécution

de l'arrêt de cette Cour rendu le vingt-deux septembre mil huit cent cinquante-cinq renvoie en état d'accusation devant la Cour d'Assises de Maine-et-Loire les nommés… ». Suit une liste de 59 noms. Ce n'est pas encore la Commune, mais un vent de terreur a soufflé sur la bonne société. « Tandis que sous la protection d'un gouvernement puissant et populaire, dans la confiance que lui inspirait la vigilance de ses Magistrats, une ville de cinquante mille âmes, pleine de sécurité, se livrait au repos de la nuit, une horde tumultueuse de bandits, altérée de sang et de pillage, lui apportait au milieu de son sommeil la dévastation, l'incendie et la mort. »

Le réquisitoire du procureur général Métivier du 12 octobre 1855 conseille la sévérité la plus stricte devant ces « persévérantes machinations du socialisme ». Les ouvriers n'ont pas été poussés à la révolte par des difficultés économiques : « Ils sont les plus assurés de travail, les plus entourés de soins, les mieux prémunis contre les maladies ou les accidents. Il n'y a pas dans nos pays une profession plus lucrative, conduisant plus facilement à l'aisance et à la propriété. » (On voudrait des exemples.) Il s'agit d'une entreprise de subversion, dictée par « La Marianne », « une association détestable qui n'a d'autre mobile que la convoitise, d'autre espérance que la spoliation, d'autre moyen que le pillage et le meurtre ». En un mot, « La Marianne » poursuit un but : « la fondation de la république démocratique et sociale ». (C'est encore aujourd'hui le nôtre.)

Ce qu'ils méritent ? « Il y a quelques années, cette accusation aurait menacé de la peine capitale tous les coupables. Mais la Constitution de 1848 a aboli la peine de mort en matière politique ; et une loi, du 8 juin 1850, l'a remplacée par la déportation dans une enceinte fortifiée hors du territoire français. Dieu veuille que la société n'ait jamais à regretter cette innovation. » La plupart des condamnés sont emprisonnés au Mont-Saint-Michel, à Belle-Île-en-Mer ou à l'abbaye de Fontevraud. Les principaux chefs seront déportés au bagne de Cayenne en Guyane française, « la guillotine sèche ». (Quelques-uns en Algérie, plus tard, et en Touraine ; comme en 1858, après avoir subi des condamnations pénales, le charron Ardange, d'Indre-et-Loire.)

En août 1856, Attibert, Chauvin et Guérin parviennent à s'enfuir de l'île du Diable et à regagner le Surinam sur un radeau en paille de maïs. Le 16 août 1859, Napoléon III accorde l'amnistie aux mariannistes angevins.

Entre-temps, il y avait eu, en juin 1856, des crues exceptionnelles un peu partout en France, et notamment une crue de la Loire, une de ces crues qui marquent un siècle, une crue que l'évêque d'Orléans, Mgr Dupanloup, avait expliquée par la réédition des œuvres de Voltaire. Les levées sont rompues, l'eau recouvre près de 100 000 hectares, et provoque la mort d'une trentaine de personnes en Maine-et-Loire.

Un récit du temps : 6 juin, 3 h 30 du matin, à Trélazé, l'eau pénètre dans les galeries des ardoisières « avec un bruit épouvantable, un sourd mugissement suivi de sifflements montant dans les entrailles de la terre » ; une cascade de 80 mètres de haut forme un « spectacle grandiose mais terrible ». Des hommes sont noyés, les mines s'arrêtent. Le préfet Vallon réclame la venue du souverain. Napoléon entreprend alors un grand voyage afin de « porter réconfort aux sinistrés ». En Anjou, il va faire coup double, et tenter de restaurer son image ternie par la répression de « La Marianne ». Le 9 juin, il arrive dans le département. Voici ce qu'écrit Alexandre Bradier dans *Les bienfaits de l'empire*[9] à propos du voyage de 1856 : « Le 6 juin, l'empereur quitte Saint-Cloud pour aller porter des secours aux inondés de la Loire. Il visite tour à tour Orléans, Blois et Tours, où il dut se rendre en voiture de poste, le chemin de fer étant interrompu. Le 9, l'empereur arrive à Angers ; il parcourt en bateau les parties inondées et se rend aux ardoisières de Trélazé. »

Sur les hauteurs des mines englouties des Grands-Carreaux, les ouvriers et leurs familles l'accueillent aux cris de « Vive l'empereur ! Qu'il soit béni pour le bien qu'il nous apporte ! » « L'empereur, après les avoir encouragés par de bonnes paroles et leur avoir laissé des marques de sa munificence, s'est séparé d'eux au milieu des témoignages de la plus vive gratitude. » Il s'est engagé à faire construire une nouvelle levée qui existe toujours, le « chemin Napoléon », et il reviendra en 1862 pour inaugurer une crèche. Alexandre Antigna peint une *Visite de l'empereur aux ouvriers ardoisiers d'Angers pendant l'inondation de 1856*. Et à Louis Moullin on commande un tableau qui s'est perdu, *L'empereur visitant les carrières d'ardoise de Trélazé*.

En 1856, un long poème est publié, « La Marianne ou la Jacquerie de toutes les époques », par un auteur anonyme qui indique dans la préface avoir découvert le nom de Marianne par le procès des ardoisiers.

Le « tournant libéral » de l'empire a lieu : la décision est prise d'amnistier les condamnés politiques de l'empire le 16 août 1859 et en janvier 1860, les derniers mariannistes condamnés à la suite de l'insurrection angevine de 1855 reviennent en Anjou[10]. Certains d'Algérie ou de Guyane, d'autres de l'« île du Diable » (où sera déporté le capitaine Dreyfus). D'autres s'étaient évadés, comme Attibert, tous bénéficient de l'amnistie mais sont aussitôt mis sous une surveillance étroite. L'opposition républicaine en Anjou s'essouffle.

Mais le souvenir de « La Marianne » ne s'est jamais entièrement estompé. Sur le moment, les hommes d'ordre, comme le pourtant généreux Grégoire Bordillon, en jugent l'entreprise « insensée ». L'insurrection de Trélazé contribuera cependant à asseoir l'identification de « Marianne » et de la république. Alain Corbin : « Le sobriquet de Marianne, utilisé par dérision dès l'an II, commence à être pris en bonne part chez les républicains ; il désigne alors tout à la fois la République et la société secrète qui prépare sa venue ; en 1854, l'affaire de Trélazé lui confère une audience nationale[11]. »

43
La fondation de l'Églantine de Trélazé

C'est sur le site « Révolutionnaires angevins » que j'ai trouvé le récit de la création de l'Églantine sportive de Trélazé. Je lui emprunte également cette photo où mon père est au centre, tête nue (les ouvriers ont des casquettes). Il est le seul à porter une cravate : signe de sa fonction, auquel il se soumettra toujours.

Mon père à Trélazé, avril 1935.

Le premier club sportif de Trélazé, les « Gars d'Armor », avait été formé en 1924 sur une initiative de l'abbé Jollec, l'un de ces curés venus de Bretagne pour encadrer les « immigrés » de leur diocèse et leur servir d'interprète. Plus tard, un autre club placé sous l'égide d'un patronage, l'Espérance de Trélazé, avait été rapidement fermé, le curé n'approuvant pas que la pratique du sport prive les joueurs des vêpres du dimanche. Le 1er mai 1935 le club de l'Églantine est créé dans la salle de L'Avenir du prolétariat[1]. (Nous ne perdrons pas de vue l'abbé Jollec, nous allons le retrouver un peu plus loin.)

Pourquoi l'Églantine ? Je l'ai raconté en commençant : l'églantine rouge, fleur de la fête du Travail, rivale du muguet, est définitivement supplantée par lui sur ordre de Vichy. Née aux États-Unis, la fête du Travail est une création du mouvement anarchiste, c'est le socialiste Jules Guesde qui lui a donné ce nom, mais paradoxalement c'est le gouvernement de Vichy qui la rend officielle par la loi Belin du 24 avril 1941. (René Belin, ministre du Travail de Vichy, a signé le 3 octobre 1940 la loi portant statut des Juifs.) La fête du Travail devient alors un jour chômé et payé, rebaptisé « fête du Travail et de la concorde sociale » : exit donc la lutte des classes. Exit aussi l'églantine, désormais remplacée par le muguet, fleur du mois de mai – mois de naissance du maréchal. Et fleur de la Vierge Marie. La France ne vient-elle pas de lui être consacrée ?

Le 22 novembre 1940, le maréchal Pétain a reçu le marquis de La Franquerie, de noblesse plus que douteuse, écrivain monarchiste, représentant d'un courant catholique « providentialiste » proche de l'intégrisme qui milite pour le retour d'un ordre politique catholique traditionnel. C'est de plus un antisémite violent qui croit fermement en l'authenticité des *Protocoles des Sages de Sion* et va contribuer à leur diffusion. Le marquis est venu exposer au maréchal ce qu'il considère comme la volonté de Dieu. Immédiatement conquis, le chef de l'État s'engage à « consacrer la France au Cœur immaculé de Marie » et il charge le marquis d'en informer le pape Pie XII, puis il en avertit le cardinal Suhard, archevêque de Paris.

Pour *La Croix* (10 janvier 2012) il y a un « mystère Suhard ». D'un côté, c'est le cardinal de la Mission de Paris, à l'origine de l'expérience des prêtres-ouvriers, et qui encourage « nombre d'initiatives pastorales audacieuses », et l'auteur de « lettres prophétiques sur l'avenir de l'Église »… Et de l'autre, il y a un homme « d'un grand classicisme », fils de paysans de l'Ouest rural, enclin au pétainisme en 1940, mais dépourvu de toute complaisance avec le nazisme, estimant « de son devoir » d'accueillir dans sa cathédrale de Paris le maréchal Pétain[2], et de présider les obsèques nationales de Philippe Henriot, ministre tué par les résistants, à quelques semaines de la Libération… Ce qui lui vaut l'humiliante exclusion, imposée par le général De Gaulle le 26 août 1944, lors du *Te Deum* donné pour la libération de Paris en « sa » cathédrale Notre-Dame. Suhard est consigné à l'archevêché.

Est-ce qu'en 1934, au moment du « mouvement », mon père avait mis Trélazé en tête dans la liste de ses souhaits ? Je ne sais pas. Je dois par force me passer aujourd'hui de son témoignage : j'essaie de reconstituer son état d'esprit quand il arrive à la Maraîchère. Il me semble que quelque chose à Trélazé lui convient parfaitement. C'est « la sociale » sans la violence. Socialiste à vingt ans, il s'est toujours senti rebuté par les manifestations qui tournent au soulèvement, à l'émeute. Ce qu'il veut, c'est le droit de vote pour tous, mais qu'on ne vote pas toujours en vain. Trélazé accomplit pleinement ce qu'il attend de sa (modeste) fonction d'instituteur. Trélazé lui donne une certitude que son école rurale ne remplira qu'imparfaitement : l'école (le savoir, ou plutôt l'instruction) est au service non pas seulement « du peuple », ce qui resterait encore bien vague, mais de son émancipation. Avec les petits paysans, c'est autre chose, on ne sait pas exactement ce qu'ils veulent, on force peut-être un peu leur volonté, quelque chose les tire toujours en arrière, les traditions, l'Église. À Trélazé, les enfants des ardoisiers ne sont pas freinés par leurs attachements familiaux, religieux. Ils sont déjà déracinés (Bretons ou Polonais). À la maison, on parle encore breton (ou polonais), et on n'est pas pressé de se déchristianiser, de même, plus tard, dans les familles polonaises ou italiennes, on respecte les fêtes, et les façons de se nourrir. Mais l'école, c'est sacré, c'est un autre avenir qui s'ouvre à leurs enfants.

La condition ouvrière est telle que l'école représente la perspective d'une amélioration souhaitée par les deux parents – le père aux ardoisières, la mère à la manufacture d'allumettes. Aux mines, le travail est dur et dangereux. Aux allumettes, de même. Ce n'est plus le bagne que décrit Marx au livre I du *Capital*, le phosphore est interdit depuis 1906 (convention de Berne), mais tout de même, et on ne le fait que pour compléter le modeste salaire du père... À la campagne, un enfant qui « apprend bien » flatte l'orgueil des parents, mais lui faire continuer des études, c'est une autre affaire : la terre aussi a besoin de bonnes têtes. Vous voulez donc en faire tous des instituteurs ? répond à mon père un cultivateur dont le fils vient de passer brillamment le certificat et qu'il faudrait « pousser ». Dans les milieux ouvriers des années 30, l'accord est absolu entre « le maître » et les parents ; il faut travailler, réussir à l'école pour s'en sortir – en sortir, plutôt. D'où les progrès que font, dans la classe de mon père, des enfants polonais arrivés récemment. En mars ils ont rejoint et parfois dépassé la classe. Cet accord n'existe plus que rarement aujourd'hui. Pour des raisons multiples. Surtout parce que l'école ne préserve plus du chômage.

Il y a encore une autre chose qui plaît à mon père, et lui convient, c'est l'expression de la solidarité ouvrière. Trélazé, dans un Anjou à la population plutôt stable, est un creuset d'immigration. Les ouvriers des ardoisières sont souvent recrutés en Bretagne, la Bretagne est pauvre, les Bretons constituent une main-d'œuvre à bon marché (et les femmes venues de Bretagne sont nombreuses parmi les petites bonnes, mais aussi parmi les prostituées, à Angers au XIXe siècle). À Trélazé, ils sont entre 1 200 et 1 500 en 1888, 1 800 (soit le tiers de la population) en 1900, la moitié en 1908. En 1937, on parle de 20 000 Bretons dans l'agglomération angevine[3]. Souvent mal accueillis. On reprochait aux Bretons leur langue (ils ne parlaient généralement que le breton), leurs coutumes et même leur façon de se nourrir ! (Ce qu'on reproche aux immigrés d'Afrique du Nord.) Même leur pratique religieuse les marquait d'un signe négatif : les perreyeux de Trélazé étaient d'un naturel frondeur, et quelque peu déchristianisés. Dans un article des *Annales de Bretagne et des pays de l'Ouest*[4], Jean-Luc Marais a montré comment un curé venait expressément de Bretagne pour les « protéger des influences démoralisantes d'une banlieue religieusement tiède et politiquement avancée ». On leur accordait rarement le droit de passer dans les catégories supérieures d'ardoisiers, au travail moins dur et mieux payé. Leurs maisons étaient d'une pauvreté et d'un dénuement effrayants. Plus tard, après la Grande Guerre, des Italiens et des Polonais les rejoignirent. Et en quelques décennies, à la faveur de leurs luttes et de leurs engagements communs, l'hostilité initiale se transformait en une unité de classe, dont profitèrent aussi les Polonais et les Italiens.

Tous les témoignages concordent. La mine est le lieu d'une solidarité sans faille, qui passe avant la solidarité communautaire : cela aussi s'est perdu.

Ici se place un épisode significatif, qui date de 1913. Je pense qu'on avait dû le raconter à mon père, je ne me souviens pas cependant qu'il en ait jamais parlé. Tout a commencé avec le vote de la « loi des trois ans » qui aux yeux des ouvriers carriers prépare la guerre. L'anarchiste et syndicaliste Ludovic Ménard fait un discours le 1er juin : « Le service de trois ans est réclamé par les capitalistes non pour la défense de leur patrie mais pour la protection de leur fortune. » Divers mouvements se mettent en place, protestations, débuts de grève, la fermeture des chantiers est décidée par la compagnie. C'est là que se place l'épisode en question. La compagnie décide de les rouvrir en novembre, mais avec une main-d'œuvre étrangère (italienne). « Le 9, les carriers se rendent à la gare Saint-Laud pour accueillir les Italiens », mais ceux-ci « se refusent à briser la grève [...] et demandent leur rapatriement aux frais de la compagnie. Une réception est faite en leur honneur à Trélazé avec plusieurs milliers de personnes. Le 11 ils repartent aux frais de la compagnie[5] ».

Questions d'aujourd'hui : y aurait-il un problème de ségrégation communautaire en France si la solidarité ouvrière n'avait pas disparu ?

Et s'il y avait la perspective d'un travail, l'école peinerait-elle à ce point pour se faire admettre, reconnaître, aimer dans les quartiers défavorisés ?

Après son expérience à Trélazé, mon père n'enseigna plus qu'en milieu rural. Là, il se retrouva dans le droit-fil de son enfance dans les Mauges, et il y était tout à fait à sa place. Mais ce qu'il avait appris et compris à Trélazé, il ne l'oublia jamais : le milieu des ardoisiers avait une vigueur de conviction et d'action qu'il ne retrouva pas dans l'atmosphère de la vallée vigneronne, dominée par la grande propriété. Où les antagonismes sociaux se dissimulaient derrière les formes apparentes de la soumission.

44

Ludovic Ménard

Je jette un dernier coup d'œil à ces beaux bâtiments et je m'éloigne de la grille devant laquelle des mères de famille bavardent en attendant les enfants. Il y a quelques pères aussi, mais silencieux, frottant le sol avec le bout de la chaussure en signe d'impatience. Et soudain éclate ce bruit reconnaissable partout, sur tous les continents et sous toutes les latitudes : les cris joyeux d'enfants qui sortent de classe et se libèrent en courant sous les arbres. Rien ne donne une idée plus juste et plus généreuse de la république et de sa mission première, que de voir toute une génération s'instruire ensemble.

Quelques pas, sur cette place qui n'est qu'à demi urbaine, et semble cacher d'anciens travaux sous le terre-plein de gazon qui monte en pente douce. Et me voici devant une grande stèle d'ardoise, avec une silhouette en bas-relief : c'est le monument à Ludovic Ménard.

Dressé en 1939. Mon père n'était plus là. La stèle, œuvre du sculpteur Guilleux, porte l'inscription suivante : « Syndicaliste pacifiste, fondateur des syndicats ardoisiers. Sa vie au service des travailleurs fut un combat permanent pour la justice sociale et la paix. »

Après tant d'allées et venues sur les routes de la Vendée militaire, dans les zones de la domination, entre les laides églises du Segréen et les châteaux de la rente foncière, j'éprouve une grande joie, et une grande paix, à ouvrir ici un court paragraphe sur Charles Ménard, dit Ludovic Ménard, né à Saumur l'année de « La Marianne », le 9 septembre 1855. Syndicaliste, et anarchiste. J'imagine ce qu'on peut dire et penser de lui dans les beaux quartiers d'Angers. « Rares sont les courants politiques qui suscitent autant de fantasmes que l'anarchisme », écrit Vivien García[1]. L'anarchisme, c'est l'articulation de trois domaines de la lutte : la lutte contre l'oppression politique, contre l'exploitation économique et contre l'aliénation religieuse. « Nous sommes des révoltés de toutes les heures, des hommes vraiment sans dieu, sans maître, sans patrie, les ennemis irréconciliables de tout despotisme moral ou matériel, individuel ou collectif, c'est-à-dire des lois et des dictatures, et les amants passionnés de la culture de soi-même », écrivait Fernand Pelloutier, mort en 1901, l'un des initiateurs du syndicalisme révolutionnaire en France. Son appel préfigure la charte d'Amiens en 1906, victoire du courant syndicaliste révolutionnaire dans le mouvement ouvrier. Pour Pelloutier, le double rôle du syndicalisme est la défense des intérêts immédiats des travailleurs et la construction de la révolution sociale[2]. Le nom de Ludovic Ménard apparaît l'un des premiers dans la liste des signataires de la Charte.

Entré aux Ardoisières à l'âge de onze ans comme apprenti fendeur, il est le vrai fondateur du syndicalisme ardoisier. Petit à petit les revendications ouvrières sont devenues de plus en plus âpres. Depuis 1855, les exploitants se sont unis en une compagnie qui désormais gère l'embauche. D'où la naissance de la société secrète de « La Marianne ». Des fusions successives aboutiront à la formation à Angers de deux grandes sociétés, la Commission des ardoisières d'Angers et la Société ardoisière de l'Anjou. La première, présidée par Aimé-Étienne Blavier, sénateur du Maine-et-Loire, groupait la plus grande partie des carrières de Trélazé ; la seconde comprenait, outre les carrières de la Grand'Maison à Trélazé, celles de Misengrain à Noyant-la-Gravoyère (Maine-et-Loire) et celles de Renazé (Mayenne). Une prospérité exceptionnelle en résulte[3]. C'est pourquoi la venue à Trélazé de l'anarchiste Tortelier en 1889 marque « un tournant dans la vie de Ménard. Son succès fut immense et il fut lui-même gagné à l'anarchisme dont il retint surtout, à côté de l'abstentionnisme électoral et de l'antimilitarisme, l'importance de l'éducation et de la coopération[4] ».

Monument à Ludovic Ménard (détail),
par René Guilleux, 1939.

La république se sent en danger devant les « menées » des anarchistes. Dans l'affaire du 1er mai 1890 à Vienne, le procureur général Dubois avait sollicité du jury des condamnations exemplaires : « Si vous pensez, conclut-il, que dans un pays libre comme le nôtre, il ne doit y avoir ni troubles dans la rue ni violence ni arbitraire, si vous pensez que le respect des lois est la nécessité indispensable à tout gouvernement, alors vous vous montrerez sévères et vous ferez voir que la République française, tout en étant tolérante, sait prouver qu'elle est forte. »

En 1904, Ludovic Ménard devient le premier secrétaire de la Fédération nationale des ardoisiers. Son combat, c'est d'abord de mettre en lumière les dangers du travail dans les mines : des accidents fréquents, et la « schistose ». C'est ensuite de faire reconnaître leur droit syndical : il se bat pour obtenir l'assimilation du statut d'ardoisier à celui de mineur. Après la Première Guerre mondiale, on lui reproche d'avoir rejoint le camp des réformistes. La loi du 30 avril 1920 donne cependant aux ardoisiers le droit à la sécurité sociale. Mais il faudra attendre celle de 1947, pour que soit fixé leur statut définitif de mineur[5]. Il ne la verra pas. Ludovic Ménard est mort à l'hospice à quatre-vingts ans, en 1935, l'année où mon père accueillait, à la Maraîchère, des enfants de mineurs polonais.

En mars, je compléterai cette visite par celle des archives de Force ouvrière à Angers ; documents irremplaçables sur les conditions de vie et de travail d'une population d'hommes, mineurs de toute catégorie aux ardoisières, et de femmes, la plupart du temps employées dans les fabriques d'allumettes. On y voit le tableau d'une exploitation économique et sociale qui se traduit par une hiérarchie jusque dans les plus petites choses : le café que boivent les contremaîtres, par exemple, est bien meilleur que celui des ouvriers qui protestent, le sucre leur est chichement mesuré... Le ton est vif, le langage coloré, populaire, dans toute sa force. Et l'écriture manuelle renforce encore l'effet de présence de ces témoignages. J'en profite pour faire une photo de Ludovic Ménard dont le portrait, avec le drapeau de « la sociale », orne la salle de lecture. Je l'ai prise avec un iPhone, dans les locaux de FO, à la Bourse du travail d'Angers. Il y a des reflets, et une contre-plongée, mais ça n'est pas gênant, ce qui compte, c'est le regard, et la bouche énergique.

Aujourd'hui, qu'en est-il de la mémoire, de l'héritage de Ménard ? À Trélazé, en bas de sa stèle, une petite plaque a été placée. Avec une inscription qui me dit combien les temps ont changé : « 2003, année du handicap ». Je ressens une espèce de gêne. On dirait qu'elle est là pour étouffer la violence des combats qu'il a menés en les inscrivant dans une perspective humanitaire qui n'était nullement la sienne. Je relis ce que j'ai noté alors dans mon carnet. « Donner des droits aux "personnes handicapées", améliorer les accès dans les rues, dans les bâtiments, corriger leur image, qui ne souscrirait à ce programme ? Je me demande seulement si les "personnes handicapées" forment un groupe homogène. Et si, finalement, la pauvreté n'est pas le pire des handicaps. Je ferais bien de supprimer cette incidente dans la rédaction définitive. »

Portrait de Ludovic Ménard, dans la salle des archives de Force ouvrière à Angers.

Non, je la garde, car c'est la réponse à ma question : l'héritage de Ménard ? Oublié dans ces « éco-quartiers ». Et même, en contrebas, dans le petit supermarché Lidl où j'ai vu les seules femmes voilées (foulard) de ma journée à Trélazé. Ce supermarché n'est pas un supermarché de riches, mais ce n'est pas non plus une coopérative ouvrière, comme celles dont l'établissement a représenté un objectif primordial dans les luttes sociales, depuis 1831. Leur objectif était de regrouper les consommateurs pour des achats en gros ; chaque sociétaire est solidaire de tous les autres. Sous l'impulsion de Jaurès, à Tours en décembre 1912 se tient le premier congrès de la Fédération nationale des coopératives de consommation qualifiée d'« organe d'émancipation des travailleurs ». L'entente est indispensable, dit un délégué, le triomphe du consommateur, ce sera de créer la « république coopérative ». En Anjou, Trélazé aura sa coopérative, L'Avenir du prolétariat, Saumur, sa Laborieuse, Angers, L'Avenir, Cholet, La Ruche, créée par Jules Allard, le « tisserand rouge » qui s'était battu vers 1880 pour la laïcisation des écoles municipales des filles, la hausse des salaires ouvriers, et la limitation du temps de travail[6].

Aujourd'hui, des enseignes comme Lidl permettent un accès à prix modéré aux biens de consommation. Mais ce sont des entreprises de distribution, tout à fait étrangères à l'idéal d'émancipation des coopératives ouvrières, fondées sur le mutualisme. Et me voilà revenue au Super U de Chalonnes, à l'illusion de la « bonne vie » offerte à tous, près de la belle abside de Saint-Maurille et des quais de Loire.

45

La closerie de Beaumanoir

L'après-midi avance, je cherche à remplir les objectifs que je m'étais fixés. Je reprends la voiture en direction du musée de l'Ardoise. Tout me désoriente, le quartier autrefois industriel est rénové en galeries d'art, centre culturel, salle de gym bio. Je trouve le musée fermé, et j'erre quelques instants alentour, attirée par la belle statue du fendeur d'ardoises, que j'essaie de photographier en tâchant d'escamoter le fond de pavillons modernes qui se manifeste exagérément. J'y parviens par une légère contre-plongée, on ne verra donc pas les enveloppes matelassées qui protégeaient ses jambes. Le geste traditionnel du poing levé se comprend ici aisément : c'est un geste de travailleur de force, celui de la main qui tient fermement le marteau ou la masse qu'elle va abattre.

17 heures, il va faire nuit. Détour par les cités, avant de rentrer. La cité Saint-Lézin est un monotone alignement de corons, comme j'en ai vu il y a quelques jours dans la région de Noyant. Mais la cité des Tellières me surprend agréablement, avec ses maisons basses groupées deux par deux autour d'une place centrale avec un lavoir collectif et un château d'eau. Le blog d'une habitante[1] rapporte dans le détail des « histoires de [son] enfance au milieu d'une famille laborieuse dans la période de l'immédiat après-guerre ». Le père était perreyeux. C'est

une description précise des conditions de la vie des mineurs dans les années 50 et 60 du siècle dernier. De petites maisons : deux pièces et une cuisine en bas, une grande pièce en haut ; pas d'eau courante, on se chauffe avec la cuisinière à charbon. À part la taille de la maison d'école, grande, carrée, je n'ai pas connu autre chose dans mon enfance. (Mais je mesure en même temps ce que c'est que d'avoir vécu dans la proximité d'une salle de classe, avec ses cartes de géographie et ses livres.) L'auteur fait un tableau idyllique et touchant de la vie d'alors : « La vie n'était pas drôle tous les jours et pourtant, même si nos parents travaillaient rudement, nous profitions des joies simples de la vie de tous les jours : les fêtes familiales, les soirées passées au jardin au milieu des légumes pour certains oubliés de nos jours, les sorties estivales le long de la Loire, les parties de pêche, etc. » Il y a de la vérité dans cette évocation, et aussi beaucoup d'ambiguïté. Elle dit le courage de ceux qui, n'ayant pas d'autre choix sans doute, avaient réussi à faire une part juste et exacte aux exigences les plus fondamentales de la vie. Notre dérive vers l'hyperconsommation n'y répond pas toujours aussi bien. Mais elle dit aussi leur soumission à un ordre social écrasant. C'est une des formes de la « vie mutilée ». Comment ne pas penser à tout ce dont elle était privée ? Je ne parle même pas des superfluités de l'existence, du plaisir de dépenser sans compter, de l'agrément à s'entourer de choses belles, inutiles. Mais de ces aperçus du vaste monde que donnent les voyages, les spectacles, la musique, les livres. Nulle possibilité non plus de choix véritablement libres, sexuels ou politiques. Appartenir à la classe laborieuse, c'était se voir assigner un destin – le mariage, deux ou trois enfants, une régularité et, d'abord, un cadre de vie, où rien de tout cela n'aura sa place. Si l'amélioration de la condition ouvrière est un impératif absolu, c'est aussi parce qu'il faut lui permettre de rompre avec ce qui lui interdit une existence pleine et entière.

Le fendeur d'ardoises (détail), par Philippe Perrotte, 1901.

Je quitte les Tellières sur une impression de malaise, comme on en éprouve chaque fois devant les signes visibles des hiérarchies sociales. Pour faire le pendant, je dois absolument trouver ce fameux « château des Cadres ». Je tourne en rond, je reviens deux fois sur mes pas. Enfin, le voilà : c'est une belle construction, il n'y a pas à dire, toute de schiste et brique, dans ce style néo-gothique si répandu dans la région. Plus proche des châteaux construits par les Falloux, les Maillé, que de la cité Saint-Lézin. Et encore, ce n'est qu'une résidence de cadres ; je ne sais pas où habitaient les directeurs de compagnie.

Mais ces allées et venues m'ont aussi fourni l'occasion d'une étrange découverte, celle d'un édifice de taille moyenne, au fronton triangulaire, aux murs aveugles, précédé d'un unique cyprès. Tout autour, le vide, un chantier visiblement abandonné, du grillage, des gravats. On les oublie vite. Dans le soleil oblique de cette fin d'après-midi, c'est un morceau de campagne romaine qui soudain surgit ici. Un passant me renseigne, mais il a un fort accent espagnol, je comprends mal le nom de celui qui s'est fait enterrer ici. Plus tard, à la maison, tandis qu'un dernier rayon de soleil flamboie sur les vignes derrière mes petites vitres, je le trouve dans *Le patrimoine des communes de Maine-et-Loire* souvent cité ici. Il se nomme La Fauveraye.

Il y avait là une « closerie », la closerie de Beaumanoir – une closerie est un petit domaine agricole en location, plus petit qu'une métairie. Continuons : « En 1759, cette closerie appartient à Jacques Petit, sieur d'Ardenay. Une académie d'équitation s'y installe en 1771. Sous le Directoire, La Fauveraye aménage le bâtiment en propriété mondaine. Il y construit un théâtre, où il donne des spectacles libertins, et une salle de bals. Beaumanoir est alors considéré comme un lieu de débauche pour la jeunesse dorée de l'époque. L'édifice abrite ensuite des logements ouvriers, ainsi qu'un centre d'accueil et d'animation. »

Tout près, La Fauveraye fait ériger une salle funéraire pour y être inhumé. Ce tombeau a fait récemment l'objet d'une interpellation au conseil municipal, suite à l'abattage sauvage du cèdre qui l'abritait, dans le cadre d'une opération immobilière prévue depuis 2007 et qui visiblement s'enlise. *Le courrier de l'Ouest*, 23 septembre 2014 : « Le cèdre de la closerie de Beaumanoir n'est plus ! Le respect du patrimoine ne guide pas toujours les promoteurs immobiliers, quoi qu'ils en disent. Quelques coups de tronçonneuse, commandés par la Foncière du Clos, ont suffi à mettre à terre l'un des repères végétaux remarquables et séculaires de la commune dans le quartier de Beaumanoir, tout près du tombeau de La Fauveraye. »

Quel résumé extraordinaire du passage des temps, de la succession des époques ! Ce « lieu de débauche d'une jeunesse » dorée va abriter au XIXe siècle des logements ouvriers. Et, à deux pas, on construit le château néo-gothique des cadres ardoisiers. Mais, entre une friche hérissée de fil de fer et des bâtiments « eco-friendly », se dresse encore, énigmatique, incongru, et dramatisé par le soleil couchant, le tombeau du dernier propriétaire d'avant la Révolution.

Retour par les mines. Étendues noires et désolées, creux ardoisiers emplis d'une eau sombre. La mélancolie pourrait vite me gagner si la mélancolie n'était pas tout à fait étrangère à mon propos et à mon programme ; le passé m'émeut, parce qu'il a fait disparaître irrémédiablement des formes, et des hommes, mais surtout parce que ma visite réveille des souvenirs de luttes, de courage, les éclats d'une vie énergique, passionnée.

Je roule maintenant plein ouest sur la route des Ponts-de-Cé qui connaît l'encombrement quotidien des heures de sortie du travail. J'ai le soleil dans les yeux, des reflets d'incendie courent sur les eaux ardoisées de la Loire. À Bouchemaine, je m'arrête un instant pour un court achat au milieu de collégiens excités qui se bourrent de pains au chocolat. Quand je remonte en voiture, tout s'est éteint sous un gros train de nuages noirs, qui se dissipe tandis que je me dirige vers mes vignes, à travers Épiré. De nouveau une vive lumière au ras du pare-soleil. Le programme musical que je suis par intermittence sur la radio de ma voiture comporte une série éblouissante de sonates de Mozart. Dont la *Sonata semplice*, en *do* majeur. Son deuxième mouvement est aussi pur que s'il s'échappait d'une fenêtre ouverte sur un jardin, entre les lierres.

Arrivée à La Roche-aux-Moines, je continue jusqu'aux deux grands pins parasols qui se dressent devant la façade du domaine. Après la révocation de l'édit de Nantes, les protestants signalaient ainsi à leurs coreligionnaires en danger qu'ils trouveraient là asile et repos. Une paix extraordinaire s'étend sur mon rocher. Probablement sa forme n'a-t-elle pas changé depuis l'époque où Louis de France, fils de Philippe Auguste et père de Saint Louis, inspira à Jean sans Terre une telle frousse qu'on ne le vit plus reparaître sur le continent. Rien n'a changé non plus sans doute dans l'allure générale du vignoble, la silhouette des pieds de vigne fraîchement taillés et leur alignement au-dessus du fleuve d'où ne monte ce soir aucune brume. « La géographie est la forme la plus durable de l'histoire », disait Bismarck. (Je me répète.)

Il est tard. Je n'ai pas fermé les volets intérieurs. La claire lumière de la lune entre dans la pièce, après avoir blanchi tout le paysage des vignes et, sur l'arrière de la maison, des arbres et quelques toits. Au loin, la ligne rouge des éoliennes, à gauche, les lumières de Rochefort. Demain est un autre jour. Demain, T. posera des croissants sur le rebord de la petite fenêtre. J'éteins.

46

Une histoire de châteaux

Samedi 21 janvier. Me voici arrivée maintenant au moment où mes parents s'installent dans un « poste double » au centre du triangle, à Savennières, où j'ai vécu jusqu'à dix-sept ans, où j'ai installé début janvier le camp de base de mes explorations. L'un à Noyant, l'autre à Trélazé, ils avaient eu pour élèves des enfants de mineurs ; maintenant ce sont des enfants de petits fermiers, de métayers, de vignerons, souvent employés dans de grandes propriétés agricoles et viticoles.

Différence immense.

Aucun de mes deux parents n'a de lien particulier avec ce village où ils prennent leurs fonctions en 1937, l'année de leur mariage. Pour mon père, né à Saint-Laurent-de-la-Plaine, Savennières est sur l'autre rive, la rive nord de la Loire, à une dizaine de kilomètres de Chalonnes où ses parents ont leur petite maison de vignes, sur la route de Montjean, en face des fours à chaux. Mais ce sont les paysages de son enfance, les coteaux, le fleuve, auquel toute sa vie il demeurera passionnément attaché. Ma mère, elle, vient du Segréen, de ses bocages austères, où l'on a d'autres façons de vivre. Ces petites différences ont des effets considérables. Elle a vécu à Segré, qui est une petite ville. Et à Noyant, dans une école au milieu de cités ouvrières, pauvres dans leur habitat et leurs habitudes. Les parents de ses élèves, des mineurs, cultivent leur bout de jardin, élèvent des oiseaux, font leur cidre et ne savent rien du fleuve, de ses coteaux, de ses vignobles.

Je ne sais pas quand mes parents sont venus à S. pour la première fois ; ni comment. Par le train, sûrement. C'étaient les grandes vacances. Ils se sont mariés en juillet, ont fait un voyage (de noces) sur la Côte d'Azur. C'est le Front populaire, et dans l'hôtel où ils sont descendus à Nice, ils écoutent assez choqués les commentaires sur l'invasion des « congés payés ». Où habitent-ils depuis leur retour ? À Segré, dans la famille de ma mère ? À Chalonnes, dans la maison des vignes des parents de mon père ? Ils auraient donc pris à Chalonnes le « Petit Anjou », ce train à voie métrique supprimé après la guerre. Sinon, à Segré, la ligne des chemins de fer de l'Ouest qui, à cause des mines (de Noyant), reliait la ville depuis 1872 à Angers.

Arrivés à Savennières, ils se rendent de la gare au village, à un petit kilomètre de là. J'imagine, l'été, la profusion des arbres, des odeurs, des fleurs. Ils longent le beau parc du château de Varennes qui appartient alors à la famille écossaise des Pirie. Une femme du village, qui venait chez mes parents s'occuper du linge et qui avait travaillé chez eux, prononçait « pydjama » à l'anglaise, n'ayant eu qu'à Varennes connaissance du mot – et de la chose. (Elle disait aussi « cadran scolaire ».) Le château de Varennes, aujourd'hui divisé en appartements, est au cœur d'un parc dont nous ne savions rien à l'époque, ni de son nymphée, ni de ses terrasses du XVIIe siècle, ni de ses jardins. Le château était devenu écossais par un hasard de l'histoire. Il avait d'abord été acheté à la Révolution par Joseph Rousseau de La Brosse, afin, comme il arrivait parfois à l'époque, de le rendre à ses anciens propriétaires, les La Tullaye. Mais en 1874, Charles, le fils de Joseph Rousseau, émigre en Nouvelle-Zélande après avoir cédé le domaine à son beau-frère, Gordon Pirie. Trois trains spéciaux seront nécessaires pour l'emménagement des nouveaux propriétaires au début du XXe siècle. Le fils de Gordon Pirie (est-ce lui le « major Pirie » dont le nom, et le costume, faisaient rêver les enfants ?) transforme le parc en un conservatoire d'espèces rares ; le château incendié en 1909 est reconstruit[1].

Je continue ma route avec mes jeunes parents qui, pour entrer dans le village, passent sous une arche de pierre qui relie le château des Vaults à ses vignes du coteau. C'est là qu'habite le baron du Closel, maire de S., et qui le restera pendant trente ans. Il accueille ma mère plus que froidement ; il ne voudra jamais avoir d'autre rapport que strictement administratif : elle rouvrait l'école publique de filles.

Déjà deux châteaux en moins d'une centaine de mètres. Puis, comme il y en a dans maint village, c'est la place du Mail, jeu traditionnel où on frappe les boules avec un maillet. L'Ancien Régime en raffolait, depuis les simples villageois jusqu'à Louis XIV. Bien oublié aujourd'hui : quelqu'un m'a récemment proposé la « place du mèl » pour me donner rendez-vous. La nôtre est superbe, triangulaire, légèrement en pente, plantée de marronniers, entourée de belles maisons, dont certaines fort anciennes, avec juste au-dessus, à gauche, le chevet roman de l'église. Deux châteaux, une église. Puis à droite, la mairie et l'école des garçons. La poste un peu plus bas, probablement assez récente quand ils arrivent à S., elle est de pur style Art déco. Ils vont alors rendre visite à celui dont mon père allait être l'adjoint pendant quelque temps. Il s'appelait M. Hodé. Il avait été nommé la même année. Son prédécesseur était un excellent latiniste qui s'empressa de me prêter des dictionnaires et des grammaires dès qu'il apprit, une quinzaine d'années plus tard, que j'avais commencé le latin.

Quant à ma mère, elle succède à une institutrice dont je n'ai pas retrouvé le nom et dont elle ne m'a jamais parlé : l'école de filles avait été fermée faute d'élèves. Elle est rouverte administrativement. On va y conduire mes parents, à l'autre bout du village, puisque c'est là qu'ils doivent habiter, c'est leur « logement de fonction ». Pour ce faire, on passe devant le portail du château des Gramont, le manoir des Lauriers : troisième château.

« Logement de fonction », un bien grand mot. La maison a été laissée dans un état d'abandon pitoyable et on n'a pas entrepris les moindres travaux pour leur installation. Le jardin est une friche. C'est mon grand-père vigneron qui le transforme en ce bel ensemble de plates-bandes et de massifs que j'ai connu. Plus tard, mon père y dressera des espaliers de poiriers et de pommiers sur le mur du fond. J'entends encore les abeilles qui y bourdonnaient les lentes après-midi d'été. On entendait aussi, passant par-dessus le mur, les conversations dans les jardins voisins, l'alternance des voix d'homme, de femme, basses, conjugales, sans éclat. Les chats sautent d'un jardin à l'autre, souvent mal accueillis, se querellant entre eux.

L'eau courante n'est installée dans la maison que pendant la guerre, comme dans tout le village. Dépourvue de tout confort, elle a une certaine allure, sévère, avec son étage et son beau toit d'ardoise, ses cheminées. Deux grands tilleuls aujourd'hui coupés ombragent la cour de récréation. Le mur qui la séparait de la rue a été fâcheusement démoli sur une moitié de sa hauteur et pourvu de grilles. Les parents exigent aujourd'hui de voir à tout moment ce qui se passe à l'école. Cette idée aurait beaucoup étonné mes parents. Elle me choque carrément. Le prestige et la dignité de l'école, c'est la convention selon laquelle l'enfant, pour s'instruire, est soustrait quelques heures par jour à sa famille qui accepte de transférer sa responsabilité à l'instituteur. Sinon, c'est le téléphone mobile dès la maternelle, « je veux savoir où il est ». Mais, madame, il est à l'école, cela ne vous suffit-il pas ?

Côté habitation, le rez-de-chaussée comportait deux grandes pièces, avec une cheminée et un beau carreau rougi, plus une grande réserve. Juste séparée par un couloir, l'autre moitié abritait la salle de classe et, derrière elle, une pièce devenue débarras qu'on appelait la « vieille classe ». (Il y avait donc deux classes à l'ancienne école des sœurs, dont l'école publique reprenait le bâtiment.) L'étage, en haut d'un escalier aux marches d'ardoise, conduisait à un palier sur lequel, à gauche, s'ouvrait la plus belle chambre : deux fenêtres, une cheminée. À droite, deux chambres communicantes. Sur le palier, une salle d'eau sans eau, on y montait des brocs. L'été. L'hiver il y faisait trop froid, on se lavait en bas (avec une grande bassine, façon tub, dans la cuisine). La plus petite des chambres d'en haut fut dix-sept ans la mienne. Comme la maison avançait un peu sur une rue en pente qui allait en rétrécissant, il me semblait la nuit que les voitures (à cheval) et les rares automobiles qui la gravissaient allaient entrer chez nous.

Juste à notre droite, c'était le portail du château de la comtesse de Gramont. La rue s'ouvrait alors en un orbe sablé devant un beau portail que je n'ai jamais franchi. La comtesse une fois par an le quittait pour se rendre dans son château de Pau. Nous l'accompagnions volontiers en pensée, puisque mon grand-père paternel était né à Jurançon : où l'on voit que les grandes familles sont toujours accompagnées de petites. Je ne vais pas me mettre à faire une recherche généalogique sur cette famille, je ferais des erreurs qu'on me reprocherait, à juste titre. Mais l'exactitude historique n'est pas exactement mon propos. Je décris le monde tel que je l'ai découvert, et me le suis représenté dans mon enfance, en donnant juste quelques compléments indispensables. Cependant quand je découvre qu'un Arnaud, comte de Gramont de Coigny, né en 1861 et mort en 1923, s'était marié en 1886 à Savennières avec Anne-Marie Brincard, morte elle-même en 1961, je suis satisfaite. N'est-ce pas « la comtesse » de mon enfance, silhouette tout en noir à l'arrière d'une Delage ou d'une Delahaye ? (Ou plutôt d'une Hotchkiss ?) Et j'ai aussi ouvert la voie d'un quatrième château, la Bizolière, celui de la famille Brincard, à la sortie nord du village… La famille Brincard s'était établie à Savennières par le mariage d'Émile, baron Brincard, avec Anne-Alice Duboys d'Angers, d'une grande famille de magistrats d'Angers. La famille Brincard hérite ainsi en 1880 de la belle demeure classique dessinée par l'architecte Édouard Moll (né à Angers en 1797) pour Jean-Jacques Duboys d'Angers, premier président de la cour d'appel d'Orléans puis maître de requêtes au Conseil d'État. Dans les années où mes parents s'installent à Savennières, le baron Brincard, c'est Georges, président du Crédit Lyonnais. Lui-même avait épousé la fille d'Henri Germain, le banquier, président fondateur du Crédit Lyonnais en 1863. Mon père et lui se retrouvent après la guerre au conseil d'administration de l'hospice. Ils ont d'excellents rapports. À une époque, j'eus pour ma part quelques démêlés épistolaires avec l'un de ses fils, alors évêque du Puy, mort il y a peu de temps, sur la question des superstitions.

Nos promenades s'arrêtaient devant l'entrée de la Bizolière, à quelques kilomètres du village. Il y eut là pendant longtemps la masse cabossée d'un réservoir jeté d'un avion au moment du bombardement des ponts (1944).

Il y avait bien d'autres châteaux dans la commune. De très belles maisons qui ne sont des châteaux que dans le sens social et politique du terme. De longue date, la noblesse locale avait été rejointe par la bonne bourgeoisie d'Angers qui avait acheté des vignes et racheté ou fait construire ces belles demeures. Souvent cachées derrière leurs murs et les hautes futaies de leur parc comme le château de la Bizolière. Dès leur arrivée, juste avant la guerre, mes parents en ont la certitude immédiate, sensible : la république devra s'édifier, dans une obstination non dépourvue d'orgueil, entre des châteaux. Et presque toujours contre eux.

Les choses avaient-elles changé quand j'étais enfant, dans les dix ou quinze années qui suivirent la Libération ? En un sens oui, le pouvoir local des hobereaux n'était plus en politique ce qu'il avait été. Mais il demeurait dans la figure même du village, de ses rues. Un portail s'ouvrait, entraient ou sortaient des domestiques, et parfois, reconnaissables à leurs habits, à leur allure, les propriétaires. À pied, ou plus souvent dans de belles voitures qui faisaient crisser sous leurs pneus le sable des allées. Puis la lourde porte se refermait. Reprenaient alors les allées et venues des gens du village, le passage des charrettes. Sans égards pour la belle entrée, un cheval y lâchait son crottin démocratique, les glycines retombaient du haut du mur, la scie électrique du menuisier, du charron se faisait entendre au loin, je reprenais mes tours à bicyclette. C'était l'ordre naturel du monde, un monde visiblement divisé en deux (toujours la phrase de Guizot sur le droit et le privilège). Je savais parfaitement de quel côté je me trouvais, ainsi que ma famille : le côté du « peuple », au sens de Michelet, dans toute l'ambiguïté constitutive de la notion. Peuple travailleur et peuple souverain. Entité charnelle et politique à la fois, immémoriale, enracinée dans une région[2].

Des années plus tard, chaque fois que dans une belle ville ancienne, comme Senlis ou Périgueux, je passe devant ces lourds portails hermétiquement clos, je ressens aussi vivement qu'alors le poids de cette puissance cachée, qui frappe bien plus l'imagination que toutes les puissances visibles. Et qui s'incarnait pour moi dans ces châteaux, avec l'évidence d'une donnée naturelle.

Petit à petit des changements ont eu lieu. Ç'a été d'abord, vers 1960, une famille d'industriels, les Cointreau[3], qui prend à Savennières le relais des Gramont-Cadaval dans leur château. Et, aujourd'hui, le château abrite un restaurant, peut-être demain une maison d'hôtes. Il paraît que les jardins sont magnifiques. Le parc s'est du reste agrandi par le rachat assez choquant de toutes les petites maisons de la même rue, privées de leur jardin, puis revendues.

Les « châteaux » et ceux qui les habitent, ou les possèdent, ne font plus aujourd'hui l'objet de la considération et des marques de respect qui me frappaient tant lorsque j'étais enfant. Rejoints par quelques autres, ils sont toujours, cependant, les propriétaires de la plupart des vignes. Et, comme le dit la descendante d'une de ces familles : des châteaux ? Nous en avons aussi au cimetière. D'où l'incursion que j'y fais lors de mon séjour suivant, en mars, accompagnée de J., mon amie d'enfance. Et en effet, c'est édifiant : au sens propre. Édifier, c'est bâtir, c'est aussi donner une leçon. Trois grandes constructions dominent les tombes alignées des vignerons, paysans, charrons, domestiques.

La famille Brincard, la famille Las Cases-du Closel, et celle du major Pirie de Varennes. La leçon est claire : nous sommes les maîtres partout, jusque dans l'au-delà d'où, au reste, nous avons l'œil sur vous[4].

Domestiques dans les châteaux, je reviens à mon sujet principal, vignerons, jardiniers, personnel de maison, ils n'avaient d'autre choix que de mettre leurs filles à l'école privée. Ce fut l'occasion pour ma mère de quelques succès dont elle était fière. Comme l'inscription dans son école d'une petite fille retirée de « chez les sœurs » par son père sans rien demander à ses patrons. Il avait semblé à cet homme ombrageux, à tort ou à raison, que les petites y recevaient, selon la fortune des parents, un traitement inégal. Je ne sais pas s'il y avait perdu son emploi ; ces affrontements étaient tenus dans une ombre discrète et n'avaient pas toujours de conséquences visibles, immédiates. Paix aux chaumières, guerre aux châteaux ? Non, guérilla plutôt, mais usante, parce que répétée[5].

Je suis remontée en fin d'après-midi à La Roche-aux-Moines et maintenant, après quelques lectures, l'heure est venue de l'extinction des feux. Je gagne ma chambre à regret, le feu dans ma cheminée lance encore de belles lueurs rouges.

47

Éloge de la vie frugale

Samedi 21 janvier. Ce soir, je donne à dîner à quelques amis dans mes vignes. En attendant, je continue ma remontée dans le temps, incroyablement facilitée par la vue des lieux.

J'ai peu de traces, et aucun témoin vivant, aujourd'hui, en tout cas à ma connaissance, de la vie de mes parents à S., avant ma naissance, ni de ce qu'ils étaient lorsqu'ils y font leur première « rentrée ». Ce que je sais : ils apportent ici, en arrivant, à l'ombre des châteaux, l'idée de leur rôle, de leur mission, de leur fierté d'être des fonctionnaires. On comprend qu'ils puissent susciter l'envie de ceux qui, toute leur vie, vont craindre pour leur emploi. Mais le triomphe de la pensée néo-libérale a chargé ce mot d'un opprobre parfaitement injuste, c'est désormais le synonyme d'une paresse encouragée, pour ne pas dire subventionnée par l'État. Pour mes parents, et toute leur génération, c'était d'abord l'occasion d'éprouver et de manifester leur vive gratitude envers une république qui leur offrait une sécurité dont personne avant eux n'avait disposé. Elle leur offrait aussi dans leur travail lui-même la possibilité de manifester leur reconnaissance. Médecins aux pieds nus : on rend immédiatement ce qu'on a reçu. Ma famille a fourni nombre de ces petits fonctionnaires, à l'enseignement, et aux chemins de fer, qui avec l'école contribuent au maillage républicain du territoire. Il y a un lien étroit entre l'école et le chemin de fer. Ils se développent parallèlement, et leurs objectifs convergent : éclairer le peuple, c'est désenclaver le territoire. Commencée sous la monarchie de Juillet, la construction des chemins de fer est accélérée par la IIe République en 1848, avec la contribution des ateliers nationaux. Pour le Second Empire, c'est un facteur-clef du développement. Industriel. À partir de 1860, un fin réseau de lignes secondaires permet de faire entrer les petites villes et les bourgs dans la modernité. Mais après 1870, le chemin de fer assure une nouvelle mission : l'ancrage du nouveau régime sur tout le territoire. Maurice Agulhon note que la réussite du banquet républicain des maires, le 22 septembre 1900, est aussi la réussite du réseau ferré : 22 000 sont « montés » à Paris[1].

Tout était donc réuni pour que leurs premières années à S. constituent à jamais un souvenir parfait. Mes parents m'ont toujours parlé avec une joie évidente des débuts de leur vie commune dans ce village dont ils découvrent le charme un peu abrupt, au milieu de vignerons habitués à un ton de réserve ancestrale. Le paysage de vignes est familier à mon père né dans le Layon, ainsi que le climat, le jardin, la proximité de la Loire. Ma mère y découvre le charme d'une vie paisible, paisiblement ordonnée, organisée, où la douleur du deuil et de la perte s'estompera graduellement sans jamais entièrement la quitter. Ils aiment les longues promenades sur les routes sinueuses, dans la campagne, le long du fleuve, à pied, plus souvent à bicyclette. Mon père est très fier de la sienne, il l'entretient soigneusement, elle lui a été offerte une quinzaine d'années plus tôt pour un événement, le certificat d'études où il avait été « premier du canton », on gardait les choses longtemps, à l'époque. C'est une Peugeot d'un modèle perfectionné avec vitesses intégrées dans le moyeu. On en trouve quelques-unes sur eBay, pas donné, 1 450 euros, une ligne très moderne, solide, fine, racée. Amoureux de la Loire, son fleuve natal, il a tout de suite acheté à S. un bateau pour la pêche, une « platte ». Il est très adroit de ses mains, très inventif. Il fait d'excellentes photos sur son Kodak à soufflet.

Adolescent, il avait bricolé un de ces postes « à galène » avec lesquels on capte les ondes en promenant une fine tige sur un cristal. Plus tard, ils achètent un « poste de TSF » à lampes, de marque Pathé. Ils y écoutent du théâtre, ma mère en fera usage durant les longues soirées de la guerre où elle est seule dans la grande maison avec l'enfant qui dort dans son berceau. Et ils sont entourés de livres.

Ils ne souffraient nullement du confort spartiate de la maison d'école, mais ils lui apportèrent des aménagements dans le droit-fil de leur vie d'instituteurs ruraux : des parterres et des jardinières de fleurs sur le devant, des chaises longues en rotin tressé qu'on dépliait sous le tilleul en juillet. Une table et quatre chaises pour les repas du soir, l'été, devant la maison, dans l'odeur des planches de légumes et de fleurs fraîchement arrosées. C'était nouveau, ici. On n'avait pas l'habitude de dîner dehors, dans nos campagnes.

Mon père avait eu, avant de se marier, une activité syndicale ; elle continue jusqu'à la déclaration de la guerre, mais elle ne reprendra pas après. Elle est marquée d'amitiés, de rencontres, de courts voyages à Paris, de noms, ceux de responsables, de collègues instituteurs, comme Henri et Yvonne Dufour (née à Trélazé) qui organisent de grandes manifestations lors du vote en 1951 des lois d'aide à l'enseignement privé, et fondent en 1952 le mensuel l'*Anjou laïque*. J'ai retenu aussi, flottant sur un océan d'oubli, celui d'une femme, qui s'était prise d'amitié pour le jeune couple, et qui leur offrit en cadeau de mariage deux jolis déjeuners – que j'ai toujours : elle s'appelait Zélie Robert, rien que pour son prénom, je ne pouvais pas l'oublier. J'ai eu beaucoup de chance de retrouver sa trace dans une histoire, mise en ligne, du syndicalisme dans l'enseignement[2]. C'était la trésorière du syndicat des instituteurs de Maine-et-Loire.

Peu de sorties. Le cinéma, de temps en temps, le théâtre une fois l'an à Angers pour une opérette, comme cette *Véronique* d'André Messager qu'ils avaient montée ensemble avec leurs élèves l'année d'avant leur mariage, où mon père enseignait au « Cours complémentaire » de Segré. Une ou deux « soirées dansantes » au rendez-vous chic d'Angers, les salons du Welcome. L'essentiel de leur temps, c'est la préparation de leur classe, la correction des cahiers. Le mot qui s'impose à moi quand je tente de définir le mode de vie qui était le leur et qui fut nécessairement le mien tant que j'ai vécu auprès d'eux, c'est le mot de frugalité. (Qui demeure pour moi un modèle que naturellement je n'arrive pas à suivre. Je sais où est le bien, disait Ovide dans les *Métamorphoses*[3], mais je prends le chemin opposé.) La frugalité n'est pas la gêne, c'est une façon de vivre avec des besoins et des désirs simples et simplement satisfaits. Mais que signifie simple, dans ce domaine ? Rien d'autre qu'un choix : une limitation volontaire de ses désirs, et leur ajustement avec les moyens de les satisfaire. Leurs origines, la modicité de leur salaire les y avaient habitués. C'était un accord avec leur milieu naturel, et ceux qui les entouraient. Les Trente Glorieuses ne modifièrent pas radicalement leurs habitudes. Quand elles rendirent légitimes et accessibles des aspirations nouvelles au mieux-être, à l'aisance matérielle, au confort, ils en profitèrent sobrement. Ils continuèrent de vivre durant leur retraite à Angers comme ils avaient toujours vécu, persuadés pourtant qu'ils avaient connu de grands changements, et qu'ils s'étaient rapprochés, sans l'avoir vu, sans l'avoir voulu, d'une manière « bourgeoise » de vivre. Se faire faire des chaussures sur mesure, voyager en première classe, faire l'achat de quelques produits plus rares à l'« épicerie fine » du centre-ville, telles furent leurs modestes conquêtes. Mais tout le temps de leur vie commune (interrompue par la guerre et reprise après), dépourvus de toute envie pour ceux qui avaient choisi des formes plus insouciantes et plus dispendieuses, ils avaient pratiqué une véritable philosophie de l'existence. Acheter une nouvelle voiture, plus tard une maison, m'envoyer à Paris faire des études, cela les obligea parfois à plus de sacrifices qu'ils n'auraient souhaité et à quelques privations. Mais sans regrets. Il y avait de l'agrément à construire ainsi un plan de vie, un ordre raisonné des dépenses, c'était dans le droit-fil de cette morale des instituteurs qu'ils partageaient entièrement – et tâchaient de diffuser. Ils suivaient les lois du mode ancien : on vit sobrement, on renouvelle sa garde-robe à des moments déterminés de l'année, et quand cela devient nécessaire. Ou sa voiture.

Plus généralement, personne autour de moi ne m'a jamais semblé souffrir de connaître certaines conditions de vie qui aujourd'hui paraîtraient étroites, difficiles, limitées ; contraignantes. Il y avait de la pauvreté, et même de la misère, dans le village ; il y avait aussi de l'aisance, chez les propriétaires des châteaux, qui se gardaient de toute ostentation. Mes parents se trouvaient dans ce « juste milieu » si mal compris, et que l'Antiquité s'est efforcée de définir, aussi bien les Grecs que les Latins. Pour les Grecs, c'est l'effet d'une vertu, la *phronèsis*, une disposition de l'âme, prudence ou sagacité, une qualité de jugement ; les Latins ont eu recours au mot de *mediocritas*, l'*aurea mediocritas*, ce « juste milieu » qui excite les sarcasmes des romantiques de tout poil.

Ce « juste milieu » ne peut être défini dans l'absolu, et il ne s'agit pas de prêcher la modestie des désirs à ceux qui n'ont pas la possibilité de les satisfaire. Il ne peut s'établir que dans la considération d'un bien plus général, qu'on souhaite pour soi et pour les autres, et dans la perspective d'un équilibre possible, raisonnable, et juste. Dans son fond, c'est une notion avant tout politique. Ce qu'on choisit de pratiquer dans sa vie personnelle, on voudrait aussi que les autres le mettent en pratique, afin que se voient réduites au minimum les sources d'injustice et d'inégalité. La frugalité, quelle qu'en soit la forme singulière, serait alors le principe de fonctionnement social et la condition du bonheur privé ? Ils le croyaient, sans le formuler aussi clairement, je le pense aussi.

Sur le site internet du Front de gauche (« Midi insoumis, populaire et citoyen ») Gérard Perrier[4] propose quelques extraits des *Fragments* de Saint-Just *sur les institutions républicaines*. « Mettre dans le citoyen, et dans les enfants même, une résistance légale et facile à l'injustice ; forcer les magistrats et la jeunesse à la vertu ; donner le courage et la frugalité aux hommes ; les rendre justes et sensibles ; les lier par des rapports généreux ; mettre ces rapports en harmonie, en soumettant le moins possible aux lois de l'autorité les rapports domestiques et la vie privée du peuple ; mettre l'union dans les familles, l'amitié parmi les citoyens ; mettre l'intérêt public à la place de tous les autres intérêts ; étouffer les passions criminelles ; rendre la nature et l'innocence la passion de tous les cœurs et former une patrie. » J'y retrouve tous les éléments d'un système dans lequel ces républicains modestes, mes parents, étaient heureux de vivre. L'objet des institutions, c'est d'organiser la vie en société non pas seulement selon des règles et des lois, mais selon des principes et des habitudes. Comme, justement, la frugalité : c'est aux institutions de l'offrir aux hommes, c'est à eux d'y trouver le bonheur. De Montesquieu à Robespierre, commente Gérard Perrier, elle assure « à la fois la juste allocation des ressources et l'égalité ». Comment ? « En bornant les besoins et les désirs. » Mais surtout : en désignant comme facteur principal d'inégalité et d'injustice le désir de l'accroissement indéfini et de l'accumulation des richesses. L'accumulation n'est pas « immorale » en soi : elle le devient parce que « vouloir trop, cela nuit aux autres ».

48

Un enjeu : l'enseignement public des filles

L'école que rouvre ma mère, en 1937, c'est l'école publique *de filles*, il ne faut jamais oublier ça. Dans cette région, l'école publique est un front de lutte et de résistance (en 1984, 58 communes restaient encore sans école primaire laïque), mais le point stratégique, ce sont les écoles publiques de filles. Les écoles publiques de garçons sont parfaitement tolérées, rarement doublées d'une école privée. Dans ces conditions, ce sont aussi des femmes, les institutrices, qui sont le plus exposées. Regardées, surveillées. Dans leur façon d'être, de se tenir, de s'habiller, ni trop ni de façon trop négligée. Ce respect profondément intériorisé des formes de la morale traditionnelle, il était sans doute imposé aux instituteurs en général, mais plus encore aux institutrices, qui devaient s'attacher à montrer, face aux détracteurs de l'école publique, qu'on ne saurait jamais les prendre en défaut.

Exemple : ma propre mère, qui en accepte parfaitement la règle. Entrée à l'école normale d'institutrices en 1928, elle a profité du même enseignement que mon père à l'école normale d'instituteurs. Deux années d'études et une année de préparation professionnelle à l'« école d'application » qui jouxte l'école normale. Pour longtemps encore, cependant, l'enseignement des filles présente de notables différences. Le programme des écoles normales d'institutrices, disent les instructions officielles, tout en restant, dans ses grandes lignes, le même que celui des écoles normales d'instituteurs, « doit s'adapter particulièrement à l'éducation féminine et au rôle social de l'institutrice ». « C'est pourquoi il a paru nécessaire de donner, dans ces écoles, une place importante à l'économie domestique, à l'hygiène et aux travaux du ménage », écrit Ferdinand Buisson dans son *Dictionnaire de pédagogie*.

L'Église entend la surveiller étroitement, mais la formation des filles, donc de leurs institutrices, a été longtemps considérée comme secondaire par tous les gouvernements. Même à la Révolution. Le seul qui croit à l'égalité intellectuelle des sexes, c'est Condorcet, qui était partisan non seulement de la parité des programmes d'enseignement, mais d'un enseignement commun. Napoléon juge avec sévérité ce qu'il appelle « la faiblesse du cerveau des femmes, la mobilité de leurs idées ». Il ne se montrera soucieux que d'éduquer les filles de ses généraux. Ensuite, rien ne change. Ferdinand Buisson note que « la Restauration n'était pas le gouvernement le plus propre à prendre en main l'œuvre de l'éducation des filles ». L'ordonnance royale du 29 février 1816 ne dit rien des écoles pour les filles ; et son article 22 maintient l'interdiction des écoles mixtes : « Les garçons et les filles ne pourront jamais être réunis pour recevoir l'enseignement. » La même ordonnance confie la surveillance des institutrices aux comités cantonaux, on devine dans quel esprit. L'enseignement est confié aux congrégations religieuses. Quant à la fameuse loi Guizot de 1833, « consacrée tout entière à l'organisation des écoles de garçons, elle laisse systématiquement en dehors de son action féconde les écoles de filles. Le nom de ces dernières n'est pas même prononcé » (F. Buisson). La question du brevet de capacité aurait de fait interdit les congrégations, donc silence sur les filles. Les écoles primaires supérieures et les écoles normales, alors créées, ne concernent que les garçons. L'ordonnance du 23 juin 1836 dote cependant les écoles de filles d'un régime complet. Mais elle maintient expressément pour les institutrices congréganistes le privilège de la dispense du brevet élémentaire. La IIe République, en 1848, abolit la lettre d'obédience, mais l'ordonnance du 15 décembre 1848 rend la création d'une école normale d'instituteurs obligatoire pour le département, celles d'institutrices demeurant facultatives. La loi Falloux se prépare. En ce qui concerne les filles, ses dispositions sont les suivantes : « Les lettres d'obédience tiendront lieu de brevet de capacité aux institutrices appartenant à des congrégations religieuses vouées à l'enseignement et reconnues par l'État. » « L'examen des institutrices n'aura pas lieu publiquement. » Enfin, « le Conseil départemental (art. 36, § 3) peut dispenser une commune d'entretenir une école publique à la condition qu'elle pourvoira à l'enseignement primaire gratuit dans une école libre ». Les écoles publiques de filles vont donc souffrir et du désintérêt des familles modestes pour l'enseignement des filles, et de la sourcilleuse vigilance de l'Église, qui veut garder le contrôle sur les écoles, donc sur les femmes, qui sont censées assurer la fidélité des familles aux pratiques religieuses.

Cette situation perdure sous le Second Empire, malgré une nette amélioration de l'enseignement féminin qui reçoit, par la loi du 10 avril 1867, un commencement d'organisation. Mais les congrégations ont toujours la haute main sur la formation des institutrices à qui suffit la « lettre d'obédience ». Il faudra donc attendre l'instauration de la IIIe République pour que soit généralisée l'ouverture d'écoles normales d'institutrices et supprimée, par la loi du 16 juin 1881, la lettre d'obédience, tandis qu'est imposée « la possession du brevet de capacité non seulement aux directrices d'école, mais aux adjointes, et dans les écoles composées de plusieurs classes, un titre de capacité supérieur pour la directrice ».

Durant tout le XIXe, cependant, la question de l'enseignement primaire, et notamment pour les filles, avait fait l'objet d'une sérieuse résistance pour arracher l'enseignement aux congrégations. Et d'initiatives passionnantes. Comme ces « écoles mutuelles[1] » à Angers et à Nantes, premières ébauches d'enseignement public, et laïque, où les filles sont traitées comme les garçons. Ainsi en janvier 1821, à Angers, une école placée sous la direction de Mme Gellerat, à laquelle succède Auguste Chevrollier. L'enseignement mutuel est aussitôt en butte à l'hostilité de l'Église et des conservateurs, qui, en plus de son origine idéologique, lui reprochent de saper chez l'enfant le respect de l'autorité en effaçant la perception des hiérarchies. L'école sera fermée au bout de quelques années, le comité de surveillance des écoles primaires, présidé par l'évêque d'Angers, ayant estimé que l'école ne s'occupe pas suffisamment de l'éducation religieuse.

Sous la IIIe République, une succession de lois établit un enseignement public, gratuit, laïque et obligatoire, dont les congrégations sont bannies. La loi du 1er juillet 1901 « sur les associations » oblige les congrégations à demander une autorisation pour « enseigner ou diriger un établissement d'enseignement » (art. 14). Elles seront dissoutes de plein droit si elles n'ont pas fait « les diligences nécessaires pour se conformer à ces prescriptions ». Loi complétée par celle du 7 juillet 1904 : « L'enseignement de tout ordre et de toute nature est interdit en France aux congrégations. » Les congrégations autorisées comme exclusivement enseignantes seront supprimées dans un délai maximal de dix ans. Les écoles de filles sont particulièrement visées : « Plus de 120 écoles tenues par les religieuses sont fermées : 420 sœurs enseignantes doivent rentrer à la Maison-Mère », déplore le site de l'Association des archivistes de l'Église de France.

Écoles de garçons comme de filles sont donc soustraites au pouvoir de l'Église. Décisions qui, dans mon Anjou natal, provoquent de vives protestations. « Combien sont odieux ces sectaires qui poursuivent de leur haine les pauvres sœurs et veulent mettre la main sur l'éducation de nos enfants ! » écrit *L'Ouest-Éclair*. Le maire de Mazé décrit ainsi le départ des congrégations dans le Baugeois en juillet 1904 : « Sur le quai de la gare d'Angers on entend crier : "Vivent les frères, vive la Calotte, à bas la Canaille !" Et, dans le train : "Vivent les Chouans, à bas la République !"[2] »

Avec la IIIe République, et la laïcité, une égalité de traitement presque parfaite s'instaure entre les deux sexes, mis à part toujours cette insistance sur l'enseignement ménager et les travaux d'aiguille.

On ne s'étonnera donc pas de voir la création dans les années 1916-1917, sous l'impulsion de l'Église, d'un mouvement visant à « dégager la laïcité de sa gangue de laïcisme ». Et destiné aux institutrices publiques. Il prendra le nom de « Davidées », d'après le titre d'un roman de René Bazin, *Davidée Birot*, paru en 1912. Ce roman « à la postérité imprévue », note Jean-Luc Marais[3], participe de tout un mouvement d'opinion, et il a été précédé de nombreux récits sur le même thème, comme en 1907 celui de Pierre Gourdon, *Vers la haine*. Pierre Gourdon était né à Chemillé dans le Maine-et-Loire – ça ne rate jamais, on est sûr de tomber sur ce petit noyau noir, les Mauges. Il est le grand-père maternel de Geneviève De Gaulle-Anthonioz. Son roman dénonce « l'influence démoralisatrice de l'école publique » (abbé Bethléem, le « Père Fouettard de la littérature »). C'est le portrait d'un enfant dévoyé par les doctrines déterministes de son instituteur public : la science mène au crime, on devrait le savoir depuis la publication en 1889 du *Disciple* où Paul Bourget fait son procès (et indirectement celui de la république), en l'accusant de s'être substituée à la religion sans fournir de morale.

Dans le roman de René Bazin, Davidée est une institutrice qui cherche comment donner du sens à l'éducation des filles qui lui sont confiées. Devant une petite élève mourante, elle n'a su que dire. Elle s'interroge donc : « Petite malade, tu avais cru à la fontaine : je suis sans eau. » L'intention de Bazin est claire ; elle apparaît nettement dans une note préparatoire au roman : « J'ai simplement voulu dire, ayant vu ces choses, l'étonnement, l'angoisse et l'ascension d'une petite institutrice publique qui s'aperçoit que son enseignement est vide. » (Nicolas Sarkozy, alors président de la République, en visite à Rome le 20 décembre 2007, n'aura pas d'autre discours : « Dans la transmission des valeurs et dans l'apprentissage de la différence entre le bien et le mal, l'instituteur ne pourra jamais remplacer le curé ou le pasteur. »)

La « tyrannie syndicale » et la « tyrannie laïque » sont pour René Bazin les deux fléaux de l'époque.

Le mouvement des Davidées voit le jour dans les Basses-Alpes. Dans les dix années suivantes, il va connaître un développement relativement important, que souligne Marceau Pivert en 1930, dans un rapport à la Ligue de l'enseignement. Marceau Pivert est un syndicaliste enseignant, dirigeant d'un courant révolutionnaire au sein de la SFIO. Après sa rupture avec Léon Blum, il est le fondateur du Parti socialiste ouvrier et paysan (PSOP) en 1938. Selon son rapport, les Davidées sont un groupe très offensif, au fonctionnement de secte, qui applique « avec succès » la méthode des « minorités agissantes ». Le mouvement trouvera des successeurs, et des relais, on ne s'en étonnera pas, sous le régime de Vichy. Dont la création, en septembre 1942, des « Équipes enseignantes ». Leur historien, et aumônier, le père Michel Duclercq, note que dans les années 30 la préparation des institutrices notamment dans les EPS (écoles primaires supérieures) se faisait « dans une ambiance laïque, voire laïciste, [qui] ne les étonne guère et entretient leur sens de la justice sociale, de la liberté de la conscience, du rejet de toute domination cléricale, il y a là comme une sorte de connivence entre le milieu populaire et la formation EPS ». Mais la JEC (Jeunesse étudiante chrétienne) y veille et cherche à s'y implanter ; le mouvement des Davidées ne lui paraît plus assez efficace : d'où la création des Équipes enseignantes.

L'éducation des filles, futures mères qui transmettront à leur tour les valeurs morales, est au centre de ces combats. La IIIe République en est parfaitement consciente ; elle y joue sa survie dans sa capacité à être présente sur ce terrain jusque-là confisqué par l'Église. Programmes de Jules Ferry de 1882 : « Article 1er : L'enseignement primaire comprend : – l'instruction morale et civique ; – la lecture et l'écriture ; – la langue et les éléments de la littérature française », etc. Ce n'est pas sans une condescendance réductrice qu'on parle aujourd'hui de ces fameuses « leçons de morale » proposées chaque matin dans l'école d'autrefois sous forme d'une maxime écrite au tableau noir. On oublie que, pour Jules Ferry, le temps n'était pas si loin où seules les congrégations religieuses avaient en charge l'éducation morale des enfants. Pour Jules Ferry, la vie selon la république est une vie morale et la morale doit devenir républicaine. Ce qui signifie deux choses : pouvoir s'imposer à tous, sans considération des choix privés des familles ; susciter l'amour de la république. L'éducation morale, « c'est l'art d'incliner la volonté libre vers le bien ». Y figurent donc en bonne place « la bonne volonté – le respect aux vieillards – la persévérance – les soins aux parents – les devoirs de justice – l'amour de la patrie »...

Faut-il en conclure que c'est une version à peine laïcisée des principes chrétiens ? Argument tendancieux, qui vise à retirer toute légitimité à la morale laïque. Car c'est en fait tout l'opposé : la morale de l'école, la morale républicaine, est une morale de la raison, qui détermine une « science des devoirs », envers soi-même et les autres, envers la famille, envers la patrie. C'est à son corps défendant, sous la pression du Conseil supérieur de l'instruction publique, que Jules Ferry avait introduit dans ce corpus des « devoirs envers Dieu » – qui reviendront en force sous Vichy. En revanche, pour un chrétien, du moins c'est ce que j'ai cru comprendre en lisant une recommandation pontificale, « la norme concrète et plénière de toute activité morale, c'est la liberté d'accomplir la volonté de Dieu et de vivre notre destinée de libres enfants du Père[4] ». La « science des devoirs » qu'est la morale républicaine s'appuie sur un corps constitué de références : non pas la Révélation mais la Révolution. D'où la violence de ses adversaires. Mgr Freppel l'avait parfaitement compris. Dans ses conséquences ultimes, « la Révolution c'est Dieu banni de ce monde[5] ».

Dans leur « école sans Dieu », ni l'un ni l'autre de mes parents n'auront jamais d'objection à ce qu'un enseignement d'une « morale de la raison » soit donné en classe. Ils ont l'un comme l'autre abandonné la pratique religieuse et la foi (catholique) vers l'âge de quatorze ans, mais ils pratiquent une observance rigoureuse des maximes qui concernent la famille, la fidélité conjugale, les naissances hors mariage... Les goûts de ma mère sont très simples, dépourvus de toute coquetterie inutile (qu'elle réprouve parfois ouvertement chez quelques femmes), elle aime les robes en foulard l'été, les vestes de jersey l'hiver, ou tricotées par elle. Et comme tout le monde, elle porte des galoches par mauvais temps. Les jolis salomés de la photo sont bien oubliés. La situation de mon père est différente : il n'y a qu'une école de garçons, l'école publique, la « concurrence », c'est l'école de filles. D'où cette rude confrontation avec le baron du Closel dont ma mère avait gardé une douleur restée vive. Mon père, lui, se retrouve davantage associé à diverses institutions du village, après la guerre, comme le conseil d'administration de l'« asile de vieillards » dans une maison offerte par le baron Brincard. Il noue d'excellentes relations avec lui, qui n'aurait probablement pas salué ma mère.

... Mais je me pose soudain une question : j'aurais pu y penser plus tôt, cette école publique de filles de Savennières que ma mère a rouverte en octobre 1937, quand avait-elle été créée ? Puis fermée faute d'élèves ? À la mairie, on me dit que ce sont des archives départementales, qu'on n'a rien sur le sujet. Célestin Port note qu'en 1870 il existe à S. une école de garçons, et il précise : laïque. Et que, pour les filles, il existe une école religieuse, celle des sœurs de Saint-Charles. Les premières écoles publiques de filles n'ont été ouvertes dans cet Ouest catholique qu'avec la IIIe République. Ainsi à Nantes, en 1871, sous l'impulsion d'Arsène Leloup et d'Ange Guépin (l'ami de Grégoire Bordillon). Précédées, on l'a dit, par les éphémères « écoles mutuelles », mais dans les grandes villes comme Angers ou Nantes.

Un exemple tout proche pourrait peut-être m'éclairer. C'est celui de Saint-Georges-sur-Loire, canton (jusqu'en 2014) dont S. fait partie. Les filles, dans leur majorité, étaient scolarisées depuis qu'en 1714 la marquise de Vaubrun, comtesse de Serrant, avait réalisé le vœu de son père, Guillaume Bautru III, de créer une « petite école », tenue par « deux filles de la charité » qui devaient également s'occuper des pauvres. Par une conséquence – tardive, on remarquera – des lois Jules Ferry, une école laïque de filles y est ouverte en 1901. Mais rien ne va plus dès 1902 : en août, un viticulteur et marchand de vin en gros à Saint-Georges proteste. Voici ce qu'il écrit : « La salle de classe a hébergé précédemment des poitrinaires, et n'a même pas été désinfectée avant d'accueillir des enfants. » Or « dans nos campagnes arriérées, le plus ignare des paysans passe au lait de chaux les murs de son étable, de son écurie, de sa porcherie lorsqu'il y a eu la moindre maladie de ses animaux ». L'école ne suscite visiblement pas un intérêt exagéré de la part des autorités. En 1907, une lettre rédigée au nom des parents relève que « le bâtiment est dans un état déplorable. Les ouvertures ne ferment pas. Le papier se décolle par l'humidité. Il n'y a pas de parquet. Le piétinement des enfants fait une poussière infecte. L'institutrice n'a point ou presque pas de charbon[6] ».

Mais je ne suis pas plus avancée en ce qui concerne Savennières : jusqu'à ce que je découvre la mise à jour du *Dictionnaire* de Célestin Port, réalisée par Élisabeth Verry en 1996. Résumons.

1833 : loi Guizot. Une école communale est ouverte à Savennières par la cure le 11 mai 1834. Elle est agrandie par Delestre en 1854. (Delestre ou Delêtre est l'architecte du château d'Orveau devenu pensionnat dont j'ai conté l'histoire un peu plus haut, « dans un site splendide d'où la vue plonge sur tout le pays et embrasse les ruines de l'abbaye de Nyoiseau ».) En 1900, on décide la construction d'une mairie, associée à une école de garçons. Elle est confiée à Auguste Beignet : lui-même s'est construit une maison non loin de là, dans le village de La Possonnière, récemment séparé (1851) de Savennières. La grande salle de classe, derrière la mairie, s'ouvre sur un vaste préau dont on modifiera l'orientation, en 1955, pour édifier une salle de classe supplémentaire. L'ancienne salle de classe, autrefois divisée en deux par une cloison, porte aujourd'hui le nom de mon père. Quant à l'école de filles, de 1847 à 1901, elle est confiée aux sœurs de Saint-Charles dans une maison louée par la commune au curé à qui elle appartenait. La Congrégation de Saint-Charles d'Angers, dont j'ai déjà parlé à propos d'Épiré, scolarise à la fin du XIXe le cinquième des écoliers du Maine-et-Loire.

En 1852, Delestre construit une « salle d'asile », nom qu'on donnait alors à l'école maternelle.

L'école privée est fermée le 27 janvier 1902, par application de la loi du 1er juillet 1901 « sur les associations » qui oblige les congrégations à demander une autorisation pour « enseigner ou diriger un établissement d'enseignement » (art. 14). Une école publique de filles est donc créée, et elle s'établit en 1915 dans les anciens locaux de l'école privée. Rapidement, mais avec des sœurs sécularisées, les écoles privées vont rouvrir. Et dans des proportions très importantes : 82 % en Vendée, 100 % dans le Finistère. C'est le cas à Savennières, dans une belle maison donnée par le baron Brincard. À quelle date exactement ? Je ne sais pas. Ce qui est sûr, c'est que les congrégations sont de nouveau tolérées par la circulaire Malvy du 2 août 1914.

Je ne peux donc conclure sans une note sur cette « affaire des congrégations » souvent évoquée pour être portée au discrédit de la république commençante. C'était pourtant une étape indispensable dans l'établissement en France de la république – qui, faut-il le rappeler ? s'installe sous un régime concordataire, et se voit massivement refusée par les catholiques. Il faut la replacer dans un contexte historique précis, où la congrégation des Assomptionnistes[7] joue un rôle majeur, par son engagement en faveur de l'enseignement dit « libre », et par deux autres initiatives : l'organisation de grands pèlerinages (Lourdes) et le développement de la presse catholique (*Le pèlerin*, 1873, *La Croix*, 1883, *La bonne presse*, devenue les Éditions Bayard). Par son hostilité à la république et son soutien ouvert aux courants les plus conservateurs, cette presse violemment antisémite joue un grand rôle au moment de l'affaire Dreyfus. Anatole France, dans son livre *L'Église et la république*, l'accuse d'hypocrisie et d'enrichissement illicite.

Notre Ouest clérical connaît bien les Assomptionnistes ; leur emblème est la croix de Saint-Maur, qui provient de l'abbaye Saint-Maur, située au Thoureil, près de Saumur, ancienne abbaye bénédictine où les Assomptionnistes furent présents durant plusieurs décennies. Congrégation apparentée, l'ordre des « Oblates de l'Assomption » s'était installé à Segré après la guerre dans un de ces moments d'« effusion de l'Esprit saint » dit l'une d'entre elles (*Ouest-France*, 10 juillet 2015). Elles y avaient été appelées par le maire d'alors, maître Mauduit, pour prendre en charge l'enseignement technique pour les filles. Aujourd'hui, le lycée Bourg-Chevreau-Sainte-Anne, sous contrat, est toujours placé sous la tutelle des Oblates de l'Assomption.

49

L'égalité dans la séparation

J'ai été élevée, éduquée, instruite, du cours préparatoire au baccalauréat et même après, dans des établissements scolaires réservés aux filles, et par des femmes qui n'avaient le droit de vote que depuis la Libération. Qu'est-ce que la république fait des filles, pour les filles ? Elle se bat pour qu'elles reçoivent aussi un enseignement, et elle se bat pour arracher cet enseignement aux congrégations. Mais est-ce qu'elle se bat pour les libérer de la condition qui leur est faite ? Cette question n'avait rigoureusement aucun sens en 1880, pas davantage dans les années 30, quand ma mère est à l'« ÉN » (école normale) d'Angers, et devra attendre encore près de quinze ans pour avoir le droit de vote. C'est ainsi : l'enseignement des filles prévoit des matières spécifiques à leur future condition de femmes et de mères, en plus des programmes communs. Et ne remet pas en question la séparation des sexes sur les bancs de l'école. Par une exception dont elle parla longtemps, ma mère accueillit des garçons dans sa « classe unique », les petits : on appelait cela, à l'époque, des « classes géminées ». La « gémination » a une histoire. En 1887, un arrêté la prévoit dans le cas de deux écoles à classe unique. Celles-ci peuvent en devenir une seule à deux niveaux, celui des « petits » et celui des « grands ». Filles et garçons sont rassemblés mais non « mêlés », ni en récréation ni en classe d'ailleurs, où deux parties distinctes sont ménagées. C'est un regroupement par âge. Des couples d'instituteurs prennent en charge les écoles dites géminées pour éviter tout risque de promiscuité entre instituteurs et élèves filles, particulièrement lors des récréations. La loi Bernier du 12 février 1933 la rend obligatoire, le ministre Anatole de Monzie s'emploie à la faire appliquer. Mais il faut mettre les écoles en conformité : construire des toilettes privées, séparer les cours... Cette « promiscuité » entre les sexes inquiète les familles. Et l'Église : on peut compter sur son soutien actif à des actions comme la grève scolaire. Les élèves sont alors accueillis dans des écoles religieuses ouvertes spécialement pour la circonstance[1]. C'est déjà Vichy avant Vichy ; car dès 1934, Pétain alors ministre de la Guerre se déclare publiquement inquiet des menées de ce personnel éducatif qui « se donne pour objet de détruire l'État et la société ».

À la Libération, tout rentre dans l'ordre : les garçons quittent l'école de ma mère.

La non-mixité, corrigée partiellement au primaire par des tentatives de « gémination », a donc été pendant longtemps de règle dans l'enseignement en France. Pour ma part, je n'ai connu que ce régime dans toute ma scolarité, agrégation comprise. L'année 1881 a vu la création par Camille Sée de l'École normale supérieure, suivie en 1883 des premiers concours d'agrégation féminine. La question de leur fusion, posée entre les deux guerres, ne sera pas résolue avant les années 70. Mais depuis un demi-siècle les programmes sont les mêmes. Et c'est déjà beaucoup, car longtemps, ce n'a pas été le cas. Seules les formes d'éducation les plus avancées comme les « écoles mutuelles » au XIXe mettaient en pratique une identité de programme, sans aller jusqu'à la mixité.

La Révolution s'était bien gardée de toucher au principe de la séparation des sexes dans l'école comme dans l'éducation en général. Posé déjà par la Réforme catholique (XVIe-XVIIe siècle) « pour des raisons de moralité[2] », ce principe ne semble pas devoir être remis fondamentalement en cause par les révolutionnaires. Sauf par Condorcet. « L'instruction doit être donnée en commun », écrit-il dans le *Premier mémoire sur l'instruction publique*. La mixité est possible dans l'école élémentaire, à condition que soient respectées certaines dispositions d'enseignement afin que les filles demeurent préparées à leurs futurs devoirs de mères de famille : ces dispositions perdureront jusqu'en 1968. J'ai été astreinte durant toutes mes années de lycée à des « cours de couture » dont je crains de n'avoir pas tiré grand bénéfice.

La mixité ne s'est généralisée que dans les années 60 – avec la circulaire du 15 juin 1965, la mixité devint le « régime normal de l'enseignement primaire ». Avant de s'étendre à tous les établissements scolaires en 1975.

Aujourd'hui, où elle est définitivement établie, la mixité se voit cependant discutée : il semblerait qu'elle ne favorise ni l'égalité des chances ni l'égalité de résultats entre filles et garçons. Loin de lutter contre les stéréotypes liés au genre, il arrive que la mixité les renforce. On observe ainsi, dès les petites classes et au collège, de la part des professeurs, un traitement inconsciemment différencié selon le sexe des élèves. Les filles sont réputées plus littéraires, on manifeste de plus grandes attentes envers les garçons dans les matières scientifiques. Et pour qui fréquente régulièrement des classes de collège, ce qui est mon cas, deux observations le confirment : les garçons prennent bien plus facilement la parole, même sans y être conviés. Et certaines activités sont sexuellement marquées ; la lecture, par exemple, est considérée comme un « truc de filles » et donc, de ce fait, dévaluée. Alors, la séparation, condition paradoxale de l'égalité ? Non, à l'évidence. Mais la mixité sexuelle oblige à une attention vigilante sur ses effets négatifs.

Paradoxe de la séparation : dans les classes sexuellement homogènes que j'ai connues, les dispositions, littéraires ou scientifiques, ne pouvaient pas, par définition, relever du genre. La séparation des sexes n'était pas vécue par les filles comme une relégation, ou une humiliation : filles et garçons, quoique séparés, nous étions de jeunes citoyens, égaux, selon la Déclaration des droits de l'homme, « par-delà les différences », dont la différence sexuelle. La preuve, un enseignement rigoureusement égal à celui que recevaient les garçons – à l'exception notable du « cours de couture ». Mais nous ne mesurions pas, cependant, qu'il n'offrirait pas aux filles les mêmes ouvertures qu'aux garçons. Qu'après le bac, ou sans lui, les filles ne poursuivraient que rarement leurs études, et dans des filières très particulières ; entre autres, l'enseignement. J'étais tellement pénétrée de l'idée d'égalité que je sursautais quand, s'agissant d'un garçon qui avait de mauvais résultats à l'école, j'entendais la fameuse formule : « Faire des études était tout de même moins important pour une fille. » Mais la question de l'égalité des sexes était résolue une fois pour toutes, à mes yeux, dans l'exemple que me donnaient mes propres parents, au rebours de ce que je pouvais observer autour de moi, dans ma famille, au village. Les historiens de l'école républicaine ont plus d'une fois noté que, dans les couches populaires, ce sont les « couples d'instituteurs » qui ont donné un des premiers exemples d'égalité parfaite entre les sexes. Ils avaient reçu la même formation, ils exerçaient le même métier, ils avaient les mêmes charges et les mêmes responsabilités quotidiennes. Je ne surpris jamais aucun de mes parents prenant une supériorité sur l'autre et, dans la vie quotidienne, la répartition des tâches entre eux ne faisait pas l'objet d'une démonstration ostentatoire des qualités supposées (et des défauts) de l'autre sexe, que j'entendais souvent évoquer dans ma famille ou celle de mes amis. C'était tout autre chose, dans les fermes, ou au village. Les façons de faire des femmes, leur langage, leurs choix ou leurs ambitions de vie étaient profondément différents de ceux des hommes. Et leurs perspectives, même dans ce champ modeste d'action, infiniment plus étroites. Mais au fond, je n'y trouvais rien à redire, parce que je ne me sentais ni menacée, ni même directement concernée. C'était une des formes de la distance qu'entretenaient l'école, et ses instituteurs, à l'égard du monde rural, paysan. J'y reviendrai plus loin.

On touche ici aux limites de l'idéal républicain, et à ses ambiguïtés constitutives. Pour la république, et son école, l'égalité des individus repose sur leur arrachement aux diverses déterminations que sont l'origine, la religion, la « race », le sexe. Cet universalisme fut au XIXe siècle une condition nécessaire pour que la république s'impose et devienne légitime. Cette « indifférence aux différences » demeure toujours une condition nécessaire du « vivre ensemble », à chaque fois que renaît la tentation de puiser dans l'origine, la religion, le sexe un motif d'exclusion. En même temps, elle nous rend aveugles à certaines discriminations, comme celles qui frappent les femmes. Simone de Beauvoir a dit comment il lui avait fallu une incitation extérieure pour commencer à réfléchir sur le statut particulier des femmes, leur « secondarisation », dont rien ne l'avait frappée dans son expérience propre. En résumé : la question des femmes est, pour la république et son école, une tache aveugle. L'école de la république arrache les petites filles aux congrégations, ce qui était indispensable, mais les éduque séparément au nom de leur « nature » spécifique et de la vocation prétendue qui en découle, la famille, la maternité. Elle leur permet ainsi une émancipation et une éducation citoyenne par le savoir (il y manque encore le droite de vote, tard venu).

Mais non leur libération, en tant que femmes, de la condition qui leur est faite.

Ma génération et les générations suivantes ont reçu de plein fouet cette interrogation, et une violente remise en cause de ce principe d'indifférence aux différences. Aujourd'hui, la revendication d'une différence est au cœur d'une revendication d'identité, notamment dans des populations issues de la colonisation. La demande de reconnaissance des différences religieuses, ethniques, sexuelles est devenue la condition d'une intégration réussie. D'où ma question : nos concitoyens d'origine ou de culture arabo-musulmane devraient-ils être les derniers à se voir reconnaître des formes d'appartenance collective aujourd'hui considérées comme parfaitement compatibles avec l'identité nationale ?

50

Front populaire et guerre d'Espagne

Quand, fin 1937, mes parents font leur première rentrée à S., ils ne savent pas qu'ils entrent dans les dernières années du bonheur d'avant-guerre. Tout se conjugue pourtant pour l'annoncer.

Le Front populaire date d'à peine plus d'un an (élections de mai 36) et dans quelques mois il sera mort (élection d'avril 38). Et avec lui se termine une expérience que, de leur aveu, ils ne reverront jamais. La victoire de François Mitterrand en 1981 n'en sera qu'un pâle écho. En 36, le Front populaire leur est apparu comme la réalisation de leur rêve de justice sociale et d'émancipation ouvrière, et ils n'ont pas tort. En deux ans un gouvernement de gauche est à l'origine d'avancées sociales considérables, une vraie révolution dans la société française de l'époque. Mise en place du droit syndical, de la semaine de travail de quarante heures, des premiers congés payés, de la scolarité obligatoire jusqu'à quatorze ans[1]. Parenthèse enchantée, ou « belle illusion », selon la formule de Pascal Ory[2] ? Qui définit ainsi le Front populaire : « un dessein radical-socialiste, une dynamique socialiste, une présence communiste ». Le Front populaire a été rendu possible par le revirement de Maurice Thorez qui en 1934 lance sa fameuse formule « Face au front de la réaction et du fascisme, le front populaire de la liberté, du travail et de la paix ». Virage à 180 degrés. Quelques années plus tôt, c'était la stratégie « classe contre classe », et Aragon retour d'Union soviétique : « Feu sur Léon Blum, feu sur les ours savants de la social-démocratie. » La défiance que mes parents garderont toute leur vie envers les communistes remonte à ces moments-là et à des revirements clairement dictés par Moscou : violent rejet dans le début des années 30 de toute alliance avec les socialistes, Front populaire en 1936, approbation en 1939 du pacte germano-soviétique.

C'est aussi l'héritage de l'antibolchevisme de Clemenceau. Un « républicanisme » anticlérical, anticommuniste, devenu progressivement un socialisme à la Léon Blum, égalitaire, mais respectueux des hiérarchies que donne le savoir : telle est l'atmosphère politique dans laquelle de jeunes instituteurs découvrent à la fois la vie enseignante, la vie syndicale, et forgent les grandes lignes du monde dans lequel ils vont mener leur vie personnelle. Je la reconstitue sans hésitation, même si je n'ai jamais sur ces sujets posé à mes parents, quand j'aurais pu le faire, des questions explicites. Je dispose pour cela d'un sentiment intime, très puissant. Ce ne sont pas des choses qu'on m'a apprises, ce sont des choses que j'ai comprises, dans la vie de chaque jour, à travers des mots, des attitudes, une conduite. Clemenceau, le « premier flic » de France, n'avait pas l'aval de la SFIO mais il demeurera toujours (aux yeux de mes parents) une figure respectée. J'ai visité dans les années 90 avec ma mère, et non sans une émotion propre du reste, la maison de Clemenceau à Saint-Vincent-sur-Jard. Ma mère regarde chaque objet avec une attention silencieuse. Clemenceau, c'est le « père la Victoire », c'est aussi celui qui, maire de Montmartre en 1870, avait adressé cette instruction aux écoles de son arrondissement : « Vous n'avez, en tant qu'instituteurs, aucun ordre à recevoir du curé de votre paroisse. » Passe au second plan la figure du « briseur de grèves », très exagérée du reste, qui pèse durablement sur sa mémoire. Car il est aussi celui qui « s'est élevé contre un système de conquêtes lointaines » lorsque « Jules Ferry, abandonnant jusqu'aux apparences de l'anticléricalisme, s'allia avec le clergé dans des entreprises fructueuses seulement pour quelques capitalistes privilégiés » (Anatole France, *L'Humanité* du 31 octobre 1906).

Mais c'est peut-être avant tout, datant des années de leur enfance, le souvenir du Cartel des gauches, victoire, à travers une fragile coalition, pour les couches populaires sorties meurtries de la Grande Guerre, espérance que remplira seulement une dizaine d'années plus tard le Front populaire. Illustration : ma mère née en 1912, passe le certificat d'études en 1924. Tard dans sa vie, elle se demandait « si elle avait bien fait dans son devoir d'histoire de parler du Cartel des gauches ? ». Je ne sais pas quel était le programme, ni le sujet de l'examen. Que ma mère, d'une famille très modeste, ait pu faire preuve d'une telle maturité à douze ans, cela donne une certaine idée de ces années-là, de son école, de ce qu'on attendait de l'enfance, même populaire. Cela témoigne aussi du retentissement, dans les classes pauvres, chez sa grand-mère et son mari, ouvrier peintre en bâtiment, de la victoire (éphémère) d'une France populaire, laïque et pacifiste, contre le capital et la « réaction » (catholique). Une victoire traduite dans de grandes manifestations unitaires, comme la translation des cendres de Jaurès au Panthéon en novembre 1924.

Le Cartel des gauches a laissé les communistes dans l'opposition et l'antibolchevisme en est le ciment. Son successeur, l'anticommunisme, va rester longtemps très puissant en France. À l'extrême droite mais aussi dans la gauche républicaine, qui avait répandu l'image, en 1919, de l'« homme au couteau entre les dents ». Les socialistes seront l'objet d'une défiance durable, on les juge parfois trop proches du bolchevisme. Pour Léon Blum du reste, s'il est vrai que « le socialisme veut opérer une transformation totale du régime de la propriété », le bolchevisme n'est qu'une déviance, une hérésie antidémocratique qui s'est détachée de la souche socialiste.

Ces jeunes instituteurs républicains, la guerre d'Espagne les secoue profondément. Le « Frente Popular » est né quelques mois avant le Front populaire français, et il a subi dès juillet le coup d'État fasciste de Franco, déclenchant une guerre atroce. Après la chute de la Catalogne, à la fin de janvier 1939, un couple de nos amis, instituteurs comme eux, adoptera deux petits garçons. Les républicains ont les mêmes ennemis de part et d'autre des Pyrénées : la droite, qui en Espagne ose un odieux jeu de mots, « *Frente Popular, Frente Crapular* ». Et pourtant la gauche et le Front populaire ne le soutiennent pas. La guerre d'Espagne est la zone d'ombre du militantisme de la gauche non communiste des années 30. Mon père n'aimait pas que dans les années 60 mes amis et moi, étudiants d'extrême gauche, nous émettions un jugement sévère (et péremptoire) sur la politique de non-intervention de Léon Blum. Je ne me souviens pas sans honte de ces affrontements avec mon père où je réglais certainement d'autres comptes ; je me contentais en fait de répéter ce que j'avais appris auprès de militants alors admirés. Mais je n'avais cependant pas tout à fait tort. Les insurgés « nationalistes », soutenus par les dirigeants de l'Église catholique, avaient très vite reçu l'appui militaire de l'Allemagne nazie et de l'Italie fasciste. En face, le gouvernement républicain, légalement élu, aurait dû pouvoir compter sur l'aide du Front populaire français. Léon Blum, le Parti radical et la majorité des socialistes français, le refusèrent « au nom du maintien de la paix en Europe ». De fait, les républicains espagnols ne furent soutenus que par l'URSS (en échange du transfert à Moscou des réserves d'or du gouvernement) et l'Internationale communiste, qui organisa les Brigades internationales.

Frédéric Dabouis dans sa préface à l'article de Maurice Poperen « Le mouvement ouvrier angevin (1914-1948)[3] » : « La gauche française se divisa sur la question de l'aide à l'Espagne. La majorité des socialistes, des syndicalistes (notamment les proches de René Belin) et des pacifistes se rangea du côté de la non-intervention pour ne pas risquer un affrontement direct avec l'Allemagne nazie et donc une seconde guerre sinon mondiale, du moins européenne. Nous savons aujourd'hui que c'était reculer pour mieux sauter. » René Belin devait par la suite rallier le régime de Vichy. Pour Frédéric Dabouis, le texte de Maurice

Poperen témoigne de cet embarras : son étude fait l'impasse sur la crise qu'aurait dû entraîner la « non-intervention » ; également sur les conséquences du soutien aux accords de Munich. C'est que les deux sont liés. Les accords de Munich rencontrent l'approbation d'une grande partie de la population, c'est le « lâche soulagement » dont parle Léon Blum, partagé comme il le disait lui-même entre ce sentiment et la « honte ». De cela, Maurice Poperen ne dit pas un mot. Il avait adhéré à la LICP (Ligue internationale des combattants de la paix) dont le président Félicien Challaye alla même jusqu'à faire un voyage en Allemagne nazie pour favoriser le « rapprochement franco-allemand », en septembre 1938, au moment de la crise de Munich. Challaye s'était prononcé en faveur de la non-intervention. Comme René Belin, il rejoignit ensuite le régime de Vichy.

L'étude de Maurice Poperen n'aborde pas non plus la question du pacte germano-soviétique dont la signature déclencha une vraie « chasse aux sorcières » dans les instances syndicales : « Ces dirigeants cégétistes qui sommaient les communistes de dénoncer le Pacte germano-soviétique au nom de la défense de la patrie suivirent par anticommunisme René Belin dans son adhésion à la Charte du travail du gouvernement de Vichy et donc dans la collaboration avec les autorités d'occupation. » Dont Louis Bertron, le syndicaliste ardoisier que mon père avait côtoyé à Trélazé.

Ces choix politiques entraînent une profonde division parmi les instituteurs de gauche. Et un antagonisme, dont ma mère me parla plus d'une fois (mais très tard dans sa vie), entre *L'école libératrice*, la revue à laquelle ils étaient abonnés, et *L'école émancipée*.

Organe officiel en 1912 de la Fédération nationale des syndicats d'instituteurs, *L'école émancipée* est une « revue pédagogique novatrice, expérimentale, antijacobine, féministe, pacifiste ». Revue d'inspiration libertaire, elle prône l'« ortograf simplifiée ». Mes parents résistaient beaucoup à l'introduction de ses méthodes d'enseignement. Ils les résumaient ainsi, sommairement : un enfant arrive aujourd'hui avec un hérisson, très bien, la leçon portera sur le hérisson. Thèse reprise en 1989, selon laquelle ce n'est pas le savoir, mais l'élève qui est au centre de l'école[4], ou encore que le savoir « se construit ensemble » : le refus de toute pratique autoritaire de la transmission devient alors un dogme, absurde dans son application.

Mais c'est plus encore la question du communisme qui va opposer *L'école émancipée* à *L'école libératrice*, devenue en 1929 l'hebdomadaire du Syndicat des instituteurs, qui a rejoint la CGT. Avec la CGTU, *L'école émancipée* s'est alignée progressivement sur le parti communiste[5]. Paradoxe : l'école « libérée » se met au service du moins libéral des régimes, celui de l'Union soviétique en train de basculer dans le stalinisme ! Il est vrai que l'Union soviétique s'est ouverte, dans ses débuts, à des pédagogies novatrices, comme celle de Makarenko – qui avait forgé son expérience dans une colonie pour délinquants, la colonie Gorki, une « vraie caverne de voleurs », dit-il[6]. L'hostilité à Célestin Freinet, chez mes parents et ceux qui la partagent, relève donc de l'anticommunisme de la SFIO[7].

Mais ce sont aussi deux visions pédagogiques opposées : pour Freinet, c'est l'école qui doit être libérée. Pour Alain, c'est l'école qui libère. *L'école libératrice* ouvre ses colonnes à ses *Propos sur l'éducation* mais aussi à Georges Duhamel et Jean Guéhenno. On retrouvera cet antagonisme, presque intégralement, dans la querelle des années 90 entre les « pédagogistes » et les « républicains ».

1938 : fin de partie, Daladier a « remis la France au travail », et il signe, en septembre, les accords de Munich, avec la grande majorité de la gauche socialiste. Le « lâche soulagement » de Léon Blum, je suis sûre que mes parents l'ont partagé. Et il faut bien voir ce qui va se passer : ces deux revues, que tout sépare, vont après la défaite se trouver un point commun, le pacifisme. Sous le régime de Vichy, le SNI est dissous. Il se reconstitue clandestinement, mais ses militants, fortement marqués par leurs engagements pacifistes des années 20, se tiennent à l'écart de toute activité militante, sans collaborer. Quant aux militants de l'École émancipée, s'ils ne se compromettent pas avec Vichy ou avec les autorités d'occupation, ils « ne participent généralement pas non plus à une Résistance dominée par les courants nationalistes (incarnés par De Gaulle) ou staliniens » (Frédéric Dabouis). Ce qui n'empêcha pas Maurice Poperen, militant de l'École émancipée, instituteur à Villevêque, une petite commune située à 18 kilomètres au nord d'Angers, de venir en aide à des familles de résistants.

Je ne voudrais pas terminer ainsi, mais rester un petit moment sur cette fin des années 30, où en Espagne le désastre est total, où la république espagnole, violemment rejetée par la droite, reniée par la gauche, est définitivement écrasée. Prélude à Munich et à la défaite de juin 40. De cette période surgissent cependant quelques figures héroïques. Dont l'une d'entre elles, justement, est née à Angers en 1901. De parents socialistes. Père, douanier, mère, tricoteuse. Son nom : Yvonne Robert (voir la notice du « Maitron »). D'abord employée de banque puis assistante sociale et infirmière, elle adhère au parti communiste en 1923. Séjour à Moscou. En 1927, militante à Bagnolet, elle est membre de la commission féminine du PCF et fait partie d'un collectif qui assure la parution et la diffusion d'un journal communiste destiné aux femmes, *L'ouvrière*. En 36, elle est l'une des rares femmes dans les Brigades internationales, et rejoint l'Espagne comme infirmière, puis dirigeante d'un service d'hôpitaux. Après l'écrasement des forces républicaines en 1939, elle va travailler dans les camps du sud de la France où sont parqués les « camarades des Brigades », dont elle décrit la « situation horrible ».

Pendant la guerre, elle entrera dans la clandestinité.

Ni Bagnolet ni Angers n'ont de rue Yvonne-Robert. Je lui donnerais bien la rue Thiers, une rue à rebaptiser d'urgence. En attendant, je lui offre une églantine d'honneur.

51

Père pacifiste et prisonnier

1939 : c'est la guerre, je lui dois ma naissance, décidée (si j'ai bien interprété les confidences tardives, et voilées, de ma mère) au printemps 40 lors d'une des dernières permissions de mon père, mobilisé depuis septembre 39.

Le 3 septembre, après un ultimatum demandant le retrait des troupes allemandes qui ont envahi la Pologne, l'Angleterre puis la France déclarent la guerre au IIIe Reich. Georges Bonnet, ministre des Affaires étrangères, s'adresse à tous les chefs de mission diplomatique accrédités à Paris : « Par suite de l'agression dirigée par l'Allemagne contre la Pologne, l'état de guerre se trouve exister entre la France et l'Allemagne à dater du 3 septembre 1939, à 17 heures. » Le président du Conseil Édouard Daladier parle aux Français depuis son bureau à Matignon : « J'ai conscience d'avoir travaillé sans trêve ni répit contre la guerre jusqu'à la dernière minute. Je salue avec émotion et avec tendresse nos jeunes soldats, qui vont accomplir maintenant le devoir sacré que nous avons nous-même accompli. »

Depuis le 1er septembre, la mobilisation a commencé, depuis le 1er septembre mon père sait qu'il va peut-être devoir partir l'accomplir, ce « devoir sacré » dont parlent les manuels scolaires.

3 septembre. 17 heures. On disait encore à l'époque « 5 heures de l'après-midi ». La France n'est pas encore à l'heure « continen-

tale » qui sera imposée par l'occupant. Mes parents reviennent tout juste d'une de ces journées au bord de la Loire qui sont le quotidien de leurs vacances ; la rentrée n'est que dans quelques semaines. Mariés depuis deux ans, sans enfants, la guerre va en décider autrement, je les imagine, ma mère, les cheveux décolorés par le soleil, est en robe de cotonnade légère, elle a des espadrilles aux pieds, mon père, le teint bruni, porte un pantalon de toile et une chemise retroussée sur ses bras solides et fins. Ils ont juste eu le temps de déposer le matériel de pêche, le panier du pique-nique, ils ont ouvert la radio, par habitude, et voici qu'ils entendent ces mots de Daladier, « Nous faisons la guerre parce qu'on nous l'a imposée ». Ils m'ont souvent raconté leur stupeur, ils éteignent la radio, le silence descend sur eux. C'est la guerre.

Avec cette phrase, Daladier souhaite renforcer l'interprétation qu'il aurait voulu donner aux accords de Munich : nous ne sommes pas des défaitistes ; nous faisons la guerre puisque nous ne pouvons faire autrement. Il n'a accepté de signer un accord avec Hitler l'année précédente à Munich qu'à son corps défendant, affirme-t-il, sous la pression de Chamberlain et de Halifax, convaincu, d'autre part, que la France n'était pas en mesure de faire la guerre, vu la faiblesse de son aviation et la force du courant pacifiste. Un vrai traquenard, dira-t-il ensuite.

Mes parents sont assis à la table dans la grande cuisine avec sa cheminée imposante et son poste de radio posé sur le manteau. Le soleil décline doucement après cette après-midi qui aurait dû être suivie de beaucoup d'autres. C'est le début d'un cauchemar qui se terminera six ans plus tard : en juin 45, lorsque, plus maigre encore, et son visage brun marqué de fatigue, mon père débarquera du train de soldats rapatriés d'Italie où les prisonniers libérés ont passé près d'une année après la libération de leur camp. C'est un cauchemar privé, mais public aussi ; c'est la défaite du socialisme auquel ils ont toujours cru, un socialisme pacifiste, hanté par le souvenir de la Grande Guerre et de ses millions de morts. Comme une grande partie des instituteurs des années 30, ce qui les a préoccupés devant la montée du fascisme, c'est le désir de sauver la paix : « le problème le plus grave, le plus douloureux de l'heure[1] ». Tout cela a été étudié, je n'apporte rien de nouveau, je retrace simplement le cadre dans lequel une enfance républicaine, la mienne, a été formée. Socialistes, syndicalistes, pacifistes à la manière de ces années-là, comme beaucoup de leurs camarades et collègues. Comme cet instituteur du Calvados : « Opposer la violence à la violence des dictateurs c'est faire leur jeu et accepter la guerre. J'ai toujours été favorable au désarmement progressif, unilatéral et spectaculaire de mon pays pour assurer sa sécurité et son rayonnement international. » Ou cet autre, dans le Maine-et-Loire : « Nous ne pensions pas que de bonnes relations avec ces deux pays pouvaient être possibles, mais nous voulions espérer que nous pourrions vivre en paix avec eux ! »

C'est un pacifisme marqué par les horreurs de la Grande Guerre, un pacifisme à la Giono, et ils vont subir cette nouvelle guerre comme un crève-cœur, ainsi que le note Jean-Louis Crémieux-Brilhac : « Le pacifisme est un élément essentiel de leur bagage mental. » C'est la Première Guerre qui a tout changé. En 1914, Louis Pergaud, instituteur, républicain, socialiste, anticlérical, antimilitariste et pacifiste, auteur de *La guerre des boutons*, et du prix Goncourt 1910 *De Goupil à Margot*, très critique sur le « culte de la revanche », s'engage pourtant « de bon cœur » en tant que sous-lieutenant, prêt à sacrifier sa vie pour l'« amour de la patrie » qu'il enseignait à l'école. Il sera porté disparu en avril 1915. En 1939, les instituteurs pacifistes se soumettent, mais ce n'est pas forcément « de bon cœur » : ils sont persuadés que cette guerre n'est pas une guerre juste, au sens où l'a définie Alain. Pourtant, si. C'était une guerre juste, et nécessaire.

Alors, c'est la faute d'Alain, leur maître à penser, Alain le pacifiste, Alain le « Munichois », Alain qui préfère « l'Allemand » au général De Gaulle ? « Tragiques errances, platonisme politique ! » dit Michel Onfray dans *Les vertus de la foudre*. C'était donc ça, leur philosophe institutionnel, dont ils lisent régulièrement les *Propos* dans *L'école libératrice* ?

Le pacifisme d'Alain s'est forgé très tôt. C'est un « plus jamais ça », dans l'ombre portée de la Grande Guerre. Mais dans les années 30, il ne s'ajuste plus aux circonstances. Et Alain se montre incapable d'une révision de ses principes. Pourquoi ? Parce qu'ils sont le résultat d'une philosophie de l'éducation, à laquelle il ne peut renoncer, et dont il développera les principes jusque dans ses ultimes *Souvenirs sans égards* (1947). Écoutons-le[2]. La finalité de l'instruction, c'est l'égalité. La fin de la séparation entre l'élite et le peuple. C'est « la géométrie et le latin », où se forge la « civilisation véritable ». C'est enfin le pouvoir de dominer ses passions : « le pouvoir qu'acquiert le citoyen de tout comprendre et de dominer l'indignation, la colère, enfin toutes les passions qui font la guerre et multiplient les ruines et les massacres ».

On voit bien l'impasse. Dominer ses passions pour résister à la guerre n'enseigna pas à combattre ces ennemis de la « civilisation véritable » que sont les fascismes européens des années 30. Et cela va encore plus loin : le cœur de ce pacifisme désarmant, c'est son école, avec son abstraction, son universalisme abstrait ; sa morale kantienne. Péguy : « Le kantisme a les mains pures mais il n'a pas de mains.[3] » On pourrait dire des pacifistes et de leur « illusion persistante » ce que Nicole Racine écrit à propos de Giono : « Son pacifisme intégral, joint au désir de ne pas encourager le nationalisme antiallemand, lui masqua la spécificité expansionniste et raciste d'un régime dont il avait pourtant dénoncé le caractère totalitaire.[4] »

C'est dans cette idée-là de la république que j'ai été élevée. Et contre laquelle, à un moment, j'ai dû réagir. La république « des volontés pures et raisonnables » : l'expression est de Fouillée, cité par Péguy dans le même texte. Fouillée est le mari d'Augustine, née Tuillerie, auteur sous le pseudonyme de G. Bruno du *Tour de la France par deux enfants*.

CQFD.

À partir de septembre 39, c'est l'attente de l'affrontement. Mon père suit divers cantonnements. Mai 1940 : c'est la guerre.

Mon père la fait en Normandie, près de Bagnoles-de-l'Orne. Il est lieutenant d'artillerie de réserve (à cheval) parce qu'il a fait l'école des officiers de réserve à Saint-Maixent. Encerclé avec son unité, il est fait prisonnier sur parole, puisqu'il est officier. Il ne cherche pas à s'enfuir, il pense aux représailles sur les familles, ma mère est enceinte. Le voilà embarqué vers le Tyrol où il restera jusqu'en juin 45, un mois après le retour de la majorité des prisonniers. Rideau sur mon père à partir de juillet 40.

Quelques mois plus tard, je nais. « S'en soucier comme de l'an 40 » : pour expliquer cette expression passablement obscure, l'hypothèse la plus vraisemblable, c'est qu'elle signifie « s'en soucier comme de l'Alcoran », nom ancien du Coran… Pour nous dont c'est l'année de naissance, c'est une autre affaire. Une tache, un poids. L'an 40, c'est l'année de l'« étrange défaite[5] », les débuts d'un régime d'occupation militaire, avec son lot de lois déshonorantes. Et le début d'une époque qui verra périr entre 50 et 80 millions d'êtres humains. Est-on toujours en république ? On en discute encore. En un sens, oui, puisque c'est l'Assemblée nationale qui, le 10 juillet 1940, donnait tous pouvoirs au maréchal Philippe Pétain pour promulguer la nouvelle Constitution de l'État français. Mais le lendemain, ce dernier mettait fin à la IIIe République et la remplaçait par un gouvernement de collaboration avec l'Allemagne nazie, le « régime de Vichy ». Auparavant, Pétain a sciemment contribué à affaiblir la république : ministre de la Guerre, il a réduit lui-même de 603 millions à 470 les crédits militaires que le Parlement avait votés[6].

Nés dans ces années-là, nous sommes ainsi les enfants d'une génération malmenée. Nous avons été élevés par des parents qui demeureront tout le reste de leur vie tourmentés par le souvenir de catastrophes en cascade. Ils étaient enfants pendant la Grande Guerre, ils ont subi la seconde, connu au mieux la séparation, la captivité pour les hommes, la solitude pour les femmes… Notre enfance à nous se passera aux temps difficiles de la reconstruction : privations, secrets cachés, illusion d'unité dans un pays tout récemment encore déchiré et meurtri. Pendant ce temps, l'opprobre colonial continue de prospérer, avec ses effets, dont en Algérie le recul de l'instruction, pourtant bien rudimentaire. En 1944, huit Arabes sur neuf sont illettrés, alors qu'en 1847 « l'instruction en arabe était assez générale, du moins en ce qui concerne lire, écrire et compter[7] ». L'autre étant l'inévitable sursaut des colonisés, réprimé à Sétif, comme on le sait, au prix de milliers de morts.

52

Des camps pour les Arabes…

Tout à l'heure, je venais à peine d'écrire cette phrase, « Mon père est fait prisonnier près de Bagnoles-de-l'Orne », que je me pose une question : dans le million huit cent mille Français réduits à la même condition que lui, y avait-il des « indigènes » ? Évidemment, oui, puisqu'ils faisaient partie de notre empire colonial. Mais alors, que sont-ils devenus avec la défaite ? Ont-ils été envoyés en Allemagne ? Sont-ils rentrés chez eux ? Non, ils ne sont pas rentrés chez eux, ils n'ont pas été envoyés dans des camps en Allemagne, ils ont été prisonniers dans des camps en France, et gardés par des Français.

Je m'étais dit plus haut qu'un Arabe dans la France d'après la guerre, ce n'était rien d'autre qu'un « monzami » traversant nos villages à l'heure du crépuscule. Peut-être justement un de ces Arabes récemment libérés, qui n'étaient pas rentrés en Algérie. Faits prisonniers, retenus durant toute l'Occupation dans un camp allemand, gardés par des Français. Je viens de le découvrir. Jamais personne n'y a fait allusion, ni chez moi, ni autour de moi, ni plus tard. Il y a nous, et les autres ; il y a « notre » malheur français – qui nous rend aveugles à ce malheur-là, celui des « indigènes », dont on ne parle pas.

Notre empire colonial tout entier fait nos guerres sans savoir quelle guerre il fait[1]. Première Guerre mondiale : 25 000 Algériens sont morts pour la France. La France, ce n'est rien d'autre pour eux que l'administration coloniale qui contrôle leur douar. Mais ils la défendent. Seconde Guerre mondiale : plus de 170 000 Marocains, Algériens, Tunisiens et autres Africains (Sénégalais, Malgaches...) sont engagés. Un officier témoigne : « 60 % du corps expéditionnaire français en Italie était composé de soldats musulmans. C'est bien l'armée d'Afrique qui a ouvert la route de Rome ! » L'adjudant-chef tunisien Ahmed El Abed a été le premier militaire de l'armée française à pénétrer en Allemagne en 1945. À la défaite, en juin 40, 70 000 d'entre eux sont faits prisonniers. Les Allemands n'en veulent pas chez eux, ils restent donc en France. C'est un choix des Allemands, d'accord, mais là-dessus, porteurs de la même négation coloniale, européenne, « nous » étions d'accord.

Comme à chaque moment de ce récit, je me sers de ce que les historiens ont rassemblé pour éclairer l'enfant que je ne suis plus. Un article en ligne de « Cairn.info[2] » le dit clairement : la situation des musulmans venus d'Algérie, ou venus des protectorats et colonies françaises d'Afrique, faits prisonniers en 40 par l'Allemagne « n'a fait l'objet, jusqu'à présent, que de peu d'études. Les témoignages, écrits notamment, sont pratiquement inexistants, la quasi-totalité des indigènes nord-africains était analphabète. Les quelques officiers et sous-officiers lettrés en arabe ou bilingues n'ont laissé aucun témoignage écrit sur leur expérience ». Voilà qui est clair.

Mobilisés à partir de septembre 39, ils sont un peu plus de 84 000 présents sous les drapeaux, auxquels s'ajoutent 154 000 réservistes : 110 000 en Algérie, 40 000 pour la Tunisie et 4 000 pour le Maroc, chiffre ramené à 100 000 par suite de diverses causes de défaillance. Après la défaite (beaucoup n'eurent même pas l'occasion de combattre), les Allemands les internèrent dans des Frontstalags de la zone occupée qu'ils ne quittèrent plus jusqu'en 1944. Quelques-uns seulement furent envoyés en Allemagne. Au total, 60 000 musulmans algériens, 18 000 Marocains et 12 000 Tunisiens. Des listes furent communiquées dans les douars d'Afrique du Nord, mais sans grand souci des nombreuses homonymies qui les rendirent très inefficaces. 12 000 d'entre eux furent libérés par une ordonnance allemande de juillet 41. Beaucoup tentèrent de s'évader, car les conditions de détention étaient sévères, notamment à Laval. Des réseaux de résistants français les aident. Le plus dur, peut-être, c'est d'avoir eu pour gardiens des cadres français. Certains sont issus des départements d'outre-mer. Un prisonnier antillais du Frontstalag 194 (Châlons-sur-Marne) écrivait, en juin 1943 :« Il est amer d'être prisonnier de guerre et d'avoir en partie des Français comme gardiens, et douloureux de souffrir les effets d'une telle distinction, peut-être involontaire, alors qu'il s'agit de libération. Je suis antillais, puis-je dire que je suis français ? »

J'ai cité le camp de Laval, c'est une ville qui m'est chère, parce que nous y avions de bons amis, et parce que c'est la patrie d'Ambroise Paré, homme admirable entre tous. Mais Laval est trop loin pour que je puisse y rendre une visite dans mon séjour de janvier, et du reste, qu'aurais-je trouvé ? J'aurais aussi bien pu citer Rennes, Savenay, toutes ces villes entourent la région où j'ai passé mon enfance. Le Frontstalag 181 de Saumur est encore plus près de chez moi ; les cas de décès par tuberculose y furent nombreux. Il hébergeait 238 Français, 3 992 « indigènes » dont 1 400 en Arbeitskommandos, des Sénégalais surtout, et on compta 30 décès au cours du premier hiver. Il n'existait ni douche ni bains dans les camps. Mal soignés, mal vêtus, mal nourris, beaucoup travaillaient chez des paysans, ou pour le compte des Allemands. Les fêtes religieuses étaient respectées, des espaces de prière ménagés dans les baraques, et quelques lettrés, parmi eux, faisaient office d'imams. Les catholiques étaient autorisés à aller à la messe, ou à recevoir la visite d'un prêtre. Ils réclamaient des livres en français, et refusèrent les cours d'allemand qui leur étaient proposés. La plupart ne reçurent jamais de courrier de leurs familles. Et curieux de science raciale, les soldats allemands se bousculaient pour les voir, les toucher, les prendre en photo[3].

L'excellent site « Saumur-jadis » auquel j'ai eu recours déjà tant de fois pour ce livre et pour d'autres publie la photo d'un jeune officier allemand, souriant, désinvolte. La cigarette pendant entre deux doigts, il regarde avec une espèce de condescendance amusée un soldat prisonnier qui, lui, ne sourit pas du tout, il garde une expression farouche dans son visage d'un noir sombre et brillant sous le casque. Tout autour des poilus allemands se poilent.

Parfois on leur demande de danser. Et on joue avec eux aux boules. Ce sont les « visages oubliés » de la France occupée, pour reprendre le beau titre du livre d'Armelle Mabon, paru à La Découverte en 2010 (soixante-dix ans plus tard !).

Les camps de ces soldats venus de notre empire national se battre pour nous ainsi qu'ils l'avaient fait en 14 n'ont de stèles nulle part, sauf dans un ou deux rares cimetières, comme dans les Landes (Frontstalag 222).

53

… et pour quelques autres

Personne, jamais, ne me parla de ces camps. Pas davantage de celui où des Tsiganes furent internés. Car il y eut encore d'autres camps en France, pendant la guerre, dont les gardiens étaient des Français. L'un d'eux est beaucoup plus proche de « chez moi » que les camps des Algériens. C'est un camp où entre 1940 et 1946 furent enfermés plus de six mille Tsiganes, « hommes, femmes, vieillards, enfants, camps gérés par l'administration française[1] » : le camp de Montreuil-Bellay. Ses restes ont échappé de peu à la destruction complète ; François Hollande est venu assister le samedi 29 octobre 2016 à une cérémonie commémorative marquant le 70e anniversaire de la libération de ce « camp d'internement pour nomades ».

J'ai appris l'existence de ce camp il y a une quinzaine d'années environ. J'étais chez ma mère, à Angers. Par un article de journal. Je le lui montre. « Tu étais au courant ? — Non, pas du tout, me dit-elle. — Personne n'en parlait ? — Non, personne. » Je n'insiste pas. Je n'ai commencé que bien tard à m'intéresser au sort des Tsiganes. D'abord, en découvrant que leur sort avait été le même, sous le IIIe Reich, que celui des Juifs. Et ensuite, dans mes voyages en Europe centrale, à l'époque soviétique et après, leur sort ne s'étant pas amélioré avec la « chute du mur ». Personne n'en veut dans les deux républiques issues de l'éclatement de la Tchécoslovaquie. Même chose en Roumanie : un jour de 1991 où j'étais à Bucarest, j'ai été surprise de la violence et du mépris avec lesquels on me parlait d'eux. Même chose à Belgrade.

Mais chez nous ? N'avais-je pas senti tout enfant à quel point, dans nos villages, on ne les aimait pas ? Un mois ou deux par an ou seulement quelques semaines, des « gens du voyage » mettaient leurs enfants à l'école, ils n'étaient ni très assidus (comment auraient-ils pu l'être ?) ni très soignés (comment auraient-ils pu l'être aussi ?). Quelques roulottes tentaient de stationner sur notre belle place en pente douce au pied de l'église, notre mail planté de grands marronniers. On les renvoyait plus bas, en bordure du « petit canal », un ancien bras de la Loire. On disait : voilà les Gitans, les Manouches, les romanichels. Ou encore : les « romains-michels ». Ma mère fronçait les sourcils quand on disait que c'étaient des « voleurs de poules ». Elle disait aussi « pauvres gosses ! », mais, crainte des maladies, des poux, elle les faisait asseoir au fond de la classe. Ce n'est pas que ses petits paysans aient toujours été très propres, ils sentaient fort le chien mouillé, disait-elle, les jours de pluie. Mais eux, c'était encore autre chose, des visages graves, une étrangeté incontrôlable. Ils ne souriaient jamais. Je revois une petite fille aux yeux brillants, aux cheveux emmêlés. Placée au bout de la rangée, avec un vide entre elle et sa voisine. Elle ne disait pas un mot. Quelques jours après, elle avait disparu et il y avait les traces d'un feu près du petit canal.

Est-ce qu'ils allaient d'école en école, au fur et à mesure des déplacements de leurs parents ? Je ne sais pas.

Est-ce qu'on pensait au camp de Montreuil quand on les a vus revenir dans nos villages ? Eux-mêmes, en connaissaient-ils l'existence ?

Mais revenons au camp de Montreuil. N'ayant pas prévu de m'y rendre, ni en janvier ni en mars, je me suis cherché un guide. Et je l'ai trouvé, c'est Jacques Sigot, « instituteur de campagne ».

C'est à lui qu'on en doit la découverte[2]. Il n'avait pas voulu aller en Algérie faire la guerre. Renvoyé de l'école normale, puis suppléant en Picardie, il avait ensuite enseigné au Maroc, avant de se retrouver en 1971 à Montreuil-Bellay.

Un jour, au cours d'une marche à pied, il découvre des ruines près d'une zone industrielle. Il interroge les gens. On lui dit oh ! ce sont celles d'une ancienne poudrerie. Et puis il y a eu un camp pour « individus sans domicile fixe, nomades et forains, ayant le type romani ». Un camp de Tsiganes ? Il n'en revient pas. Oui, et c'est le plus important des 31 camps de France. Les prisonniers étaient gardés par des gendarmes et par de jeunes Français échappant ainsi au STO (travail obligatoire en Allemagne). Les Tsiganes ne quittèrent Montreuil qu'en janvier 45, mais pour être envoyés dans d'autres camps, comme celui de Jargeau dans l'Orléanais. Jacques Sigot découvre aussi que la municipalité a tenté d'en effacer les traces, l'aménagement d'un rond-point a fait disparaître le seul bâtiment intact. Il entreprend une monographie à partir des archives et des survivants, et la publie à compte d'auteur[3].

Je ne regrette pas de ne pas être allée à Montreuil en janvier 2017 ; c'était trop tard. Je viens après la bataille, porteuse d'une forme collective de honte dont on ne se décharge pas si aisément. J'aimais beaucoup la « ville close » de Montreuil, j'y suis allée une fois ou deux du temps de mon adolescence, c'est déjà un autre monde, le Saumurois, loin de nos vignes, de nos bocages, de notre Loire armoricaine. Pour voir son château, ses remparts. C'est une ville d'heureuse apparence. Mais aujourd'hui, non, le pittoresque ne marcherait plus. Pour m'y intéresser de nouveau, il y aurait bien une autre raison mais l'affaire des Tsiganes écrase, assombrit tout. C'est que Montreuil-Bellay abrita quelque temps un des hommes les plus singuliers, et pas des mieux connus, de l'époque des Lumières : le bénédictin philosophe dom Deschamps, chargé en 1757 de l'intendance et de la gestion des biens au prieuré Saint-Pierre de Montreuil-Bellay. Tout près de Montreuil, le directeur de la

« librairie » (l'impression des livres), Voyer d'Argenson, possède un château. C'est le protecteur des philosophes, à qui Diderot va dédier l'*Encyclopédie*. Entre d'Argenson et dom Deschamps le courant passe au premier regard, ils sont sur la même ligne intellectuelle, philosophique, d'un athéisme matérialiste sans concession. (Ça fait du bien, des figures comme ça en Anjou, il en faudrait davantage, notamment dans les sombres Mauges.) Ensemble, ils créent l'« académie des Ormes » où se rencontrent des académiciens, des philosophes, comme Voltaire, qui y séjourne régulièrement. Dom Deschamps travaille à un grand ouvrage sur l'« état de mœurs » qui naîtrait « d'une révolution complète et cartésienne au sens de la *tabula rasa*. "Il faudrait, pour y entrer, écrit-il, dans ses *Observations morales*, brûler non seulement nos livres, nos titres et nos papiers quelconques, mais détruire tout ce que nous appelons les belles productions de l'art"[4] ». En 1769, il se rend à Paris et rencontre Diderot : celui-ci clame son enthousiasme dans une lettre à Mme de Meaux : « [Selon son système] l'espèce humaine sera malheureuse tant qu'il y aura des rois, des prêtres, des magistrats, des lois, un tien, un mien, les mots de vices et de vertus. Jugez combien cet ouvrage, tout mal écrit qu'il est, a dû me faire plaisir, puisque je me suis retrouvé tout à coup dans le monde pour lequel j'étais né. »

... Mais je n'ai pas le cœur à poursuivre ces rêveries autour d'un siècle et d'une philosophie que j'ai eu pourtant plaisir à faire apparaître sur nos terres cléricales. Pèse sur moi un sentiment de responsabilité, de culpabilité diffuse, cette solidarité dans l'opprobre à laquelle on ne peut échapper, même si on était encore enfant au moment des faits. Je suis née, par une filiation bien plus large que la filiation biologique, de ces gens-là qui allaient en promenade le dimanche sur la route bordée de barbelés du camp, de ces gens-là qui, au lendemain de la guerre, ressassaient les difficultés d'approvisionnement dont ils avaient souffert...

Et je retourne aux photos de l'ancien camp, postées sur un

site de mémoire. Quelques rangées de pierres, qui témoignent du séjour de ces pauvres familles au teint basané. Un ensemble de baraques « vues d'un mirador ». Celle de la première stèle, payée de sa poche par Jacques Sigot. Et soudain sur une carte d'identité surgit un visage beau et fier, celui d'un jeune homme. Son nom : Henri Martin. Je déchiffre mal sa profession, je lis « bimbelotier ». La « bimbeloterie » ce sont « des jouets, des petits meubles, de menus objets sans valeur », me dit le *Dictionnaire de l'Académie*. Je vois. J'imagine comment il devait être accueilli, Henri Martin, dans nos bourgs, quand il frappait à la porte avec son petit éventaire.

Il est temps de quitter le camp de Montreuil. Mais décidément je n'en finirai pas si facilement avec Jacques Sigot. Sur une autre livraison de son blog, un nom attire mon regard, c'est celui de l'abbé Jollec. Je ne l'avais pas revu depuis l'histoire de la création par mon père du club de l'Églantine. Cette fois, il n'est plus à Trélazé, mais à Méron, commune voisine de Montreuil. Pourquoi ? Il y a été exilé « pour avoir défilé en 1936 avec le Front populaire ». Maintenant, à Montreuil, il ne s'occupe plus d'un club sportif. Mais, dit Jacques Sigot : « Le jeudi, il sortait les enfants de l'enceinte et les emmenait jouer dans la campagne environnante, n'oubliant jamais de leur distribuer quelques friandises. Trop de compassion, sans doute, et l'administration fit demander un jour à son évêque de lui interdire l'accès au camp. » Pour en témoigner, ces deux extraits de lettres des Archives départementales de Maine-et-Loire : De l'abbé Jollec, le 21 novembre 1941 : « Que vont devenir ces pauvres créatures lorsque les vents glacés vont balayer cette plaine dénudée [...] ? La mortalité et les épidémies peuvent s'y mettre très facilement. Ce qui presse le plus pour le moment, ce sont des vêtements, des chaussures, et surtout une suralimentation. » Réponse de l'administration en date du 27 décembre suivant : « L'abbé Jollec [...] vient de se rendre indésirable tant par son attitude débraillée que par les initiatives intempestives qu'il se permet à chaque instant. » Des religieuses et un instituteur ne furent pas en reste et firent ce qu'ils pouvaient en faveur des enfants tsiganes. Tous furent blâmés par leur hiérarchie.

Il me plaît, ce curé, je le fais églantinard d'honneur. Jacques Sigot rapporte qu'en 1945, il a sauté sur une mine en voulant secourir des démineurs. Et qu'il est mort en 1950 à la maison de retraite des prêtres de Beaupréau.

54

Angers et ses Juifs

La réalité de la Seconde Guerre mondiale, le nazisme et l'extermination des Juifs d'Europe, a tardé à s'imposer en France. Il a fallu attendre les années 60. Dans mon enfance et mon adolescence, j'ignore tout de la « question juive », de l'antisémitisme, de la présence de Juifs dans ma ville. Quand le terme « juif » apparaît dans la conversation, c'est comme adjectif, pour désigner un partenaire dur en affaires, qui ne vous fait pas de cadeau, notamment quand il s'agit d'argent. (Personne alors ne semble remarquer que c'est l'expression d'un vieil antisémitisme classique.) À Paris, dans le début des années 60, lorsque j'ai pour camarades en classe préparatoire deux jeunes filles juives venues d'Algérie, alors département français, c'est à peine si je comprends de quoi elles parlent. C'est l'« universalisme abstrait » de notre éducation républicaine qui nous rend aveugles à la différence, comme on dit aujourd'hui ? C'est bien plus : c'est une indifférence volontaire à la différence, c'est le souci de définir le citoyen par-delà les déterminations de sexe, de race, de religion. C'est un refus politique. À la jeune Olga qui lui demande ce que cela signifie d'être juif, Simone de Beauvoir répond sans hésiter : « Rien ! Les Juifs, ça n'existe pas, il n'y a que des hommes[1]. » De même Sartre, dans les *Réflexions sur la question juive* (1946) : « Le Juif est un homme que les autres hommes tiennent pour Juif. » La solution politique à l'antisémitisme ? C'est la révolution socialiste, la « société sans classes ». Car « c'est aussi pour les Juifs que nous ferons la révolution ». En ce qui me concerne, c'est le livre controversé de Jean-François Steiner, *Treblinka*, qui vient en 1965 rompre l'état d'ignorance où je suis plongée. Et me jeter dans une émotion et une agitation dont je peine à sortir pendant des semaines. Tout comme, quelques années plus tard, le film de Marcel Ophuls *Le chagrin et la pitié* (1969). C'est un coup d'arrêt définitif porté à une fiction : la représentation mythique d'un peuple de résistants. Les idéaux républicains ? Qu'en restait-il ? La France s'était déshonorée dans la répression des mouvements d'indépendance anticoloniaux. Voici que je la découvrais complice quelques années plus tôt de l'extermination des Juifs.

Mais durant mes années d'enfance, et d'adolescence, c'est un silence et comme un énorme tabou. Et pourtant il me semble qu'à un moment le rideau a failli se déchirer. Deux fois par an, un médecin scolaire venait en visite obligatoire à l'école. Ma mère, avec un peu d'anxiété, rassemblait les enfants dans un bâtiment proche de l'école, la « Pouponnière ». Un par un nous passions devant lui, je me souviens d'une silhouette voûtée, d'un visage barbu et creusé, d'un accent que tout le monde commentait, et même imitait, j'allais dire « innocemment ». Mais de quoi était faite l'innocence, vers 1948 ? Il s'appelait le docteur Bartmann : l'ombre était sur lui. Elle nous intimidait. De quel malheur était-il le survivant ? Des camps ? Mais dans ces années-là, les « camps », c'étaient les camps de prisonniers ou ceux où avaient été envoyés les « déportés ». Ce qui fait remonter un autre souvenir, de ces mêmes années, celui d'un Italien qu'on aimait bien au village, mais avec cette légère condescendance envers les étrangers. Une défiance. Son nom ? Je ne l'ai jamais su. On l'appelait « Dasso ». Dasso avait toujours le sourire. Dasso avait été quelque temps chauffeur de maison. Dasso rendait des services et laissait des ardoises dans les commerces. Était-il lié à de sombres trafics ? Je n'en sais rien. Quel était son passé ? Dasso, c'était sa façon de prononcer le nom du camp de Dachau – « Dachô », à la française – où il avait séjourné. À quel moment ? Combien de temps ? Pour quel motif ? Droit commun, résistance ? Était-il juif ?

Le lycée dans lequel je fais mon entrée au début des années 50 a été marqué pendant l'Occupation, quand il était encore un collège de jeunes filles, par l'arrestation le 5 février 1943 de l'économe, de la directrice, Marie Talet, de plusieurs de ses professeurs : Anne-Marie Baudin, professeur d'anglais ; Marthe Mourbel, professeur de philosophie ; Jeanne Letourneau, professeur d'arts plastiques ; et Marie-Madeleine James. Marie Talet, accusée d'avoir un « esprit antiallemand » et d'avoir hébergé des petites filles juives, est incarcérée à la prison d'Angers, transférée à Romainville, puis à Compiègne, et déportée avec ses collègues. Elle meurt de la dysenterie le 14 décembre 1944. Lucienne Simier, Jeanne Letourneau et Marie-Madeleine James reviennent à Angers le 18 avril 1945. « Mlle Letourneau » fut mon professeur de dessin, comme elle avait été celui de ma mère à l'école normale d'institutrices d'Angers. Je n'ai pas oublié sa maigreur, ni son beau visage sévère qui ne souriait jamais.

Reprenons. 1940. La république a cédé la place à un État félon, un État traître que chacun, dans les petites maisons du village comme dans les châteaux des propriétaires, subit sans l'avoir forcément approuvé. Mais sans se manifester non plus trop bruyamment. C'est le temps de « la guerre », un état presque stable, qui va durer quatre ans, le régime d'Occupation et de collaboration. On se livre à quelques trafics, on subit des restrictions alimentaires, on attend le retour des prisonniers.

Mais qui va au fond des choses ? De ce qui s'est mis en place en 40, dès le début de l'Occupation, le mois même où je suis née, octobre ? C'est le mois des lois antijuives de Vichy. Lois qui visaient, entre autres, « à ôter aux Juifs toute influence politique » en énumérant la liste des interdictions professionnelles, notamment dans la fonction publique. « Il est interdit aux Juifs d'exercer la profession de fonctionnaire, enseignant, journaliste, dirigeant de certaines entreprises. » Une circulaire a été adressée par les autorités du nouveau régime à l'ensemble des recteurs et inspecteurs d'académie du pays puis complétée le 4 novembre 1940. Chaque fonctionnaire devra remplir une déclaration individuelle sur son appartenance ou sa non-appartenance à la « race » juive. Les responsables de chaque académie en sont chargés[2]. Mon père, instituteur, en est dispensé puisqu'il est alors prisonnier ; ma mère, elle, a nécessairement dû la signer, nous n'en avons jamais parlé. Et hors de France ? L'article 11 précise que la présente loi « est applicable à l'Algérie, aux colonies, pays de protectorat et territoires sous mandat ». Les Juifs d'Algérie se voient ainsi privés du statut qui leur avait été conféré en 1870 par le décret Crémieux, accordant aux 25 000 Juifs algériens la nationalité française qu'elle se refusait à accorder aux musulmans. Ceux-ci demeurent toujours soumis au régime de l'indigénat, lequel ne respecte pas les principes généraux du droit français. Au Maroc, le sultan s'oppose aux lois antijuives, mais en Algérie, par souci d'égalité, sans doute, le maire de Zeralda promulgue un édit qui est le point de départ d'une révolte noyée dans le sang : il a décidé d'interdire la plage de sa commune « aux Arabes et aux Juifs », sur un panneau l'interdisant déjà « aux chiens et aux chevaux ».

Rien de cela ne peut filtrer dans notre petite commune. La « question juive », qui la soulève ? Qui est au courant de ce qui se passe, au même moment, à Angers ? On ne m'a jamais parlé dans ma famille, ni au début de mon adolescence ni par la suite, de la situation pendant la guerre des Juifs de Maine-et-Loire. Une chape de silence s'était abattue sur tout cela peu après la guerre, et il faudra, pour la soulever, des travaux relativement récents. En cette matière, la référence majeure, indispensable, c'est l'historien Alain Jacobzone, ancien professeur d'histoire au lycée Bergson à Angers. Un article de février 2016 du *Courrier de l'Ouest* lui rend hommage : « Il a mis au jour ce que certains Angevins préféraient garder caché : la déportation des Juifs en Anjou. » Notamment avec son article « Les Juifs étrangers en Maine-et-Loire pendant la Seconde Guerre mondiale[3] ». Le père de Jacobzone, enfant, fut caché pendant la guerre comme « israélite » ; sa mère n'est pas juive, mais sa tante Suzanne Jacobzone fut révoquée par Vichy. Il est lui-même résolument athée, et il milite aujourd'hui au sein du collectif « Deux peuples, deux États » pour la création d'un État palestinien à côté de l'État israélien.

J'ai en ce moment sous les yeux le gros dossier réalisé par les élèves du lycée Bergson[4]. Les Juifs avant la guerre sont dans l'arrondissement d'Angers une infime part de la population, environ 200 personnes. Ils n'ont pas d'association et s'en remettent à Paris pour la livraison de pain azyme. Ce sont des réfugiés parisiens ou d'Alsace-Lorraine. Une partie d'entre eux sont nés en Europe de l'Est ou bien ont des parents originaires d'Europe de l'Est. Les premiers recensements ont lieu en octobre 40, en juin 42 le port de l'étoile devient obligatoire. Plusieurs rafles se succèdent, juillet 1942, 9 octobre 1942, janvier 1943 ; les dernières en mars 1944. Le préjugé antijuif, s'il est aggravé par la qualité d'« étranger », n'épargne en rien les Juifs français. Jacobzone : fondamentalement, tous les Juifs, même français, sont considérés comme des étrangers. « En juin 1942, lorsque se préparent les premières rafles de juillet, sur les 293 personnes inscrites sur l'état des Juifs de l'arrondissement d'Angers en octobre 1940, seules 29 sont nées dans le département et 67 s'y sont établies à des dates diverses, la plupart après les années 20. C'est dire si le monde juif en Anjou, en dehors même de toute considération de nationalité, est étranger à la province. » Seule une petite minorité d'entre eux reviendront vivants.

Le bilan pour le Maine-et-Loire est « particulièrement lourd », plus que le bilan moyen français. « Le Kommandeur de la SS, le Hauptsturmführer Ersnt qui dirige l'antenne Sipo SD d'Angers, a fait du zèle avec son adjoint Schulz Haike à la tête de la section IV B de la Gestapo, plus particulièrement chargée de la question juive. [...] Sans doute les nazis se sentent-ils en force à Angers puisque la ville est une capitale de l'administration allemande qui a la haute main sur 17 départements français s'étendant des Pyrénées à la pointe de la Bretagne. On peut estimer à 6 000 le nombre des Allemands occupant la ville. » Le rôle des auxiliaires français de la chasse aux Juifs est essentiel. « Aucun doute n'est possible : l'administration angevine de l'État français a prêté sans barguigner son concours à l'occupant dans ses opérations antijuives. » Après la deuxième vague de rafles, le préfet est fier d'annoncer au ministre de l'Intérieur que « malgré les difficultés de toutes sortes [il a] pu néanmoins assurer l'exécution de ces instructions [données par les SS] dans les meilleures conditions possible sans qu'aucun accident vienne à se produire. Une escorte de 22 gendarmes français a assuré le transfert jusqu'au camp de concentration de Drancy » (Jacobzone).

Nommé pour remplacer Pierre Ancel, « soupçonné » d'être « d'origine juive », le préfet Roussillon, d'abord préfet d'Angers, devient préfet régional lorsque Vichy crée cet échelon en 1941. Ces préfets de Vichy ont l'ambition de transformer le pays et de réaliser la Révolution nationale à marche forcée, sans grands moyens et dans un contexte désastreux[5]. On n'a aucun mal à trouver dans la haute administration ceux dont on a besoin : la dérive autoritaire des élites républicaines s'est accomplie sans effort. Le préfet régional a la responsabilité des trois départements voisins, et il va aussitôt entretenir les meilleures relations avec les autorités allemandes, dont Ernst, le Kommandeur SS[6]. L'Anjou est le chef-lieu militaire du Grand Ouest. La Gestapo à Angers était installée jusqu'en 1942 rue de la Préfecture à deux pas de la gare. À partir d'Angers, les Allemands contrôlent 26 départements, l'Université catholique de l'Ouest devient le siège de l'administration, les châteaux de Pignerolle et de Serrant, l'aérodrome d'Avrillé passent sous contrôle allemand. Angers aurait, dit-on aujourd'hui, manifesté une défiance croissante envers la collaboration. Mais la conférence de Jacques Doriot[7] au cirque-théâtre le 17 avril 1942 est tout de même suivie par 1 200 personnes. Parmi les agents les plus zélés de la Gestapo, on compte un certain Jacques Vasseur, gracié par De Gaulle en 1966, et mort en 2009 à Heidelberg où il s'était réfugié à sa sortie de prison. À son actif, 430 arrestations, 310 déportations et 230 morts à la Libération.

En 1943, le préfet Roussillon est remplacé par Charles Donati, pour son désaccord avec le zèle collaborationniste de Pierre Laval. Un numéro de *L'Ouest-Éclair* (30 avril 1942)[8] rapporte l'entretien que le préfet Roussillon vient d'avoir à Vichy avec le maréchal. « Je l'ai trouvé, dit-il, en possession de ses magnifiques moyens. » Quant à Pierre Laval, « il s'est minutieusement enquis des besoins de la région et a particulièrement insisté sur le caractère social qu'il comptait imprimer à son gouvernement, et sur le désir que, fils de paysan et paysan lui-même, il avait de réduire à l'indispensable les mesures de contrôle et d'inquisition qui pèsent sur la paysannerie ». De quoi susciter l'accord et même l'approbation de la population.

Qui ne font pas défaut aux mesures antijuives, accueillies par une presse enthousiaste. *Le petit courrier*, 19 octobre 1940, publication du premier statut des Juifs : « Le gouvernement, dans son œuvre de reconstruction nationale, a dû, dès les premiers jours, étudier le problème des Juifs et celui de certains étrangers qui, ayant abusé de notre hospitalité, n'ont pas peu contribué à la défaite. » Même chose déjà avec les Espagnols, lourde charge dont on voudrait bien se débarrasser. Le sous-préfet de Cholet en octobre 1939 : « Je tiens à vous signaler que la présence en France des réfugiés espagnols, hébergés et nourris aux frais de l'État (qui à l'heure actuelle a des charges plus impérieuses), est assez sévèrement appréciée par la population et par les maires de mon arrondissement qui ne cessent de me demander ce qu'on attend pour les renvoyer chez eux. » *Le petit courrier*, encore, à propos des camps de travail pour étrangers en novembre 1938 : « Ma foi, voilà qui est tout à fait bien et nous y applaudissons des deux mains [...] Nous en avons assez de voir les ouvriers français d'une entreprise vouloir continuer ou reprendre le travail et en être empêchés par quelque Schwartzeinkorpf ou autre Chahutsky. »

Arrêtés, les Juifs sont dirigés vers le grand séminaire de la rue Barra, puis le jour du départ vers la gare et le quai du Maroc. « Aujourd'hui, même s'il n'y a pas d'indication précise sur l'emplacement du quai du Maroc, on peut supposer qu'il se situe en face des bâtiments du Génie, derrière la caserne Éblé. Il n'est pas accessible au public, mais on peut l'apercevoir du haut du parking de la gare Saint-Laud. C'est un lieu stratégique, car il se situe à quelques pas de la gare d'Angers. On peut y regrouper beaucoup de monde en toute discrétion. C'est pour cette raison qu'il fut choisi comme lieu d'embarquement des déportés rassemblés à Angers de crainte qu'un départ depuis la gare ne suscite des troubles. » Le quai du Maroc, comme son nom l'indique, était autrefois un quai d'embarquement des troupes coloniales. C'est ici que le 20 juillet 1942, à 21 h 30, partit le convoi n° 8, le huitième convoi de Juifs en France, d'où son appellation. Il transportait 842 Juifs de tous les âges pour « aller faire les moissons en Ukraine ». Ils viennent de plusieurs villes de l'ouest de la France, dont Le Mans, Saumur, Nantes, Poitiers, Rennes, Niort ou Laval. Angers est donc très impliquée dans la déportation. Entassés dans des « wagons à bestiaux », ils sont dirigés après un arrêt à Paris directement sur Auschwitz… Le dossier du lycée Bergson répertorie les trois catégories d'Angevins déportés : « les Angevins ou réfugiés arrêtés à Angers (comme la famille Josefovicz ou Bergoffen), les enfants angevins arrêtés et regroupés au grand séminaire et aux Ponts-de-Cé (comme les enfants Czyzewsky âgés de six et deux ans) et les Angevins arrêtés hors Angers (Mme Velin, âgée de soixante-deux ans), sachant qu'ils sont séparés par sexe ».

Et c'est alors que je découvre les années dramatiques vécues par l'une de mes plus proches camarades de la classe de cinquième, Liliane Moscovici, récemment disparue, qui ne devait alors pas avoir plus de trois ou quatre ans. « Un exemple d'une Juste dans le Maine-et-Loire : Odette Bergoffen. En juillet 1942 le docteur Moscovici et ses deux frères, réfugiés à Vernoil, sont arrêtés puis déportés à Auschwitz. Odette Blanchet [agent de liaison du réseau Confrérie Notre-Dame-de-Castille], alors âgée de dix-huit ans, va faire preuve d'un immense courage. D'abord en aidant Mme Moscovici, la femme du docteur, à fuir jusqu'à la zone libre en passant la ligne de démarcation près de Tours. Leurs deux enfants, Liliane et Jean-Claude, étaient restés chez des voisins à Vernoil. Mais ils furent arrêtés à leur tour puis envoyés au camp de Drancy. » (Ailleurs on dit que c'est le maire du village qui demande à la SS de ne pas faire d'exception pour eux. Ils ont six et deux ans. Cf. mémorial de Yad Vashem.) Je reprends le récit. « Par miracle, ils arrivent à s'en extraire. Leur mère a alors demandé à Odette d'aller les chercher. Ce qu'elle a fait, avant d'aller la récupérer. Odette avait une tante à Morannes qui tenait une épicerie. Ils ont été hébergés par le curé de la commune, au bout d'un dortoir, et ils y resteront jusqu'à la fin de la guerre. Le titre de Juste parmi les Nations lui a été décerné le 10 mai 1994. »

Il se passe environ cinquante ans avant que le sort des Juifs persécutés ou déportés soit reconnu dans sa spécificité dans la ville d'Angers. Des plaques commémoratives sont apposées à la gare, ainsi que, en 2012, rue Barra, au grand séminaire, rebaptisé centre Saint-Jean. Et on donne à des rues le nom de ces oubliés, disparus à Auschwitz et de nos mémoires. Ainsi, en 1973, on a décidé de donner le nom d'Henriette Bicard à une rue du quartier de la Chalouère, à Angers, quartier ouvrier, quartier des anciennes usines Bessonneau. Déportée par le convoi n° 8 et morte à Auschwitz le 15 juillet 1942, Henriette Bicard est née à Metz en 1886. Commerçante installée à Angers en 1918, passionnée par le théâtre et la scène, elle est l'une des fondatrices du cercle l'« Anjou-Comédie » qui fait jouer dans l'entre-deux-guerres des pièces de Guitry ou de Feydeau au Quinconce et dans la salle Chemellier, sur le boulevard Foch. Salle pour des expositions, ouverte en 1904[9] dans les dépendances de l'ancien hôtel de Chemellier construit en 1770 sur les plans de l'architecte Michel Bardoul de La Bigotière. Une photo des années de la Grande Guerre montre un intérieur très 1900, avec de grands escaliers, une verrière, et un bel espace central limité par des colonnes.

Vous qui passez tout près de l'hôtel de ville, ou qui vous y rendez, ayez une pensée pour Henriette Bicard, et l'Anjou-Comédie. La république s'était honteusement éclipsée durant ces années-là, il ne faudrait pas qu'elle soit revenue amnésique de ce voyage.

55

« Démolition extérieure et putréfaction intérieure : les instituteurs » (Paul Claudel, 9 juillet 1940)

Je dois souvent me le redire : je ne suis pas née sous la IIIe République mais sous le régime de Vichy ; dans une école publique, mais sous le régime de Vichy, dont elle est une des cibles privilégiées. C'est une des raisons de l'attachement que je lui porte.

Avant l'établissement de la république et dans les débuts de la IIIe, l'école publique avait constitué, particulièrement dans cette partie cléricale de l'Anjou, un enjeu décisif. Les décisions du maréchal Pétain en faveur de l'école privée vont combler les attentes de ce vieux Maine-et-Loire, mon aimable vallée de naissance. Depuis le milieu du XIXe, on s'y bat pour instituer un « enseignement libre », c'est-à-dire asservi (Victor Hugo), afin d'en finir avec les révolutions et d'empêcher leur retour. C'est la loi Falloux de 1850, but d'une de mes premières explorations. C'est un peu plus tard la voix de quelqu'un qui n'aimait pourtant pas Falloux, le trouvait trop libéral, souvenons-nous du « fallouxéra », Mgr Freppel.

Pour le régime de Vichy, ce sont l'école laïque, l'« école sans Dieu », et ses instituteurs qui ont propagé ces doctrines qui « nous ont fait tant de mal » : le communisme, le pacifisme et l'internationalisme, les idéaux de la république, etc. En 1934 déjà, lors de son entrée au gouvernement, Pétain voulait, en plus du ministère de la Guerre, la tutelle de l'Éducation nationale ; il avait déclaré : « Je m'occuperai des instituteurs communistes. » *Revue des deux mondes*, 15 août 1940 : « Parmi les tâches qui s'imposent au gouvernement, il n'en est pas de plus importante que la réforme de l'éducation nationale. » Confondant « instruction » et « éducation », l'école s'est concentrée sur la formation de l'intelligence au détriment de l'« âme » et de la « personne ». L'« esprit de jouissance » l'a emporté, et la prétendue « neutralité » de l'école a déraciné les enfants en les coupant de leur terre et de leurs traditions.

Cette violente diatribe contre les instituteurs avait déjà trouvé des avocats illustres, comme Barrès se déchaînant à la Chambre contre les instituteurs, ces « prêtres manqués ». Ou Claudel. J'ai des amis qui ne peuvent ni lire Claudel ni voir son théâtre à cause de ça. Pas moi. J'essaie d'une manière générale d'être capable des deux : de le lire et même souvent, de l'admirer, et de ne rien céder sur la colère, oui la colère, que certains de ses propos m'inspirent. Par exemple ceux qu'il tient dans les cinq longs articles qu'il a consacrés pour *Le journal de Clichy* à « la faillite de l'école laïque[1] ». À côté de ça, la *Davidée Birot* de René Bazin, c'est de la petite bière. Je cite, en désordre, des extraits de son *Journal*. 24 septembre 1940, « Ma consolation est de voir la fin de cet immonde régime parlementaire qui, depuis des années, dévorait la France comme un cancer généralisé. C'est fini… de l'immonde tyrannie des bistrots, des francs-maçons, des métèques, des pions et des instituteurs… » Déjà, avant la guerre : 11 août 1937, « Les trois fléaux de la France sont la pornographie, l'alcool et les instituteurs primaires[2]. » Plus tôt, encore, dans les années 10, Claudel avait rejoint le concert d'accusations mené par Barrès et par le clergé catholique contre l'immoralité de l'école laïque, « la raison sans Dieu ne sait plus ce que c'est que le bien et le mal ». Sans doute les esprits supérieurs ont-ils entièrement renoncé, sauf « quelques Juifs et des savants d'État », aux balivernes d'un Hugo ou d'un Michelet. Mais elles continuent de régner dans l'esprit des « demi-habiles, des Homais d'arrière-loge, des primaires ». Et dans *Le pain dur* :

« Des journaux, des ministres, un Parlement, et toutes ces choses inexprimablement dégoûtantes. » C'est propre, ce qu'il y a parfois dans la tête de Claudel.

Mais sa cible principale, ce sont les instituteurs, les « primaires ». On joue sur les deux sens du mot. L'école primaire, c'est l'école du premier degré, qui porte jusque dans les campagnes l'idéal républicain. Mais primaire est aussi un adjectif ou même un « abjectif » substantivé, si j'ose dire. « Un primaire », il n'y a pas de façon plus méprisante de dire : c'est un esprit borné, un « sectaire », un demi-habile, selon la formule de Pascal. D'où la jubilation de Claudel en juillet 40 : on va en finir avec la république « des francs-maçons et des instituteurs ». Je n'ai pas retrouvé où il parle du « sale petit instituteur » mais je ne l'ai pas rêvé. Il me faut raconter, citer tout cela, pour rendre justice au combat tant décrié aujourd'hui pour l'école laïque, l'école publique, qui accepte tous les enfants, qui les accueille tous, dans la neutralité, sans distinction d'origine ou de croyance.

Vichy veut « faire de l'école l'antichambre de l'exaltation nationale[3] » : la « gueuse » haïe, et son école, ont trouvé à qui parler, à la grande satisfaction de leurs ennemis de toujours. Fin de l'idée d'une école unique, chère à Jean Zay, que la milice du régime finira par arracher de sa prison et exécuter. Activités sportives et travaux manuels (aux filles la couture, aux garçons la bêche), retour de l'enfant dans sa « communauté naturelle », « la famille, le terroir, la patrie ». Notons aussi la suppression par Vichy de la fonction de « délégué cantonal », créée par la loi Falloux pour « surveiller » les écoles et les « sentiments politiques et religieux des enseignants ». La loi Goblet du 30 octobre 1886 l'avait conservé, mais en réorientant complètement sa fonction et en la mettant au service de la république. Le délégué cantonal devient alors le représentant de la laïcité et de la république auprès de l'école, il va jouer un grand rôle dans l'enracinement de la république et de l'école laïque dans la société française.

Mais la grande question est celle de l'« école sans Dieu ». Stéphanie Corcy dans un dossier sur la « neutralité scolaire » et le gouvernement de Vichy[4] montre bien que si, dès le début, le gouvernement de l'État français s'est révélé favorable à l'Église, c'est que dès le début l'Église s'était ralliée à la Révolution nationale. Déjà, en 1938, les catholiques avaient engagé des négociations avec Daladier sur la question d'une aide à l'enseignement libre. « L'opinion catholique appuie la tentative de redressement national à laquelle préside Daladier. [Mais] la politique religieuse du gouvernement en resta aux "velléités", à tout le moins en métropole, et le gouvernement ne répondit pas à l'attente qui avait été mise en lui. » Ce qui est réclamé, c'est d'abord la suspension des mesures anticongréganistes, les congrégations n'étant en fait que tolérées (circulaire Malvy du 2 août 1914). La loi du 8 avril 1942 les autorise à exister sans enfreindre la loi. Dès le 15 octobre 1940, Georges Ripert, secrétaire d'État à l'Instruction publique et aux Beaux-Arts, autorise les élèves des écoles libres à bénéficier de la Caisse des écoles. C'est ensuite la question des « devoirs envers Dieu ». Supprimés dans les programmes par Paul Lapie en 1923, ils y seront réinscrits par son successeur, Jacques Chevalier. Des fêtes nouvelles ponctuent le calendrier scolaire : Sainte-Jeanne-d'Arc, Saint-Philippe, Assomption[5]. Catholique intégriste, Jacques Chevalier se coule immédiatement dans le moule de la Révolution nationale.

Deux lois du 6 janvier 1941 déclenchent cependant la guerre scolaire : la première introduit l'enseignement religieux dans les horaires normaux à titre d'option, autorisant les prêtres à le dispenser à l'école, la seconde donne aux communes le droit de subventionner les écoles libres. Une partie de l'opinion publique désapprouve la politique scolaire menée par Jacques Chevalier : elle y voit un retour du cléricalisme. L'Église évidemment l'accueille très favorablement, la gauche catholique un peu moins. Le journal *L'œuvre* et Marcel Déat entament une campagne contre la cléricalisation de l'école publique. C'est la presse collaborationniste qui prend donc la défense de la laïcité ! Début 41, Jacques Chevalier est remplacé par Jérôme Carcopino, qui par un arrêté du 10 mars 1941 remplace dans les programmes les « devoirs envers Dieu » par « les valeurs spirituelles, la patrie, la civilisation chrétienne ». Reste la question du crucifix, très embarrassante : Darlan et Carcopino sont d'accord, les crucifix à l'école risquent de blesser la population laïque. Le maréchal tranche. Les crucifix pourront être accrochés si le conseil municipal est d'accord, même quand l'instituteur est d'avis opposé.

Quant à l'aide à l'enseignement libre, Pétain exige de Carcopino que se développe en France, aux côtés d'une école publique assainie (*sic*) et fortifiée, « un enseignement libre, indépendant et protégé ». On pourra y pourvoir par la « répartition proportionnelle ». En Maine-et-Loire, l'enseignement privé va ainsi « disposer de plus en plus d'avantages et ceci dans un département où ce dernier est très bien implanté[6] ». Entre 1940 et 1944, les effectifs scolaires de l'enseignement privé sont en constante progression, passant de 39 632 élèves à 43 707. Quant au public, il est en régression. Un rapport de l'inspection académique (1944) observe que la supériorité des effectifs dans l'enseignement privé est « imputable à une concurrence qui se montre de plus en plus vive, grâce aux nombreux avantages obtenus depuis ces dernières années par l'enseignement privé : caisses des écoles ; cantines scolaires ; bourses d'entretien ; fortes subventions départementales (16 millions en 1942) à des écoles qui étaient loin d'être pauvres, dans un pays où elles sont patronnées par des châtelains, et par les riches fermiers, soutenues par des cures bien pourvues ».

La question de la laïcité, en résumé, demeurera confuse, et des plus délicates, car elle est identifiée à l'essence du régime, à la république[7], amalgamée avec le positivisme, la sociologie durkheimienne, le « matérialisme ». Carcopino se refuse « à un laïcisme qui tendrait plus ou moins sournoisement à transformer cette neutralité nécessaire en une sorte d'irréligion d'État ». La neutralité religieuse dans les écoles de l'État sera une école sans métaphysique, « inaccessible aux jeunes cerveaux ». Ce qui rassure Mgr Chappoulie, futur évêque d'Angers, alors délégué des cardinaux et archevêques de France auprès du gouvernement[8] : le monde catholique est satisfait de la « laïcité rationnelle » que Carcopino leur propose. Certains laïques se félicitent : « Les lois d'aide à l'enseignement libre donnent en tout cas à l'État un moyen de pression sur l'Église. » Mais la Résistance n'est pas d'accord : Carcopino, le « gauleiter de l'enseignement », est accusé de soutenir « la laïcité comme la corde soutient le pendu ».

L'enjeu décisif, c'est la formation des maîtres. Les écoles normales d'instituteurs sont supprimées à la rentrée de janvier 1941 comme « séminaires malfaisants de la démocratie » d'où sortent des « instituteurs imbus de laïcité et de socialisme ». À Angers, les élèves instituteurs et institutrices sont répartis dans les lycées Joachim-Du-Bellay pour les filles et David-d'Angers pour les garçons. Et rattachés aux instituts de formation professionnelle de Quimper et de Rennes, avant la mise en place, difficile, de l'IFP d'Angers. Les conditions matérielles sont précaires, et les élèves extrêmement choqués par l'arrestation de professeurs ou d'élèves juifs. Une lettre de Jérôme Carcopino en octobre 1941 les rappelle au devoir de transmettre l'esprit « de la Révolution nationale ». La Résistance se met en place très lentement dans le département, des instituteurs et des élèves maîtres y figurent presque aussitôt. Lors de ma visite à Noyant-la-Gravoyère, j'ai évoqué plus haut l'affaire René Brossard.

56

Mon père au Tyrol, ma mère dans son école

Automne 1940, ma mère a rouvert son école il y a juste trois ans, et maintenant, elle y est seule, mon père est prisonnier au Tyrol. Je nais. À la rentrée, elle doit héberger deux officiers allemands dans la grande maison. Sa grand-mère, qui l'a élevée, vient alors vivre avec elle. Les deux Allemands (« les Prussiens », dit mon arrière-grand-mère qui a vu à six ans, en 1870, la retraite de l'armée de Chanzy) sourient au-dessus de mon berceau et sortent des photos de leurs enfants. Mon arrière-grand-mère, ulcérée : et quoi encore ?, me rentre à l'intérieur en vitesse. D'autres arrivent, des soldats. Ils venaient du front de Russie, me disait ma mère, ils étaient affamés, ils allaient acheter de grosses mottes de beurre qu'ils dévoraient dans la rue, à pleines dents. Finalement on les loge ailleurs. Mon arrière-grand-mère retourne chez elle à Segré, et ma mère se retrouve seule avec moi dans la grande maison. On a installé une « salamandre », un petit poêle à feu continu, dans « la grande chambre », la seule dotée d'une cheminée. J'y dors aussi. Elle, elle ne dort pas. Elle écoute la radio, très bas, pour ne pas me réveiller, elle lit, Boylesve, Maurois, j'ai gardé tout ça. Dans ce monde de femmes, ma mère, sa propre grand-mère, et la mienne, il y a, chaque semaine, la venue de son frère aîné. Sa présence change tout : c'est le pôle de mon existence, je n'ai pourtant que deux, trois ans, je l'attends avec une impatience joyeuse, ses poches sont remplies de menus cadeaux, je m'accroche à ses grandes jambes, debout sur ses pieds, comme font les très petits enfants, et nous faisons ainsi, inlassablement, le tour de la cour et des jardins. Sa mort en 1979 a été le premier grand deuil de ma vie.

Ma mère doit faire face aux difficultés du temps de guerre : et elle le fait sans éclat, mais résolument. Dans la « classe unique » qu'elle gardera jusqu'à son départ de Savennières, elle accueille des petits garçons en section enfantine, et elle assure des repas, appuyée par la jeune bonne qui l'aide à tenir la maison. Une grande soupe de légumes cuit doucement sur le gros poêle près de l'estrade ; chacun des enfants apporte sa contribution en nature, on ne souffre pas d'autant de restrictions qu'en ville, beaucoup de familles ont des ressources limitées, encore réduites par l'économie de guerre, mais on a toujours des poireaux, des choux, des pommes de terre.

Bon gré, mal gré, ma mère, dans sa petite école, a dû se plier à l'idéologie du nouveau régime : les programmes scolaires de géographie sont revus pour diffuser les idées de la « Révolution nationale » et les horaires d'enseignement sont augmentés. Et comment s'y est-elle prise, ma mère, pour remplir le devoir que le nouveau ministre de l'Instruction publique, Jacques Chevalier, assigne aux instituteurs : « enseigner à tous les enfants les devoirs envers Dieu » ?

Durant toutes ces années, mon père est d'abord dans un oflag, on lui envoie régulièrement les colis réglementaires. Il s'est mis à l'étude des langues, l'allemand, l'espagnol. Il fait du théâtre. J'ai retrouvé des photos, pleines d'une gaieté inattendue quand on songe au cadre où elles ont été prises et aux atrocités qui se déroulaient ailleurs, dans des camps d'un autre type. Pleines d'ambiguïté aussi, ces images de jeunes hommes en robes décolletées et hauts talons. Me revient le nom d'un prisonnier qui joue un grand rôle dans le choix des pièces et la mise en scène, un certain Baelde, dont j'ignore le prénom, jusqu'au moment où je lance une recherche. Il était avocat à Poitiers, je crois me souvenir. Merveille, une fois de plus, de l'Internet, je découvre que Georges Baelde, en 1956, a fondé à Poitiers Les Amis du théâtre populaire. Il est mort en 1987, un an avant mon père. Pourquoi n'ont-ils jamais essayé de se revoir ?

D'autres noms encore donnent la mesure de ce que furent ces années de captivité. Parmi eux, un nom que mon père prononçait avec une émotion particulière : celui de Colas des Francs. Mon père noue avec lui une amitié profonde ; il n'en revient pas, des années après. Lui, l'instituteur « laïque », et Colas des Francs, un prêtre ! J'en ai su davantage sur Colas des Francs par un hasard, là encore, en rencontrant Françoise de Person à un salon du livre de Loire. Elle avait publié en 2008 aux Éditions La Salicaire un livre sur un certain Louis Colas Desfrancs, écuyer. J'avais toujours pensé que Colas était le prénom du curé des Francs. Mais non : la famille des Francs est une famille de vieille souche bretonne, et Michel Colas des Francs a fait l'objet en 1948 dans la Bibliothèque de l'École des chartes d'une nécrologie signée Jacques Boussard[1]. Chartiste, Colas des Francs entre dans les ordres, et juste avant la guerre, il est vicaire dans une paroisse ouvrière à l'époque où mon père était instituteur à Trélazé. Fait prisonnier en Normandie, il est interné au Tyrol et, selon Jacques Broussard, s'acquiert aussitôt l'admiration et l'amitié de tous. Le camp dispersé, il est envoyé à Nienburg. Il y est tué le 4 février 1945 par l'explosion d'une bombe perdue.

Mon père n'a jamais su comment il était mort.

1942 : depuis un moment, mon père a cessé de donner de ses nouvelles. Puis il en arrive de nouveau. Il est dans un Kommando, il a quitté l'oflag, lui, officier de réserve, pour rejoindre les simples soldats autorisés à travailler. La question du « travail volontaire » des officiers a divisé les Français dès le printemps 42, note Andréas Kusternig[2]. L'article 27 de la convention de Genève et le « code d'honneur » des officiers interdisent qu'on les y force. C'est donc un choix.

Mais pourquoi l'a-t-il fait ?

Il est exclu que ce soit par sympathie pour le nazisme, les régimes autoritaires lui font horreur, mais il est vrai que son pacifisme intégral lui a masqué, comme ce fut le cas de Giono, la spécificité expansionniste et raciste du régime hitlérien. Lui, et les quelques-uns qui l'ont accompagné dans cette démarche, ont-ils été manœuvrés par la propagande allemande et française très active dans les camps en faveur d'un « travail volontaire » destiné à édifier une Europe nouvelle[3] ? Il reconnaissait plus tard avoir connu là-bas un officier français qui lui semblait être une espèce d'agent double. D'autres, en revanche, ont rejoint des débuts de résistance qui, sous des formes variées, s'étaient mis en place dans certains camps dès 42. Des journaux clandestins avaient réussi à y pénétrer, dont *Défense de la France*. Y en avait-il dans son oflag ? Y a-t-il eu des affrontements avec eux ? Étaient-ce des communistes ? Peu probable dans un oflag : c'étaient plus probablement des gaullistes, et des officiers de droite. Justement, un désaccord politique s'était déclaré entre quelques officiers de réserve, dont il était, et les officiers d'active. À propos des journaux que les Allemands autorisaient au camp. Un jour, au camp, mon père lisait *L'œuvre*. Un officier l'apostrophe : Quoi, vous lisez *L'œuvre* ! Lui-même lisait *Gringoire*, disait mon père, qui lui répond : Dans le civil, je lisais *Le populaire*.

Précisons pour bien faire comprendre le sens de l'anecdote. *L'œuvre* était à l'origine un journal pacifiste et radical, qui avait publié *Le feu* de Barbusse, soutenu le Cartel des gauches et le Front populaire. Mais en mai 39, Marcel Déat y publie son fameux « Mourir pour Dantzig ? » qui conclut : « Les paysans français n'ont aucune envie de mourir pour les Poldèves. » Et en juillet 40, Déat qui en a pris la direction l'engage dans la voie de la collaboration. Quant à *Gringoire,* c'est le journal de la droite antiparlementaire, antisémite, hostile au communisme et au Front populaire, favorable au fascisme italien. Il a ouvert ses colonnes à la violente campagne qui a conduit au suicide de Roger Salengro, et il entre avec quelques-uns de ses journalistes dans une collaboration active. Pour son directeur, Horace de Carbuccia, c'est un soutien « de calcul » (Pascal Ory).

La décision de travailler a donc été la réponse, très certainement inadéquate, à une situation certainement intenable. Elle n'a pas été comprise, on a considéré qu'en quittant l'oflag, ces officiers avaient « travaillé pour l'Allemand », point trait. D'où, pour mon père et quelques-uns dans la même situation, des mois difficiles et une série d'épisodes, plus tard amnistiés, sur lesquels je ne m'étendrai pas. Mais il n'en a jamais démordu (dans la mesure où il en a parlé : très rarement, et à moi directement, jamais) : il était parti pour ne plus être mêlé à ces officiers d'active catholiques, de droite, dont, avant la guerre, tous ses choix le séparaient.

Cet épisode de sa captivité me fait saisir au vif l'un des traits de mon père : une solidarité indéfectible avec « le peuple » qui, en se combinant avec son pacifisme intégral, l'a momentanément égaré, comme elle en a égaré bien d'autres. Il ne veut pas s'éloigner de ce qu'il pense être ses racines familiales, sociales, profondes. Du côté de son propre père, une ascendance paysanne du Sud-Ouest. Du côté de sa mère, une famille des Mauges liée à la terre, à ses travaux, à la vigne. Une lignée d'employés, de domestiques, rouliers, journaliers, jardiniers sur la terre d'autrui jusqu'à ce que ma grand-mère devienne institutrice « parce qu'elle n'avait pas de santé ». Lui-même devient instituteur, tout en ayant, d'évidence, les capacités à prétendre plus. Mais quand on lui propose de préparer le concours de Saint-Cloud, il choisit de prendre un poste dans un village du Saumurois où il ne restera pas. Il ne cherche pas à s'« élever », mieux : il le refuse. S'il adhère au pacifisme des années 30, c'est parce qu'il pense, comme Anatole France (un de ses auteurs favoris), que les guerres sont une immense tromperie conduisant à l'abattoir deux peuples mis face à face et qui auraient pu s'entendre. « On croit mourir pour la patrie, mais on meurt pour des industriels.[4] »

Et en même temps, l'autre trait de son caractère se dévoile, lorsque à Saint-Maixent, il fait du calcul trigonométrique et de l'équitation. Il est alors heureux comme jamais et se sent parfaitement à sa place. D'autres au contraire, parmi ses camarades, refusent le peloton d'EOR (élèves officiers de réserve), par solidarité de classe. Mon père, non. Et au moment de la guerre, il est heureux de commander une section d'une trentaine d'hommes avec qui il s'entend parfaitement, certains de ses hommes sont venus le voir après la guerre, ils lui parlent avec amitié, respect. Et lui qui est athée, positivement, calmement, résolument, et anticlérical autant que de besoin en Anjou, il se lie d'amitié avec un prêtre, Colas des Francs, et il en est fier.

Mon « enfance républicaine » est donc profondément imprégnée de cela, de cet héritage de choix, et de contradictions. La décision précoce de mon père, qui ne veut pas poursuivre des études qui l'auraient séparé de son milieu ; celle de quitter par solidarité « de classe » un camp où il n'était pas chez lui parmi les officiers d'active ; mais aussi la manière dont il noue, au camp, cette amitié avec un prêtre, sans jamais remettre en cause ses convictions antireligieuses, sans en faire une occasion d'en minimiser les engagements.

Je reviens sur cette amitié née au camp, d'une solidarité d'un autre ordre. Laquelle ? Je n'en sais pas assez sur Colas des Francs. Peut-être leur double expérience dans les banlieues ouvrières ? Colas des Francs, m'apprend sa nécrologie, faisait au camp des conférences sur l'archéologie. Mon père avait un appétit inextinguible de savoir.

57

L'académie d'équitation d'Angers

Samedi 11 mars 2017. Me voici de nouveau à S., un mois et demi après mon premier séjour. Cette fois je loge « au bourg » chez des amis, rue Duboys-d'Angers[1], à cent mètres de l'ancienne école de filles. C'est mon nouveau camp de base, d'où je poursuis et complète mes explorations de janvier dans l'espace et dans le temps. Aujourd'hui, Angers et le quartier de la gare : c'est là que j'ai vu mon père pour la première fois. J'allais avoir cinq ans, c'était en juin 45, il faisait partie des derniers prisonniers rapatriés, il y avait plus d'un an que ma mère était sans nouvelles de lui, on le croyait disparu.

Les deux jours précédents, nous avions dormi, ma mère, ma grand-mère et moi, près de la gare, dans un hôtel partiellement touché par les bombardements de 44. Les scènes de ces jours-là sont tellement précises dans mon esprit, et elles comportent des détails si singuliers qu'ils ne peuvent m'avoir été suggérés par des récits ultérieurs. Par exemple : ce trou énorme dans un plafond de l'hôtel. Le hall d'entrée ? Une chambre ? Tout le quartier est sinistré, la gare d'Angers est à moitié en ruine. Un an plus tôt, en mai, devant la fréquence des missions de l'aviation alliée qui vient de bombarder sévèrement les nœuds ferroviaires de Tours, Nantes et Saint-Nazaire, le préfet d'Angers a ordonné l'évacuation des abords de la gare. Mais l'ordre reste lettre morte. Dans la nuit du 28 au 29 mai, 130 avions bombardent la gare.

800 maisons sont détruites, près de 7 000 partiellement. Il y a 254 morts et plus de 200 blessés.

Parmi les morts, une jeune femme, adjointe à l'école des garçons.

1945. Nous sommes sur le quai, le soleil tape, c'est une belle journée de juin, le train est arrêté sur notre droite, un groupe de soldats et d'officiers en descend ; parmi eux, en contre-jour, s'avance un homme très brun de cheveux et de peau, mince, en uniforme, la tête nue. C'est mon père. Nous ne nous sommes jamais vus. Celui qui revient est un homme encore jeune, il va avoir trente-cinq ans, un homme qui va retrouver une famille qu'il n'a pas vue depuis cinq ans, accrue d'une petite fille dont il n'a que des photos. Moi aussi, de ce père, je n'ai que des photos, dont une, sur la cheminée, où il est à cheval et en uniforme et qui me plaît beaucoup. (Un jour qu'il me réprimandait, chose très rare, on m'a raconté que je lui aurais répondu : j'aimais mieux quand tu étais sur la cheminée.) C'est un homme souriant, mais fatigué, amaigri, et surtout un homme blessé, atteint dans ses convictions les plus chères : on n'a pas réussi à éviter la guerre, et la guerre avait pesé sur ses jeunes années, son père était monté deux fois à Verdun. Lequel père est mort, d'ailleurs, pendant sa captivité, en 1941. Ainsi que la grand-mère qu'il adorait. Et encore, il ne sait pas tout, il ne sait même rien de l'état de la France, de son état matériel, physique mais aussi politique et moral. Il ne sait probablement rien non plus des camps de concentration, de la politique systématique d'extermination des Juifs et des Tsiganes.

Il a fait un long détour pour rentrer en France. Les prisonniers des camps du Tyrol oriental, au pied des Dolomites, ont d'abord été rassemblés par les Allemands avec des Russes du stalag XVIIIA. En octobre 1942 leur nombre était passé à près de 4 000 et a continué d'augmenter jusqu'à ce que, à la fin de 1944, il y ait plus de 8 000 hommes. Mon père se souvenait de leur maigreur et de la manière brutale dont les Allemands les traitaient. Mal nourris, beaucoup d'eux meurent rapidement. Il y avait, disait mon père, des femmes parmi eux, on les appelait les « niponimaï », déformation du « *nie ponimaiou* », « je ne comprends pas », qu'elles opposaient à toutes les avances. Les Français sont évacués en mars ; c'est l'armée anglaise qui est chargée de leur rapatriement, mais les Anglais les font transiter par l'Italie du Nord, avec de longs arrêts dans des casernes abandonnées. À Milan, où ils arrivent en avril, cinq corps sont exposés Piazzale Loreto, pendus par les pieds, dont ceux de Mussolini et de Clara Petacci[2]. Le convoi des prisonniers reprend sa route, de caserne en caserne, jusqu'à son arrivée en France. Mon père s'étonne de la nourriture des soldats anglais (des petits pois à la menthe !). Il profite aussi de ce temps d'attente pour apprendre quelques bribes d'italien.

Accueillant mon père sur le quai d'une gare en ruine, nous ne sommes qu'à quelques pas de l'endroit où tout a commencé pour lui, et déterminé la suite de sa vie : l'école primaire supérieure « Chevrollier » d'Angers où, venu des Mauges et de Saint-Laurent-de-la-Plaine, il va préparer l'école normale. Les enfants ne quittent l'internat que tous les trimestres. Les salles, les couloirs sont majestueux et mal chauffés, l'hiver, au réveil, on cassait la glace dans les cuvettes. C'est un beau bâtiment, situé entre la gare et le château, où l'école primaire supérieure, ouverte en 1844, s'était transportée en 1904. Il a été détruit par les bombardements de 1944, mais c'était la plus belle construction du XVIIIe siècle à Angers, remaniée en 1757 pour abriter l'académie d'équitation (la place s'appelle toujours « place de l'Académie »). La meilleure société y envoyait ses enfants de l'Europe entière, le jeune duc de Wellington y fait ses classes, chaque élève dispose d'un petit appartement, étudie l'art équestre, l'escrime, la danse, les mathématiques et l'art des fortifications. C'est ensuite une caserne, puis l'école primaire supérieure, puis après reconstruction de nouveau une caserne de pompiers, promise aujourd'hui à une prochaine destruction. Je suis contente que mon père, qui se découvrit à vingt ans une passion pour le cheval que son milieu ne lui aurait jamais donné l'occasion d'exprimer, ait été, sans qu'il l'ait probablement su, élève dans l'ancienne académie d'équitation d'Angers.

Les écoles primaires supérieures furent supprimées deux fois : par le comte de Falloux en 1850, mais rétablies en 1852 ; une deuxième fois sous Vichy par Jérôme Carcopino, qui en fait des « collèges modernes ». Créées par Guizot, en 1833, pour assurer une formation aux enfants du peuple, une formation « moderne », mathématiques, sciences physiques et naturelles, histoire, géographie et chant, sans concurrencer en rien l'enseignement secondaire « noble », celui des lycées, où on faisait du latin. Voilà pourquoi mes parents tenaient tellement à ce que j'aille au lycée et non pas seulement « au collège ». Et à ce que je fasse du latin, marque évidente de l'ascension sociale. Ces écoles furent des pépinières d'instituteurs qui y préparaient le concours d'entrée à l'école normale. Et pour les filles, le seul moyen de dépasser le niveau de l'enseignement primaire obligatoire.

La transformation de l'académie d'éducation en EPS : c'est tout un symbole, répété en mille lieux de France après la Révolution. L'Ancien Régime ayant cédé la place au nouveau, les enfants du peuple entrent pour y être éduqués dans des bâtiments qui ne leur étaient pas destinés et qui étaient faits pour un tout autre usage, souvent religieux. Mon lycée, à l'autre bout de la ville, c'est d'abord un collège de filles, obtenu après une lutte acharnée, installé en 1923 dans un ancien séminaire : Saint-Serge, une abbatiale du XIIIe accrue d'un imposant ensemble du XVIIe et du XVIIIe siècle.

La république, c'est aussi cela : une prise de possession avec réorientation des objectifs. Sécularisation, démocratisation, l'une des marches dans le grand escalier du progrès. Partout, à Angers, comme ailleurs dans les lendemains de la Révolution, et plus avec la loi de 1905, de grands bâtiments religieux sont devenus des écoles – ou des casernes. De l'autre côté de la Maine, l'abbaye du Ronceray a été choisie en 1815 pour y installer l'École des arts et métiers, les nonnes ayant été chassées par la Révolution. Mais l'école elle-même existait sous l'Ancien Régime, c'est bien par là aussi que s'annonce le changement, la Révolution : en 1780 le duc de La Rochefoucauld-Liancourt, ce « grand oublié de l'histoire », l'avait fondée pour former les enfants des soldats pauvres de son régiment. On y enseignait les sciences, le latin avait été écarté : comme plus tard dans les EPS.

J'ai à plusieurs reprises dans ce voyage rencontré ces figures éclairées de la noblesse d'Ancien Régime. La Rochefoucauld-Liancourt en fait partie : c'est un physiocrate, l'un de ces aristocrates soucieux de l'amélioration des terres qu'admirait Arthur Young, comme l'était aussi en Anjou le marquis de Turbilly, qui s'y ruina. Il impose l'inoculation de la variole, fait venir d'Angleterre les premières machines agricoles, promeut l'école municipale sous l'empire… Le fondateur de la Caisse d'épargne, c'est lui aussi, en 1818. Il n'était pas angevin, mais il a une belle place le long de la Maine, dans la Doutre. Il avait conservé des terres en Anjou, et en l'an VII il vint les défendre contre « ces voleurs de chouans[3] ».

58

La république est de retour !

Je l'ai dit en commençant : je suis née dans un trou noir de l'histoire, quand la république venait de s'effondrer pour laisser place à un régime de collaboration avec l'occupant nazi. Et je savais déjà lire qu'elle n'était pas encore restaurée. Elle ne le fut véritablement qu'en 1946, lorsqu'est adoptée la constitution de la IVe République. À propos de lire, je n'ai jamais appris. Je suis entrée dans la classe de ma mère dès que j'ai pu marcher, il n'y avait personne pour me garder et c'était la pièce la mieux chauffée de la maison. Assise sur les marches de l'estrade, je regarde, j'écoute. Quelques années passent, ma mère se dit qu'il est temps de m'apprendre à lire, mais elle voit que c'est déjà fait. Nous sommes en octobre 1945, mon père a retrouvé sa classe dans l'école où il a été nommé il y a seulement huit ans, dans un village où rien en apparence n'a changé, et où pourtant rien ne sera jamais plus pareil. Moi, je suis assise au milieu des autres petites filles, et je vouvoie spontanément ma mère qui n'en revient pas.

Ce sont des années de transition, avec de grands bouleversements. En août 44, les Allemands ont contraint Laval et Pétain à gagner Belfort, puis Sigmaringen, où ils sont rejoints par Déat, Doriot et Darnand. Là, une commission gouvernementale française, organisée par Fernand de Brinon (fusillé en 1947), tente de se substituer au gouvernement de Vichy. La Commission gouvernementale de Sigmaringen subsiste encore jusqu'au 23 avril

1945, juste avant l'arrestation de Pétain le 26. En août 1944, le régime nouveau, c'est le Gouvernement provisoire de la République française (GPRF) qui a remplacé le 3 juin 1944 le Comité français de libération nationale. Un *Te Deum* « sous la mitraille » est célébré à Notre-Dame en présence du général De Gaulle, qui, on s'en souvient, a consigné le cardinal Suhard à l'archevêché. La législation du gouvernement de Vichy est supprimée en septembre 44. Le GPRF, installé dans la capitale, gouvernera la France jusqu'à l'adoption d'une nouvelle Constitution. En attendant que la fonction de président de la République soit recréée, le chef du GPRF est le chef de l'État. De juin 44 à janvier 46, c'est le général De Gaulle.

Angers a été libéré le 10 août. Après sa percée à Avranches, le 31 juillet 1944, et la prise de Rennes, Patton désigne Angers comme objectif[1]. Les premiers éléments de la 5e division pénètrent en Anjou dans la nuit du 4 au 5 août par Pouancé et Segré. Le 7 août, l'avant-garde américaine campe à Saint-Jean-de-Linières. Tout près de S., le pont de Pruniers va tenir une place importante dans la libération d'Angers.

J'y suis retournée le 12 mars dernier, c'est juste une armature de fer rouillée, sur la voie désaffectée de l'ancien Petit Anjou, mais c'est un grand motif d'émotion et de fierté : « De jeunes résistants angevins ont joué un rôle décisif pour guider les Alliés et les renseigner sur les positions allemandes à Angers et autour de la ville. Parmi eux, Louis Bordier qui les conduit à Pruniers et leur montre, intact, le pont du Petit Anjou sur la Maine. Les Américains se décident donc à contourner la ville par le sud pour prendre à revers les forces allemandes. Au soir du 8 août, ils ont pris le pont sous leur contrôle et, le lendemain, franchissent la Maine. » Le 10 août, à 19 heures, les premiers drapeaux tricolores apparaissent aux fenêtres – on peut donc dire que dès cet instant la république est rétablie. À l'hôtel de ville, saluant la foule, Michel Debré, le commissaire de la République, qui a remplacé le préfet collaborationniste Roussillon, et le maire Victor Bernier, qui avait démissionné en 44 et que les Alliés ont replacé. (La même année lui succédera le SFIO Auguste Allonneau.)

Le sud de l'Anjou ne sera libéré que fin août. Le général De Gaulle sera en visite à Angers le 14 janvier 1945. Les années qui suivent verront, à partir de 1947, le triomphe puis le déclin du RPF angevin, sous l'impulsion de Victor Chatenay : mais patience nous ne sommes encore qu'en juin 1945.

À S. le maire est toujours le même, depuis 1919, et il le sera jusqu'en 1956, un an avant le départ de mes parents. (Lui succède alors le docteur Joly, propriétaire du cru fameux de la Coulée de Serrant.) La « collaboration » ordinaire y a régné : pas de vagues, un assentiment de surface et pas mal de marché noir. La Résistance ? Ce sont, dans mon enfance, des noms, devenus plus tard ceux de quelques rues : ceux des frères Frouin, Maurice et Louis, qui travaillent tout près à la laiterie de La Possonnière, ainsi que Michel Fourcade et Raymond Delouche. Ils font passer des armes avec les bidons de lait. Un piège leur est tendu par des agents français, dont Jacques Vasseur, qui se font passer pour des résistants rescapés d'un maquis. Ils sont abattus dans la cour d'une ferme à Saint-Barthélemy-d'Anjou[2].

Je n'ai aucun plaisir à le dire, mais je le fais sans aucune hésitation : dans ce début des années 50, dans ces années d'enfance où tout ce qu'on dit devant vous se grave pour toujours, je n'ai jamais entendu dans la bouche de qui que ce soit le moindre propos élogieux ou reconnaissant à leur sujet. C'étaient plutôt des moues, des airs d'en avoir deux, des allusions à une affaire de têtes brûlées, de résistants de la dernière heure… Qui avait intérêt à colporter cette version des choses ? Des trafiquants du marché noir, parfaitement identifiés, et jamais inquiétés ? Pas seulement. C'était bien dans le ton de cette grande majorité passée entre les gouttes, qui n'avait pas manifesté d'accord excessif envers les autorités d'occupation, mais s'était tenue soigneusement à l'écart des mouvements de résistance. Elle leur fait payer, à la Libération, sa propre pusillanimité.

Ainsi va le monde, dans notre aimable vallée... À la Libération, le préfet régional a été remplacé par un commissaire de la République, Michel Debré, tout juste sorti de la Résistance. Des procès ont lieu et toutes les formes d'une juste condamnation de la collaboration et des collaborateurs. Mais observons ceci. C'est un temps de grandes ruptures, mais tout est fait aussi pour que des continuités sourdes se maintiennent. C'est le cas dans la presse régionale. Les journaux collaborationnistes sont interdits, et ils vont reparaître, avec une autre direction, et sous un autre nom, mais tout juste un peu différent[3]. Au point qu'autour de moi, les moins suspects de collaboration disaient toujours « *Le petit courrier* » pour parler de leur quotidien devenu *Courrier de l'Ouest*. Comme si la continuité devait l'emporter sur la rupture ; comme si la rupture ne pouvait s'imposer qu'à travers quelques légères modifications. Au village, c'est un peu la même chose : on en sait beaucoup mais on ne dit rien. Les fortunes ou simplement l'aisance obtenues par le marché noir se fondent dans une pénombre coupable, mais les vieilles histoires, simplement endormies, ressurgissent à l'occasion d'un héritage, d'un mariage, d'un adultère.

Politiquement, dans ma famille, on est socialiste, quand on est engagé. (L'un de mes oncles, cheminot, inscrit à la CGT, a plutôt des sympathies communistes.) L'héritage républicain qu'on me transmet se place sous le signe de l'antigaullisme. La gauche non communiste de ces années-là, c'est le parti socialiste. Le gaullisme, c'est « la droite ». En 1946, c'est un socialiste, Félix Gouin, qui avait succédé au général De Gaulle, et le premier président de la IVe République est un socialiste, Vincent Auriol. Le parti socialiste continue « de se présenter encore comme un parti ouvriériste et révolutionnaire », alors que ses parlementaires et ses conseillers généraux se notabilisent (Noëlline Castagnez[4]). Il se déshonorera lorsque Guy Mollet donne par décret les pleins pouvoirs à l'armée française en Algérie.

Or rapidement la vie politique angevine va être dominée par

une figure majeure, celle de Victor Chatenay. En 1947, Victor Chatenay a soixante et un ans. C'est un des hommes les plus respectés du Maine-et-Loire. Son extraordinaire parcours dans la Résistance lui a conféré une réputation prestigieuse à Angers. Dès 1940, accablé par l'occupation allemande et l'effondrement français, il décide de suivre De Gaulle et fonde un des premiers réseaux de résistance du Maine-et-Loire, « Honneur et Patrie[5] ». L'Anjou est conservateur, on le sait depuis André Siegfried, et il a depuis les débuts de la république envoyé aux deux assemblées des représentants de droite. En 1945, cependant, profitant de la victoire, de l'élan de la résistance et du discrédit des forces traditionnelles, la gauche impose un maire socialiste, le premier de l'histoire d'Angers, Auguste Allonneau. Mais en 1947, il doit laisser la place à la droite gaulliste, incarnée par Chatenay.

1947 est une année charnière dans la France de l'après-guerre. Pour S., c'est l'année d'un de ses meilleurs vins, restée mythique. C'est une mémoire précieuse, aussi, pour moi. J'ai toujours vécu selon le double mode de la grande et de la petite histoire. « Les débuts de la guerre froide et les premiers problèmes de la décolonisation ancrent le pays dans le bloc occidental et révèlent les premières incapacités des gouvernements à résoudre les difficultés nationales », écrit Michel Catala[6]. Victor Chatenay a été étudiant à la « Catho » d'Angers, c'est un patriote, qui a fait une guerre très courageuse en 14-18. Homme de droite, sans excès, républicain violemment anticommuniste, c'est le directeur des établissements Brisset, chaîne d'épicerie à succursales multiples. Il a rencontré De Gaulle lors de sa visite à Angers en janvier 45. Les débuts de la guerre froide ne font qu'accentuer la peur du communisme. Quand il crée le RPF, le général fait appel à Victor Chatenay pour le mettre à la tête du groupe départemental du Maine-et-Loire. Le 25 juillet 1948, une visite triomphale du général De Gaulle, qui a quitté le pouvoir en 1946, se déroule à Angers. Les années d'après-guerre, c'est aussi le temps, que décrit Maurice Poperen dans son livre déjà cité, où « le syndicalisme chrétien fait sa percée et se manifeste en force dans maints secteurs du mouvement ouvrier ». Particulièrement en Maine-et-Loire, où l'influence religieuse reste forte, et dans l'industrie de la chaussure, fortement implantée dans les Mauges, « auprès d'une population venue de milieux ruraux d'origine agricole, qui du fait des mutations économiques en cours commence à déserter la terre et entre dans le cycle de la production industrielle ».

Mon père n'a aucune sympathie pour Chatenay, gaulliste passionné, de surcroît ancien élève de la « Catho ». Ni pour le syndicalisme chrétien. Mais le fond des choses est ailleurs : il reprend difficilement pied dans sa vie d'avant. Il doit retrouver sa place légitime dans un univers qui s'était recomposé, refermé, sans lui, et face à la résistance d'une petite enfant, qui ne cède que tardivement. D'autres que moi, garçons et filles, en grand nombre, ont connu cette expérience très rude, vécue presque toujours comme une intrusion. Je l'ai racontée ailleurs[7]. Scrupuleux, sensible, tourmenté, nerveux, mon père est physiquement éprouvé par ses années de captivité mais il l'est aussi moralement, je l'ai dit, par les conséquences de la décision qu'il avait prise de rejoindre les simples soldats autorisés à travailler. J'ai ainsi traversé mes années d'enfance dans un foyer uni, y compris pour traverser ces épreuves, mais hanté par une vigilance inquiète : la santé de mon père, les circonstances qui accompagnent son « retour ». Il lui faudra des années pour se remettre, si tant est qu'il s'en soit jamais remis. Le syndicalisme, l'engagement politique, après la guerre, c'est fini. Mon père se tient désormais à distance de ses anciennes activités syndicales. Il y garde des amis, comme Bernard Trémouille, responsable du SNI en Maine-et-Loire en 1937, militant laïque de tendance modérée, déplacé par le gouvernement de Vichy, qui reconstitue le SNI dont il devient secrétaire général départemental à la Libération (1944-1947). Ou Henri Dufour et son épouse Yvonne dont j'ai parlé plus haut.

Mais de toute façon, c'est un autre temps qui commence, où

l'avant-guerre est barré, comme aussi les maths et les calculs de l'artilleur, et les deux langues qu'il a apprises à la perfection en captivité, et son amour des chevaux. Je me souviens seulement que, dans nos promenades, il allait toujours vers les champs où on laisse libres les jeunes chevaux, sortait de sa poche le morceau de pain qu'il avait apporté, et, par-dessus la barrière, le leur tendait délicatement « sur la paume ouverte, tu vois, pour ne pas te faire mordre, essaie ! ». Et il flattait doucement la belle tête allongée, aux yeux inquiets.

C'est à son école qu'il va consacrer toute son énergie.

Mais quelle école ? Celle qui vient de passer par le long détour de l'Occupation et du régime de Vichy.

59

Ils retrouvent leur école

À l'automne 1945, l'école rouvre, comme chaque année, le 1er octobre. Comme si rien ne s'était passé. Le village n'a pas été touché, on doit seulement traverser la Loire avec des bacs, comme autrefois, les ponts ayant été bombardés. Une nuit d'août 44, la panique s'était emparée des habitants qui commencent à fuir vers le nord, moi emmitouflée dans une couverture et ficelée au siège enfant du vélo de ma mère. C'est notre médecin qui nous a exhortés à rentrer, disait-elle, « il nous a doublés avec sa Traction et il s'est arrêté en travers de la route, pour nous barrer le chemin, nous avons fait demi-tour, je ne sais pas quelle folie nous avait pris ». Les enfants, vivant à la campagne, n'ont pas été trop mal nourris, mais leur état sanitaire n'est pas brillant, des épidémies se déclarent, suivies de grandes campagnes de vaccination. Il y a encore des tickets de rationnement. C'est bien plus difficile dans les villes, comme Angers, ville blessée, et pas du tout sortie du XIXe siècle, avec des quartiers insalubres, des baraquements pour les sinistrés.

Dans toute cette tourmente politique où les destins individuels sont pris, ce que mes parents vont retrouver, dans la fin de 1945, c'est une école qui est tout à fait la même que l'école d'avant, l'école de la IIIe République, et tout à fait une autre. Elle a subi la plus sévère offensive, la plus sévère attaque de son histoire, qui visait à la détruire, à en modifier profondément l'esprit. Preuve, une fois encore, qu'en France le grand enjeu de tous les régimes politiques, c'est l'école, l'enseignement primaire, où on forme tous les enfants, sans exception. Dans un pays où les enfants du peuple font l'objet, notamment les filles, et notamment de la part de l'Église, d'une sollicitude spéciale, intéressée. En un sens, cependant, Vichy a échoué : échoué dans son projet de « remodeler les soubassements culturels d'un peuple et de briser le lien séculaire, renforcé par les pères fondateurs des années 1880, entre l'école et la nation », fondement même de la république[1]. L'inertie des fonctionnaires et des enseignants, et le peu d'empressement des familles, ont joué : on l'a bien vu sur les questions de laïcité.

Après la sinistre parenthèse de Vichy, l'école va profiter de l'atmosphère de la Libération pour entreprendre une réflexion globale sur ses missions, ses objectifs, ses programmes. En novembre 1944, une commission ministérielle d'étude est créée pour proposer un projet de réforme de l'enseignement. En fait partie, entre autres, le physicien Paul Langevin. Projet ambitieux qui ne verra jamais le jour. La grande nouveauté, c'est un enseignement obligatoire jusqu'à l'âge de dix-huit ans avec un corps professoral unique de la maternelle à l'université. L'autre idée est d'unifier les programmes des cours complémentaires, collèges et lycées, pour les élèves de onze à quinze ans. Idée révolutionnaire à l'époque et authentiquement démocratique : il faudra attendre 1975 et la réforme Haby pour que soit mis en place un « collège unique » – aujourd'hui remis en question par la droite « libérale ».

Le programme ne cache pas l'orientation politique de ses rédacteurs, proches du PCF : « La diversification des fonctions sera commandée non plus par la fortune ou la classe sociale mais par la capacité à remplir la fonction. » La bourgeoisie habituée à exercer les responsabilités ne saurait plus désormais suffire seule « aux besoins nouveaux de l'économie moderne ». (Dans les années à venir plus aucun texte ne comportera des mots comme « la bourgeoisie », sauf dans les résolutions du NPA ou de la France insoumise.) Ce texte n'avait pas circulé. S'ils en avaient eu connaissance, mes parents auraient certainement été effrayés par quelques-unes de ses audaces : le corps unique de la maternelle à l'université, et peut-être même l'unification radicale du premier cycle du secondaire. Leur conscience sociale formée, pour ma mère, par une enfance difficile, pour mon père, par une volonté de ne pas se couper du peuple, allait de pair avec un respect des autorités instituées pour peu qu'elles se justifient par le niveau élevé des études, la fréquentation des universités et des grandes écoles. Pas de latin à l'EPS ? Ils en avaient accepté le sens et le verdict.

Mais ils auraient sûrement approuvé l'idée que « l'enseignement doit donner toute son importance à l'explication objective et scientifique » du monde, « à la culture méthodique de l'esprit critique, à l'apprentissage actif de l'énergie, de la liberté, de la responsabilité ». L'école, parce qu'elle est « laïque », « ne peut ni ne doit donner aucun enseignement doctrinal, politique ou confessionnel ». Mais elle ne peut pas non plus se dispenser d'une action éducative. L'école « doit à la Nation de préparer l'enfant à prendre conscience du rôle qui sera le sien dans la vie sociale et de sa responsabilité de citoyen ». Et, avec ce respect des instituteurs pour la culture, ils auraient apprécié certainement les brûlantes envolées de Paul Langevin : « Des immenses agglomérations urbaines jusqu'aux plus petits hameaux, l'école doit être un centre de diffusion de la culture. [...] Dépositaire de la pensée, de l'art, de la civilisation passée, elle doit les transmettre en même temps qu'elle est l'agent actif du progrès et de la modernisation. Elle doit être le point de rencontre, l'élément de cohésion qui assure la continuité du passé et de l'avenir »...

Mais le plan Langevin-Wallon est mort-né : quand il est remis en juin 47, c'est trop tard, les conditions politiques de son adoption ne sont plus réunies. Paul Langevin est mort en 1946, les ministres communistes ont été exclus du gouvernement, et Paul Ramadier se place dans un contexte tout différent, celui de la guerre froide, du financement de la guerre d'Indochine et d'un développement placé sous l'égide du plan Marshall.

L'école retrouve donc ses structures de l'avant-guerre : l'école primaire demeure la « communale », l'« école du peuple », que la bourgeoisie souvent évite, soit en mettant ses enfants à l'école dite « libre » soit en leur faisant suivre, dans les villes, les classes du « petit lycée[2] ». Le lycée est toujours considéré comme l'école des privilégiés, des notables, des bourgeois : l'examen d'entrée en sixième assure un peu d'ouverture sociale. L'école primaire est un temps d'instruction et d'éducation « qui est compté, en fonction d'une préparation relativement courte à la vie active ». Et non la base ou propédeutique à d'autres enseignements.

Le couronnement de la communale, c'est donc toujours, comme avant, le « certificat », le « certif' ». D'abord certificat d'« études primaires élémentaires » créé en 1866 par Victor Duruy et confirmé par Jules Ferry en 1882, c'est une sanction solennelle, au point qu'en Bretagne on a dit longtemps le « santificat ». On le passe à l'âge de douze ans selon les lois Ferry, jusqu'à la réforme de Jean Zay en 1936 qui le porte à quatorze ans. Plus de 50 % des élèves n'en étaient pas titulaires en 1935, le nombre n'augmente guère ensuite. Les élèves sont présentés par le maître en fonction de leur niveau et de leur capacité à honorer par leur succès leur école et l'enseignement de leur instituteur. Tout se joue sur la base fatidique des cinq fautes éliminatoires en dictée. Dans une confusion aujourd'hui décriée, et qui avait pourtant beaucoup de sens, les instituteurs liaient l'amour de la république au respect scrupuleux de l'orthographe... L'école des années 50 est toujours celle que Jules Ferry a voulue, malgré deux guerres mondiales et des changements considérables dans l'ordre politique, économique et social. Les choses ne changeront vraiment qu'avec le « collège unique », réforme de 1975. L'école primaire change alors profondément de sens, de rôle, de mission. Jusqu'à ce que l'enseignement obligatoire soit prolongé à seize ans, il y a une autonomie de l'enseignement primaire ; il forme un tout ; il n'est pas l'« antichambre » d'un enseignement secondaire où tout le monde maintenant va passer[3]. « La IIIe République avait scolarisé séparément les enfants du peuple (voués à l'enseignement primaire) et ceux de l'élite (accueillis dans les classes primaires du "petit lycée"). L'"école unique" mise en place entre 1959 (avec le décret Berthoin qui porte la scolarité obligatoire à seize ans et permettra la généralisation de l'entrée au collège) et 1975 (réforme Haby instaurant le collège unique) se proclame ouverte à tous, et récuse ostensiblement toute détermination des parcours scolaires par l'argent ou la position sociale. »

60

La leçon des choses et la leçon des livres

Mon propos n'est pas de me livrer à une évocation nostalgique de l'école des blouses grises, du tableau noir et d'un « bon vieux temps », largement mythique. Je n'ai pas le regret de ce temps-là. C'était l'époque coloniale, les femmes n'avaient pas le droit de vote ni celui d'ouvrir un compte en banque sans l'autorisation de leur mari, et elles se faisaient charcuter chez des avorteuses.

Mais ce livre perdrait beaucoup de son sens et, à mes yeux, de son intérêt, si je ne faisais pas le tableau de l'école que j'ai connue dans le milieu du siècle dernier. Cette école n'avait pas une *fonction*, elle avait une *mission*, telle que la définit Condorcet en 1791 dans le *Premier mémoire sur l'instruction publique* (1791) : « La société doit au peuple une instruction publique. » Et la puissance publique doit se borner « à régler l'instruction, en abandonnant aux familles le reste de l'éducation ». Mais c'est l'instruction en elle-même qui éduque, puisqu'elle a pour but de soumettre toutes choses à l'« examen libre ». Elle éduque en proposant une organisation progressive et réglée des savoirs, et discipline par la pratique et l'habitude de conduire sa pensée en ordre et méthode. Le *Mémoire* d'avril 1792 précise : son but est « d'offrir à tous les individus de l'espèce humaine les moyens de pourvoir à leurs besoins, d'assurer leur bien-être, de connaître et d'exercer leurs droits, d'entendre et de remplir leurs devoirs ». Condorcet, l'« école de la raison » : comme le dit Pierre Kahn dans le livre de ce titre qu'il lui consacre, concevant à la fois « le projet de rendre “la raison populaire”, c'est-à-dire d'élever le peuple et la nation à la rationalité des Lumières, et le projet de faire régner dans l'institution scolaire, dès ses premiers degrés, la loi de la raison ».

Je me souviens d'avoir, il y a une quinzaine d'années, soulevé une bronca dans le grand amphithéâtre de la Sorbonne pour avoir formulé les choses ainsi devant un auditoire d'enseignants sans doute formés aux dogmes de feu les IUFM. Je crois même que j'avais aggravé mon cas : l'instruction, avais-je dit, est une éducation à la liberté par l'exercice de la raison. Je n'ai pas d'excuses. Il aurait fallu y mettre les formes et les précautions qu'exige une époque pénétrée, non sans raison, d'une conviction que tout le XXe siècle justifie : les progrès de l'instruction n'ont empêché aucune des grandes tragédies qui ont marqué ce « siècle des extrêmes ». Cela dit, j'aurais pu répliquer aussi que l'absence d'instruction ne protège pas davantage. Ou, à la manière de Churchill, si l'instruction ne vous convient pas, essayez donc l'ignorance. L'école dont je parle s'exposait à de cruels démentis en supposant que l'émancipation est acquise dès lors que l'instruction est au rendez-vous. Et que l'école peut, seule au sein de la société, préserver un enclos pour l'exercice de la raison, et la pratique de la liberté. Mais il y avait quelque chose de proprement admirable dans sa manière modeste de mettre en œuvre les principes élémentaires de la rationalité, et d'ouvrir à la liberté, paisiblement, obscurément, le cœur et l'esprit des enfants qui lui étaient confiés. Ces principes et ces fins n'étaient pas réclamés ni formulés hautement, hautainement, abstraitement, ils étaient simplement mis en pratique chaque jour. C'était la source d'inspiration quotidienne et cachée des leçons, d'histoire, de sciences, de calcul ; c'était la règle et la méthode d'une pédagogie simple, nourrie d'expérience et dépourvue de toute arrogance.

Habituer au raisonnement juste, au refus d'hypothèses non fondées, au règne des conclusions justifiées : telle était la tâche de chaque jour. L'idée même de l'école, de l'instruction, se fondait sur ce qui est commun à tous, par-delà les différences de naissance, d'origine, de famille, d'éducation, le « bon sens » selon Descartes, « la puissance de bien juger, et distinguer le vrai d'avec le faux, qui est proprement ce qu'on nomme le bon sens ou la raison, naturellement égale en tous les hommes ». On m'opposera tant qu'on voudra la puissance des passions et le poids des inégalités sociales ; on ne me convaincra jamais qu'on puisse nuire à un enfant, et ne pas le respecter suffisamment, en supposant chez lui comme chez tous les autres la même « puissance de bien juger ». Si cette puissance est limitée, ou empêchée, alors c'est à l'école, et à ses maîtres, de la libérer, de l'ouvrir. L'école ne peut sans doute pas agir sur les causes, sociales, politiques, de cet empêchement ; elle a cependant les moyens d'agir, efficacement, sur leurs effets, leurs conséquences. Aujourd'hui elle n'en est pas persuadée, et elle a choisi de contourner des obstacles qu'elle ne se croit plus en mesure d'affronter. Les enfants des quartiers ne vivent pas dans de bonnes conditions matérielles, leurs parents sont peu instruits, et leurs mères parfois analphabètes ? Sans aucun doute, et c'est pour l'école une difficulté majeure. Mais il n'y avait pas non plus beaucoup de livres ni d'instruction dans la famille de ces petits écoliers que mes parents accueillaient dans leur classe qui sentait la pomme, la craie et la laine mouillée des pèlerines. Au bout de ces sept ou huit ans d'école, ils sortaient en sachant assez bien lire, très correctement écrire et faire de tête les quatre opérations. L'allongement et la généralisation de la scolarité n'ont pas permis, que je sache, de le garantir à tous.

L'école reprend donc, en octobre 1945, avec de nouveau les garçons d'un côté, les filles de l'autre. Celle de mon père a deux classes, quelques années plus tard on construit un nouveau bâtiment dans la cour. Celle de ma mère, une « classe unique », c'est une belle et vaste pièce au rez-de-chaussée de notre maison, comme aux époques plus anciennes, où les enfants étaient accueillis dans l'unique pièce de vie de l'instituteur et de sa famille, avec des poules et des chats. Dans un bâtiment ancien, elle répond correctement aux nouvelles normes du début du XXe siècle : de grandes fenêtres, un poêle, des tables alignées, de grands tableaux (noirs), une bibliothèque et le « compendium », ce petit placard qui résume l'esprit des écoles de la république. Si vous cherchez ce que c'est, vous ne le trouverez pas du premier coup dans le dictionnaire, où on se limite au sens d'abrégé, de condensé, de compilation. Les exemples qu'on donne sont le *Compendium musicae* de Descartes ou le *Compendium de la doctrine sociale de l'Église*. C'est tout autre chose, le compendium dont je parle. Son nom complet est « compendium métrique de l'école élémentaire ». On peut en trouver un modèle sur l'Internet[1] dans le catalogue « Mobilier et matériel scolaires » (Les Fils d'Émile Deyrolle, Paris, 1925). C'est une petite vitrine où sont rassemblés un mètre pliant, une chaîne d'arpenteur, des mesures en étain pour les liquides, en bois léger pour les grains, rangées par ordre de taille, ainsi qu'une balance Roberval. Ses poids sont logés en ordre décroissant dans un bloc de chêne percé de trous où ils s'ajustent exactement. Le plus petit, 10 grammes, faisait l'objet d'une surveillance extrême. Acte fondateur[2], le système métrique, symbole de rupture avec un Ancien Régime où les mesures étaient si nombreuses que dans certains cantons de Bretagne, un même grenier devait disposer parfois de six mesures différentes. L'unité de la république le veut, et c'est un progrès. Vichy y trouvera, justement, un des points de rupture avec la république : le maréchal regarde très favorablement l'émergence d'identités nationales, en Provence, en Bretagne. Il y aura une puissante résistance bretonne mais l'opprobre de la collaboration « rejaillira abusivement sur l'ensemble du mouvement breton » (Jacqueline Sainclivier).

Dans ces années d'après la Libération, ce qui domine, c'est un respect et une considération immenses pour la science. Ainsi se forgera une culture intellectuelle nouvelle appelée à remplacer la vieille culture religieuse. C'est toujours Marcellin Berthelot pour qui la science « positive » a une destination et une valeur politiques, mais a également une valeur spirituelle. D'où sa polémique avec l'académicien et critique Ferdinand Brunetière, catholique de droite, antidreyfusard, l'un des fondateurs de la Ligue de la patrie française, qui soulignait les « dangers d'une éducation purement scientifique ». Certes « nous pouvons être, sans rien croire, ni croire à rien, honnêtes, probes, et vertueux ». Mais « il n'y a jamais eu jusqu'ici de morale qui ne s'appuyât d'une métaphysique, ou qui n'en dérivât[3] ».

Le « scientisme » qu'on reproche à Marcellin Berthelot, l'école républicaine en est l'héritière directe. Mais dans des formes plus humbles, sans son esprit de généralisation. Ce n'est pas cette confiance exagérée dans les pouvoirs de la science, qu'on décrit parfois, ou la conviction que les principes et les méthodes peuvent s'appliquer dans tous les domaines. Mais une idée simple, tout à fait adaptée au public d'enfants qui est le sien : on peut inculquer un raisonnement droit à partir de l'observation de choses simples, élémentaires. C'est le rôle de la « leçon de choses » (Ferdinand Buisson, dans son *Dictionnaire de pédagogie*). À travers elle, on va « mettre les enfants en présence de réalités concrètes », puis, peu à peu, les exercer « à en dégager l'idée abstraite[4] ». La leçon de choses, c'est *la leçon des choses*. C'est la botanique, pour laquelle ma mère avait une véritable passion. C'est la physique élémentaire, celle de la roue et de la poulie. Alain : « Montez des leviers, des treuils, des poulies, des moufles, comparez l'effort et le produit ; alors vous éveillerez l'esprit juste ; et admirez le double sens de ce mot » (*Propos d'économique*, 14 janvier 1933).

La leçon des choses, mais aussi la leçon des livres. Alliance inouïe, extraordinaire ! Avec de grands savants, et grâce à de grands livres, on tient l'instruction par les deux bouts de la chaîne. L'esprit de la science, c'est l'exercice de la raison dans l'observation et l'expérience des choses. L'esprit des livres, c'est, dans l'observation et l'expérience des mots, l'exercice d'une logique concrète, incarnée dans des formes sensibles. La lecture suivie, la grammaire, l'analyse des phrases qu'on pratiquait alors, dite « analyse logique », c'est une formation irremplaçable pour la pensée. Mais aussi pour la sensibilité : la puissance des charges émotives se répartissant dans l'agencement des mots.

Les enfants étaient dans le même temps invités à entrer dans une bibliothèque imaginaire par l'intermédiaire de la dictée, qui tenait alors une si grande place. Le choix des textes, sans doute, répondait aussi à une fonction moralisatrice et, au sens large, à une vision passéiste et même chauvine de la nation. Je ne veux pas entrer dans une querelle facile à propos d'un exercice aujourd'hui si décrié. J'observe seulement ceci : transposer à l'écrit ce qu'on entend, c'est une manière de mobiliser un mécanisme de représentations mentales qui manque cruellement aux mauvais lecteurs d'aujourd'hui. Et aussi de fixer (on retient mieux ce qu'on recopie, disait Alain) des *façons de dire* où se forme notre propre capacité à parler, à écrire. Les instituteurs révéraient de grands livres que souvent ils n'avaient pas lus, c'est vrai. Et ils se faisaient une image convenue de la « grande littérature ». Une image noble, comme aussi de la lecture, cette « conversation avec les plus honnêtes gens des siècles passés » (Descartes). Mais ils lisaient, et apprenaient à lire, dans tous les sens du mot. Voilà tout. Jules Ferry, qui disait « le livre, quel qu'il soit, c'est l'instrument fondamental et irrésistible de l'affranchissement de l'intelligence », avait été bien entendu.

Comme tous leurs collègues formés avec eux, en même temps qu'eux, mes parents avaient des livres chez eux, de ces auteurs français qu'on lit dans ces années-là, René Boylesve, André Maurois, Maurice Genevoix ou Philippe Hériat, mais aussi Eugène Le Roy (*Jacquou le Croquant*), Pagnol, Anatole France, et Renan, *Souvenirs d'enfance et de jeunesse*... Sur la page de garde du *Voyage au bout de la nuit*, mon père a inscrit son nom, avec une date, dans son écriture d'alors, très soignée. C'est la date même de la parution du livre, 1932. Le *Voyage au bout de la nuit* ne ressemblait pas à la littérature qu'on leur avait enseignée, et dont ils tireraient des dictées. Et pourtant, c'était exactement le livre qui pouvait retenir son attention. La désignation de la Grande Guerre comme « un abattoir international en folie », la description de la tâche quotidienne du médecin des pauvres à Clichy. Et il n'est pas déraisonnable de penser que son pacifisme à venir y ait puisé des arguments : la guerre est le règne de l'absurdité, l'héroïsme est la pire des mystifications. Ne pas se battre, voilà toute la morale qu'on peut tirer de l'histoire.

Les livres sont donc présents à tous moments dans cette « formation républicaine » que j'ai reçue. À l'école, mais aussi à la maison. Je me souviens du magnifique spectacle d'Antoine Vitez, d'après *Les cloches de Bâle* d'Aragon : un repas en famille, on a pris un livre, on se le passe, on en parle, on en commente l'action, les personnages. Il disait : c'est ainsi qu'on faisait chez moi. Sa mère était institutrice. C'est exactement cela que j'ai connu. On parlait des livres à table, en évitant soigneusement de dévoiler certaines péripéties à celui qui n'y est pas encore « rendu ». (*Les Thibault*, avec leurs huit tomes, s'y prêtaient particulièrement.) Cette familiarité avec les livres, les auteurs, est une chose difficile à comprendre aujourd'hui. Un peu avant 1968, une certaine sociologie en a fait un signe de connivence entre les membres d'une classe sûre de ses privilèges, et un moyen d'affirmer sa « distinction ». C'est sûr. Mais il existait dans des familles comme la mienne, d'une origine aussi modeste qu'il est possible, une familiarité d'un tout autre ordre avec les livres, les auteurs, les grandes citations tirées du corpus classique : c'était une forme de reconnaissance envers ce que les livres vous apportent, envers les maîtres qui vous les ont fait connaître. Mes parents en débordaient. L'enseignement qu'ils avaient reçu ne sortait sans doute pas d'un cadre étroit, relativement traditionnel, et leurs références l'étaient aussi. Mais ils étaient capables de dominer ou d'oublier cette révérence envers les œuvres qu'on prête aux humbles, qui ne se sentent pas chez eux. Ils aimaient en jouer, les rappeler dans des occasions ordinaires, quotidiennes. « C'était pendant l'horreur d'une profonde nuit », disait ma mère qui avait étudié *Athalie* à l'« ÉN », quand quelqu'un avait dû se coltiner un retour difficile dans des rues peu éclairées. Mon père commençait : « Percé jusques au fond du cœur », pour se moquer gentiment d'une petite offense reçue par un ami qui l'avait mal pris. Et ma mère continuait : « ... d'une atteinte imprévue aussi bien que mortelle ». Ils souriaient tous deux, avec une pointe de nostalgie pour ces années de jeunesse, coupées de mauvaises blagues (chez les garçons) et de fous rires (les filles).

... Automnes, hivers de ces années-là, au village. Je reste tard le soir dans la salle de classe avec ma mère, après la sortie des autres enfants que j'ai tenu à accompagner jusque dans la rue, pour bien montrer que je ne jouis pas d'un statut spécial. À partir de sept ou huit ans, je lis tout ce qui me tombe sous la main, on ne m'interdit rien, mais je ne vois pas ce qu'il y aurait à interdire dans la bibliothèque de mes parents, je dévore *La légende des siècles* dans la jolie bibliothèque Nelson, et *Jocelyn*, qui me tombe des mains aujourd'hui. Je devais en sauter beaucoup, je ne vois pas trop ce que je pouvais saisir dans ces grandes envolées : « Brisez, brisez, Seigneur, ces glaives de colère, / Abrégez, en faveur des justes de la terre, / Ces jours de désespoir et de convulsions, / Où votre nom s'éclipse aux yeux des nations ! »

La nuit tombe, mon père n'est pas encore rentré, ma mère « prépare ses tableaux » – de splendides cartes de géographie, à main levée, en quatre couleurs à la craie, promises le jour même au chiffon si on oublie de retourner le tableau. Car on apprend la république par son territoire, tel qu'il est reproduit sur les grandes cartes de Vidal de La Blache, tel surtout qu'il est dessiné au tableau noir ; le marron pour les montagnes, le bleu pour les cours d'eau, le vert des forêts et des points rouges pour les villes. Cette correspondance-là, entre les principes politiques et la forme du sol, je ne peux m'empêcher d'y voir la définition même du projet républicain. Il y a une transposition, immédiate, parfaite, entre les « choses vues » et les « choses enseignées ». Alliance visible jusque dans le choix des noms pour les départements. La France est le seul pays au monde où on a choisi des noms de fleuves et de rivières pour nommer les nouveaux découpages administratifs du territoire, les « départements », et remplacer ceux des anciennes provinces. La Loire au bas du village, son tracé sur la carte de Vidal de La Blache en était l'exemple parfait. Comme aussi l'ordre et l'organisation des bâtiments sur l'unique place du village, l'église et la mairie. Comme aussi, suspendu au mur, le compendium des mesures. Marcher, c'est arpenter, regarder, c'est prendre la mesure, l'esprit divise pour régner. L'ordre des jours, des saisons. L'ordre social aussi, le haut et le bas, le « père Guillote » et la Delahaye de la comtesse. La rentrée des classes et la procession des rogations.

61

La classe unique

Ni mon père ni ma mère ne se faisaient une idée solennelle de leur mission. Ils s'y consacraient entièrement, un point c'est tout. On dit parfois qu'être paysan n'était pas une profession mais un mode de vie. Être instituteur, à cette époque, aussi. Particulièrement dans ces écoles rurales, piliers de la république dans les villages. Aucun moment de la journée, de la semaine de ces instituteurs-là n'était soustrait à l'école. Ils « faisaient la classe », dans tous les sens du terme. Améliorant la disposition, la décoration de la salle, rassemblant, selon les saisons, la matière concrète de leurs leçons, petits animaux, insectes, plantes. Préparant les ardoises et les craies, l'encre elle-même dont il fallait diluer la poudre dans de l'eau. Ma mère façonnait pour initier les plus jeunes au calcul de petits fagots de « bûchettes » que mon père avait taillées dans les osiers du jardin. Mon père, de son côté, entourait de fines baguettes une série d'images historiques ou d'architectures prestigieuses, qu'il renouvelait régulièrement sur les murs de sa classe (les châteaux de la Loire y figuraient en bonne place), et organisait le détail de grandes planches de botanique en couleurs très exactes et d'un dessin très sûr. Les soirées, les après-midi des jeudis et des dimanches en étaient entièrement occupées. Leur enseignement dominait tout, leur vie en était le prolongement, dans toutes les formes concrètes d'un engagement quotidien. Je n'ai retrouvé nulle part ailleurs que dans cet enseignement élémentaire, primaire, premier, cette conjugaison profonde, totale, de l'abstrait et du concret, de la réflexion et du geste, menée continûment, sans ostentation et sans faille.

Cette forme d'enseignement trouvait particulièrement à s'exercer dans ce type de classe que ma mère eut à pratiquer et dans laquelle elle excellait, la « classe unique ». La classe unique s'imposait du fait du petit nombre d'élèves, donc généralement dans un cadre rural (ou montagnard). On lui préfère aujourd'hui le regroupement des élèves dans des classes de niveau, qui oblige à de coûteuses opérations de transport. Et c'est dommage. Elle demandait à l'enseignant une grande souplesse, source de fatigue quotidienne pour lui, mais elle produisait des résultats incontestables. Dans une communication du réseau Canopé, Pierre Champollion, chercheur auprès des universités de Lyon II et de Caen, lui rend un hommage appuyé. Pour cinq raisons : la flexibilité dans la gestion de la classe ; la diversité des « méthodes » pédagogiques ; la simultanéité des activités pédagogiques au bénéfice des différents groupes ; l'insertion de la classe dans le contexte d'ensemble environnant ; la posture généralement antiautoritaire de l'enseignant. J'y ajouterais même, pour ma part, une forme pédagogique que pratiquaient dès le début du XIXe siècle les « écoles mutuelles » : l'accompagnement des plus jeunes par les plus âgés, et plus largement, le bienfait que, des deux parts, on retirait d'assister à des leçons qu'on avait reçues auparavant, ou qu'on recevrait plus tard. Pour ma mère, qui le disait non sans fierté, c'était une « gymnastique », de l'« équilibrisme », une espèce de direction d'orchestre. Ce qu'elle aimait surtout, je crois, c'est de ne pas perdre le contact avec les plus jeunes, le « cours préparatoire », objet de toute sa sollicitude, auquel elle n'aurait renoncé pour rien au monde, même pour la « classe du certif' » qui vaut pourtant au maître la reconnaissance de l'inspection et des parents. Le samedi, elle réunissait tous les enfants autour d'elle pour leur faire une lecture, qu'ils réclamaient avec force si elle tardait un peu. Je me souviens de contes empruntés au livre d'une Américaine, Sara Cone Bryant. Je me souviens, entre autres, de l'histoire d'Épaminondas, le négrillon étourdi qui piétine les petits pâtés mis dehors à refroidir. Ce racisme ingénu passait alors comme lettre à la poste.

Telles étaient les journées, les semaines dans ce petit laboratoire républicain, reproduit à des milliers d'exemplaires sur notre territoire.

Ce samedi de mars 2017, vers le soir, je remonte, à S., jusqu'à l'école des filles, par la rue qui me paraît plus étroite que jamais, entre de belles façades. Mon ami le maire m'a proposé plus d'une fois de me donner les clefs de la maison, désormais inoccupée. Mais je préfère rester dehors, m'avancer jusqu'à ses abords, à cette heure-ci, l'école maternelle est vide, et c'est soudain une sensation que je connais bien depuis le début de ce périple, j'ai l'impression de marcher sur une falaise au bord d'un gouffre, sans protection, jusqu'au vertige. Puis la sensation disparaît, je fais demi-tour, et je vais reprendre ma voiture pour descendre vers la Loire. C'est un mouvement naturel dans les villages édifiés sur les coteaux, et une habitude aussi : on va vérifier le niveau des eaux, examiner leur débit, leur couleur, déceler les avant-signes d'une crue. On n'est jamais tranquille au bord de ce grand fleuve.

Ce soir, je me dis aujourd'hui que c'est l'image même de la « république au village » dans le monde des années 50 : une république arrimée à un fleuve menaçant. Une république qui tente de reprendre pied dans l'après-guerre, dans la France en ruine des années 50. Qui panse ses plaies, quitte tant bien que mal un monde condamné, tâche de comprendre celui qui vient, et de s'y frayer résolument un chemin. S'appuyant de nouveau, comme en 1880, cette fois non pour se fonder, mais pour se refonder, sur son école, l'école primaire, l'école rurale, la classe unique de ma mère. C'est un moment exceptionnel, qui ne se reproduira pas, l'école n'aura plus jamais cette chance.

Ces écoles-là n'existent plus, telles que je les ai connues vers le milieu du siècle dernier. Il serait vain de penser les ranimer. Mais il faut aussi se demander : ce que l'« école unique » avait réussi pour le peuple, comment se fait-il que le « collège unique » n'y parvienne pas ?

62

La brousse et la cambrousse

Cette sorte d'enfance que j'ai connue est une enfance idéale, non pas parce qu'elle était parfaite, mais parce qu'elle correspondait à une idée : une enfance républicaine dans toute sa rigueur. Par des traits simples, la frugalité, la présence de la nature, les livres et, tout autour de nous, la vie publique réduite à ses dispositions élémentaires, l'école, la mairie. Dominée par le sentiment très profond, très précis, très exact que dans la rusticité de nos mœurs et la régularité de nos vies, nous participons d'une manière absolument nécessaire, au milieu du village et des villageois, à un vaste mouvement de progrès qui permettrait à tous de prétendre, degré par degré, dans une marche ascendante, à plus de justice, de vérité, de lumière.

Une ombre plane donc sur tout cela. Quelle idée se font-ils des « gens de la campagne », les instituteurs républicains, campés dans ces bastions que sont les écoles de village, d'où ils mènent leurs offensives contre l'ignorance, l'obscurantisme, la tradition ? Eux dont les grands-parents et parfois les parents étaient souvent issus, à une ou deux générations, de ces ruraux, ils incarnent le paradoxe de l'école rurale : elle n'a pas d'estime véritable pour le monde paysan. La campagne, c'est la « cambrousse » – mot où on entend un lointain écho, colonial, d'un autre mot : la « brousse ». Ils ne manquent pas d'expressions vives, dont le choix est vaste, pour les désigner, « pésan » (prononciation ancienne), « péquenot », « cul-terreux », « plouc », « né au cul des vaches ». Le paysan, c'est celui qui résiste au mouvement. À l'instruction, à la lumière. À toutes les formes nouvelles de la modernité. Le paysan est conservateur, soumis au prêtre et au château. L'homme de la campagne a besoin d'être instruit, éclairé, pour échapper à son destin séculaire : la soumission, la tradition. Ce n'est pas tout à fait faux, particulièrement dans les deux bocages du nord et du sud de la Loire, à l'ouest de l'Anjou. Sur nos coteaux, le vigneron se montre parfois plus frondeur – mais modérément : prudence de langage, prudence sociale.

Mais le paysan, si on ne l'instruit pas, restera soumis au curé et à « not'maît' », prisonnier des superstitions, des croyances religieuses, c'est tout un, de ses habitudes ancestrales, de son manque d'hygiène. Tout se résume en un mot : le paysan est « arriéré ». Cette notion d'arriération est hautement problématique. Au carrefour de la médecine et de la politique, c'est un terme de la psychiatrie, qui désigne un retard dans le développement. Il peut faire des ravages si on l'applique hors de son champ. Or c'est ce qui est fait. D'où mon idée, depuis le début, qu'il y a un lien entre l'école et la guerre de Vendée. L'école poursuit et achève par d'autres moyens ce que la Révolution a accompli par la guerre et le massacre, amener le monde paysan à la lumière. Pas besoin de redire ici ce que j'ai déjà dit cent fois. La phrase de Victor Hugo, la révolution est une « clarté », et le paysan est un « aveugle ». L'incompréhension des révolutionnaires découvrant l'attachement farouche, à leurs yeux fanatique, de ces « brigands » prêts à se faire tuer pour leur bocage, leur curé, leurs façons de vivre. Que dit des paysans de l'Ouest le conventionnel Jean-Baptiste Leclerc, enterré à Chalonnes, anticlérical et athée militant ? « D'après un naturaliste célèbre, si l'on me demande quel est dans la chaîne des êtres l'anneau qui unit le singe à l'homme, je répondrai que c'est le Bas-Poitevin. »

Pour les pères fondateurs de la IIIe République, dont mes

parents étaient les modestes soldats, il fallait avant tout conquérir le monde rural. Pour asseoir la république, et répandre l'esprit des Lumières. « La République sera la République des paysans ou ne sera pas », répétait Jules Ferry. « C'est, pour notre société, une base solide, et, pour la République, une assise en granit que ce suffrage universel des paysans[1] ! » Jean-Marie Mayeur a distingué trois objectifs chez les fondateurs de l'école républicaine : « fonder le progrès social, enraciner la République, libérer les consciences », il convient donc pour réaliser ce dernier point du programme de « porter la lumière dans le fond de nos campagnes ». Mais à quel prix ? La réalité : à la fois une politique d'instruction très efficace, qui donne des résultats sensibles en matière d'acculturation ; et, en face, une profonde sous-estimation voire une incompréhension du monde paysan. Partagée par la plupart des philosophes de la Révolution. Pour Marx il est clair que sans le soutien paysan la lutte des ouvriers en faveur d'un pouvoir prolétarien ne pourrait qu'aboutir à un désastre. Mais la paysannerie est « une classe en trop » ; elle incarne l'arriération, encore ce mot !, le poids du passé à abolir : dans la nation française, dit-il, les paysans s'additionnent de « la même façon qu'un sac rempli de pommes de terre forme un sac de pommes de terre[2] ».

D'où, au milieu du XIXe siècle, les ambiguïtés de George Sand. Déçue par les révolutions, elle fait retraite après 1848 à Nohant, et développe alors un intérêt profond, rare à l'époque, pour le monde où elle a été plongée tout enfant, celui du Berry, de ses paysans, de ses légendes, de sa musique. Une vraie curiosité ethnographique l'anime, dont elle fait profiter des récits comme *La petite Fadette*. Elle met tout en œuvre pour faire comprendre à ses amis et à ses lecteurs citadins les formes singulières de la musique traditionnelle des « maîtres sonneurs » dans le roman de ce titre. Elle se montre en cela très proche de mouvements presque absents de la vie culturelle française, mais très présents en Europe centrale. Mais dans le même temps, et Henri Guillemin n'a pas manqué de le relever, elle éprouve tant de défiance envers la violence révolutionnaire qu'elle en vient à souligner les dangers de l'instruction pour le paysan : « Le paysan n'a rien à gagner chez nous au changement de personnes. Étant d'un des départements les plus noirs sur la carte de l'instruction, il est au moins préservé de l'ambition par son ignorance » (George Sand, *Journal d'un voyageur pendant la guerre*, 1871).

L'oubli, le rejet, la répression de la paysannerie vont sans doute bien au-delà de la question des paysans, c'est plus généralement le rejet « du misérable, du serf, du fellah, du prolétaire, du déshérité, de l'exploité, du trahi, du vaincu, du vendu, de l'enchaîné, du sacrifié, de la prostituée, du forçat, de l'ignorant, du sauvage, de l'esclave, du nègre, du condamné et du damné » (Victor Hugo, *William Shakespeare*). Ce qui n'est pas sans avoir de lourdes conséquences politiques et sociales, et peut éclairer le peu de compréhension des « laïques » d'aujourd'hui pour les sociétés traditionnelles, et leurs représentants, quand ils viennent s'établir sur notre sol. C'est aussi une captation du projet d'émancipation par les émancipateurs, qui prétendent toujours savoir mieux que les dominés ce qui est bon pour eux. Lorsque Marx prononce la phrase célèbre : « l'émancipation de la classe ouvrière doit être l'œuvre des travailleurs eux-mêmes[3] », il ne songe pas un instant qu'elle pourrait s'appliquer à un monde paysan trop retardé pour la mettre en œuvre. Le monde ouvrier n'en profitera guère, non plus, pris dans sa main de fer par la « dictature du prolétariat ». Mais ceux qui en revendiquent l'application ne songent guère qu'elle doit profiter à toutes les catégories de dominés. Ouvriers, paysans, femmes. Aujourd'hui encore, on le voit bien, s'agissant du voile islamique, souvent imposé certes par les pères ou les maris. Mais quand des femmes le revendiquent comme leur choix, on ne les croit tout simplement pas. Elles se croient libres ? Elles ne savent pas qu'elles sont asservies.

Fin de la parenthèse.

Telle était donc l'école rurale des années 50, au moment où je m'apprête à la quitter ; avec ses objectifs modestes et ses ambitions justes, son idéal et son impensé massif, sa tache aveugle et sa cible énigmatique : l'homme qui ne renonce pas à ses attachements traditionnels, pour un accès à l'instruction, à l'éducation, peut-être parce qu'il n'est pas sûr de gagner au change.

En manifestant les réserves que ce monde rural lui inspirait, la république se montrait bien ingrate. Elle était certaine pourtant de trouver en lui une assise solide, que le monde d'aujourd'hui ne lui assure plus : les conditions d'une transmission calme du savoir. L'école pouvait s'appuyer, paradoxalement, sur des traditions qu'elle jugeait entièrement négatives et qu'elle s'employait à combattre, l'habitude d'obéir, le respect des autorités instituées, de l'ordre généalogique. C'est à ce monde-là, le monde ancien, que les instituteurs devaient d'avoir devant eux des enfants capables d'accepter, avec plus ou moins de résultats, la contrainte éducative. Je l'ai bien vu lorsque, à la fin des années 50, mon père prit la direction d'une école dans un quartier difficile de la ville d'Angers. Il ne put alors supporter d'affronter ces nouveaux élèves, issus de familles urbaines pauvres. Il avait vécu, par anticipation, ce qui est le lot quotidien des écoles dans les quartiers déshérités d'aujourd'hui, que raconte le précieux petit livre de Véronique Decker, *L'école du peuple*. Les formes anciennes de la transmission ne sont plus représentées. Et Véronique Decker doute même que la république s'en donne les moyens. Pendant qu'on se focalise sur la question du voile dans les prétendus territoires perdus de la république, on oublie la dégradation des conditions quotidiennes d'existence dans les « quartiers » et leurs conséquences d'abord sur les familles. Maintenant, les parents sont déracinés, désaffiliés, désorientés : telle cette Africaine qui fait dormir ses filles avec les « jeunes oncles » ; celle qui nourrit encore au biberon son fils de sept ans ; le père qui veut « piquer » tous ceux qui vont empêcher son fils handicapé mental de passer en CP ; le père qui ne voit jamais son fils ; la mère qui poursuit l'autocar de la colo pour reprendre son enfant…

L'école rurale n'est plus, illustration vivante d'un paradoxe : faire que la ruralité se dépasse vers plus de Lumières, tout en ayant besoin de cet ordre social dont elle veut remettre en question les fondements. L'école rurale d'alors vit dans une conscience double, divisée, déchirée, une double postulation : conserver et détruire. Elle veut arracher le paysan à la glèbe séculaire, et elle ne cesse d'évoquer la campagne, la nature, les travaux de la terre. Comme le fait Maurice Fombeure, né en 1906, issu de parents agriculteurs, élève à l'école normale d'instituteurs de Poitiers :

Sur la route couleur de sable, / En capuchon noir et pointu, / Le « moyen », le « bon », le « passable » / Vont à galoches que veux-tu / Vers leur école intarissable.

Ils ont dans leur plumier des gommes / Et des hannetons du matin, / Dans leurs poches, du pain, des pommes, / Des billes, ô précieux butin / Gagné sur d'autres petits hommes.

Ils ont la ruse et la paresse / Mais l'innocence et la fraîcheur, / Près d'eux les filles ont des tresses / Et des yeux bleus couleur de fleur / Et de vraies fleurs pour la maîtresse.

Puis les voilà tous à s'asseoir / Dans l'école crépie de lune, / On les enferme jusqu'au soir / Jusqu'à ce qu'il leur pousse plume / Pour s'envoler. Après, bonsoir !

Ça vous fait des gars de charrue / Qui fument, boivent le gros vin, / Puis des ménagères bourrues / Dosant le beurre et le levain. / Billevesées, coquecigrues, / Ils vous auront connues en vain / Dans leurs enfances disparues !

« Les écoliers », *Pendant que vous dormez…*, 1953

Quelle est au fond cette ruralité idéale, sinon la projection sur la campagne réelle de l'idéal scolaire ? Une sourde nostalgie de la « francitude » la nourrit, qui est peut-être le cœur même de cet universalisme républicain et nationaliste. La profonde ambiguïté de ces tableaux, c'est Claudel qui la fait ressortir dans son éloge de Fombeure : on le sait, Claudel haïssait la république, et son modeste serviteur, l'instituteur « primaire ». Ce qu'il voit donc dans l'œuvre de Fombeure, ce n'est pas du tout l'idéal républicain, c'est « la bonne vieille terre française, la bonne vieille vie française, les villages français, les petites villes françaises, toutes les choses et tous ces êtres autour de nous qui parlent français ».

63

La guerre scolaire

J'ai vécu, j'ai été éduquée dans un monde socialement divisé, et où régnait entre les deux écoles privée et publique une « concurrence » que Clemenceau jugeait salutaire. La « concurrence ». S'il est un terme familier aux gens de ma génération (et encore plus des précédentes), surtout élevés comme moi dans une école publique de nos provinces catholiques, c'est bien celui-là. Il a un sens bien particulier et désigne la véritable guerre entre l'école publique et l'école privée, qui se joue dans les années qui suivent la Libération.

Car au lendemain de la guerre, l'Église n'a pas renoncé.

Au printemps de 1955 ou 56, nous avions déjeuné chez des instituteurs retraités qui avaient une maison dans les environs, peut-être justement dans « la sainte île de Béhuard ». Je ne participe pas à la conversation, je suis alors en troisième ou en seconde, mais je n'en perds pas une miette. À un moment, elle tourne à l'échange un peu vif : vous êtes un sectaire ! tranche alors une dame d'un certain âge, l'air vraiment pas content, en direction de mon père qui se récrie. Non, il défend l'école publique, c'est tout, il fait son devoir. Sectaire ? C'est bien un mot d'époque, et même d'une époque plus ancienne, ce n'est pas la première fois que je l'entends, et je vois bien qu'il n'est pas venu par hasard. Cette dame était-elle au courant d'un affrontement récent entre mon père et son adjoint ? Mon père avait cru bon de lui adresser une petite observation : était-il convenable que sa femme, bonne pianiste (dont je fus l'élève peu appliquée), tienne l'orgue de l'église le dimanche et à tous les offices ? Ou bien avait-on évoqué à la fin du repas un débat qui alors divisait profondément l'opinion : celui de l'aide à l'enseignement privé ?

Ce n'est pas l'affaire Dreyfus, mais « ils en ont parlé », et je vois bien au moment du départ qu'ils se quittent un peu fâchés.

On a tort de sourire : peut-être ne comprend-on plus, à un demi-siècle de distance, la force de ce qui était alors en jeu.

Dans les dix années qui suivent la guerre, la question de l'école publique est de nouveau un enjeu politique déterminant, en France, et particulièrement dans l'Ouest clérical. Dès 1945 en effet se pose la question des subventions accordées par Vichy à l'enseignement privé. Le gouvernement provisoire les reconduit, un consensus se met en place, mais il vole en éclats lorsque l'Assemblée constituante aborde le financement de l'enseignement privé en mars 1945. Le MRP (mouvement républicain populaire) accepte la formule du respect de la laïcité de l'État et de l'école publique. Et fait savoir qu'il ne réclamait pas le rétablissement des subventions accordées par Vichy. D'où la grande manifestation du 2 septembre 45 à Cholet : « Nous voulons Dieu dans nos écoles. » Et du 7 octobre à Angers, 90 000 manifestants, 30 000 dans les Mauges. On cherche une solution de compromis, mais les premiers affrontements vont avoir lieu, dès la loi du 17 mai 1946 qui nationalise les Houillères du centre et du midi de la France. Les compagnies privées des Houillères avaient fondé et entretenaient des écoles catholiques gratuites pour leurs ouvriers. Le 30 novembre 1946, le Comité provisoire de gestion des Houillères, « aux mains des communistes », informait par écrit les directeurs des écoles catholiques du bassin des Cévennes qu'elles seraient laïcisées à la date du 1er janvier 1947. Cette décision provoque la colère des défenseurs de l'« école libre » : « On ne nationalise pas nos enfants comme du charbon ! »

La guerre scolaire va durer une dizaine d'années, avec une

violence particulière dans ma région natale, l'Ouest angevin. Aujourd'hui elle semble éteinte : mais elle peut être réveillée à l'occasion. Ce fut le cas en 1984 lorsque la fameuse loi Savary propose la création d'un « grand service public unifié et laïque de l'éducation nationale ». La loi est adoptée mais elle suscite un mouvement de protestation des défenseurs de l'école privée, qui culmine lors de la manifestation du 24 juin 1984 : elle rassemble deux millions de personnes selon les organisateurs. Mgr Lustiger, Simone Veil, Valéry Giscard d'Estaing lui apportent publiquement leur soutien. François Mitterrand trouve cette loi « bonne », mais il la retire ; cet échec entraîne la chute du gouvernement Mauroy.

Et elle s'est réveillée, plus récemment, en Anjou, lorsque la ville de Beaupréau a manifesté pour obtenir enfin un lycée public.

J'esquisse brièvement l'histoire de cette succession de lois et de décrets dont les noms ont bercé mon enfance, parce qu'ils revenaient dans les conversations entre mes parents, et avec leurs collègues et amis. Et peuvent éclairer l'incident qui avait fâcheusement conclu ce déjeuner de 1955 ou 56. Il y a d'abord le décret Poinso-Chapuis du 22 mai 1948, autorisant les associations familiales à recevoir des subventions pour les familles nécessiteuses, qui suscite un refus des socialistes membres du gouvernement, considérant que c'est une manière indirecte de subventionner l'école privée. Germaine Poinso-Chapuis doit quitter le gouvernement. Résistante, amie de Gaston Defferre, ministre MRP de la Santé publique et de la Population du gouvernement Schuman, elle n'était pour rien dans ce décret : c'était la volonté du président du Conseil.

Ce n'est pas rien d'avoir été enfant dans ce monde-là, des débuts de la IVe République, où le pays est gouverné par un Robert Schuman. Schuman, et les autres « pères fondateurs de l'Europe », Konrad Adenauer et Alcide De Gasperi, ce sont « trois tonsures sous la même calotte » (Vincent Auriol). Ministre des Finances, président du Conseil en 1947, ministre des Affaires étrangères, grand négociateur des premiers traités fondateurs de l'Europe, c'est le même homme qui en 38 a approuvé Munich, en 40 fait partie du premier gouvernement Pétain, et voté en juillet 40 les pleins pouvoirs au maréchal. Ce qui lui vaut à la Libération d'être frappé d'indignité nationale[1]. En septembre 45, l'affaire est classée sur ordre du général De Gaulle, et il reprend sa vie politique. Protégé sans doute par la Vierge Marie, ce fondateur de l'Europe demande, selon certaines sources, au dessinateur Heitz d'en concevoir le drapeau : celui-ci choisit la couronne de la Vierge Marie et ses douze étoiles. Il en a trouvé le modèle à Paris, dans la chapelle de la médaille miraculeuse de la rue du Bac. Avec Lourdes et La Salette l'un des sanctuaires préférés de Robert Schuman, qui ne se séparait jamais de son chapelet. C'est le début de la guerre froide en Europe, Robert Schuman place délibérément l'Europe « de l'Ouest » sous le signe du « monde libre » et de sa foi catholique. Édouard Herriot disait : « Schuman, c'est le Vatican. » Militant catholique depuis toujours, cet homme « discret et pieux », selon les termes de son biographe, Raymond Poidevin, fait l'objet depuis 1990 d'un procès en béatification : manque encore « un miracle dûment reconnu et authentifié ». Robert Schuman bénéficie, en attendant, du titre de serviteur de Dieu.

... C'est quelques années plus tard le vote, le 9 septembre 1951, de la loi Barangé qui permet à l'État de verser des allocations scolaires trimestrielles de 1 000 francs par enfant aux associations de parents d'élèves de l'enseignement privé. (Charles Barangé est né et mort dans le Maine-et-Loire.) Cette loi vient compléter la loi votée quelques jours plus tôt qui étendait le bénéfice des bourses d'État aux enfants du privé. Ces deux lois sont considérées par les « laïques » comme les premières à remettre en cause l'enseignement public laïque en France. En réaction contre elles est fondé en 1953 le Comité national d'action laïque (CNAL) qui rassemblait à l'époque le SNI (Syndicat national des instituteurs), la FEN (Fédération de l'Éducation nationale, autonome depuis 1948) et la FCPE (Fédération des conseils de parents d'élèves)[2].

C'est ensuite, le 31 décembre 1959, la loi Debré. Michel Debré est alors ministre de l'Éducation nationale par intérim. La loi instaure un système de contrats entre l'État et les écoles privées qui le souhaitent. L'État accorde une aide mais en contrepartie, les programmes doivent être les mêmes que dans l'enseignement public. Et l'État conserve le monopole de la délivrance des grades et des titres universitaires. En France, il existe désormais des écoles publiques, des écoles privées sous contrat avec l'État et des écoles privées hors contrat. Cette loi est aussitôt comprise comme représentant une attaque frontale contre l'école publique, et suscite l'opposition irréductible du Comité national d'action laïque à sa mise en œuvre. Le 19 juin 1960 le « serment de Vincennes » est proclamé « contre la loi scolaire de division par les délégués des pétitionnaires des communes de France représentant 10 813 697 Français et Françaises de toutes origines et de toutes opinions, ayant signé la protestation solennelle du 31 décembre 1959 ». Il est rappelé régulièrement, chaque fois qu'on estime que l'école publique est menacée.

La question récurrente est de savoir qui sera chargé de l'instruction et (surtout) de l'éducation des enfants : pendant des siècles, ce fut l'Église et elle uniquement. Quand des écoles mutuelles se créent au XIXe, c'est pour soustraire l'école à la mainmise de l'Église. L'idée républicaine en avait fait un enjeu de première importance. À la Révolution : « L'Assemblée constituante, après les rapports de Condorcet et de Lakanal, après les discussions de son Comité d'enseignement (presque aussi actif que le Comité de salut public), avait proclamé des principes qui sont toujours les nôtres : ceux de l'école primaire, obligatoire, gratuite et laïque » (Paul Carnot[3]).

La IIe République ne tranche pas aussi nettement. Entre février et juillet 1848, le ministre de l'Instruction publique est Hippolyte Carnot, note encore Paul Carnot, si « l'esprit du projet était franchement démocratique, il ne s'élevait pas jusqu'à la conception de l'enseignement laïque. L'enseignement religieux ne faisait pas partie intégrante du programme primaire mais il était maintenu, à condition d'être donné par les ministres des différents cultes. Les hommes de 1848 étaient profondément religieux, ils rêvaient de réconcilier l'Église et la Démocratie ». Carnot compte pour cela sur le petit peuple du bas clergé. Sous la présidence de Louis-Napoléon Bonaparte, le comte de Falloux devient ministre de l'Instruction, succédant à Alexandre Freslon, l'ami de Grégoire Bordillon. Le comte de Falloux va se montrer très attentif aux inquiétudes des catholiques, pour qui l'école doit reprendre ses bases de l'Ancien Régime afin de lutter contre la diffusion des idées des Lumières (Pierre Albertini). Falloux retire officiellement le projet de Carnot le 4 janvier 1849. Fidèle à son programme politique : « Dieu dans l'éducation. Le pape à la tête de l'Église. L'Église à la tête de la civilisation ». Je suis allée au Bourg-d'Iré, en janvier, pour me replonger dans l'atmosphère d'une époque où la liberté de l'enseignement se confondait, selon Victor Hugo, avec son asservissement.

Il était donc inévitable que la IIIe République pose la séparation de l'école et de l'Église avant même la séparation de l'Église et de l'État. Par les lois de 1881, 1882, 1886. L'école est gratuite, laïque, et l'enseignement arraché aux congrégations.

L'offensive en faveur de l'école privée est un marqueur politique : chaque fois qu'il y a repli de l'idée révolutionnaire, ou républicaine, c'est autour de l'école que l'affrontement se fait. La Révolution, la république (IIe, IIIe) a lié son sort à celui d'une école qui assurera son installation dans les esprits. La Contre-Révolution a fait de même : avec le comte de Falloux et Mgr Freppel. Lequel avait parfaitement compris que, pour faire triompher son point de vue de monarchiste hostile au ralliement à la république, il fallait mettre toute son artillerie dans le combat pour une école primaire gouvernée par l'Église. Le gouvernement de Vichy aussi : dans sa détestation de la gueuse, il tente de réduire l'importance et surtout l'influence de l'école publique.

Aujourd'hui, on a oublié que militer en faveur de l'école publique, c'est se battre pour la république. Peut-être, plus généralement, que la « guerre scolaire », comme le dit Jean-Marie Mayeur[4] dans un article de 1985, n'était qu'un aspect d'un plus vaste combat : celui de la laïcisation de la société.

Aujourd'hui, « le service public coexiste avec des établissements privés, soumis au contrôle de l'État et pouvant bénéficier de son aide (en contrepartie d'un contrat signé avec l'État) ».

Ce système unique dans le monde n'est pas aussi satisfaisant qu'on le dit. Les partisans de l'école privée « sous contrat » n'y trouvent que des avantages (cf. plus haut l'interview du directeur de Notre-Dame-d'Orveau), et même ne voient plus très bien la différence entre les deux systèmes, « au-delà de la possibilité offerte dans le privé de suivre une éducation religieuse », ajoute ingénument Yvon Corre dans *Le télégramme* de Brest. Mais les adversaires de ce système à deux branches en réclament la disparition : leur slogan est « Fonds publics à l'école publique, fonds privés à l'école privée ».

Ainsi retentit encore périodiquement le fameux « serment de Vincennes »...

En fait, ce qu'on craignait dans la fin des années 50 s'est plutôt aggravé : il n'y a pas égalité entre les écoles publiques et privées. L'école primaire publique est laïque, elle n'a pas de critères d'admission, elle n'impose pas une vision particulière du monde. L'école primaire privée, à 95 % catholique, a un « caractère propre » et un « projet » lié à l'Église catholique auquel doivent adhérer les élèves même si, sous contrat d'association, elle doit les accueillir sans référence religieuse. Et l'« éveil à la foi » est souvent inscrit en propres termes sur les sites d'accueil. Francisco Ferrer, on l'a vu, demandait à l'école de « ne répandre que des solutions qui ont été démontrées par des faits, des théories ratifiées par la raison, et des vérités confirmées par des preuves certaines ». La mise en concurrence des vérités démontrées avec les croyances sans preuve constitue une véritable déclaration de guerre à l'école publique.

Poursuivons. L'école publique est soumise à la carte solaire, elle accueille tous les élèves du secteur de recrutement. L'école privée n'est pas soumise à la carte scolaire et est libre des critères de recrutement. L'école publique est gratuite, l'école privée payante, elle exerce donc une sélection sociale par l'argent même si celle-ci est moins caricaturale depuis quelques années[5].

L'école de Jules Ferry se voulait gratuite, afin que tous puissent en profiter ; l'école privée se voudrait-elle payante, afin que tous ne puissent pas y entrer ? Selon Bernard Toulemonde, inspecteur général honoraire de l'Éducation nationale, « si l'enseignement catholique accueillait à bras ouverts les enfants des milieux défavorisés, il n'aurait pas le succès qu'il a à l'heure actuelle. Une des valeurs que les parents donnent à l'enseignement privé, c'est précisément que les enfants issus de l'immigration n'y sont pas nombreux[6] ».

64

« La guenon, mange ta banane ! »

Le souvenir des combats pour l'école publique dans les années 50 est-il encore présent, en France, aujourd'hui ? Est-ce qu'il signifie encore quelque chose, cet anticléricalisme « traditionnel » dirigé contre l'emprise politique et sociale de l'Église catholique ? Est-ce qu'on est entièrement à l'abri d'un retour du « théologico-politique » ? Claude Lefort se le demandait, en 1981, dans un article publié par *Le temps de la réflexion*. La Révolution française a inscrit dans l'histoire compliquée entre politique et religion une rupture « qui n'est pas dans le temps, qui met en rapport avec le temps comme tel et fait surgir un mystère de l'Histoire… Le sens religieux de cette rupture hante les esprits ». Tout a été dit, le débat est épuisé. Vingt ans plus tard, en 2006, Paul Valadier, ancien directeur de la revue *Études*, commente longuement cet article dans la revue *Recherches de science religieuse*. En vertu même du radicalisme de cette rupture, écrit-il, comment supposer que la question soit derrière nous, et en quelque sorte qu'elle ait trouvé sa solution adéquate ? La question se pose toujours « mais en termes neufs auxquels il convient d'être attentifs[1] ».

Or aujourd'hui, quand je m'interroge devant des amis, et pas seulement des catholiques, ils s'irritent facilement, mais voyons, n'en parlons plus, c'est fini ! Les églises sont vides, la puissance politique de l'Église n'est qu'un souvenir, tous les catholiques ont accepté la laïcité ! L'anticléricalisme n'est qu'un mauvais souvenir, un héritage des débuts lointains de la IIIe République ! Ils me citent alors Marcel Gauchet qui dans son dernier livre semble contredire l'article, vieux il est vrai de dix ans, du théologien : la rivalité entre les « prétentions politiques de la religion » et les « prétentions métaphysiques de la politique » a pris fin[2].

Je les écoute, mais je n'en pense pas moins. L'histoire que mon périple sur ces vieilles terres cléricales m'a remise en mémoire est relativement ancienne, mais en même temps, elle m'a rendue attentive à quelques événements récents, qui du reste justement s'y sont déroulés. Comme si une mémoire, et des habitudes, s'étaient réveillées. Ces exemples, comme d'autres, empruntés ailleurs, sont autant d'indices : la prétention d'agir sur la sphère publique et dans le domaine politique était peut-être endormie, ou elle avait été calmée par la vigoureuse intervention des lois républicaines. On dirait qu'elle n'attend cependant qu'une occasion pour se réveiller. La Manif pour tous, dirigée contre le mariage des couples de même sexe, le silence de l'épiscopat au moment de la dernière élection présidentielle, qui cautionnait de fait le choix explicite pro-FN de certaines factions de la « cathosphère », c'est la preuve qu'« il existe bien une ambition de reconquête », note un article du *Monde* en ligne, « chez de jeunes catholiques » au niveau d'études élevé. Ce sont des « antimodernes » qui livrent une bataille des valeurs « contre les politiques de genre, le libéralisme économique, le multiculturalisme, voire l'islam ». Ils ont le sentiment que la France est en train de perdre son identité catholique. Et se retrouvent autour de la revue *Limite*, « revue de combat culturel et politique, d'inspiration chrétienne ». Parmi ses rédacteurs en chef, Eugénie Bastié, pour qui le féminisme est une « idéologie » fondée sur l'« invention » par Simone de Beauvoir d'une prétendue domination masculine.

Dans leur livre *La religion dévoilée*[3], Jérôme Fourquet et Hervé Le Bras décrivent ainsi la situation d'un catholicisme en perte de vitesse mais résistant dans plusieurs « foyers géographiques », dont précisément la Loire-Atlantique et le Maine-et-Loire. À Angers, c'est par exemple, le 18 février 2014, une conférence de Tugdual Derville à l'Université catholique de l'Ouest, sur le thème de « l'écologie humaine ». Sur le site « Le Rouge et le Noir – Antichroniques du temps présent », gazette en ligne catholique, Tugdual Derville est présenté comme la « figure de proue des mobilisations pour la famille qui ont ponctué et ponctueront encore, selon lui (et selon nous), le paysage politique et social français ». Ponctuer, c'est scander, marquer, en revenant régulièrement. Marquer d'un point : ou d'un poing ? C'est un combat, n'en doutons pas. « Lysenfleur », l'« animateur des controverses Twitter », donne la couleur avec une citation du chef vendéen François-Athanase, chevalier de Charette : « Notre patrie à nous, c'est nos villages, nos autels, nos tombeaux, tout ce que nos pères ont aimé avant nous. » Tugdual Derville est délégué général d'Alliance Vita, l'association fondée en 1993 par Christine Boutin, qui milite principalement contre l'avortement, l'euthanasie et le mariage entre personnes de même sexe. En 1989 (l'année du bicentenaire de la Révolution), il a choisi d'habiter près de Luçon parce qu'il a « la Vendée au cœur ».

La conférence a suscité un certain nombre de réactions à Angers, et à la « Catho ». « La présence de Tugdual Derville orchestrée par le service "Société et culture" du diocèse d'Angers et la direction de l'UCO relevait donc ce jour-là d'un véritable choix idéologique et politique » (Philippe Grosbois[4]). Et de la place prise, semble-t-il, à l'UCO par la Communauté de l'Emmanuel, clef de voûte du renouveau charismatique en France, qui dispose d'une influence croissante au sein de l'Église catholique depuis sa création en 1976. Le même article poursuit : « La région des Pays de Loire semble devenir le creuset d'un radicalisme chrétien de plus en plus vivace au niveau des universités privées (catholiques) ; l'ICES (Institut catholique d'enseignement supérieur) de La Roche-sur-Yon [a été] fondé en 1990 grâce à Philippe de Villiers… » Comme par hasard, la question de l'école redevient un marqueur décisif : un peu plus de 40 %

des élèves du Maine-et-Loire sont scolarisés dans le privé, et le département compte 17 % de catholiques pratiquants, un taux supérieur à la moyenne nationale.

Alors, vous voyez bien, je n'ai pas tout à fait tort de poser la question ? Emmanuel Todd et Hervé Le Bras le disent : le catholicisme en France est une religion peu pratiquée, mais « sous une forme ou sous une autre, le catholicisme – ou plutôt la tradition catholique – demeure un acteur central du jeu politique et social ». Pour ce « catholicisme zombie », la religion ne doit plus se réduire à l'influence sur les comportements. Ils entendent peser par leur action sur la vie publique et politique. L'offensive culturelle se double d'une offensive politique : pour ces catholiques, dit Jérôme Fourquet, François Fillon aurait représenté « une bonne synthèse entre une stature de présidentiable et une radicalité idéologique ».

Radicalité idéologique, doublée d'un activisme prompt à basculer dans la violence : en 2013, toujours à Angers, Christiane Taubira se heurte le 4 novembre à des membres de La Manif pour tous. Une vidéo montre une enfant de manifestants, agitant une peau de banane, et criant : « La guenon, mange ta banane ! » Est-ce qu'on mesure bien l'abjection de la chose ? Des couples de bonne famille, élevés eux-mêmes dans la plus stricte éducation catholique (celle qui aujourd'hui nous rebat les oreilles avec ses valeurs de justice et de partage), et les voilà qui se dissimulent honteusement derrière des enfants qu'ils chargent du plus vil des messages ! Où étiez-vous, cathos de gauche, si nombreux paraît-il à Angers, qui adoptez régulièrement des enfants en Afrique ? Où étiez-vous ? On ne vous a guère entendus. Je n'en peux plus de colère et de honte. Le « sociétal » est devenu un champ privilégié d'un « cléricalisme », qui ne peut plus s'exercer avec autant de vigueur qu'auparavant dans le domaine politique ; mais la frontière est mince et vite franchie, puisque le but ultime est de peser sur des lois. Comme celle qui étendrait la procréation médicale assistée à des femmes seules ou à des couples de femmes. Diverses associations s'y opposent, au nom la plupart du temps de la morale chrétienne pour qui l'enfant est un « don » et non un « dû »[5] – on objectera que la « procréation assistée » est très présente dans les textes dits sacrés qui rapportent l'histoire fameuse d'une fécondation par l'Esprit saint.

Les catholiques sont peu nombreux, mais offensifs. Ils ont survécu à la déchristianisation, ils ne sont pas morts. La présence de l'islam les conduit à une réaffirmation offensive de leurs pratiques et de leurs valeurs. À Angers, encore, proche de Christine Boutin et de l'association Familles de France, l'adjoint Maxence Henry, chargé des personnes âgées de la ville, semble très préoccupé par l'« islam radical », ce « nouveau fascisme contre lequel nous devons lutter ». (Si on m'a suivie jusqu'ici dans mes pérégrinations, on ne s'étonnera pas qu'il déclare avoir « une admiration particulière pour le pays de Chemillé ».)

Il est clair que, dans le réarmement idéologique et politique de certains catholiques, les nouvelles lois « sociétales », les profonds changements dans le domaine de la famille, du mariage, de la filiation, ont joué un rôle de premier plan. Mais c'est aussi et peut-être surtout une réponse aux fantasmes que suscite la montée de l'islam. « La guenon, mange ta banane ! » Racisme, intolérance morale et crispation religieuse s'entremêlent. Chez ces défenseurs illuminés de « notre » identité menacée, la banane par sa forme est devenue le symbole dérisoire du croissant honni. L'évocation directe ou indirecte des croisades donne à un combat d'aujourd'hui une dimension historique sans équivoques. Il faut réévaluer ce qu'elles ont été, dit l'historien Jean Sévillia, qui résume ainsi la situation. Pendant longtemps, le discours sur les croisades s'est partagé en deux. D'un côté, l'« école laïque » qui y voyait « une aventure héroïque, qui avait fait rayonner la présence française au Moyen-Orient ». De l'autre, l'« école catholique » qui y vantait sans honte « la geste de chevaliers chrétiens, de Godefroy de Bouillon à Saint Louis ». Mais aujourd'hui, sous l'influence du « multiculturalisme et de la mauvaise conscience européenne », on fait des croisades « une agression européenne » contre un islam « tolérant et raffiné ». Alors que la croisade, en fait, ce n'est autre chose qu'une riposte légitime à l'agression des « cavaliers d'Allah » : il s'agit de partir délivrer les Lieux saints afin de rendre de nouveau possible le pèlerinage au Saint-Sépulcre[6]. La conclusion s'impose : face aux menées d'un islam fanatique et terroriste, qui tente de prendre pied sur nos terres et dans nos quartiers, il faut réveiller l'esprit des croisades. Jean Sévillia est régulièrement invité à donner des conférences à l'UCO d'Angers.

En 2015, des tueurs djihadistes déciment la rédaction de *Charlie Hebdo* : Jean-Marie Le Pen avec beaucoup de logique (la sienne évidemment) n'accepte de dire « je suis Charlie » qu'en complétant « Charlie... Martel évidemment ». La « bataille de Poitiers » – la défaite d'ʿAbd al-Rahmân, vaincu en octobre 732 par Charles Martel à Poitiers, ou plus exactement à Ballan-Miré – est considérée comme le premier coup d'arrêt donné par l'Occident chrétien à l'expansion musulmane. C'est le symbole, que beaucoup voudraient ranimer, d'une attitude courageuse face à l'invasion arabe. Dans un contexte pareil, il n'est pas étonnant que le souvenir de la guerre d'Algérie ait fait retour : cette guerre qui ne disait pas son nom. Il se trouve du reste que, par une étrange coïncidence qui explique peut-être le rôle qu'on lui fit jouer, un colon portait le nom de Robert Martel. Agriculteur, viticulteur, surnommé « le chouan de la Mitidja », il arborait un cœur surmonté d'une croix[7] et il fut l'un des organisateurs de la manifestation du 13 mai 1958.

Le plus inquiétant peut-être, c'est que peu de choses séparent la « cathosphère » de ceux que j'ai nommés les « fondamentalistes républicains ». Ce qui les rassemble, c'est une idée très dangereuse aujourd'hui pour la paix civile : l'idée que l'islam fait peser une menace sur l'« identité française ». Pour la cathosphère, « nos racines chrétiennes » ; pour les républicains purs et durs, « nos valeurs républicaines ». Quelques-uns de ces catholiques réarmés entonnent eux aussi, du reste, le couplet des valeurs républicaines, quand ce n'est pas celui de la laïcité ! Ce qu'ils reprochent aux Français musulmans, en plus de menacer « notre identité », c'est de ne pas faire la distinction entre le privé et le public, et de manifester leur attachement à l'« oumma », communauté à la fois matérielle et spirituelle. Comble d'impudence : ce sont les mêmes qui tentent d'imposer dans le domaine public et dans le domaine politique des valeurs liées au catholicisme. Et dénoncent régulièrement sous le nom de « laïcisme » la stricte observance du principe politique de neutralité...

Les Français musulmans, comme tous les citoyens français, doivent se soumettre aux lois républicaines, à la séparation du temporel et du spirituel, au respect de la neutralité publique. Et accepter que l'islam soit soumis à une critique générale des fondements de toute croyance religieuse. Mais ce qu'on exige d'eux légitimement, nul ne peut prétendre en être exempté. Or, tout en dénonçant le prétendu laxisme des pouvoirs publics envers les musulmans et les accommodements dont ils bénéficient, le renouveau catholique réclame dans le même temps, en sa faveur, ces mêmes accommodements. « Je suis oiseau, voyez mes ailes, je suis souris, vivent les rats ! »

L'anticléricalisme, comme volonté de soustraire la société et son organisation politique à l'emprise des religions, est tout à fait légitime, et nécessaire, quand il s'agit de défendre la république – contre toutes les tentatives d'emprise religieuse sur la vie publique. C'est même un devoir chaque fois que se pose la question des fondements et de la légitimité du pouvoir politique. Chaque fois que se produisent une ingérence de la société ecclésiale dans la société séculière et une dépendance du politique à l'égard du religieux. Il a donc aujourd'hui tout à fait sa place, et son rôle à jouer, face à un certain catholicisme qui a de nouveau le vent en poupe, et qui tente de restaurer un temps dont il a la nostalgie : celle de l'époque où il était, en France, une puissance incontestée. Mais il est tout à fait inapproprié de souhaiter étendre à l'islam la réponse « anticléricale » qu'appelle à juste titre l'emprise d'une religion dominante. C'est une dérive dangereuse et choquante. Un exemple : les apéritifs saucisson-pinard du Bloc identitaire et de Résistance républicaine qui se veulent la réédition du fameux dîner « gras » offert par Sainte-Beuve le vendredi 10 avril 1868 à ses amis Renan, Flaubert, Taine et Edmond About. Quoi qu'on pense de cette manifestation, elle voulait à l'époque protester contre le pouvoir abusif d'une religion alors majoritaire. Ce n'est pas le cas de l'islam, l'islam est en France une religion minoritaire, hors d'état d'imposer sa loi à la France comme le fit le catholicisme depuis la révocation de l'édit de Nantes (1685) jusqu'aux lois de 1905.

En faisant de nos concitoyens issus de l'immigration un danger pour « notre identité chrétienne », ces catholiques « born again » commettent donc une erreur grave, et un double coup de force : ils réduisent la France à ses « racines chrétiennes » et ils imposent de la « question musulmane » une interprétation purement religieuse. Et là encore, ils rejoignent ces républicains purs et durs qui veulent convaincre la société et les politiques que nous devons poser en termes exclusivement religieux une question qui, fondamentalement, ne l'est pas. L'intégration est d'abord d'ordre économique et social. Nos concitoyens musulmans, issus de la colonisation et de l'immigration postcoloniale, n'appartiennent pas, dans leur majorité, aux couches les plus favorisées de notre société. Et c'est l'échec ou les retards de l'intégration qui les orientent alors vers des revendications d'identité ethnique ou religieuse. « L'islamisme constitue donc moins une dérive religieuse que le "troisième étage de la fusée de la décolonisation" et l'accélération d'un processus de repositionnement du Sud dominé à l'égard du Nord », écrit François Burgat[8].

Il est plus commode d'accuser leur attachement à une religion « obscurantiste » que de s'interroger sur notre passé colonial et la situation économique et sociale qui leur est faite. Il faut donc renverser la question. Quand comprendrons-nous que la part de responsabilité n'est pas égale entre ceux qui sont en voie d'intégration et le pays où ils s'intègrent ? La réussite de l'intégration est entre nos mains : c'est prendre un risque mortel que de rejeter certains de nos concitoyens vers le refuge d'une identité religieuse, l'identité islamique, à l'heure où dans le monde l'islam se perd dans des dérives fondamentalistes.

65

« Haine de la religion » ou retour de la question coloniale ?

Je me suis sentie vivement interpellée, comme on dit, par un livre récent, celui de Pierre Tevanian, *La haine de la religion*[1], où je ne me suis pas reconnue. Je l'ai laissé entendre depuis le début : l'*in*croyance dans laquelle je me suis constituée, à laquelle je me suis toujours tenue, est une attitude sereine, constante, confirmée, apaisée même – sauf devant des tentations (et tentatives) de cléricalisme toujours renaissantes. L'idée qu'on puisse « haïr » les religions me paraît puérile, et inadéquate face au sérieux des enjeux. Mais voyons sa thèse. Les républicains de vieille roche se seraient fourvoyés, dit-il, en « institutionnalisant une véritable chasse à la croyance religieuse » dont seraient aujourd'hui victimes ceux de nos concitoyens qui affichent leur rattachement ou leur attachement à l'islam. Et en déclarant leur religion « incompatible » avec les principes et les valeurs de la république, dont le principe de laïcité. La « haine de la religion » serait devenue l'« opium du peuple de gauche » – claire transposition du mot de Marx, si mal compris, « la religion est l'opium du peuple ».

Je comprends mieux. Même si j'ai besoin d'un détour pour affronter les thèses dérangeantes de ce petit livre. Durant ces jours lumineux d'un froid de glace où j'erre dans les paysages de mon enfance, mais aussi, dans le temps, sur des chemins parfois presque effacés, une conviction m'est venue, de plus en plus forte : tout ce que je suis, tout ce que je pense, tout ce que je fais ou ce que j'ai pu faire est marqué du sceau d'un principe fondamental que je tiens de mon éducation républicaine, la laïcité. C'est pour moi le principe des principes, le fondement de tous les autres, le fondement d'abord de la légitimité politique. La séparation entre l'État et les religions. La liberté de conscience, le droit d'avoir ou de ne pas avoir de religion, d'en changer ou de ne plus en avoir. Et enfin le libre exercice de ses convictions, et la liberté de les exprimer.

Or de cette liberté-là, il semble que l'usage soit essentiellement réservé aujourd'hui à l'expression de ses convictions religieuses. Et chichement concédé à celle d'une incroyance sereine, vigoureuse et argumentée, reposant sur le refus philosophique de tout dogme et croyance en une surnature et en une révélation divines. Quelle outrecuidance, nous dit-on, et quelle naïveté de la part des incroyants, que de prétendre ou même seulement souhaiter se soustraire à l'emprise des religions ! On n'arrachera jamais l'humanité à son besoin de spiritualité et de consolation !

Et alors ? L'argument est des plus faibles. « La peur a créé les dieux », disent les épicuriens, dont Lucrèce. Et Freud après lui. Mais la détresse, le sentiment d'abandon, la peur de la mort, que nous partageons tous, ne donnent aucune existence et aucune vérité aux constructions métaphysiques dont notre faiblesse se soutient. Et aucune consistance à ce mirage de survie au-delà de la mort, de consolation, de rachat, de justification de nos peines. Platon dans le *Ménon* l'avait déjà dit : penser selon ce qui plaît, ce n'est pas penser. Ce que proposent les religions est « une imposture morale, intellectuelle, et politique », écrit Yvon Quiniou dans son livre *Critique de la religion*. Les religions prétendent à la vérité, alors qu'elles ne s'offrent à aucune des procédures qui font reconnaître une proposition comme juste et vraie. Elles ne peuvent donc garantir un ordre social dont les valeurs seraient unanimement partagées ; par nature, les religions divisent, en prétendant relier ; elles ne sont donc pas le facteur de paix qu'elles prétendent être. Et elles sont toutes menacées par des tentations de fanatisme et d'intolérance[2]. La paix religieuse a été imposée en France par l'État, non sans difficulté ; quant à la paix des religions entre elles, c'est à la république qu'on la doit. Comme le dit une fameuse formule, la paix du zoo doit tout à la solidité des cages.

Le mot de « haine » me semble donc particulièrement choquant pour qualifier la critique philosophique et politique des religions, et ne pas rendre équitablement de la rigueur avec laquelle, depuis l'aube des temps, une pensée athéiste a essayé d'émerger, de se faire entendre et comprendre. Le problème, c'est qu'aujourd'hui, une situation nouvelle est née du fait de la présence, sur notre sol, d'une minorité issue du monde arabo-musulman. Comme les autres religions, l'islam peut et doit être soumis à une critique argumentée, surtout lorsqu'il sert de prétexte et de justification à une politique de terreur mondiale. Mais cette critique est trop souvent le masque ou le prétexte d'un rejet de nos concitoyens musulmans. La lutte antireligieuse chère aux héritiers des Lumières est alors déviée pour servir aux thèses du « choc des civilisations ».

Et c'est là que nous retrouvons Pierre Tevanian ; depuis toujours, voulant éviter de poser la question sociale, la république, observe-t-il, a déplacé le terrain. Depuis ses débuts, elle a fait de la lutte antireligieuse le seul et unique combat en faveur de l'émancipation, aux dépens de la lutte sociale, et même contre elle. Il faut reprendre ici, nous conseille-t-il, les analyses de Marx. « La religion est le soupir de la créature accablée, l'âme d'un monde sans cœur, de même qu'elle est l'esprit d'un état de choses où il n'est point d'esprit. Elle est l'opium du peuple[3] ». Sa seule ressource, et sa consolation, et une solution fallacieuse à ses maux. On ne desserrera l'étau de l'emprise religieuse que si on desserre l'étau de la nécessité. Le combat antireligieux, issu de la tradition des Lumières, n'est qu'une ruse de la bourgeoisie.

L'anticléricalisme du XIXe siècle n'est donc pas allé jusqu'au bout. Il a remplacé le Concordat napoléonien par une séparation des Églises et de l'État mais, sauf peut-être chez Blanqui, il ne s'est jamais ouvert à une remise en question fondamentale de l'ordre social, dont la religion était pourtant le principal soutien. Dans la première moitié du XXe siècle, la bourgeoisie des affaires et des professions libérales, liée souvent à la franc-maçonnerie, se montre anticléricale mais, par exemple en Anjou, c'est par opposition à la grande noblesse légitimiste, et elle rejoint régulièrement le parti de l'Ordre[4]. À aucun moment elle ne songe à conjoindre l'émancipation sociale à l'émancipation des dogmes religieux : la croyance continue d'être un utile garde-fou et une consolation pour le peuple.

Les choses vont se compliquer avec l'arrivée progressive sur notre sol d'une population venue d'Afrique du Nord, immigration économique, regroupement familial. Son installation définitive dans nos « quartiers » suscite l'inquiétude et le rejet : et, selon Tevanian, c'est là qu'entrerait en scène un usage retors des grands principes fondateurs de la république. Égalité des sexes, laïcité, liberté d'expression, lutte contre l'obscurantisme religieux serviraient alors à construire une figure de rejet : le jeune de culture musulmane issu de l'immigration postcoloniale. Les principes républicains sont devenus dans un nombre croissant de discours politiques et médiatiques les points d'appui et l'ancrage d'un racisme qui ne dit pas son nom. On pourrait aussi y reconnaître un héritage en droite ligne de la pensée de Renan, violemment hostile à la part de surnaturel et de dogme que les religions imposent, mais qui oriente sur l'islam un faisceau de critiques dont il exempte totalement le monde chrétien. « Plongé dans de profondes ténèbres [...] l'islam est le fanatisme [...] ; l'islam est le dédain de la science, la suppression de la société civile ; c'est l'épouvantable simplicité de l'esprit sémitique, rétrécissant le cerveau humain, le fermant à toute idée délicate, à tout sentiment fin, à toute recherche rationnelle, pour le mettre en face d'une éternelle tautologie : *Dieu est Dieu* » (leçon d'ouverture de son cours au Collège de France, février 1862).

J'ai ajouté cette suggestion personnelle à la démonstration de Tevanian, parce que la référence à Renan nous éclaire. Elle est tout à fait dans le ton du XIXe siècle, dont la république reprendra certains clichés civilisationnels. Le rejet des musulmans ne témoigne pas seulement de la « haine » que Tevanian impute à des républicains hantés jusqu'à l'obsession par le combat antireligieux. Il témoigne aussi de l'emprise d'un racisme d'origine colonialiste. J'ai décrit au chapitre précédent une étrange alliance entre des républicains acharnés à dénoncer dans toutes les religions un obscurantisme constitutif, source de dangereux rattachements communautaires, et des catholiques obsédés par la concurrence d'une autre religion, l'islam, et soucieux de ne pas lui laisser un pouce de terrain. Cette étrange alliance, ce commun rejet « civilisationnel », s'explique par tout notre passé. Par notre passé colonial.

Il faut donc en revenir à la manière dont la France, dans ses trois départements d'Algérie, a posé la question religieuse entre 1830 et 1962. C'est ce que fait Oissila Saaïdia, professeur d'histoire à Lyon II, dans son livre *Algérie coloniale. Musulmans et chrétiens : le contrôle de l'État (1830-1914)*[5]. Dans l'Algérie conquise, les catholiques sont placés dans le cadre juridique prévu par le Concordat ; quant aux musulmans, c'est la France qui définit les modalités du culte. Dès 1838, la gestion des établissements religieux est placée sous la surveillance et la direction de l'administration financière et, en 1839, les immeubles des établissements religieux musulmans algériens relèvent de l'administration du Domaine. La défaite du colonisé est totale : une situation discriminatoire est réservée au culte musulman. La circulaire du 17 mai 1851, « véritable hapax dans le monde arabo-musulman », stipule que désormais, le culte doit se dérouler dans des établissements religieux répertoriés comme tels avec un personnel nommé et contrôlé par l'État français. Ainsi, « la religion musulmane s'inscrit dans une géographie institutionnelle avec ses mosquées officielles, encadrées par ses "fonctionnaires de Dieu" ». Sous Napoléon III, en 1866, le projet d'un « consistoire musulman », seul à même de mettre en place des interlocuteurs officiels de l'islam et d'uniformiser la gestion du culte, ne voit pas le jour. Paradoxalement, c'est la loi de séparation de 1905 qui donnera au culte musulman une existence officielle.

Le culte catholique s'est mis en place en 1837 avec l'installation officielle de l'Église en Algérie. L'Église est « un agent de la colonisation et elle doit façonner l'Algérie à l'image de la France. Le paysage se transforme : églises, chapelles, couvents apparaissent comme des symboles de la présence française ». Mais quand les républicains, arrivés au pouvoir, relancent l'expansion coloniale, ils mesurent le prix du concours que les missions catholiques apportaient à l'œuvre civilisatrice de la France : Gambetta considérait que « l'anticléricalisme n'est pas un article d'exportation[6] ». Les plus laïques font taire leurs convictions, le débat qui fait rage en France dans les années 1880 ne prend pas en Algérie. « La loi de séparation sera finalement appliquée, malgré des oppositions comme celle du sénateur d'Ille-et-Vilaine Brager de La Ville-Moysan qui veut remplacer le dernier paragraphe de l'article 43 par cette phrase : "La présente loi n'est pas applicable à l'Algérie et aux colonies françaises. La présence catholique et l'action religieuse sont considérées comme le cœur de l'influence civilisatrice et du foyer de propagande française"[7]. »

« Pour le sénateur d'Ille-et-Vilaine, il est clair que le patriotisme aux colonies passe par une place reconnue à l'Église catholique », conclut Oissila Saaïdia. Cependant Paul Géronte, médecin et sénateur d'Alger, insiste, au nom des républicains et en tant que porte-parole de la représentation algérienne et des citoyens : « La vérité et la justice républicaines devraient être les mêmes aussi bien d'un côté de la Méditerranée que de l'autre. » Car l'enjeu est l'assimilation de l'Algérie à la France ; laquelle assimilation ne concerne pas les indigènes qui « demeurent soumis à une législation d'exception ».

Finalement, la loi de séparation est considérée comme applicable à l'Algérie et aux Algériens parce qu'à l'époque le terme « Algérien » ne désigne que les Français d'Algérie. « Tout le monde est d'accord pour que la loi ne soit pas appliquée au culte musulman au nom de ce qui est communément présenté comme d'évidentes raisons de sécurité. [...] La mainmise de l'État est un acquis. » Le contrôle des mosquées est en effet indispensable au contrôle des musulmans.

Et Oissila Saaïdia termine son article par une observation d'une rare acuité. En refusant d'appliquer à l'islam ce qu'elle impose au catholicisme, la France crée et renforce ce qu'elle déplorera par la suite, l'absence de séparation, en terre d'islam, entre le civil et le religieux. Entre la sphère publique et la sphère privée.

... Telle est la puissance, parfois déniée, de notre héritage colonial : l'alliance contre nature d'un catholicisme offensif et d'un républicanisme violemment antireligieux. Qui ne peut avoir, aujourd'hui, en France, que des conséquences extrêmement dangereuses. L'islam d'aujourd'hui s'enfonce dans un fondamentalisme obscurantiste, c'est un fait. Mais l'horreur légitime qu'inspirent les attentats djihadistes ne doit pas nous faire oublier, cependant, que la religion n'en est peut-être que le prétexte. Et occulter ce que le sursaut mortifère d'un islam décadent doit à la poursuite mondiale de l'impérialisme.

La conclusion de ce chapitre retrouve donc en la complétant celle du chapitre précédent : sur fond de relégation postcoloniale, le rejet pour des causes religieuses de nos concitoyens musulmans cherche sciemment à faire oublier que, dans leur majorité, avant d'être des musulmans, nos concitoyens venus d'Afrique du Nord appartiennent à une classe dominée à la fois par ses difficultés économiques et par son passé. La lutte contre l'aliénation religieuse ne peut passer avant la lutte contre l'oppression politique et contre l'exploitation économique qui l'expliquent et la renforcent. La première ne doit pas se faire au détriment des deux autres. Encore moins servir à les occulter.

66

Premières ruptures

Samedi 22 janvier.

J'entre au lycée à Angers dans le début des années 50. Rupture dans l'espace, rupture dans le temps.

Le projet républicain que j'ai décrit trouvait une unité parfaite de définition et d'application dans cette « république au village » dont l'école de mes parents et singulièrement la classe unique de ma mère étaient la parfaite incarnation. Mais que peut, que vaut cet idéal républicain, face aux défis du vaste monde ? Peut-il même tenir bon face aux questions redoutables que posent la ville, la question sociale ? Mon père y fut vivement exposé, quelques années plus tard, lorsque, directeur d'une école dans un quartier plus que défavorisé, il expérimenta un refus d'apprendre, de comprendre, d'accepter les règles qui le brisa. Lui qui avait senti à Trélazé, en prélude au Front populaire, un appétit conjoint, chez les mineurs et leurs enfants, pour l'école et pour l'émancipation sociale, il n'en retrouva pas trace chez les descendants déshérités des artisans du faubourg. Pour moi, dans les mêmes années, c'est sur la question coloniale que viendra échouer mon « idéal républicain ».

Au moment où j'entre au lycée, il est trop tôt pour que je me pose ces questions. Je change cependant de monde en quittant un village, ses mœurs, ses lois. L'enfance que j'y ai menée n'est pas une *enfance rurale* mais une enfance *dans une école rurale*, ce qui n'est pas exactement la même chose. Je partage avec les autres enfants un certain nombre de jeux, et des conflits, mais la solidarité qui unit les petits paysans, les enfants de vignerons, me laisse en dehors, on ne sait jamais ce que je pourrais raconter à la maison, qui pour eux est l'école. Peut-être, si j'avais été un garçon, une autre forme de connivence m'aurait-elle été accordée, apportée. Mais je suis très bien comme je suis, petite républicaine des années d'après-guerre, souvent seule dans de grandes échappées à vélo sur les routes. On ne m'interdit rien, on me fait juste quelques recommandations. Je vis jour après jour, saison après saison, entre mes arbres, mes livres et mes chats, dans une sorte d'épicurisme fruste, un épicurisme d'enfant robuste, une joie de vivre, une acceptation du monde, une ouverture intérieure, une confiance, une gravité, une certitude, une légèreté. J'ai quelques photographies de cette époque-là, prises quand je fais mes devoirs, un soir, ou un jeudi, à la table de la cuisine, parce que c'est la pièce la mieux chauffée de la maison. J'ai peut-être dix ans, je souris, avec un air de défi, le poing fermé sous le menton. Le chat noir dort sur une chaise, c'est un monde où aujourd'hui encore je veux vivre : une belle pièce calme, une table et des livres, des chats, et tout près, une présence aimante.

Ensuite, rien ne sera plus tout à fait pareil. Je l'ai parfaitement pressenti, au moment de mon premier départ. J'ai prétexté un oubli, et je suis revenue dans la maison, laissant mes parents dans la voiture. La porte de la cuisine était ouverte, on ne fermait jamais très soigneusement la maison, juste le portail de la cour d'école, avec une clef de fer battu, très lourde. Près de la cheminée, il y avait une de ces grandes chaises longues de rotin, avec leur repose-pied dépliable. Je m'y suis assise un moment, ce que je ne faisais jamais, on ne se repose jamais à onze ans. C'est exactement ce que font les Russes, s'asseoir un moment dans la maison qu'on va quitter, pour s'imprégner une dernière fois avant un long voyage, de son odeur, de ses bruits, de son silence.

C'est le début des années 50, je commence à être moi. Jusque-là, tout ce que j'ai reçu, j'en ai hérité comme l'air même que je respirais, au milieu des livres et des jardins, sur les bords de la Loire, sur les routes d'été à bicyclette entre les vignes. L'enfant extrêmement rustique que je suis n'a pas encore lu Pindare, mais ne voit pas ce qui l'empêcherait d'« épuiser le champ du possible ». Le « monde sans dieu(x) » n'est pas du tout aussi étroit qu'on le dit, puisque l'infini est en nous. En attendant l'infini, et pour le rejoindre, sans aucune certitude, il faut franchir la porte du lycée, vivre toute la journée entre des murs, se mettre en rang, le soir, dans la cour glacée avant d'avoir le droit de monter dormir dans un dortoir coupé de cellules doubles. C'est encore pire au printemps, quand il faut rabattre les volets intérieurs sur la belle lumière dorée qui descend sur les arbres.

Je vais habiter une ville sans y habiter vraiment, puisque je suis pensionnaire au lycée. Non loin de la Maine, dans le quartier des anciennes usines Bessonneau. La ville sera pendant ces années-là pour moi un simple fond de bruits et de rumeurs, perçus à travers l'obstacle épais des hauts murs d'un ancien séminaire devenu collège puis lycée « de jeunes filles », avec un beau cloître classique, et des lambris sculptés dans ses salles du rez-de-chaussée[1]. En face, par-delà la rue Boreau, c'est le jardin des plantes, une des belles réalisations d'un XVIIIe siècle éclairé. Partiellement conquis sur les terres de l'abbaye Saint-Serge par l'achat de l'enclos dit des Bassins par Pilastre, le botanophile. Le revoilà, l'autre ami de La Révellière-Lépeaux, je vais donc m'arrêter un instant sur lui. Durant mes années d'internat au lycée de filles d'Angers, j'ai dormi dans un dortoir ouvrant sur les hautes frondaisons du jardin botanique et l'illusion de forêt qu'elles donnaient, quand la fraîcheur entrait par les fenêtres, avec l'air du soir et les derniers chants d'oiseau. C'est à Pilastre que je le dois. Cette partie nommée « Closerie des Bassins », un terrain d'environ un hectare qu'il avait acheté la veille aux religieux de Saint-Serge, il la rétrocède le 4 mars à la Société botanique. L'acte avait été passé devant maître Audio, notaire. Les religieux de Saint-Serge cédaient « au sieur Urbain Pilastre, sieur de La Brardière, une maison, cour et issue, jardin-verger, pastures, vignes..., le tout en un tenant clos de murs, contenant environ 14 à 15 boisselées de terre[2] ». Camarade de collège de La Révellière-Lépeaux, Urbain-René Pilastre de La Brardière était né en 1752 à Cheffes. Député à la Convention, girondin, il échappe de peu à la guillotine. Passionné de botanique, il avait adhéré en 1781 à la Société des botanophiles : le premier jardin botanique s'était alors ouvert rue Bressigny. Célestin Port signale qu'aux réunions de la Société, il lisait souvent des mémoires sur des questions sociales, comme celle de la mendicité, et des moyens de l'abolir.

Toute la semaine, mon lycée, ce séminaire républicain, c'est ma maison, je m'y suis affectionnée, j'en connais tous les étages et les recoins, les dortoirs tout en haut, les salles de cours et d'étude dans les étages inférieurs, ses escaliers interminables, ses grandes salles solennelles de réfectoire. Je fais du piano dans une salle au rez-de-chaussée du « petit lycée » qu'ont fréquenté la plupart des externes, les internes venant des écoles communales de la campagne. Chaque fin de semaine (personne ne dit encore week-end à l'époque), je reviens sur les bords de la Loire, après quelques courses rapides dans une librairie ou pour m'acheter des chaussures. La ville : ce sont quelques rues autour du lycée (la promenade de midi), le château, le théâtre pour les « tournées Baret[3] », une ou deux librairies, un grand magasin (à l'époque « Les Nouvelles Galeries »), un café, place du Ralliement, où nous buvons du chocolat chaud avant que je retourne à l'internat. Mais les habitudes des citadins, pâtisseries chics ou quartiers mal famés, rien de tout cela n'a d'existence pour moi. Je ne sais rien de la ville, de ses hiérarchies sociales, de ceux qui la composent, quoique je les devine, à travers les conversations des externes, des allusions à leurs loisirs. Ce sont des filles de prof ou de médecin, ou de quelques commerçants. Les filles de l'échelon supérieur, des « très très bonnes familles » d'Angers, il n'y en a pas au lycée. Elles vont à l'Institution Jeanne-d'Arc ou à Sainte-Agnès. Je n'en ai jamais rencontré aucune ; le cloisonnement est assez rigide en ce temps-là. Que sont-elles devenues ? Ne serait-ce pas la petite-fille de l'une d'elles qui a présenté une banane à Christiane Taubira ? Il faut bien que Sens commun et La Manif pour tous aient puisé leur inspiration quelque part : il y avait tout ce qu'il faut pour cela chez nous.

Le vaste monde tout autour ? Curieusement, il n'est pas si absent qu'on pourrait croire. Mes parents sont comme on disait très « politisés », curieux de politique, on écoute beaucoup la radio à la maison, on reçoit des journaux, ils parlent entre eux, devant moi, ou avec des amis, de ce qui agite alors la France. De l'échec après quelques mois du gouvernement Mendès France, qui avait fait distribuer des cartons de lait dans toutes les écoles. Du début de la guerre d'Algérie, avec le massacre d'un couple d'instituteurs. De la « cuvette » de Diên Biên Phu où est prisonnier le père de ma camarade d'internat. Vaguement, j'entrevois la question de l'Europe en pleine guerre froide. Quand mon père vient me chercher au lycée, il a de vives discussions avec mon professeur de lettres, au sujet de la Communauté européenne de défense : elle est contre, il est pour. Y intégrer l'Allemagne ? Ça arrangerait bien les Américains, dit-elle. Ou bien c'est une suite des erreurs du passé, ou bien c'est prémonitoire. Il le raconte au déjeuner, il est fier, il est heureux qu'un des professeurs de sa fille aime ainsi discuter avec lui.

En entrant au lycée, j'ai opéré une véritable rupture dans ma famille, puisque je suis la première à rejoindre le système scolaire réservé aux enfants de privilégiés. Si les récits des « transfuges de classe » m'étonnent et m'émeuvent toujours si profondément, sans que je me sente jamais concernée, c'est que j'avais évidemment bénéficié d'un relais : j'étais née dans une école, mes parents étaient instituteurs. Je n'ai donc vécu cette rupture ni comme une trahison ni comme une revanche. Le rêve des générations précédentes, mon père, ma mère, ma grand-mère paternelle avaient déjà commencé à le réaliser ; à dix ans, je n'ai eu qu'à m'inscrire dans leurs pas. Ce qui m'a donné immédiatement un goût extrême des livres et des objets du savoir, et de m'y sentir chez moi. Ce n'est pas cette aisance qui vient « naturellement », par la naissance, aux « héritiers » pour qui la culture est un apanage « légitime ». Nous, dans nos petites écoles rurales, nous l'avions conquise, elle ne s'était pas offerte sans effort comme à ceux qui n'ont eu que « la peine de naître ». Nous l'avions arrachée à ceux qui la captaient indûment. Elle en garderait toujours un goût âpre, l'odeur de la craie et des préaux. C'était aussi, sans doute, une promesse d'ascension, mais certainement pas vers l'argent et les places. « Monter », peut-être, mais comme dit Michelet, « en restant soi ». C'était surtout la découverte d'un monde, et la lecture en était la voie royale. Balayés, les obstacles : c'était à moi si je le voulais, cela m'était offert libéralement. J'y avais été préparée par l'atmosphère qui régnait dans ma famille, fruste et frugale, où on prenait très au sérieux, peut-être trop, l'« émancipation par les livres ».

Mais qui, autour de moi, dans ces années-là, a pu aussi connaître cette exaltante expérience ? Uniquement les « enfants d'instituteurs » ? Aucun élève de mon père ou de ma mère ne s'est retrouvé avec moi au lycée. La république par et pour laquelle j'ai été formée, c'est une république « élitiste » – celle de l'élitisme républicain, qui sera plus tard désigné comme un « aristocratisme inavoué[4] » non sans arguments. Notamment parce que « ce système scolaire est un gros producteur de laissés-pour-compte ». Le malheur est que, un demi-siècle plus tard, rien n'a été réglé : le nombre de laissés-pour-compte stagne ou augmente, la formation des « élites » souffre de graves lacunes (notamment en français et culture générale). Dans les années où je suis entrée au lycée, le secondaire concerne alors moins de 5 % d'une classe d'âge. On passe un examen pour y entrer : l'« examen d'entrée en sixième », qui est en même temps le « concours des bourses », créé en 1933 et supprimé en novembre 1956. La scolarité obligatoire est prolongée jusqu'à seize ans (Berthoin, 1959) et le général De Gaulle lui-même tranche très fermement en faveur de la réforme dite « Fouchet-Capelle » qui en 1963 institue le collège à trois voies, le CES. Ancêtre du collège unique.

Il est très exagéré de réduire l'examen d'entrée en sixième, comme on le fait aujourd'hui, à une barrière dressée contre « l'invasion des pauvres dans le secondaire d'élite[5] ». On peut même légitimement affirmer que, malgré leur origine qui les destinait « naturellement » au lycée, certains enfants de la bourgeoisie n'avaient pas le niveau nécessaire pour y réussir. Et que, inversement, bons élèves à l'école primaire, des enfants « du peuple » trouvaient, avec cet examen, le moyen de contourner efficacement l'obstacle purement social à leur entrée au lycée. J'ai ainsi recueilli le témoignage d'un haut fonctionnaire, issu d'un milieu très modeste de la banlieue de Lyon : c'est parce qu'il y avait un examen pour entrer en sixième que sa mère, restée veuve, avait osé imaginer qu'il fréquente le lycée. Issu d'une volonté malthusienne, probablement antipopulaire, l'examen d'entrée en sixième a été de fait une première avancée vers la démocratisation. Michel Delord le note : il y a une progression régulière et une démocratisation notable de l'accès au secondaire de la fin de la guerre aux années 60[6].

67

La géométrie et le latin

Mon ancien lycée porte le nom d'un des plus grands poètes de la langue française, Joachim Du Bellay ; qu'on n'ait pas trouvé pour un lycée de filles le nom d'une femme illustre, pendant longtemps je ne m'en suis même pas avisée. Il aurait pu porter le nom, moins illustre peut-être, mais très significatif, d'une de ces Angevines admirables qui, un siècle plus tôt, s'étaient battues pour l'enseignement des filles, Mme Gellerat, ou celui d'Augustine Girault-Lesourd, par exemple, l'amie de Grégoire Bordillon. Mais, en tout état de cause, le choix de Du Bellay était le meilleur qu'on pût faire, au moins autant que celui du républicain David d'Angers pour le lycée de garçons. Nous parlions de notre lycée en le réduisant à son prénom, « Joachim », mais c'était avec une affection, une complicité qui me semblent avoir tout à fait disparu lorsque je vois que, pour son festival de rock annuel, les autorités du lycée ont choisi d'abréger son prénom en « Joach' ». Penserait-on, je n'ose l'imaginer, que Du Bellay est trop ringard pour intéresser la jeunesse abreuvée de numérique ?

Rien ni personne ne pouvait en tout cas mieux convenir que Du Bellay à des enfants qui, comme moi, sortaient de leur petit territoire à peine dégrossis par l'école. Au-delà de tout régionalisme, mais par un de ces effets de correspondance entre la littérature et le sol, dont en France l'école s'est longtemps nourrie, il était notre poète, le poète de notre terre angevine et de son fleuve, notre « Loire gaulois ». L'auteur de vers d'un rythme et d'une douceur incomparables : « À vous, troupe légère / Qui d'aile passagère / Par le monde volez / Et d'un sifflant murmure / L'ombrageuse verdure / Doucement ébranlez. » Et enfin celui qui avait cherché à faire renaître, dans son séjour à Rome, ces « Divins esprits, dont la poudreuse cendre / Gît sous le faix de tant de murs couverts ». Je m'y reconnaissais entièrement : je fais partie de ces générations qui ont été branchées dès la sortie de l'école primaire sur l'Antiquité grecque et romaine. Prolongement heureux de ces premières années où, en terre ultracatholique, mon éducation avait été magiquement préservée de toute imprégnation religieuse, je porte ancrée en moi, depuis la fin de mon enfance, la culture gréco-romaine.

J'étais la première dans ma famille à « faire du latin » ; pour mes parents, c'était évidemment le premier pas d'une « ascension sociale ». Pendant longtemps « le peuple » ne faisait pas de latin quand il faisait des études ; dans la « bonne société », dans l'aristocratie, les femmes non plus. Rien ne change vraiment avec la Révolution. Et ni tout de suite avec la république : les femmes doivent être des mères de républicains avant d'être des républicaines elles-mêmes. Cornélie, mère des Gracques, est un modèle dans la Rome antique et en 1789. Sa culture (elle sait le grec), elle la met entièrement au service de ses fils et de leur éducation. Progressivement, l'école en fait ses deux pôles : le latin pour la république, le grec pour la démocratie, ça marchait très bien dans le système secondaire des années 50 et 60, encore très élitiste par son recrutement, mais non par ses programmes. Je ne me souciais pas de savoir si faire du latin, c'était faire des « études bourgeoises » ou encore des « études d'homme » ainsi qu'on me l'objecta dans les années 70. C'était exactement ceci : un miracle dans une existence aussi étroitement circonscrite que la mienne. L'émerveillement dont parle Péguy, entrant en sixième, lui le fils d'un menuisier et d'une rempailleuse de chaises : « L'étonnement, la nouveauté devant rosa, rosae, l'ouverture de tout un monde, tout autre, de tout un nouveau monde, voilà ce qu'il faudrait dire, mais voilà ce qui m'entraînerait dans des tendresses. »

Suite logique de l'enseignement areligieux que mes parents m'avaient donné, le monde antique, c'était un monde d'avant les monothéismes – les manuels de la IIIe République n'abordaient guère la « basse latinité » et le « latin chrétien ». Et, revanche de la république, c'est dans un ancien séminaire, et juste auparavant, à un prêtre que je dois ces premières approches du latin ! Un prêtre qui avait refusé de prêter serment à la Constitution civile du clergé, l'abbé Lhomond, auteur en 1775 du *De viris illustribus*, « manuel de latin à l'usage de la classe de sixième ». Composé d'extraits de textes retouchés par lui, ce livre fut la bible, si j'ose dire, de la IIIe République. Restée chez mes parents pour la classe de sixième après une alerte de santé sans lendemain, je m'y plongeais avec l'enthousiasme du jeune Rousseau lisant Plutarque. Quel splendide début ! « *Proca, rex Albanorum, duos filios, Numitorem et Amulium habuit.* » Depuis ce temps, l'amour de la langue latine ne m'a jamais quittée. Je me répétais les harmonieux exordes de Virgile dans l'*Énéide* (en dévalant les coteaux à toute blinde sur ma bicyclette) « *Arma virumque cano* », ou de la première églogue des *Bucoliques* : « *Tityre, tu patulae recubans sub tegmine fagi.* » Et plus encore sa fin : « *Et jam summa procul villarum culmina fumant / Majoresque cadunt altis de montibus umbrae.* » Le « large couvert d'un hêtre », la fumée qui monte des toits avec le soir, tandis que « les ombres s'allongent au pied des monts »... Ce monde-là où j'entrais était le même que le mien, profondément inchangé dans sa ruralité malgré les innovations techniques, dont j'avais aussi la passion (mon poste à galène, la succession de mes bicyclettes, les premières voitures de mon père). C'était en même temps un monde profond et grave, parfaitement accordé à cette intuition que le temps de guerre m'avait donnée, tout enfant que j'aie été à cette époque : la menace, l'inquiétude tapie derrière le cours silencieux des choses[1].

Marche après marche, cet enseignement républicain abordait le latin comme la suite des enseignements de mon école rustique et des rigoureux exercices de grammaire proposés par mon institutrice (qui était aussi ma mère, mais en classe je n'y pensais jamais). De même qu'on demeure intrigué et conquis devant les complexes articulations d'un spécimen d'une espèce rare, et depuis longtemps disparue, je découvrais une nouvelle logique de la langue, différente de celle du français, par les enchaînements et les constructions qu'elle offrait. Naturellement, j'étais alors bien incapable de me le représenter ainsi, je le ressentais seulement, et avec une extrême joie. Je lis sur le blog d'Okapi une protestation de collégiens contre l'enseignement du latin : c'est inutile, c'est mortel ! Et ces déclinaisons « qu'il faut apprendre par cœur ». Comme je les comprends. Sans doute, il faut les apprendre, mais non sans avoir compris les immenses possibilités qu'elles ouvrent. Non sans avoir compris que déchiffrer du latin, c'est monter et démonter une espèce de meccano virtuose. Les trois grandes fonctions qui gouvernent le monde et les renversements de pouvoir. La place qu'on y occupe. Sujet, c'est la meilleure, objet, c'est la pire. Complément, c'est tout le champ des actions et des passions : les jeux vidéo ne racontent rien d'autre. Déchiffrer ces marques propres qui donnent une autre figure au mot, c'est suivre la ramification des nervures sur une feuille, celle des vaisseaux sur une main. Ce sont des exercices où les muscles de l'esprit s'affinent et se fortifient. Ça manque beaucoup aujourd'hui. Ce n'est pas seulement pour connaître l'étymologie des mots qu'il est bon de se former au latin et au grec. « Pour armer la jeunesse, rien ne vaut la force latine », écrit Anatole France en 1886. Je ne vois rien à y changer. Même à l'heure de l'Internet et de la dématérialisation du monde. Au contraire. Le latin (et le grec) dans le monde 2.0, voilà qui nous aiderait mieux que l'enseignement du « fait religieux » à délivrer l'humanité des dangereuses « sottises déifiques » dont elle est abreuvée. Sade : « Remplacez les sottises déifiques, dont vous fatiguiez les jeunes organes de vos enfants, par d'excellents principes sociaux ; qu'au lieu d'apprendre à réciter de futiles prières qu'ils se feront gloire d'oublier dès qu'ils auront seize ans, ils soient instruits de leurs devoirs dans la société[2]. »

Je cite avec un plaisir sans mélange un texte et un auteur qui ne figuraient pas, on s'en doute, dans la bibliothèque des instituteurs de la IIIe République.

Revenons sur terre. Le latin – et la géométrie. Pas d'humanités sans les sciences. C'est Alain, dans les *Propos sur l'éducation* (propos XIX, 1936) : « Entendons par latin l'étude des grandes œuvres, et principalement de toute la poésie humaine. Alors, tout est dit. La géométrie est la clef de la nature. Qui n'est point géomètre ne percevra jamais bien ce monde où il vit et dont il dépend. » Cette alliance est la suite, à un degré plus élevé, de l'alliance posée dès l'école primaire entre la leçon des livres et la leçon des choses : laquelle est d'ailleurs présente dans la suite du propos XIX. « Peu de science, mais une bonne science, et toujours la preuve la plus rigoureuse. Le beau de la géométrie est qu'il y a des étages de preuves, et quelque chose de net et de sain dans toutes. Que la sphère et le prisme, donc, nous donnent des leçons de choses. » J'aime l'idée des « étages de preuves », c'est là qu'on se forme, quand l'approche scientifique vient doubler l'approche des textes, c'est dans ce « beau ramage humain » que l'on apprend à parler, c'est-à-dire à penser.

Je ne suis pas ébranlée du tout par la querelle qu'on s'apprête à me faire : je ne vois pas pourquoi il faudrait changer un mot de ce programme parce que « l'époque a changé », plus encore, parce que l'école a « un nouveau public », venu d'une partie de la société alors écartée de l'enseignement secondaire et supérieur, ou venu « d'ailleurs » (les enfants d'immigrés). Il y a là un pari, que nous devons faire, nécessairement : il existe *en nous quelque chose qui est commun à tous* par-delà toutes les différences. Et c'est là-dessus que l'école doit se fonder. Dans l'exercice de la pensée méthodique, et des apprentissages raisonnés ; devant une équation mathématique, une règle de grammaire, nous sommes tous égaux. Dans l'émotion que fait naître la structure parfaite d'un cristal ou d'un poème, dans la joie de découvrir, le plaisir d'apprendre et de comprendre, tous différents, mais égaux. Dans l'observation attentive du ciel étoilé ou d'un texte. Tous égaux. D'où qu'on vienne. Et sans qu'on doive pour autant renoncer à ses attachements privés. Qui sont d'un autre ordre, et doivent le demeurer. L'école doit aussi aider l'enfant, l'élève, à faire le partage entre ce qui peut entrer à l'école, et ce qui ne doit pas y entrer.

Latin + géométrie : là-dessus tout peut se greffer, histoire, informatique, technologie, langues étrangères ; la maison est solide, on peut l'aménager. Et si ce n'est pas (ou n'est plus) le latin, pensons aux langues à grammaire et syntaxe fortes, à l'allemand, au russe, ces gymnases de la pensée.

68

Atoll,
un territoire perdu pour la république

Dimanche 22 janvier. Destination : le Champ des Martyrs d'Avrillé. De là je compte bien redescendre ensuite en ville par son quartier populaire, la Doutre, avec son imposant ensemble, l'abbaye du Ronceray et l'église de la Trinité, hauts lieux de l'époque révolutionnaire. Je passerai ainsi près de l'ancienne école normale d'institutrices, c'est dans quelques jours l'anniversaire de ma mère.

Au moment où je préparais cette petite expédition, il y a quelques mois, une question soudain m'avait saisie d'effroi. Je reparcourais une fois de plus la liste des hauts lieux de la Vendée angevine, et des épisodes terribles qui s'y étaient déroulés. J'en arrive aux fusillades d'Angers, à ces moments entre la fin de 1793 et le début de 94 où plusieurs milliers de condamnés sont exécutés. Je constate que cela se passe à la sortie d'Angers, dans le parc de « la Haye aux Bonshommes », plus tard rebaptisé « Champ des Martyrs ». Mais est-ce que ce n'était pas justement au parc de la Haye, que nous conduisaient les journées de « plein air » du lycée ? Un parc au-dessus d'un étang, un terrain de handball, où nous nous entraînions sans trop de conviction… Alors ainsi, avec ma classe, je serais allée faire du sport sur une terre gorgée de sang ?

Je me jette sur un plan pour vérifier.

Non, c'est une erreur. Le lieu de nos activités sportives, c'était le parc de la Garenne ; le terrain des exécutions est un peu plus loin, dans le prolongement. Mais il fait partie du même ensemble, celui de l'étang Saint-Nicolas, un système de fosses anciennes d'exploitation du schiste ardoisier, abandonnées puis remplies d'eau. C'est un lieu de toute beauté. Je me souviens d'une promenade sur un sentier au-dessus de l'étang ; il gelait, l'eau faisait de courtes stalactites dans les branches au-dessus de nous ; je respirais à pleins poumons un air frigorifié qui me faisait mal aux narines.

Je suis soulagée, si l'on veut ; ce n'est pas là qu'on a fusillé en masse. Mais une chose est sûre ; à l'autre bout, du côté du parc de la Haye, on a bien exécuté au début de 1794 plusieurs milliers de ces « mangeurs de bon Dieu qui ne veulent pas se soumettre aux lois de la République ». Je n'en avais pas la plus petite idée, à l'époque, ni non plus de l'œuvre de la guillotine, juste devant ce beau café où nous buvions, le jeudi, mes parents et moi, du chocolat chaud.

14 heures. Tournant le dos à la Loire, je quitte Savennières vers le nord, je traverse le village en longeant l'école de filles (un coup d'œil à la fenêtre de ma chambre, la plus à gauche), et je prends la « route du cimetière » (l'autre étant la « route des ponts »). Juste le temps de voir par-dessus le mur qui cache les tombes ordinaires ces fameux « châteaux », rappelant à tous que, même depuis l'au-delà, les puissances terrestres exercent leur domination. Non loin, la maison de retraite, à une distance à peine convenable des ifs et des croix. Et un ensemble pavillonnaire pas trop vilain d'ailleurs.

De rocade en rocade, dans un paysage complètement bousculé par les voies modernes de circulation, je me rapproche d'Avrillé. Et soudain, sur ma gauche, entre des restes de campagne hachés par de larges ronds-points bétonnés, voici que j'aperçois un monstre aux formes vaguement ovoïdes, une méduse étalée au milieu des champs, un être sans yeux, ni bouche ni pattes, couvert d'écailles. C'est quoi ? Un stade ? Non. C'est le gigantesque centre commercial dont on m'a parlé il y a quelques jours. Je m'arrête donc un moment – non pas sur la route d'Avrillé, car je suis trop pressée d'arriver, mais dans ce récit. C'est ma façon de faire, ce livre est une succession de détours.

Et celui-ci en vaut la peine. J'ai cru longtemps, comme beaucoup, que le seul obstacle à la république, ici, ce serait la permanence, ou la résurgence d'une droite archaïque, campée sur ses nostalgies et soutenue par un catholicisme traditionaliste. Ce n'était pas une inquiétude absolument infondée, loin de là, on l'a vu il y a quelques chapitres. Mais quelque chose d'autre a surgi qu'on n'avait pas imaginé : l'alliance du capital et de la modernité technique, sur fond de sécularisation, une « démocratie de la consommation », qui ravage les esprits autant que le paysage. Devant cela, j'ai bonne mine, avec l'éloge de mes parents et de leur frugalité, « principe de fonctionnement social et condition du bonheur privé » ! Et avec mes citations de Saint-Just, « on ne fait une république qu'à force de frugalité », etc.

Le fonctionnement social et le bonheur privé, aujourd'hui, c'est Atoll : 91 000 m^2 dont 71 000 m^2 de surface commerciale. La caricature même de tous les idéaux d'égalité, de justice, de bien commun, qui ont fondé la république, définissant un ordre auquel on pouvait s'identifier plus ou moins radicalement. De haut en bas, et de gauche à droite, tout pouvait y trouver sa place, avec de grands remuements de contestation, de constants réaménagements. Mais tout cela a volé en éclats. Et les morceaux sont retombés en se disposant horizontalement comme des produits sur des étagères : puisque tout est devenu produit.

La négation vivante de la république, c'est ce genre de chose. « Deux fois le Stade de France, le plus grand centre commercial du Grand Ouest » (publicité). « Concept élégant et inédit » des architectes Antonio Virga et Vincent Parreira, entièrement dédié à l'équipement de la maison. La « maison » ? C'est quoi aujourd'hui, concrètement, la « maison », sinon une pure création des magasins d'équipement et de « déco », un mot mensonger, jouant sur toute la gamme des idées sentimentales de bonheur privé, d'intimité ? Monstrueuse caricature de l'égalité, la « maison », c'est, en bas, les « chaumières », des maisons sur plan type dans les zones pavillonnaires, formes insignifiantes, matériaux laids et dangereux (voir l'incendie qui en moins de vingt minutes a ravagé deux de ces maisons sur le territoire justement de S.). Et, en haut, des « châteaux ». Rien qu'à Angers, puisque je m'y consacre, de splendides villas contemporaines alternent, pour un bon million d'euros, avec d'anciennes « maisons de maître » rénovées. (« Maisons de maître » : les dictionnaires ajoutent « flanquées de tour elles s'appellent des châteaux ».) Je doute que leurs propriétaires viennent chercher dans les boutiques d'Atoll les éléments de ce que, eux, ils n'appellent justement pas la « déco ».

On n'a eu évidemment aucun mal à faire accepter la création de ces monstres. À l'écart de la ville, sur une rocade pour en faciliter l'accès, avec route spéciale et ronds-points, il a tout bon sur le plan écologique : « Prise en compte du bruit, galerie fermée et réservée aux livraisons, économies d'énergie, gestion des eaux pluviales, panneaux solaires photovoltaïques, isolation thermique. » Au cas où cela ne suffirait pas, on lance l'argument massue : il procure des emplois. Vérification faite : autour de 400, et 70 % en CDD, payés au SMIC.

À qui profite le crime ? Certainement pas à ces zones agricoles qu'on a ravagées et soustraites à l'exploitation. Remontons donc un peu dans le temps, il faut toujours voir ce qu'il y avait là *avant*. « Avant », c'est Beaucouzé et Saint-Léger-des-Bois. Ouvrons donc notre Célestin Port (1877) : Beaucouzé est un pays « tout en landes, étangs et bois » dont le seigneur temporel fut longtemps M. de Serrant. De ces bois, il ne reste déjà presque plus rien du temps de Célestin Port, et les grands étangs sont presque tous asséchés. Le village y est décrit comme « une pauvre paroisse placée aux portes d'Angers [qui] participe à toutes les misères de la ville. On y voit plus qu'ailleurs l'enregistrement d'enfants illégitimes déposés par de pauvres servantes ».

Plus loin : « Toutes les pestes y passent. » Ça, c'est l'Ancien Régime, le début du XIXe siècle. Depuis le développement a eu lieu, et il pourrait se poursuivre : or les surfaces cultivées reculent en moyenne chaque année de près de 1 000 hectares à l'échelle du département : « Soit la moitié d'une commune de la taille de Saint-Léger-des-Bois » (*Métropole, le journal d'Angers Loire Métropole*, été 2007). Malgré le désir souvent exprimé des chefs d'exploitation d'étendre leurs surfaces, condition nécessaire pour pratiquer une agriculture moderne et durable.

Or que leur propose-t-on ? Atoll.

Donc de nouveau ma question : pour le plus grand bien de qui ? La réponse est simple, de ceux qui l'ont construit et en construisent d'autres dans d'autres endroits de France : la Compagnie de Phalsbourg[1]. Et son fondateur, Philippe Journo. Il est né à Tunis en 1961, il a un passé plutôt sympathique de self-made-man éduqué à la dure au cœur d'un quartier populaire de Paris dans l'« amour de la France ». D'où, affirme-t-il, son désir d'aller vers les gens ordinaires pour leur offrir du beau dans des endroits accueillants. « Grand amateur d'art khmer », son obsession est de « relooker » les zones commerciales. « Les autres font du fric, moi je fais de la sociologie » (*L'expansion*, 6 août 2015). Du fric un peu aussi, tout de même. Philippe Journo est en 2017 62e du classement *Challenges* des plus grandes fortunes de France.

Même si elle est sincère, cette attention aux autres me paraît suspecte. Et je finis par ne pas regretter du tout, même si mon lecteur s'impatiente, que ce long commentaire autour de l'Atoll commercial de Beaucouzé retarde encore mon récit des fusillades au Champ des Martyrs. C'est un tel monstre, sur la route, cette lourde bête aplatie sous son propre poids comme une baleine échouée, occupant tout l'espace, écrasant l'horizon ! Je vais encore m'y attarder un moment. Quelle impudence dans ce nom : atoll ! L'atoll est « un récif en forme de ruban annulaire enfermant un lagon au centre » où tout est calme et volupté. *Libération* semble convaincu : une « île enchantée de la consommation », un espace « magique », dans un cadre « élégant, calme, immense et discret » (22 avril 2012). C'est seulement sur Mediapart[2] que j'en trouve enfin une critique argumentée, faisant état d'une résistance croissante face à ce type de « développement commercial aberrant, destructeur des terres agricoles et des centres-villes, encouragé par une législation qui favorise l'égoïsme territorial et fait de la France le terrain de jeu d'une grande distribution, championne du dumping social et de l'optimisation fiscale [...]. Ces projets désastreux sont favorisés par la loi LME, qui relève de 300 à 1 000 m² le seuil au-delà duquel une autorisation administrative est nécessaire[3] ». Bon, tout de même. Mais voyons plus loin dans l'avenir. Le problème qui se dessine est celui des futures friches – situation comparable à celle des lendemains de jeux Olympiques : désastres écologiques, ces immenses bâtiments reviennent à la charge des collectivités.

Là est la vraie destruction de la « culture française ». Là sont les « territoires perdus » de la république.

La consommation illimitée est un mirage, source des plus grandes frustrations quand on se sent oublié par elle. Et la tentation est grande de se tourner vers de dangereuses compensations. « La radicalisation sur le territoire angevin est réelle quoique diffuse », notent Yves Boiteau et Sébastien Rochard[4]. « Un certain fondamentalisme semble sourdre notamment du côté de la Roseraie. » La Roseraie est un ancien quartier de cultures maraîchères voué en 1965 aux constructions « d'habitat prioritaire ». Avec un véritable effort d'y recréer un « esprit de village ». Mais le contexte économique est de moins en moins favorable aux habitants, l'image du quartier se dégrade, une importante rénovation est entreprise dans les années 2000. Sa population demeure pour l'essentiel issue de l'immigration : Atoll est-il fait pour elle ? J'en doute.

Les mêmes auteurs s'accordent à désigner dans ces quartiers un « malaise plus profond, qui dépasse la simple question religieuse ». Les musulmans se perçoivent d'abord comme « Arabes des cités que la République ne reconnaît pas ». Ce qui vient d'abord, c'est la question sociale, la relégation urbaine et le chômage. « Je connais des gens qui ont "lâché" toute pensée salafiste après avoir trouvé du logement et un boulot », dit Ahmed Imzil, l'une des figures historiques à Angers du combat pour le développement de la citoyenneté dans les quartiers.

69

Le Champ des Martyrs

J'ai continué mon chemin. Imaginant la carcasse d'Atoll toujours debout après une catastrophe nucléaire dans un roman, dans un film d'anticipation. Au loin, un gigantesque tas de pierres et deux flèches tordues, c'est le château d'Angers, la cathédrale Saint-Maurice...

Trouver à Avrillé le Champ des Martyrs n'est pas une mince affaire. Prise dans un flot continu de petites voitures pressées, et qui ne font pas de cadeau à mes hésitations, je ne cesse de me perdre et de me perdre encore. Je passe et repasse devant le bâtiment années 30 de l'aéro-club, devenu Maison de l'architecture de Maine-et-Loire, isolé dans un espace suffisamment vaste pour lui donner une aura d'étrangeté, mais je ne peux pas m'en approcher assez pour voir le beau médaillon de mosaïque au-dessus de l'entrée, œuvre d'Odorico.

Comme à chaque moment de mes pérégrinations, j'ai le sentiment de fouler un socle complexe d'aventures enchevêtrées, où se rassemble sur un périmètre étroit l'essentiel de ce qui a fait notre histoire. Celle d'Avrillé commence quand à son départ pour la croisade en 1129 le comte d'Anjou fait un don à l'abbesse du Ronceray et l'autorise à y créer un bourg. Il y a là déjà des ardoisières, comme à Beaucouzé, la population y est très pauvre et elle vit des enfants qu'elle accueille en nourrice. Le passé des ardoisières d'Avrillé n'a survécu que par les profondes poches d'eau que l'exploitation du schiste a laissées : comme entre le parc de la Garenne et le parc de la Haye, l'étang Saint-Nicolas. L'exploitation du schiste y a commencé vers l'an mil. Il sera utilisé par Saint Louis en 1230 pour la construction du château d'Angers. Un village pauvre, des étangs, d'anciennes ardoisières, quelques abbayes, et leur parc : le décor est planté pour les terribles scènes de la Révolution.

Encore de grandes avenues, le nouveau tram, des constructions nouvelles, je tourne en rond, d'une vaste trouée surgit une nouvelle fois l'aéro-club des années 30. Enfin, après avoir évité une nouvelle fois de justesse une voiture lancée plein pot sur un rond-point (c'est plus ou moins de ma faute, je ne suis pas très attentive, étant moi-même lancée plein pot dans les évocations du passé), soudain je découvre une indication sur une minuscule pancarte : « Champ des Martyrs ». C'est là. Un lieu enclos de murs, un parking absolument vide. Je range la voiture. Un couple en fait autant, un peu plus loin. Le silence, soudain, entre les arbres. Derrière moi, la circulation des voitures. Personne ne franchit la porte de l'enclos.

En 1793, Angers est un bastion républicain aux portes de la Vendée insurgée, on y rassemble de nombreux prisonniers capturés au nord de la Loire, après l'échec de la virée de Galerne, ou au sud dans les Mauges reprises par les Bleus. Parmi les envoyés de la Convention, il y a Francastel, plutôt radical, mais un « foutu coquin », trop modéré au dire de Jean-Baptiste Carrier, l'envoyé de la Convention à Nantes. À la guillotine de la place du Ralliement, on ajoute des procédés d'exécution de masse, les fusillades. Plus de deux mille personnes, en majorité des femmes, sont passées par les armes entre le 12 janvier et le 16 avril 1794. On en sait davantage grâce aux différents mémoires et au rapport rédigés par l'abbé Gruget, curé de la Trinité d'Angers, sur les exécutions de début 1794. Simon Gruget était né dans les Mauges, à Beaupréau, et il refusa le serment de la Constitution civile du clergé. Au début du XXe siècle, c'est le chanoine Uzureau, devenu aumônier du Champ des Martyrs en

1902, qui s'attacha à republier ses écrits[1]. Il était lui-même né dans les Mauges, à La Jumellière, « fief » du comte de Maillé. Nous sommes peut-être parents, le chanoine et moi : dans une branche de sa famille il y a des Frémondière, nom de jeune fille de ma grand-mère paternelle. (Je l'ai peut-être déjà dit.)

Gruget : « L'instrument fatal de la guillotine avait été placé sur la place du Ralliement à la fin du mois d'octobre 1793 et il y resta jusqu'au 15 octobre 1794. Il était assez près de moi pour que je puisse, non seulement le voir, mais encore donner l'absolution à tous ceux qui étaient condamnés à mort. J'entendais les cris ou plutôt les hurlements qu'on faisait à chaque tête qui tombait, et je voyais les chapeaux qu'on levait... Les corps des victimes étaient mis aussitôt sur un chariot et conduits dans le cimetière, près l'enclos de la Visitation. Il y a eu environ trois cents guillotinés, dont j'ai les noms dans mes notes et la plupart prêtres de ce diocèse. » J'essaie de me représenter les scènes, sur des lieux que je connais depuis toujours. D'où l'abbé Gruget peut-il voir la guillotine ? De quelle maison sur la place, où ce prêtre insermenté se serait caché ? Le chanoine Uzureau en parle peut-être, je n'ai pas vérifié. La place du Ralliement destinée à des rassemblements civils et militaires est encore, en 1793, un vaste champ de ruines. On a démoli en 1791 la collégiale Saint-Pierre, vendue comme bien national. Deux autres collégiales l'occupent encore, Saint-Maimbœuf et Saint-Maurille, ainsi que des cimetières, un hospice. C'est un espace irrégulier, pentu, avec des descentes abruptes, qui ne sera entièrement dégagé et aménagé qu'en 1825.

En février 93, on y a planté un arbre de la Liberté. Puis la guillotine, à partir d'octobre.

Mais, continue l'abbé, « la guillotine eût demandé trop de temps pour couper autant de têtes ». On décide donc de suivre l'exemple de la première commission militaire, créée à Saumur le 11 juillet 1793. Elle vient s'installer à Angers et décide, comme un peu plus tôt aux Ponts-de-Cé, de « faire usage de la fusillade pour l'exécution de Vendéens condamnés à mort par fournées.

C'était un mode d'exécution à la fois prompt et économique ». Un fermier d'Avrillé propose comme lieu d'exécution un champ situé dans le parc des anciens moines de Grandmont, au lieu-dit parc de la Haye aux Bonshommes, prieuré d'un couvent de dominicains. Neuf fusillades ont lieu à partir du 12 janvier 1794, les 15, 18, 20, 21 et 22 janvier, les 1er et 10 février et le 16 avril. Formant de longues chaînes, les condamnés sont attachés deux à deux. Ils partent du château ou du grand séminaire – le logis Barrault, belle construction Renaissance actuellement musée des Beaux-Arts, qui abrita en leur temps Henri IV puis Marie de Médicis. Ayant pris au passage les prisonniers du Bon Pasteur, des Pénitentes, des Carmélites et du Calvaire, ils traversent la Maine par le pont du centre, le Grand Pont, plus tard « pont de Verdun », alors couvert de maisons, traversent le quartier de la Doutre et sortent de la ville par la porte Saint-Nicolas ou la porte Lionnaise. Puis les longues files s'engagent sur la route de La Meignanne qu'on appelait alors le « chemin du silence ». Les plus faibles étaient transportés sur des charrettes.

Deux mille victimes, par fournées de cent et plus. Des gens du peuple, des femmes, comme la « saignette », la chirurgienne de Freigné, dont j'ai parlé plus haut, dans l'affaire du curé Morin.

J'entre. L'enclos n'est pas très grand ; à droite et à gauche, de grands rectangles entourés d'une bordure de pierre. Au fond, la chapelle qui date de 1851, laide construction néo-gothique comme toutes les constructions religieuses de cette époque. Naturellement, et on s'étonnerait du contraire, c'est un lieu actif de mémoire vendéenne, contre-révolutionnaire et même légitimiste. En 2006, « Mgr Louis de Bourbon, duc d'Anjou, “de jure Sa Majesté le roi Louis XX”, y a prononcé une allocution, rappelant que le sacrifice de ces martyrs rappelle à la France son devoir impératif de renouer avec ses valeurs de toujours et sa glorieuse destinée ». (Je respecte le style de la brochure, et ses répétitions.)

Pour répondre à un appel de la Charte synodale du diocèse

d'Angers, la chapelle du Champ-des-Martyrs à Avrillé est devenue un « lieu d'accueil spirituel ». L'autel a été consacré en février 2014 par Mgr Delmas, évêque d'Angers (le même qui n'a pas su retenir ses troupes au moment de la Manif pour tous de novembre 2013 : « La guenon, mange ta banane ! »). En même temps, le 19 du même mois, une cérémonie du souvenir se déroulait, comme chaque année, à la cathédrale d'Angers. Une eucharistie y est célébrée le dimanche à 18 heures. Et on a lancé « pour les enfants » une « enquête sur les traces des martyrs », avec le texte suivant d'Emmanuel Laidet, étudiant : « Tu es ici en tant que jeune chrétien pour comprendre ce qui s'est passé en 1794. Pendant la Révolution française, dans ce lieu, des événements terribles ont eu lieu. Mène l'enquête avec saint Columbo, patron des détectives, pour savoir ce qui a eu lieu à cet endroit. Ces hommes et femmes ont été fusillés parce qu'ils étaient catholiques... En effet, la Révolution française ne respectait pas la religion alors que l'ouest de la France était globalement très chrétien. » Saint Columbo, non reconnu par l'Église, et qui inspira la mythique série télévisée, est un saint irlandais du VIIe siècle, spécialisé dans les objets perdus.

Très tôt, le lieu a vu affluer des pèlerins. Dans un ouvrage de 1869, *Le champ des martyrs*, Victor Godard-Faultrier[2] écrit : « En toutes saisons, à toutes les heures du jour, si par hasard vous portez vos pas à l'ouest d'Angers, du côté de Saint-Nicolas, vous verrez des pèlerins profondément recueillis et dont plusieurs n'ont pas fait moins de trente à quarante lieues, s'acheminer par de petits sentiers bordés de haies et de taillis, vers un point d'une affligeante célébrité[3]. »

Le diocèse prend les choses en main en 1817 et on décide d'en faire un lieu consacré, un mur est élevé autour du terrain. Entre 1842 et 1851 on lance une souscription pour édifier une chapelle. En 1867, dix fosses sont dégagées. Pour le centenaire en 1894, on agrandit le chœur de la chapelle qui reçoit cinq verrières dessinées par Livache et réalisées par Clamens. Clamens et d'autres verriers vont également couvrir de nombreuses églises de la région de vitraux retraçant des scènes de la guerre de Vendée et de la Terreur. En 1905, le 24 février, une ordonnance de Mgr Rumeau, évêque d'Angers, institue une commission pour la béatification des victimes d'Avrillé. Pour soutenir la procédure, le chanoine Uzureau publie son livre sur l'abbé Gruget. Quand en 1907, au tome 68 de la Bibliothèque de l'École des chartes, Adrien Planchenault (chartiste, né et mort à Angers, conseiller municipal chargé du patrimoine historique) rend compte de l'ouvrage du chanoine Uzureau, c'est pour le mettre au rang des « livres de propagande » – tout en lui concédant le sérieux d'un dépouillement d'archives.

Il est notable, en tout cas, qu'une correspondance étroite relie ces événements de la vie religieuse et les événements politiques des mêmes années. 1817, c'est l'année de la réouverture des séminaires, et des congrégations, celle où la religion catholique est proclamée « religion de la majorité des Français ». 1905, c'est l'année de la loi de séparation, une loi relativement modérée voulue par Aristide Briand. Mais les années précédentes ont été celles du « petit père Combes » : en mars 1904, les congrégations ont été expulsées de France. Ce qui a été très mal vécu à Angers.

... Puis vient, le 19 janvier 1984, la béatification des 99 martyrs d'Avrillé à Rome par le pape Jean-Paul II. Un vitrail de la tribune et une plaque d'ardoise à l'entrée de la chapelle rappellent cet événement.

Dans la chapelle, personne, juste un couple d'un certain âge, « abîmé dans la prière » comme on dit. Je vais de plaque en plaque, pour relever des noms, ceux de villages que je connais, où ma famille était installée (autant que je le sache), Neuvy-en-Mauges, La Poitevinière, Chalonnes, mais je n'ai pas de preuves de parenté. Après tout qu'importe ? Appartenant par la naissance à ce profond anonymat si bien décrit par Péguy, je peux dire qu'ils sont tous également mes ancêtres : ceux qui rejoignirent à Chalonnes les Bleus et peut-être incendièrent le château de la Guerche ; et ceux – plus probablement celles – qui voulurent garder leur curé, et les formes de vie transmises dans le bocage, et se retrouvèrent, place du Ralliement, au pied de la guillotine. Et face aux fusils, à la Haye aux Bonshommes.

Les plaques alternent avec des ex-voto, car il y a eu sur place ou ailleurs quelques miracles. On devine ce que j'en pense.

70

La rue Dacier

Retour hâtif sous un soleil glacé. L'après-midi avance et, malgré la grande luminosité de cette journée très froide, la nuit va venir vite, il est 5 heures et on est en janvier. Je redescends vers Angers, et pénètre dans le quartier populaire d'outre-Maine, la Doutre. Dans la rue Saint-Lazare, tracée sur l'emplacement d'une ancienne léproserie, je laisse à ma gauche l'église Sainte-Thérèse, énième exemple de ce style romano-gothique.

C'est une magnifique fin de journée d'hiver, on revient de week-end, on rentre chez soi. Bientôt, sur ma droite, une rue que je guette depuis un moment : la rue Dacier. Là était l'école normale d'institutrices où ma mère fut élève entre 1928 et 1931. 1928, c'est l'année du franc Poincaré, de la stratégie « classe contre classe » décidée par le PCF et du « coup d'Angers », congrès au cours duquel les radicaux quittent l'Union nationale. Ce temps de la rue Dacier, ma mère l'évoqua toute sa vie dans un mélange d'émotion et de gratitude ; on s'étonnera peut-être que je n'en aie pas parlé plus tôt. Mais ce sont les lieux, non la chronologie, qui dictent ma remémoration. Ma mère vivait encore chez les grands-parents qui l'avaient élevée. Elle rentrait le samedi soir à Segré par le train de la gare Saint-Serge, aujourd'hui détruite. Cette gare est bien connue des amis des « fous littéraires » : parmi lesquels, Jean-Pierre Brisset, auteur de *La grande nouvelle ou comment l'homme descend de la grenouille*. La seule photo qu'on a de lui le montre devant Saint-Serge où il avait été nommé en 1880 « commissaire de surveillance administrative » après avoir été pâtissier, militaire puis professeur de langues vivantes. Ce Normand ne pouvait donner plus aberrant rejeton aux sages rives de la Maine : c'est pourtant là qu'en 1883, Jésus lui rend visite pour lui révéler les vraies origines de l'homme. En 1913, il est élu prince des Penseurs. Dans les années 70, après les surréalistes, et Michel Foucault, notre génération s'engoue de ses jeux de langage vertigineux.

À la rentrée d'octobre, lorsqu'elle revenait de chez elle avec son lourd bagage, ma mère était attendue à Saint-Serge par le concierge de l'école, qui chargeait la malle sur sa brouette, passant une bretelle sur son épaule, pour soulager ses bras. Et ils descendaient vers la rue Dacier, par le « pont de fer », reconstruit en 1951 sous le nom de « pont de la Haute-Chaîne ». (Le roi René en 1446 avait fait tendre des chaînes sur la Maine pour empêcher les intrusions.) Puis ils traversaient la place La Rochefoucauld, longeaient l'École des arts et métiers. Je m'étais promis de refaire un jour en entier ce trajet, pour suivre dans le détail les linéaments du paysage que ma mère aimait ; mais je ne le peux pas, la ligne qui avait nécessité en 1839 la construction d'un pont de chemin fer en treillis est aujourd'hui abandonnée. Des youtubeurs ont mis en ligne des images nostalgiques de ses traverses à moitié enfouies sous les herbes et les cailloux du ballast. J'espère que ces voies inutilisées vont devenir des voies vertes pour les piétons et les cyclistes.

Je ne peux faire comprendre exactement ce qu'a été pour ma mère son entrée rue Dacier si je n'ai pas d'abord évoqué sa vie, telle que je l'imagine, chez ses grands-parents, à ce moment-là. Leurs propres enfants sont grands, établis, le frère aîné de ma mère est déjà à l'ÉN (dans la promotion de mon père, d'où etc.). Ce sont deux charges énormes qui leur sont retirées, reste un jeune garçon qui va bientôt entrer en apprentissage. Quel salaire touchait mon arrière-grand-père chez son patron l'entrepreneur en peinture ? C'était un homme doux et gai, disait ma mère, excellent ouvrier, content de son sort. Solide, bien que souvent frappé par les « coliques de plomb », une forme de saturnisme, parce qu'on utilisait à l'époque du blanc de céruse dans la peinture. Quand il a pris sa retraite, après cinquante ans de travail, il a reçu la médaille de l'artisanat, accompagnée d'une montre. Une scène de *Madame Bovary* me revient alors : celle de la décoration remise à une vieille servante. Je pardonne tout à Flaubert à cause de ce commentaire : « Ainsi se tenait, devant ces bourgeois épanouis, ce demi-siècle de servitude. » Lui-même, mon arrière-grand-père, toucha-t-il une retraite ? Était-il affilié à une des caisses créées au début du siècle ? À une mutuelle ?

Comme c'était l'usage à l'époque dans les milieux populaires, il remettait entièrement son salaire à sa femme et disposait pour ses modestes sorties entre amis le samedi de quelques pièces concédées par elle. Le soir, il restait un moment après le dîner à tisonner le feu dans la cheminée, assis sur une chaise aux pieds coupés. Je sais aussi que, dans les années 20, pour leur promenade dominicale, il louait une petite voiture tirée par un cheval, qu'il conduisait lui-même. Et ils allaient ainsi, sur les bords verdoyants de l'Oudon, ou de la Verzée, en direction de Combrée, et du Bourg-d'Iré. Plus tard, quand elle sera institutrice à Noyant-la-Gravoyère, ma mère fera le chemin à bicyclette jusqu'à Segré, une quinzaine de kilomètres aller-retour, et parfois son jeune oncle, ouvrier peintre lui aussi, fait la route avec elle. C'était un homme silencieux et bon, mon grand-oncle, j'ai fait son portrait dans *Adieu*[1].

Cette « lampe Pigeon », c'est celle de mon arrière-grand-mère. Je l'ai toujours. Cette petite lampe à essence, avec son cylindre de laiton surmonté d'un verre sphérique, c'est tout l'héritage que j'ai reçu d'eux. Ça me suffit grandement. C'est un symbole fort de leur situation, qui était celle de milliers d'autres, et de leur condition. J'aurais pu passer rapidement, ou me contenter d'une note. Non. La vie et le succès de Charles Pigeon, c'est l'œuvre des pauvres gens. De leurs besoins, et du peu qu'ils peuvent leur consacrer. En 1884, Charles Pigeon dépose un brevet de lampe inexplosible à essence minérale, sa fortune est faite, il en vend des millions. En 1905, il fait construire un mausolée pour dix-huit personnes au cimetière Montparnasse. Il y est enterré quelques années plus tard. La dalle supporte un de ces chefs-d'œuvre de l'art funéraire typiques de cette époque (1909, date de la naissance de mon père). Sa femme et lui sont allongés côte à côte, elle, dans une robe élégante, semble prête à s'endormir, lui, en redingote, laisse son regard errer au-dessus d'un carnet ou d'un livre. Ce n'est plus le « château » arrogant de la noblesse rurale. Mourir est accommodé à la sauce bourgeoise ; on ne meurt ni à la guerre ni au travail. On ne casse pas sa pipe, on referme son livre.

La lampe Pigeon de mon arrière-grand-mère.

Avant d'utiliser la lampe Pigeon, comment s'éclairait-on chez mes arrière-grands-parents ? À la bougie. À la lampe à pétrole. Mais cette petite lampe est plus commode, on peut la mettre sur sa table de nuit.

Le grand bâtiment de l'« ÉN », d'allure très moderne, est devenu ensuite celui de l'IUFM d'Angers. Je suis descendue de voiture, le carnet à la main, l'appareil photo en bandoulière (avec son pare-soleil fendu depuis ma chute au château de Bourmont). C'est dimanche, tout est fermé. De toute façon, je n'ai pas écrit, pas téléphoné, je mène une enquête d'une drôle de sorte, qui surprendrait beaucoup mes amis reporters. Je ne vais sur les lieux que pour ranimer ma mémoire, et susciter un type d'émotion favorable à l'évocation des moments, des gens. Je parcours des yeux les grandes fenêtres. Je ne verrai rien des salles, des couloirs, probablement peu changés. Où était le dortoir, divisé en cellules fermées par des rideaux, comme celui que j'ai connu à Joachim dans les années 50 ? Le réfectoire ? Et la salle de douches, dont on chauffait la chaudière au bois, chaque vendredi soir ? La matière où je plonge les mains est infiniment obscure.

En 1878 il y a 79 écoles normales d'instituteurs tandis qu'il n'existe que 16 écoles normales d'institutrices[2]. L'école normale de filles, à Angers, date de 1886. Pendant longtemps, les maîtresses du public ne recevaient aucune formation spécialisée. À Angers, celle des garçons a ouvert cinquante ans plus tôt, rue Lebas, en 1837 ; peu après, le préfet réfléchit à la création d'une école normale de filles. Il faut attendre 1879 et la loi Paul Bert qui oblige chaque département à la création d'une école normale de filles, pour qu'on se décide enfin à acheter un terrain, en 1883, rue Dacier, qui prend ce nom à ce moment-là. Coïncidence ? Ou parce qu'on va y construire une école normale de filles ? Le maire à l'époque est Jules Guitton, républicain progressiste, à qui succède en 1883 Louis Monprofit, un instituteur, maire par intérim. Éminente érudite, traductrice du grec et du latin, Mme Dacier, que La Bruyère aurait préféré élire à l'Académie plutôt que son mari, était la fille d'un protestant de Saumur, Tanneguy Le Fèvre. Ce fut pendant longtemps l'illustrissime exemple de ce que peuvent les femmes si on n'entrave pas leur développement intellectuel. Son nom est déjà venu dans ce récit, quand j'ai cité quelques-uns des livres que mon arrière-grand-mère achetait dans les ventes pour son petit-fils, mon père. Parmi eux, il y a deux volumes de sa traduction d'Homère.

1886, l'école normale ouvre. Une école annexe est ajoutée pour les besoins de la formation. Tout cela sera fermé par la désastreuse loi Jospin de 1989.

Entrer à l'école normale, vers 1930, et plus encore si on est une fille, c'est une chose énorme, qu'on mesure mal aujourd'hui. Même les étapes antérieures sont, dans des familles comme la mienne, des événements sans précédent. Ma mère a d'abord été élève au cours complémentaire qui en trois années après le certificat d'études préparait les meilleurs élèves au brevet élémentaire, aux concours administratifs des Postes et des Chemins de fer ou, justement, à celui de l'école normale. Elle avait été remarquée, aidée, par une de ses institutrices, qui n'avait guère qu'une dizaine d'années de plus qu'elle, et à qui nous allions rendre visite vers 1980 dans une maison spécialisée où elle s'était retirée, entourée de ses livres, toujours bien coiffée, parlant de son mari, des écoles qu'ils avaient dirigées, de son propre père, directeur de prison dont elle avait fait éditer les Mémoires.

Ma mère passe le « certificat » en 1924 (l'année du Cartel des gauches et de la mort d'Anatole France en Touraine). Puis c'est la rue Dacier : et une liberté toute nouvelle lui vient, celle des lectures le soir dans le jardin, des grandes amitiés, et d'une audace de langage qui l'étonnait encore, un demi-siècle plus tard. À table, au réfectoire, une élève de troisième année sert les autres, plus jeunes, intimidées : Affale ton baquet, bizuth ! commande-t-elle. Ma mère est sidérée.

Son professeur d'anglais est « Mme Guilloux », née Renée Tricoire, la femme de Louis Guilloux, auteur de *Cripure* et du *Sang noir*. Elle traduit en 1928 *La vie de Robert Browning* par Chesterton. Dans les bibliographies, la traduction est attribuée à son mari. Mme Guilloux est belle, blonde, avec un chignon croulant (disait ma mère). Le chignon croulant est l'antithèse absolue du chignon strict, à la Marie-France Garaud, de règle dans les bons milieux, c'est un chignon d'artiste. Et il semble toujours évoquer des circonstances où un chignon se défait, où on doit le refaire hâtivement.

Et planant sur tout, il y a la figure crainte, respectée, admirée de « Mlle Renaud, la directrice » dont je ne sais rien. C'était aussi leur professeur de philosophie. Était-elle communiste, comme le supposait ma mère ? Féministe ? Elle ne prononçait jamais le nom de Paul Bourget sans ajouter : « de l'Académie française », en faisant traîner le « è » ouvert – « ça-aise » –, sur un ton de solennité ironique. L'un des quatre B (avec René Bazin, Henry Bordeaux et Maurice Barrès), catholique, monarchiste, antidreyfusard, Paul Bourget avait soutenu dans son livre le plus célèbre, *Le disciple*, une thèse qui ne pouvait que déplaire à Mlle Renaud : la philosophie mène au crime. Paul Bourget se félicitait par ailleurs d'avoir échappé au « laminoir scolaire » qui ne produit que « des fonctionnaires », comme le rappelle Melchior de Vogüé en le recevant à l'Académie en 1895. Mlle Renaud avait toutes les raisons de lui préférer son autre absolu, académicien pourtant[3], Anatole France, sceptique souriant, résolument athée, qui s'est progressivement rapproché du socialisme jusqu'à écrire dans *L'Humanité*. Évoquant l'œuvre des instituteurs, il la disait « humble et obscure » mais « précieuse et nécessaire ». Il disait aussi : « La vérité est dans le gouvernement par le peuple, pour le peuple. Ô femmes ! Les femmes sont plus courageuses que les hommes. Sauvez l'humanité ! » Mlle Renaud n'aurait pas dit non.

Ma mère admirait Mlle Renaud, parce qu'elle avait du caractère autant que de l'intelligence et du savoir. C'était cela pour elle (ma mère) la véritable liberté : logée tout entière dans ces trois mots. Aujourd'hui, quand on parle de liberté pour les femmes, on pense surtout liberté sexuelle ; certainement pas pour ma mère extrêmement rigoriste en matière de mœurs. Nous autres qui avons eu vingt ans autour de 68 (ou même un peu avant), nous n'avons pas compris, pendant longtemps, comment nos parents avaient pu vivre une vie entière de fidélité conjugale ; c'était pour nous la preuve de leur pusillanimité, de leur soumission aux conventions et nous avions pour eux un peu de pitié condescendante. Je ne suis pas sûre que nous avions raison. La vie qu'ils avaient choisi de mener était le résultat non d'une contrainte mais d'une construction. Ils avaient fait « des études », qu'ils ne surestimaient nullement, ils avaient ensuite été « nommés » dans une école, pour y commencer leur « carrière » – ce mot qui évoque un labeur pioche après pioche. Et ils mettaient alors en place leur vie personnelle, indissociable du mariage. J'ai récemment retrouvé, parmi leurs livres, celui du jeune Léon Blum *Du mariage* (1907, réédité en 1936). L'idée est que les hommes et les femmes se marient trop jeunes, « sans avoir épuisé leur instinct polygamique ». Mes parents avaient-ils épuisé le leur quand ils se marièrent en juillet 1937 ? Ma mère, j'en doute. Qu'importe ? Leur couple était d'une solidité, d'une égalité parfaites. Et ensuite il y avait la décision de limiter le nombre des enfants, de manière à offrir les meilleures chances à chacun.

C'était cela aussi, l'idéal républicain. Ils me l'ont enseigné, ils ne me l'ont qu'incomplètement transmis. Par leur faute ? Par la mienne ? Par l'effet du changement des temps ?

Pendant ce temps, mon père vient de quitter l'école normale d'instituteurs du quartier de la Madeleine, rue Lebas. Il a suivi le même parcours, avec de sensibles différences : d'abord, c'était un garçon, ensuite sa mère était institutrice, et il avait d'abord été élève à l'école primaire supérieure, l'EPS. J'en ai parlé plus haut.

De la rue Dacier, je descends maintenant vers le bas de la Doutre et la place Grégoire-Bordillon. J'y ai habité un an, l'année de ma terminale, dans l'école du même nom dont mon père était directeur. Le quartier a été entièrement transformé, les immeubles qu'on y a édifiés sont habités par une clientèle plus qu'aisée. La partie la plus pauvre a été rasée. Avec le temps, la mémoire des hommes s'efface. Surtout la mémoire des pauvres : de leur vie, de leurs luttes, de leurs silences, rien ne garde trace[4].

Une étrange lumière (mais c'est aussi qu'elle vient d'une source mystérieuse) monte à l'intérieur de moi, tandis que je m'avance dans un espace où je ne reconnais rien. J'ai rangé ma voiture dans le parking d'une belle résidence, je vais à pied vers la place.

71

L'école et les « classes dangereuses »

Après leur expérience séparée, mon père dans une banlieue ouvrière d'Angers, ma mère avec les enfants des Ardoisières du Segréen, mes parents avaient trouvé à S. ce qui leur convenait le mieux : une école rurale. C'est pour elle qu'ils étaient faits, ce qu'elle représentait leur convenait parfaitement, à mon père surtout, né dans une école des Mauges. Précisément avec toutes les réserves que j'ai faites. Éduquer les paysans, c'était ajouter une petite bougie au grand flambeau des Lumières.

Vingt ans et une guerre plus tard, lorsqu'ils décidèrent de quitter S., mon père porta son choix sur une école dont le directeur, l'un de ses vieux amis, prenait sa retraite. Un poste d'adjointe se libérait à l'école des filles du même groupe scolaire, une visite rapide eut lieu. La maison leur plut, c'était une grande bâtisse d'apparence solennelle, édifiée entre 1872 et 1873 au moment du réaménagement de ce quartier de tanneries proche de la Maine. La longue place ne manquait pas d'allure. Et l'école était le type même de la « maison de maître » ou de la « maison bourgeoise » de ces années-là : on ne lésinait pas sur les apparences pour les écoles dans les débuts de la IIIe République. Dans beaucoup de villages, c'est souvent la plus belle maison. Une fenêtre de part et d'autre de la porte d'entrée précédée d'un petit perron, un couloir menant au jardin, des pièces de chaque côté, la cuisine tout au fond. Un bel escalier menait à un étage de cinq chambres, avec une petite salle de bains. Au-dessus un grenier où je ne suis jamais montée. Peut-être était-il, comme dans *Le grand Meaulnes*, « plein de mouches mortes, d'affiches battant au vent ». En 1933, la façade et les couvertures avaient été redessinées, et dans les années 50, la cour, et un beau jardin, avaient été conquis sur des terrains voisins. C'était pour nous trois une maison un peu trop grande, j'y disposais de deux pièces, une chambre et une pièce de travail, mon père d'un grand bureau au rez-de-chaussée à côté d'une petite pièce de réception.

Mes parents y furent nommés à la rentrée de 1957. Mais ce retour à Angers fut pour mon père l'occasion d'une rupture dramatique dont il ne se remit jamais complètement.

Juste derrière l'école de la place Bordillon, c'est la rue Saint-Nicolas, un quartier de tonneliers, de tanneurs, de ferrailleurs, de chiffonniers. Pour les habitants de la haute ville, c'est tout simplement un quartier mal famé. Une enquête de 1960 montre que tous les fléaux sociaux s'y concentrent : ni eau ni soleil, logements insalubres. (Il est vrai qu'on vient de décider de la raser.) Odeurs et bruit. Entassement. Bagarres du samedi soir. Ivrognerie. C'est le faubourg et ses « classes dangereuses ». C'est aussi, à la même époque, le quartier d'Angers qui paiera le plus lourd tribut d'une classe d'âge durant la guerre d'Algérie : il n'y a pas de sursitaires chez les pauvres.

Pendant longtemps, ce quartier d'« outre-Maine » avait été, en face de la Cité et de son château, un vaste territoire occupé par des vignes, des vergers, des prairies, de la forêt, puis il s'était lentement peuplé. On est frappé aujourd'hui par la présence et la monumentalité de plusieurs beaux édifices religieux. C'est que la Doutre avait très tôt été élue par les puissants comtes d'Anjou pour devenir un bourg monastique autour de ses abbayes, dont au XIe siècle Notre-Dame-de-la-Charité, devenue plus tard le Ronceray. Une église paroissiale attenante à l'abbaye est ensuite construite, la Trinité[1] (dont le titulaire est à la Révolution l'abbé Gruget, auteur du mémoire sur les fusillés de 1794, une de nos vieilles connaissances). Petit à petit un développement ouvrier, puis industriel, se fait le long des grands axes qui assurent la liaison d'Angers avec la Bretagne ; la rue Saint-Nicolas, la rue Lionnaise, par où les condamnés de 1793 montaient vers le lieu de leur exécution. L'eau permet l'installation de tanneries. C'est toute une vie de prospérité qui s'étend, du Moyen Âge à la Révolution, avec de belles demeures de commerçants ou d'entrepreneurs locaux : façades à colombages, pignons en surplomb, souvent sculptés. Il en reste une ou deux place de la Laiterie. Plus près de la rivière se rassemble une population composite et bigarrée d'artisans et d'ouvriers, dont, au début du XXe siècle, la condition se dégrade. C'est désormais, autour de la rue Saint-Nicolas, « un îlot de maisons du XVe au XVIIIe siècle abritant une population socialement très défavorisée », écrit Jean-Pierre Branchereau[2].

L'évolution a été relativement rapide ; pendant longtemps, ç'avait été un quartier populaire, pauvre, mais vivant et chaleureux. Témoignage de Maurice Poperen : « Là est née toute ma famille, mon arrière-grand-père en 1810 rue des Tonneliers, mon grand-père rue Beaurepaire en 1840, mon père rue de l'Hommeau en 1870, et moi-même rue Lionnaise avant d'habiter rue Saint-Nicolas. » Son livre *La Doutre à l'orée du siècle* (le XXe) souligne les sentiments d'appartenance qui le lient à son quartier ; l'homogénéité sociale et l'animation des rues ; les moments de rencontre et d'échange ; les boutiques, le marché (que j'ai connu), les petits métiers ambulants, les dures conditions de travail des « prolos des fabriques angevines ». Enfin : les écoles publiques qu'évitent (déjà) les bourgeois. Rien de tout cela ne subsistait lorsque mon père y prit la direction de « Bordillon ». Finies les joyeuses balades dans la campagne toute proche et la sociabilité bon enfant des jours de marché. Finie la « grande communauté des petites gens » : le mot communauté, sous la plume de Poperen père, est fort, positif, protecteur. Dans le « communautarisme » des quartiers périphériques, on ne voit plus aujourd'hui que les effets d'une religion redoutée, l'islam.

On oublie que c'est aussi, depuis toujours, plus qu'un réflexe ; c'est le système de protection des classes pauvres que la société ne protège pas.

Prévenu que c'était un quartier « difficile » comme on dirait aujourd'hui, non seulement pauvre, mais violent, mon père n'imaginait pourtant pas un instant quelle épreuve ce serait pour lui de devoir affronter chaque jour les enfants de la rue Saint-Nicolas, de la rue de la Tannerie, de la rue Corne-de-Cerf – des noms pittoresques, mais une réalité sordide : des cours, des ruelles, des appentis. À Trélazé, mon père avait eu pour élèves des fils d'ardoisiers, souvent de nationalité étrangère, et il avait établi immédiatement avec leurs pères des rapports de cordialité, de connivence sociale, politique. (La fondation de l'Églantine !) Les familles étaient pauvres, mais stables, pénétrées d'une confiance en l'école qu'elles inculquaient à leurs enfants. La population de la rue Saint-Nicolas n'en était plus là ; l'espoir d'une amélioration, c'est jour après jour qu'il se dérobait. Pour la rue Saint-Nicolas, l'école n'est pas porteuse de promesse, elle n'éclaire pas un avenir obstinément bouché… L'école telle que mon père l'avait connue, voulue, pratiquée venait ici buter sur le problème social. Comment s'y prendre avec des élèves peu préparés ou carrément rebelles à l'idéologie scolaire ? L'école de la IIIe République vacille ; elle ne peut plus déterminer autoritairement, comme elle l'avait fait entre 1880 et 1939, les règles de l'instruction populaire, ses contenus, ses formes, ses destinataires. Transplanté d'une paisible école rurale dans une école frappée de plein fouet par la dégradation sociale, mon père ne le supporta pas. L'instituteur qu'il était, profondément rural, formé par la IIIe République, se vit placé sans instruments pour les affronter devant les premiers défis d'une modernité tardivement apparue en France. Les enfants du quartier, pas trop bien nourris, pas trop bien soignés, étaient souvent frondeurs, dotés d'un riche vocabulaire d'insultes et d'une habitude des coups, reçus et donnés. Aucun n'était vraiment en mesure de suivre, et même d'accepter, le type d'enseignement fortement structuré que mon père pratiquait excellemment mais qui supposait un sens des règles, une soumission naturelle à l'autorité, une confiance que rien dans leur famille ne leur avait montré. L'adjoint de mon père, proche de la retraite, avait baissé depuis longtemps les bras et leur faisait faire du sport.

Ma mère ne trouva rien de tel dans son école de filles, juste une résistance farouche (et qui en disait long) devant la variété des menus de la cantine. « J'aime pas ça ! », « J'en veux pas ! ». La plupart des plats étaient inconnus des petites filles et obstinément refusés par elles. Elle mena une petite enquête : que mangeaient-elles à la maison ? Réponse unanime : des tartines ! avec du saindoux ! Ce n'était sans doute plus la « classe unique » qu'en un peu plus de vingt ans elle avait repeuplée, mais elle s'en accommoda. Mon père, en revanche, n'y retrouva ni la chaude atmosphère de l'avant Front populaire, ni les retors accommodements ruraux et vignerons. Submergé par des vagues d'incompréhension, de culpabilité et de rejet, il tomba gravement malade.

72
Grégoire Bordillon

Place Grégoire-Bordillon, ce même dimanche 22 janvier.

À deux reprises mon père se vit donc confronté à une situation qu'il ne pouvait affronter par ses propres moyens ou plutôt avec les instruments et les formes de pensée qu'on lui avait transmis. La première, c'est quand il fut jeté en 39 dans une guerre que son pacifisme refusait de toutes les forces de sa conviction. La deuxième, c'est quand l'école vint buter sur le problème social. Dans les deux cas, on touchait aux limites de l'idéal républicain, tel qu'incarné dans ses écoles et par ses instituteurs. L'organisation du monde qu'on leur avait inculquée ne pouvait faire sa place ni au désordre, ni à l'imprévu, ni à la nouveauté.

Or cette expérience eut lieu, cruel paradoxe, dans une école portant le nom d'un homme né dans la Doutre au début du XIXe siècle, qui fut le premier préfet républicain de Maine-et-Loire.

« Un jour du mois de septembre de l'année 1845, sur un bateau à vapeur allant d'Angers à Nantes se trouvait un homme de haute taille, aux traits accentués, et dont le visage avait la teinte du jaspe sanguin… Un large chapeau à la main, il secouait au vent sa chevelure noire et de temps à autre il jetait dans la discussion des mots vibrants. C'était Grégoire Bordillon. »

Tel est, au lendemain de sa mort, le portrait de lui que dresse, dans une publication légitimiste, Albert Lemarchand, son adversaire politique pourtant[1].

Buste de Grégoire Bordillon (détail),
par Émile Macé, 1889.

Tout roman a des personnages, et même des héros, et il s'organise autour de scènes frappantes qui voudraient les rendre inoubliables. Cette scène qui montre Grégoire Bordillon debout, cheveux au vent, sur un vapeur de Loire, en est une. Né en 1803 dans la Doutre, mort en 1867 dans ses vignes de Faye-d'Anjou, premier préfet républicain dans un Anjou longtemps conservateur, monarchiste et clérical, Grégoire Bordillon est devenu tout naturellement un héros de ce livre, et même davantage, au fur et à mesure que je découvrais son personnage, son action, sa correspondance. Avec ses ambiguïtés, ses contradictions, son amour de l'ordre. Et malgré sa condamnation, que partage Célestin Port, de « La Marianne » de Trélazé[2]. Car il est aussi l'homme qui envoya à Garibaldi, pour lui dire son admiration, une barrique de son vin de Faye-d'Anjou.

Par tous les traits de son caractère, il était l'homme qu'il fallait dans un « Anjou peu accueillant aux idées républicaines », où les souvenirs de la Vendée sont encore brûlants. Où « la République a d'abord été perçue comme un élément de pagaille et de rejet », dit Élisabeth Verry présentant au printemps 2017 l'exposition « Vivre la République en Anjou », organisée par les Archives départementales de Maine-et-Loire. D'un naturel passionné, vigoureux, capable d'enthousiasme et de résolution, il était assez habile et surtout généreux pour refuser de croire que l'esprit de conciliation oblige à renier ses principes. À maintes occasions, il le met en pratique avec résolution, et sagesse. En février 48, à Saumur, lui-même commissaire de la République à Angers, il s'adresse au clergé : « Soyez les bienvenus sous les drapeaux de la République ; désormais la famille est complète ! » C'est un libre-penseur, ce n'est pas un radical.

Tout ce que j'ai appris de lui, ses lettres, ses écrits, m'a fortement attachée à cette figure d'un passé aboli – non par la seule faute de la marche du temps, mais par la volonté continue des pouvoirs de domination. Si j'ai parlé de lui à maintes occasions dans ce livre, c'est par un souci de compensation : pendant longtemps, il n'avait été pour moi qu'un nom sur une fontaine toujours à sec surmontée d'un socle vide. Son buste avait été mis à la fonte par les Allemands. « G. Bordillon », écrivions-nous en raccourci au dos de nos enveloppes. Par erreur, ou pour rire, certains de nos amis inscrivaient « place du Général-Bordillon » sur leurs réponses. Je me trompe peut-être mais je n'ai pas le souvenir qu'autour de moi on m'ait jamais parlé de lui. Il est vrai qu'à l'époque j'avais d'autres préoccupations, j'étais en terminale, externe pour la première fois de ma vie, en classe de mathématiques élémentaires, et le temps que je ne consacrais pas aux hyperboles et paraboles, je le passais avec un élève de « David » à faire ses versions latines ou bien à écouter « Only You » dans ma chambre. Ce qui plaisait modérément à mon père, rentrant chaque soir épuisé d'une énième confrontation avec le public indocile qui lui était confié.

Bordillon lui aurait plu : un « républicain angevin » ! Espèce rare au XIXe, note Philippe Vigier, avec sa famille modeste et son père ouvrier poêlier. Il est nommé commissaire de la République à Angers en 1848, puis préfet, mais il assiste « consterné », dit son biographe Élie Sorin, aux journées révolutionnaires de juin. (Les républicains du type de mon père n'aimaient pas non plus la radicalité révolutionnaire, d'où leur anticommunisme décidé.) L'attitude de Grégoire Bordillon, sa déception, son revirement, c'est le passage en 1848 de l'« illusion lyrique » à son effondrement. Bordillon et beaucoup d'autres, en juin, prennent peur devant l'insurrection ouvrière, et deviennent des républicains d'ordre. George Sand parle de la « funeste journée » du 15 mai 1848. « Cette “insigne folie” lui paraît injustifiable dans son principe et catastrophique dans ses résultats[3] » : elle veut la république « la meilleure des familles », non une république qui serait imposée par la force et la guerre civile mais à laquelle on parvient par des voies « froides et lentes ». « Sachez donc, vous autres, écrit-elle, que les républicains avancés sont dans la proportion de un pour cent, sur la surface du pays entier, et que vous ne sauverez la République qu'en montrant beaucoup de patience et en tâchant de ramener les excessifs.[4] »

Débat toujours ouvert : et on a quelque raison, deux siècles et demi plus tard, de se défier de l'« illusion lyrique » du début des révolutions.

Bordillon est le représentant type d'un républicanisme romantique, qui hait l'effusion de sang, garde ancrée en lui la mémoire de ses origines ouvrières, et veut que la république soit, pour ceux qui la soutiennent, l'occasion de cérémonies populaires et de fêtes. Philippe Vigier le décrit ainsi : « Renouant avec les pratiques de la Ire République, Bordillon organise à Angers des fêtes exaltant le nouveau régime, et ceux qui ont contribué à son avènement. » Selon Élie Sorin, « le plus beau jour de la vie de M. Bordillon fut la fête grandiose destinée à célébrer la mémoire de Beaurepaire – ce lieutenant-colonel du second bataillon de Maine-et-Loire, commandant de la place de Verdun lorsque celle-ci fut assiégée par l'armée austro-prussienne à la fin août 1792, et qui se tua plutôt que de rendre la place ». En 1792, la France est menacée par les armées austro-prussiennes, la Hollande se soulève, presque toute l'Europe est liguée contre le nouveau gouvernement que la France s'est donné, la république n'a que quelques dizaines de milliers de soldats à opposer aux 160 000 Prussiens et impériaux partis de Coblentz le 10 juillet. Il sort de tous les départements plus d'un million de volontaires prêts à se jeter aux frontières. Le premier bataillon des Volontaires de Mayenne est formé à Angers le 15 septembre 1791. Un ancien capitaine des carabiniers de Saumur, Nicolas Beaurepaire, est élu colonel. Il quitte Angers le 3 octobre 1791 pour tenir garnison dans la Loire-Inférieure, le Morbihan et l'Ille-et-Vilaine. Le 1er mars 1792, il quitte Guérande pour Verdun. Le bataillon passe à Saint-Denis, les soldats en profitent pour visiter la capitale, puis ils se dirigent vers la Champagne, passant par Meaux et La Ferté-sous-Jouarre, empruntant à l'époque le chemin dit « route d'Allemagne ».

Le bataillon défend Verdun, quand la place est investie par l'armée prussienne le 30 août 1792. Disposant de faibles forces et en butte à une municipalité hostile, Beaurepaire se suicide plutôt que de se rendre, selon la version officialisée par Lemoine, le commandant en second (ce dernier donnera plus tard une autre version concluant à un assassinat).

La fête du pont de Verdun a lieu le 19 mars 1848, durant le printemps de la révolution. On a planté partout des arbres de la Liberté selon l'axe du fleuve, à Saumur, à Chalonnes, à Saint-Georges (14 mai), et à Angers, un grand chêne, le 16 avril. On imagine le sens que Grégoire Bordillon pouvait attacher à cette cérémonie : son père avait été un des volontaires du bataillon de Beaurepaire. Et lui-même était né dans une maison, démolie seulement en 1837, qui se trouvait sur le Grand Pont qui deviendrait pont de Verdun.

Y sont conviés les vétérans, les enfants des écoles, les Polonais en exil qui, groupés autour de leur drapeau, sont « follement acclamés ». Il faut saluer au passage l'accueil qu'avaient trouvé à Angers les étudiants polonais après l'écrasement du soulèvement de Varsovie[5]. Bordillon est partout, « ordonnateur et président de ces moments d'exaltation, de ce lyrisme de la révolution ». Dans son allocution, il s'adresse particulièrement « aux ouvriers, vous auxquels me rattachent tous mes souvenirs d'enfance, toutes mes traditions de famille ». À Trélazé, quelques fendeurs d'ardoises ont créé le premier syndicat ardoisier.

La statue de Beaurepaire ne sera placée sur son socle du pont de Verdun qu'en 1889, pour le centenaire de la Révolution. À cette occasion, une fontaine au nom de Bordillon est érigée sur la place de l'école, à laquelle on donne en même temps son nom.

Mais Bordillon est, je l'ai dit, un partisan de l'ordre. En juin 48, il prend des mesures pour le maintenir en ville – en faisant fermer, par exemple, « un club de démagogues où s'étaient discutées les vertus de Blanqui, et fait entendre les cris de Vive Barbès !, mais aussi en organisant le départ, sur Paris, pour réprimer l'émeute, de deux détachements de gardes nationaux angevins, transportés jusqu'à Orléans par les bateaux à vapeur de la Loire[6] ». Il fera cependant la preuve d'une volonté de conciliation lorsque, durant la construction de la voie Angers-Nantes, des incidents éclatent à La Pointe-Bouchemaine. De même, dans les houillères de Chalonnes. Conciliant avec l'Église, certes, mais on ne saurait lui reprocher d'avoir veillé, un demi-siècle après la Terreur, à ne pas « réveiller », dit Philippe Vigier, « les haines d'antan ». Il reçoit donc avec la plus grande cordialité le comte de Falloux, qui n'est pas de ses amis politiques, quand il s'agit de préparer la venue à Angers, en 1850, de Louis-Napoléon Bonaparte, alors président de la République, pour l'inauguration de la ligne de Nantes.

En 1849, Falloux avait été cependant l'un des premiers à demander son remplacement à la préfecture, mais « non son élimination de la carrière préfectorale ». La situation de Bordillon est devenue inconfortable, il s'est prononcé pour Cavaignac le 10 décembre 1848, et il se voit compromis dans le désastre financier des affaires de son frère. Il est muté dans le département de l'Isère. Là il rejoint les républicains radicaux. Courte parenthèse sur son successeur, Jean-Olympie Bouquet, dit Besson : homme d'ordre, qui doit affronter début 1849 une catastrophe, celle de la rupture d'un pont à Angers, le pont de la Basse-Chaîne, qui entraîna la mort de 220 soldats. C'était un bataillon partant pour l'Algérie, composé de soldats frondeurs, républicains ; le préfet a détourné leur route, de peur qu'ils n'entrent en contact avec les Angevins. Il est déplacé.

Grégoire Bordillon, quelques années plus tard, est revenu s'établir en Anjou. Commissaire aux Ardoisières, il condamne en 1855 la « Marianne insensée » des ardoisiers, signe le règlement répressif du 31 août, considérant que les insurgés sont des « fous ». Tout en les plaignant : dans sa lettre à Hippolyte Carnot (octobre 1855), il évoque la misère des femmes des ouvriers ardoisiers condamnés[7]. Il reçoit « beaucoup de ces malheureuses » et intervient auprès du procureur général Métivier pour obtenir la grâce de plusieurs insurgés. Le nom de ce procureur impérial est bien oublié. Grâce aux numérisations de Gallica on peut lire l'acte d'accusation qu'il prononça le 12 octobre 1855 contre « Secrétain, Attibert et autres ». Et on voit bien toute la différence entre un républicain modéré, un républicain de février 48, et un procureur impérial. Le premier condamne ces « fous » d'ardoisiers, parce que leur soulèvement est voué à l'échec ; le second n'a pas de formule assez forte pour dénoncer cette lie du peuple que sont les prétendus socialistes, « leur soif de pillage et de sang, leurs cris séditieux, à bas les prêtres ! ». Et les placards qu'ils apposent dans le moindre village : « Vive la république rouge ! » Christophe Aubert dans *Le temps des conspirations*[8] a magistralement rendu l'atmosphère qui régna autour du procès de « La Marianne ».

En 1868, Élie Sorin publie une biographie de Grégoire Bordillon[9] qui sera rééditée en 1889. Républicain lui-même, Élie Sorin, né en 1840, bibliothécaire à la ville d'Angers, est aussi l'auteur d'un livre sur *Les martyrs du siège de Paris*. Le grand mérite de son livre, c'est qu'il se termine par des extraits de la correspondance de Grégoire Bordillon. C'est un portrait extrêmement vivant, de ses amitiés, de sa jeunesse et de sa formation à Paris, de ses passions, dont celle du « progrès agricole » au sein des campagnes qui environnent sa propriété de Montbenault, dans la commune de Faye-d'Anjou, où il réside maintenant toute l'année – sauf pendant deux semaines où il va à Paris rencontrer ses vieux amis et compagnons de lutte, Hippolyte Carnot, Alexandre Freslon, etc. Le « progrès agricole » est bien un mot de ces années-là, par-delà les différences politiques. Le comte de Falloux aussi, à partir de sa retraite politique forcée, consacra sa fortune et son temps à l'amélioration de son domaine du Bourg-d'Iré.

Dans ses lettres de la fin, il y en a une de 1866 : il vient de recevoir la réponse de Garibaldi à qui il avait envoyé une barrique de vin – les Quatrebarbes et autres zouaves pontificaux angevins se sont mis contre lui au service du pape. Il y en a une aussi à André Léo. André Léo était, d'après le prénom des deux fils qu'elle avait eus de Grégoire Champseix, le pseudonyme d'une romancière féministe, amie de Louise Michel, membre de la Ire Internationale. Dans son livre de 1871, *La guerre sociale*, elle écrit notamment : « Il n'y a en réalité que deux partis en ce monde : celui de la lumière et de la paix par la liberté et l'égalité ; celui du privilège par la guerre et par l'ignorance[10]. » Encore une autre de Bordillon, à Augustine Girault-Lesourd, celle-là. Il écrit : « Je ne veux pas qu'on chasse sur mes terres, c'est un massacre inutile. » Augustine Girault est une figure mémorable de ce temps. Artiste peintre, on la compare à Redouté, elle est l'auteur d'ouvrages sur l'Algérie, où elle a voyagé, c'est une militante féministe, républicaine. Elle défend l'éducation populaire et celle des filles. Elle et son mari vivaient à Vendor, près de Saumur, où Bordillon leur rendait visite souvent. Il y retrouvait Ange Guépin, médecin socialiste nantais proche des saint-simoniens. C'est à lui que Bordillon rendait visite quand on le croise sur le pont du vapeur de Nantes, avec sa haute stature et ses beaux cheveux noirs.

Tout cela est très incomplet, une esquisse. Il y aurait un développement à faire sur l'entourage féminin de Grégoire Bordillon. Outre celles que j'ai nommées, il y a sa femme, Lise Baudron, sa nièce, Élisa Bordillon, fille de son frère Théodore, toutes féministes, républicaines et ayant voué leur vie à l'éducation des filles.

Il meurt subitement à Montbenault en 1867, en débouchant, dit-on, une bouteille de vin blanc. Ses funérailles sont à Angers un événement considérable.

73

Le docteur Garnier

Je continue ma promenade erratique sur cette place qui ne se ressemble plus. Tout est immobile dans le silence et le calme de ce beau dimanche d'hiver. Rien n'est plus pareil : ni les bâtiments ni les hommes. Et ce n'est pas seulement le passage du temps, où on pourrait trouver prétexte pour l'expression d'une nostalgie commode. Non, c'est plutôt de la colère qui vous vient ; ceci est le résultat d'une double violence, sur les bâtiments et sur les hommes. Les prophètes surexcités du « remplacisme » ne semblent guère être troublés par ce phénomène des grandes villes, l'inexorable remplacement des pauvres par des riches.

La place Grégoire-Bordillon ne m'est plus rien. Privée sur tout un côté après rénovation des beaux bâtiments de l'école et de ses anciennes maisons, elle paraît bancale, déséquilibrée par un empilement côté ouest de nouveaux immeubles sans âme. La mort d'une école, ou sa transformation, m'attriste toujours, c'est comme si l'idée républicaine reculait. Installer des écoles pour tous, ç'a été un enjeu primordial de la IIIe République, les villes et les villages se couvrent de beaux bâtiments, un peu solennels, en général proches de la mairie, ou associés à elle : c'est l'histoire que raconte, pour Angers, un livre d'Henri Bucher[1]. Toute école est un monument à la gloire du peuple ; la suppression d'une école, c'est une atteinte à sa mémoire. Et au contraire, c'est une profonde satisfaction chaque fois qu'une école s'établit, parfois, dans les ruines d'un ancien palais, comme en Inde. Sortant de villages écrasés dans le soleil et la poussière, ou du faubourg surpeuplé d'une ville, je me réjouissais d'apercevoir soudain, à l'ombre d'un grand arbre ou dans l'ancien bassin des éléphants, un groupe d'enfants entourant un jeune homme et braillant leur leçon.

Je traverse donc le boulevard en direction de l'église de la Trinité, pour chercher un réconfort douteux dans le passé. La Révolution allait basculer dans la Terreur mais, venue s'établir outre-Maine parmi les plus modestes des ouvriers de l'époque, tanneurs, artisans poêliers, elle continuait d'incarner une espérance, un avenir. La Trinité abrita en effet un club en 1793. Pendant ces années-là, on donna à la cathédrale Saint-Maurice le nom de « temple Maurice ». De la galerie des tours, avec une lunette braquée sur les « fourneaux à chaux » de la route de Paris, l'opticien Pedralio annonce le 3 décembre 1793 l'arrivée du contingent de Vendéens rescapés de la virée de Galerne, qui se dirige vers la ville pour y mettre le siège. Il avertit la garnison en lançant une pierre avec un billet. C'était Maurice Pedralio, mort en 1829 à l'âge de quatre-vingt-quatre ans, d'une famille d'opticiens d'origine italienne fixée à Angers et Nantes au XVIIIe siècle. On lui doit de beaux baromètres Louis XVI : l'un d'eux est au château de la Lorie[2]. Décidément, encore la Lorie.

De l'autre côté du boulevard, c'est, sur une petite place comme parfois à Rome, un enchevêtrement de deux bâtiments, l'abbaye du Ronceray, opulente abbaye de femmes, occupée depuis 1815 par l'École nationale supérieure des arts et métiers. Et l'église de la Trinité, qui souffre d'avoir été en partie refaite en style néo-roman vers 1860. Elle avait failli être détruite dans les débuts de la Révolution, ce qui l'a sauvée, c'est d'être devenue le siège d'un club, selon le biographe du premier évêque de l'après-Révolution à Angers, le concordataire Montault-Desisles. Montault a été nommé en 1802, il arrive dans une ville qui a subi la tornade révolutionnaire, et on ne s'étonnera pas que son biographe[3] dresse de l'époque le portrait d'un « paysage dévasté » : « La guerre civile y avait régné avec toutes ses horreurs, et la torche républicaine avait presque réduit en cendres toutes les églises, tous les presbytères, tous les édifices religieux. » En effet, « de toutes les églises paroissiales de la ville d'Angers, au nombre de dix-sept ou dix-huit, une seule était restée debout, celle de la Trinité ».

Je creuse un peu et cherche d'autres sources, à peine moins négatives : selon Victor Godard-Faultrier, déjà cité, ce club, la Société de l'Ouest, avait été créé dans la Doutre, quartier ouvrier, populaire, en dissidence de la Société de l'Est, « moins démocratique ». On en modifie l'intérieur pour y installer des gradins jusque sous les voûtes. Le lieu est inauguré avec solennité, le 29 mai 1794. « Les sociétaires se réunirent rue Saint-Nicolas où se trouvèrent les corps constitués, la Garde nationale et la garnison ; après s'être mis en rang, ils quittèrent l'ancien club pour se rendre à la Trinité, siège du nouveau ; une musique guerrière précédait le cortège ; pendant qu'il s'avançait par la rue Saint-Nicolas et la place de la Laiterie, la grande nef de la Trinité, ou plutôt les gradins en charpente que l'on y avait établis, se couvrait d'une foule nombreuse "de citoyens et de citoyennes". »

On s'installe : « Hommes, femmes, enfants, gens de toute sorte, pêle-mêle, faisaient retentir les voûtes sacrées de leur bourdonnement profane ; vous eussiez dit une fournaise à paroles, suivant l'énergique expression d'un contemporain[4]. » Que ce soit à la Trinité ou dans ses locaux précédents, le club, note Godard-Faultrier, « n'était pas une école de belles mœurs ni de beau langage ; les citoyennes, parées de cocardes tricolores, y apportaient avec leur déjeuner et leur sans-gêne, le ton, les manières et l'accent des célèbres tricoteuses. Le président, à ceux qui demandaient la parole, répondait par le fameux "tu la z'as" ». Pour tout dire, aux yeux des bien-pensants, il n'est composé que « de l'écume de Paris et d'Angers, celle-là même qui s'acquitta du soin de faire des martyrs à la Haie des Bons-Hommes ». Tandis que j'errais sous les voûtes de la Trinité, je n'ai pas vu le buste du curé Gruget.

Je n'aurai sans doute pas trouvé le réconfort que j'attendais, en traversant le boulevard, de ce bref saut dans l'époque des clubs populaires. Mais une fois de plus, cette ambiguïté douloureuse, à laquelle je suis maintenant habituée ; d'un côté, le peuple autorisé enfin à prendre la parole sous « ces voûtes sacrées » qu'il détourne des anciens cultes pour y célébrer sa propre apothéose (éphémère). De l'autre, le souvenir des fusillades d'Avrillé.

Dix ans plus tard, un peu plus bas, sur le pont, naissait Bordillon.

L'évocation de ces scènes révolutionnaires ne m'a fait aucun bien. Des touristes prennent des photos, je monte un peu plus vers la place de la Laiterie, triangulaire et pentue. « Coupe-gorge devenu chic[5] », la place figure aujourd'hui sur la liste des « attractions touristiques » de la Doutre. L'étroite place porte ce nom parce que, très tôt, les fermiers viennent livrer le lait pour la ville à ce carrefour de commerce et d'échange important de la route de l'Ouest. Il s'y trouve aussi des relais des postes, dont *Le véritable almanach angevin*, en 1690, signale les jours de départ et d'arrivée ; les messagers sont logés dans les rues les plus commerçantes de la ville, comme cette place. Le 1er septembre 1816, on y installe un bureau chez l'épicier Despré. Puis une boîte aux lettres. Une photographie de 1900 montre la « colonne postale » en fonte, placée juste au pied d'un monument qui m'a toujours attirée, celui du docteur Garnier, le « médecin des pauvres ».

La vie et l'action du docteur Garnier illustrent bien, dans un quartier hautement symbolique, cette volonté, à laquelle je suis tellement attachée, de donner une réponse républicaine à la question sociale. Précocement. Car il est mort depuis quatre ans lorsque Grégoire Bordillon devient commissaire de la République puis préfet. François-Claude Garnier appartient pourtant de plein droit à ce monde des républicains angevins auxquels ce livre voudrait rendre hommage. Il ne fut pas au reste le seul médecin parmi ces premiers républicains angevins : il y eut aussi, une génération plus tard, le docteur Lefrançois, l'un des fondateurs du *Précurseur de l'Ouest*, député de la Constituante en 1848, créateur de salles d'asile et d'écoles mutuelles, et bienfaiteur des pauvres dans le quartier de la Doutre où il demeurait. Son nom est donné à une rue des Hauts de Saint-Aubin (quartier Verneau) en 1893. Comme tout se retrouve...

Buste de François-Claude Garnier
par David d'Angers, 1846.

Garnier est né à Angers, le 2 janvier 1759, d'une longue lignée de médecins. Il a vécu dans une maison de la rue des Greniers-Saint-Jean, située sur les terrains du manoir de la Plesse (hôtel de Traves), précédée d'un grand jardin. Selon une autre notice son adresse est 11 place de la Paix ; la place de la Paix est l'ancien cimetière des pauvres, déplacé par l'ordonnance de 1779. Le docteur Garnier est « un philanthrope républicain », « un humaniste », « un homme des temps antiques », un homme dont la pratique est inspirée par un sens inné de la justice, et non par la foi en Dieu, selon Catherine Fauchet[6]. C'est, ajoute-t-elle, ce qui le différencie des catholiques « pour qui il n'est de charité que dans la religion ». Ce philanthrope est aussi « un homme vertueux », d'une grande modestie doublée de réserve, d'une discrétion, et surtout d'une abnégation, dit Célestin Port, « que ne fatigua jamais la clientèle impitoyable des pauvres ».

Véritable saint laïque, il a des revenus trop modestes pour se livrer à l'« aumône ostentatoire » : il n'est que peu souvent payé mais peut tout de même, à sa mort, léguer 300 francs aux pauvres de la ville. Il a toujours refusé de se joindre aux œuvres charitables que la monarchie de Juillet a mises en place, comme la Charité maternelle créée en 1838, ou aux « œuvres d'inspiration démocrate comme les salles d'asile, la Caisse d'épargne créées dans les années 30 ». Sa trajectoire est solitaire, dictée par sa fonction : il est médecin, d'abord. Suivant les traces de son père, Clément Garnier, chirurgien en chef de l'hôpital Saint-Jean et lieutenant-chirurgien de Louis XV, il fait des études brillantes à Paris auprès des leçons de Baudelocque, promoteur de l'accouchement par césarienne, et de Desault. Puis il revient à Angers, et prend la charge de chirurgien de l'hôpital Saint-Jean, qu'il gardera pendant plus de cinquante ans. Ses cours d'anatomie pratique ont formé trois générations de médecins. Sa science est sûre, il a le coup d'œil et le jugement parfaits : mais, destiné à devenir le médecin des riches, il soigne les pauvres et accouche leurs femmes. Citant J.-P. Ouvrard dans ses « Paroles prononcées sur la tombe de François-Claude Garnier » dans le *Recueil de biographies angevines*, Catherine Fauchet l'évoque au chevet « des femmes pauvres auxquelles il avait dévoué son existence ; la nuit, le jour, à toute heure. On le vit sous les ardoises de la mansarde, couvrir de son mouchoir ou de sa chemise, l'homme nouveau qu'il venait d'initier à la vie ».

Avec Garnier c'est tout un pan de l'aventure révolutionnaire et républicaine en Val de Loire qui se révèle. Il avait accueilli la Révolution avec enthousiasme. Ses amis sont Joachim Proust, le pharmacien de la place Sainte-Croix, révolutionnaire passionné, La Révellière-Lépeaux, le député du tiers état, et Pilastre, le botanophile, l'ardent propagateur de la vaccine (soucieux des questions sociales comme l'abolition de la mendicité et l'amélioration de l'agriculture). Il avait rejoint la franc-maçonnerie dont il partage les idées démocratiques, anticléricales mais tolérantes.

Dans son *Instruction pastorale sur la franc-maçonnerie*[7], Mgr Freppel tient à rappeler qu'avec l'encyclique *Etsi multa lucruosa* (novembre 1873) « le Souverain Pontife signale avec infiniment de raison les loges maçonniques et les sociétés secrètes comme le foyer principal de la conspiration contre le christianisme ». À travers leurs développements et ceux de la « secte des encyclopédistes », il « se préparait, Nos Très Chers Frères, le grand bouleversement social de la fin du siècle dernier ». Depuis l'avènement de la IIIe République, à l'imposture s'est ajoutée l'hypocrisie : derrière l'apparente neutralité de la franc-maçonnerie se cache l'athéisme, avec, « comme conséquence nécessaire, les droits de l'homme substitués aux droits de Dieu, le culte de l'humanité remplaçant tout autre culte ; la conception d'un État social fondé et organisé en dehors de toute idée religieuse ». Freppel ne verra pas les lois de séparation puisqu'il meurt en 1891. Mais une fois de plus, il a touché juste. Surtout quand il pressent le lien qui ne manquerait de s'établir entre cette révolution philosophique et la révolution sociale : « En l'absence d'une raison et d'une volonté supérieures à celles de l'homme [...], où est l'obstacle vraiment sérieux à la révolution sociale ? [...] Le droit humain, n'ayant plus la loi divine pour règle, pourra proclamer que le sol appartient à tous et au même titre. » Autrement dit, le collectivisme.

Garnier meurt en 1844 : la ville lui rend un immense hommage le 26 janvier. Plus encore, en 1869, pour l'inauguration de son buste place de la Laiterie. C'est tout un symbole que ce choix d'un quartier pauvre, « où tout ce qu'une misère profonde et une dégradation morale peuvent enfanter de dégoûtant se trouve réuni ». Et, à cette occasion, la ville d'Angers adresse à Mgr Freppel une réponse de sa façon. L'inauguration du buste marque la volonté d'une municipalité républicaine, qui veut se montrer proche du peuple, face à l'offensive politique et sociale de l'évêque, et rappelle ainsi que la charité et le dévouement ne sont pas l'apanage de l'Église (Catherine Fauchet).

Je redescends vers la rivière. C'est la fin de l'après-midi, juste avant que la nuit tombe. En face de moi, la cathédrale, tout en haut de son grand escalier, et à droite, le château, ces deux puissantes citadelles du double pouvoir qui a longtemps dominé la ville. Je m'attarde un moment sur le beau pont de Verdun : au-dessus des eaux sombres, agitées, la statue de Beaurepaire se détache sur le fond rouge et or d'un crépuscule d'hiver.

74
La mémoire des pauvres

Le docteur Garnier soigne les pauvres, dans le même temps, quelques-uns avaient créé plus tôt pour eux dans la Doutre des écoles mutuelles, ainsi que des cours du soir pour les adultes que fréquentent plusieurs centaines d'ouvriers. Quelques décennies encore, et c'est l'installation de la république et de ses écoles, dont ce beau bâtiment de la place Bordillon.

Vers 1960, de grands changements se préparent, on n'en voit pas encore les conséquences, c'est l'entrée de nos vieilles provinces dans la modernité. Un nouvel ordre social se met en place, ce quartier en subira les premiers effets. Il apparaît clairement que les promesses nées de la Libération n'ont pas été tenues, la reconstruction et l'arrivée des Trente Glorieuses n'ont pas résolu la question des quartiers les plus pauvres, hérités du XIXe, mais privés désormais des liens communautaires de vie et d'intérêt qui les protégeaient autrefois. « On ne peut pas tolérer » que toute une population vive plus longtemps dans des conditions aussi détériorées. Le quartier Saint-Nicolas est condamné ; la décision tombe, ce sera la destruction puis la rénovation. Et on la mène sous des formes extrêmement radicales, dures pour les bâtiments, et pour les gens. Les bâtiments sont rasés, les gens sont chassés, relogés au quartier Verneau et, pour les plus âgés, mis à l'hospice, l'amélioration ne sera pas pour eux. Pour leurs enfants peut-être mais ailleurs. Et la grande et belle école solennelle va être détruite, où mon père âgé d'à peine cinquante ans connut l'effondrement de l'idéal scolaire sur lequel il avait cru, sans doute imprudemment, pouvoir fonder toute sa vie. Un peu plus tard, dans un quartier calme autrefois planté de vergers, il se remet, il retrouve sa vocation pédagogique brutalement contredite pendant la terrible année de Bordillon. Il est chargé d'une mission auprès de jeunes instituteurs stagiaires, à qui il va pouvoir transmettre pendant quelques années sa rigueur, sa bienveillance et son savoir. Mais l'école qu'il a connue, et voulue, est morte, définitivement. La prolongation à seize ans de la scolarité obligatoire et la mise en place du collège unique ont modifié radicalement la structure même de l'école primaire, son rôle, son fonctionnement et sa finalité.

Le problème social s'éloigne des centres-villes. En 1964, la Doutre est assainie, débarrassée de sa « vermine[1] » : le quartier Saint-Nicolas a disparu. Les classes laborieuses sont des classes dangereuses ; on les a éloignées[2]. Les pauvres ont quitté inexorablement le centre des villes et les quartiers historiques, pour aller peupler des zones d'habitation spécialement conçues à leur usage. Où ils seront rejoints plus tard, selon la même logique, par l'immigration maghrébine. Ces quartiers se dégraderont à leur tour, etc.

La population n'a pas été consultée. « Beaucoup ont été transférés vers la cité Verneau, grand ensemble périphérique, y transportant du même coup la mauvaise réputation de Saint-Nicolas[3]. » Les aménageurs n'ont cependant rencontré aucune « résistance de quartier » : le « grand remplacement » a eu lieu, les nouveaux habitants sont pour 50 % des investisseurs. Conclusion qui ne surprendra pas : « Au plan politique, la population de Saint-Nicolas s'est prononcée nettement (58 %) pour la liste de gauche aux élections municipales de 1977 alors que l'ancien quartier, pourtant beaucoup plus pauvre, votait généralement plus à droite. »

Mais l'histoire ne s'arrête pas là : Verneau suit la même évolution, installation des pauvres, dégradation, réhabilitation de l'habitat, remplacement des populations. Et cependant : c'est là qu'est né un jeune auteur de polars, Jilali Hamham, sauvé, explique-t-il, par son instituteur et la bibliothèque publique. Le titre d'un de ses livres est extrêmement réconfortant : *93 Panthers*. Pourquoi 93 ? À cause du « 9-3 », dit-il, mais aussi à cause de Victor Hugo. « Verneau » entre dans un processus comparable, aujourd'hui en totale rénovation, il a même changé de nom. Trop souvent synonyme de quartier défavorisé, il s'appelle maintenant les « Hauts de Saint-Aubin ».

« Les maisons miséreuses d'autrefois sont promues monuments » (Branchereau), mais les anciens cafés ont disparu, dont les fameuses Caves Saint-Nicolas. Et avec eux, des lieux de sociabilité populaire. La réhabilitation du quartier, le déplacement de ses anciennes populations vers des zones excentrées, leur remplacement par des gens aisés, tout cela porte un nom mais la langue française n'y est pour rien ; c'est ce qu'on nomme la « gentrification ». Le terme est apparu à Londres dans les années 60, il n'a été admis en français qu'en 2000. Ce phénomène a été abondamment décrit, ainsi que ses conséquences sur la vie sociale quand toute forme de vie populaire vient à disparaître. Mais il y a autre chose, à quoi on ne fait pas suffisamment droit : quelles traces des populations les plus pauvres reste-t-il dans ces quartiers d'où elles ont été chassées ?

C'est justement à propos de ce qui s'est passé à Angers qu'un jeune sociologue, Vincent Veschambre, a interrogé les formes et l'évolution de ce qu'il nomme une « mémoire socialement sélective[4] ». La mémoire des pauvres fait-elle partie du patrimoine ? Non. Ni les lieux de leur vie ni ceux de leur travail : Angers les a effacés systématiquement. Il ne reste absolument rien des établissements Bessonneau qui avaient employé jusqu'à 5 000 salariés et occupé jusqu'à 60 hectares au cœur de la ville : j'en ai cherché en vain des vestiges quand je rôdais au-delà de Saint-Serge et du quartier de mon lycée. Même chose pour un habitat ancien, autrefois de qualité, mais dégradé, comme le quai Ligny, au pied du château, maintenant remplacé par une bruyante autoroute.

Aujourd'hui, on ne procéderait plus avec cette brutalité. La notion de patrimoine s'est élargie, incluant progressivement le « petit patrimoine », les logements modestes, les ateliers... Mais le mal est fait : « Les populations les plus pauvres ne peuvent pas trouver dans le centre-ville de traces patrimonialisées ou patrimonialisables. » Depuis quelque temps, cependant, elles affirment un « droit au retour », à l'enracinement. En 2002, rapporte Vincent Veschambre, le mouvement ATD Quart Monde s'est justement mis en quête d'un lieu symbolique pour sa manifestation du 17 octobre. « Comme l'explique le responsable du mouvement angevin, l'idée retenue est d'apposer une plaque [...] : "Aujourd'hui, on pose des plaques pour commémorer l'histoire en général. Mais il n'y a aucune plaque pour se souvenir des gens pauvres". » Le choix s'est orienté vers le quartier de la Doutre malgré des résistances officielles.

ATD Quart Monde avait été fondé en 1957 par le père Joseph Wresinski. Son objectif : « changer le regard sur les plus pauvres ». Joseph Wresinski est justement né à Angers en 1917, d'un père polonais et d'une mère espagnole. En 1914, le couple est interné dans un camp pour étrangers établi dans les locaux de l'ancien grand séminaire d'Angers, l'abbaye Saint-Serge, transformée en camp d'internement pour les étrangers suspects de collaboration avec l'ennemi (pudiquement baptisé « camp de réfugiés » sur Wikipédia). C'est là qu'il naît, avant que sa famille trouve refuge, après la guerre, au quartier Saint-Jacques, dans une vieille forge désaffectée.

Jusqu'à ces derniers mois j'ignorais tout de ces camps d'internement dans ma ville natale, et que mon lycée ait été l'un d'eux[5].

Formé par la Jeunesse ouvrière chrétienne des années 30, Joseph Wresinski a toujours soutenu que les pauvres doivent être les premiers acteurs du changement ; toute son action est marquée par la volonté de refuser l'assistance et la charité qui

« enfoncent les pauvres dans l'indignité ». Cette affaire-là : charité contre justice, n'est pas neuve. Que fait l'Église de l'« éminente dignité des pauvres[6] » ? L'opposition de la justice et de la charité va scander au XIXe siècle l'affrontement entre l'Église et la république. Conflit qui avait déjà opposé les « chrétiens sociaux » aux « libéraux ». La Tour du Pin rejette la conception libérale qui allait jusqu'à prétendre que « la société ne doit rien aux pauvres... une obligation de charité ne pouvant devenir une obligation de justice ». Il est un partisan résolu de l'action de l'État : en face, Mgr Freppel et ce qu'on a appelé l'« école d'Angers » proposent un aménagement du fonctionnement libéral « dans un esprit de charité chrétienne ». Rappelant que « les droits et la liberté du patron sont aussi respectables que les droits et la liberté de l'ouvrier ».

Nombreuses sont les voix pour s'élever, tout au long du XIXe siècle, contre une approche religieuse de la condition des pauvres : à la charité, il faut substituer la justice. Les plus radicaux d'entre eux se manifesteront en juin 1848 et lors de la Commune de Paris.

Et un siècle plus tard, avec l'expérience des prêtres-ouvriers en direction du sous-prolétariat. Des prêtres-ouvriers, il y en a eu, à Angers. Un article de Claudine Quiblier dans *Ouest-France* (26 octobre 2008) le rappelle opportunément. Ils étaient une douzaine, deux d'entre eux sont toujours là, et témoignent. Bernard Courant, et Joseph Pineau. Joseph Pineau : « Ne cherchez pas. Il n'y a plus de prêtres-ouvriers en Anjou. » Tout a commencé en 1945, avec les prêtres qui reviennent du travail obligatoire en Allemagne. Le pape Pie XII les interdit en 1954. Bernard Courant : « C'est un drame pour l'Église, l'incompréhension totale pour les prêtres-ouvriers et les gens qu'ils accompagnaient. » En 1965, le Vatican lève l'interdiction, à condition que l'Église reprenne la main en leur donnant pour cadre la Mission ouvrière. Dès 1966 à Angers, quatre prêtres « partent au boulot », comme dit Jo. En 1969, c'est leur tour. Bernard chez Outelec, une tôlerie de 380 ouvriers. Jo, dans le nettoyage industriel. Ils le savent : c'est le renoncement définitif à des responsabilités dans une paroisse. Ils vont devoir vivre la condition ouvrière totalement, « pour ne pas être soupçonnés de prosélytisme », explique Bernard. Joseph, vicaire à Saint-Antoine, à Angers, se retrouve à balayer la gare Saint-Laud « malgré ses cinq ans de philosophie et de théologie ». Par les temps de « grand chaud », il se réfugie au frais dans l'église de la Trinité (l'ancien club de 93) pour lire *L'Humanité* : « La cruauté de l'exploitation capitaliste, ça existe ! » Il s'engage dans la lutte syndicale, comme la plupart des 800 prêtres-ouvriers, et, comme Bernard, il choisit la CGT. Et ils découvrent ce que c'est que la solidarité ouvrière. « À l'usine, on se soutenait vraiment les uns les autres », raconte Bernard. « Le militantisme a été une école de fraternité extraordinaire », ajoute-t-il. Mais c'est « l'essentiel de l'Évangile », assure Jo.

Aujourd'hui, il reste 350 prêtres-ouvriers en France, dont seulement 40 au travail. Jo et Bernard déplorent que l'Église « soit plus branchée sur la charité que sur la justice ». « Les jeunes prêtres ne prennent pas du tout notre chemin, regrette Bernard. C'est tout un pan de l'humanité qui est oublié. »

Au passage, je les fais tous deux églantinards d'honneur.

75

Grand final dans la Doutre

Avec les années 60, mon périple et le propos que je m'étais fixé ont trouvé leur achèvement. Dans ces mêmes années, je m'apprête à quitter ce qui était encore la « province », pour Paris et de longues années d'études. À partir de maintenant, je n'habiterai plus que sporadiquement ma ville natale. En partant, j'emporte sans doute avec moi bien plus que je ne pense : et d'abord mon école rurale, la classe unique de ma mère, où jusque dans ses façons de faire et de penser la république et ses principes fondamentaux m'ont été transmis. Avec leur grandeur mais aussi leur ambiguïté, leurs ambivalences, leurs contradictions. Un cadre national incontesté. Une fierté coloniale conquérante. Un universalisme hostile à toutes les sortes de rattachements et de différences, où la république voit le début de la division. Une idée abstraite de l'émancipation. Une défiance envers le monde paysan. J'en ai retrouvé le détail au long de cette pérégrination dans l'Ouest angevin.

J'entre en même temps dans une longue période de remise en cause de ces idéaux républicains que l'on m'y avait transmis. Je l'ai dit en commençant : je fais partie de la génération qui a été confrontée brutalement à une réalité, la violence que la France déploie face à un mouvement d'indépendance coloniale. Nos premières grandes manifestations, ce sont en 1961 les amples réponses au massacre du 17 octobre, où deux cents

Algériens sont morts. Mais ce n'est que le début d'une contestation plus radicale. Sous l'influence omniprésente du marxisme, nous soutenons que les droits « réels » doivent remplacer ces droits « formels », proclamés par la république, ouvertement en contradiction avec la réalité sociale et politique de la domination, de l'exploitation. Question sociale plus question coloniale : la « vérité » de la république, c'est le capitalisme, et son « stade suprême[1] », l'impérialisme, notamment colonial. Et il nous faudra, à tous, beaucoup de temps, et la succession des bouleversements qu'ont connus le monde et la France dans les années 70, pour que nous opérions, en masse, ce « retour vers la république ». La séduction que le communisme avait exercée sur une grande partie de ma génération ne résista pas, en ce qui me concerne, à des voyages réguliers par-delà le « rideau de fer » dans des pays où ces fameux droits « formels » que nous méprisions tant, régulièrement bafoués, redevenaient un enjeu vital.

Et c'est là qu'un tournant s'opère, dont on voit encore aujourd'hui les effets. C'est là que prend naissance, dans le fil de l'antitotalitarisme des années 70 – les « années Soljenitsyne » –, une pensée néo-conservatrice, dont le républicanisme actuel est sans aucun doute le fils. Dans ces visites que nous leur rendons, à Prague, Budapest, où nous rencontrons des philosophes devenus gardiens de nuit ou camionneurs, les dissidents nous font découvrir ce à quoi nous ne pensions jamais, sinon négativement : l'existence de l'Europe et de ses valeurs, niées dans leur réalité spécifique par l'occupation soviétique. Mais cette vision légitime vient légitimer, en contrepartie, une conception « eurocentriste », celle d'une Europe fermée sur elle-même, bastion mondial de la civilisation et de la culture. En somme la formule de Husserl en 1935 : « Il y a dans l'Europe quelque chose d'un genre unique, que tous les autres groupes humains eux-mêmes ressentent chez nous, et qui est pour eux, indépendamment de toute question d'utilité, et même si leur volonté de conserver leur esprit propre reste inentamée, une incitation à s'européaniser toujours davantage, alors que nous (si nous avons une bonne compréhension de nous-mêmes) nous ne nous indianiserons (par exemple) jamais[2]. »

Passe alors au second plan l'histoire de la colonisation et des guerres coloniales. Nous oublions, pour un temps, les lectures de notre jeunesse, et la conclusion des *Damnés de la terre* : « Quittons cette Europe qui n'en finit pas de parler de l'homme tout en le massacrant partout où elle le rencontre, à tous les coins de ses propres rues, à tous les coins du monde » (Frantz Fanon, 1961). Les dissidents avaient suffisamment à faire avec l'« impérialisme soviétique » pour ne pas se montrer très préoccupés par l'« impérialisme colonial » de l'Europe. Et l'indifférence au tiers-monde se voyait favorisée dans les pays dits de l'Est par leur homogénéité ethnique.

Dans ces années-là, qui ont suivi la « chute du mur », j'ai vu se développer autour de moi, et j'ai partagé un moment, la tentation d'un retour armé aux idéaux d'une république radicalisée par l'échec du communisme réel. Pour ne pas y céder, il m'a fallu faire une nouvelle fois l'expérience de voyages, cette fois non pas dans l'est de l'Europe, mais dans le « tiers-monde » et au Moyen-Orient : je le raconterai une autre fois. Ainsi pouvait-on prendre conscience de la permanence d'un rapport postcolonial, au sens large, dans toutes les formes d'une domination continuée du « Nord » sur le « Sud ». Y compris sous la forme d'une thèse, celle du « choc des civilisations », qui se nourrit de la situation explosive du Moyen-Orient, et de l'interminable non-résolution de la question palestinienne. Laquelle vient, indiscutablement, compliquer la situation des Arabes dans les pays occidentaux. Accueillir en France la thèse du choc des civilisations, c'est réveiller une vieille nostalgie coloniale, et fournir ainsi la pire des réponses aux questions que posent en France l'immigration, le rattachement de certains de nos concitoyens à la culture et à la religion musulmanes et les difficultés qu'ils rencontrent pour se faire une place sur notre sol.

Une chose est sûre, en tout cas. Les anciens pays de l'Est ne sont plus un modèle dont on pourrait aujourd'hui s'inspirer. Le retour un peu partout d'un nationalisme d'inspiration cléricale s'y double d'un rejet de l'étranger, notamment musulman. Face à l'afflux de migrants, les pays de l'Est européen qu'un mur, durant quarante ans, a séparés du monde n'ont d'autre rêve que d'en dresser autour de l'Europe. À preuve, le président Viktor Orbán déclarant qu'« il n'est pas question que la Hongrie devienne le Marseille de l'Europe ». Et pourtant, disait Péguy, dont souvent ici nos républicains radicalisés prétendent s'inspirer, « aussi longtemps qu'il y a un homme dehors, la porte qui lui est fermée au nez ferme une cité d'injustice et de haine ».

Nous, c'est nous, eux, c'est eux. Et nous, c'est « la civilisation ». Pas de mélange. Les fondamentalistes républicains approuvent, des deux mains : les terroristes djihadistes nous combattent non « pour ce que nous faisons » mais « pour ce que nous sommes », nos libertés, notre façon de vivre.

Cette idée de la république, que défend aujourd'hui la pensée républicaine néo-conservatrice, ce n'est pas sa version la plus généreuse. Ce sont les principes de 1789, mais revus pour les débuts de la IIIe République, et prolongés dans une version abstraite, identitaire, crispée. Clairement formulée jusque dans ses conséquences extrêmes dans le *Manifeste pour un Printemps républicain*[3], autour des notions de « patrie » et de « laïcité ». Mais ce n'est pas de la laïcité que parlent ses auteurs : ils parlent de leur rapport à l'islam. Il ne s'agit plus en effet, comme en 1880, de dresser face au pouvoir spirituel et temporel d'une Église, encore sous régime concordataire, le principe de la souveraineté du peuple, fondement de la légitimité politique. Il s'agit de dessiner le cadre national comme un rempart, une forteresse identitaire, contre des intrus réputés par nature inassimilables, et réfractaires aux valeurs et aux beautés de « notre civilisation ». Des intrus venus du tiers-monde. Et singulièrement du monde arabo-musulman.

La république est inachevée, disait Jaurès, tant qu'à l'émancipation politique ne s'ajoute pas l'émancipation sociale. En refusant toute considération pour « les situations concrètes d'inégalité liées à la position sociale, mais aussi au genre ou à l'ethnie[4] », le républicanisme identitaire a choisi sa version de la république : ce ne sera pas « la sociale ». Il l'a choisie parce qu'elle lui convient dans sa croisade contre l'islam de France (confondu habilement avec le djihadisme mondial). Les habitants des quartiers ont retrouvé le rôle qu'on assignait au XIXe siècle aux « classes dangereuses », leur rassemblement en masse découpe dans la république autant de « territoires perdus ». Pour expliquer leurs difficultés, la question sociale s'efface devant la question religieuse, l'islam étant réputé « insoluble dans la république ». Du coup, la république ne marche plus que sur une jambe, elle est amputée de ce qui faisait la force de l'idéal républicain et sa grandeur, malgré ses ambivalences et ses contradictions : sa volonté de justice et d'émancipation. Dont elle entendait, sans y réussir toujours, réserver la meilleure part aux « enfants du peuple ». Il n'y a plus d'enfants du peuple, maintenant, mais des « gamins des quartiers », rebelles à nos valeurs et futurs djihadistes.

Ce républicanisme intransigeant est la pire des attitudes qu'on puisse adopter dans la situation extrêmement dangereuse que nous vivons, quand la société et le pacte national sont ébranlés par la multiplication d'attentats terroristes sanglants. Ce n'est pas de cette république-là que nous avons besoin. Face aux défis d'aujourd'hui, il nous faut inventer une république juste, sociale, postcoloniale. Qui ne soit pas mise au service d'une version française du « choc des civilisations ». Et qui retrouve ce qui animait l'idée républicaine dans ses origines, avant même qu'elle s'établisse durablement : le désir, l'espoir, la volonté de faire advenir un monde où chacun pourrait s'arracher à la dépendance, politique, économique, sociale ; où chacun pourrait conquérir sa part d'une souveraineté qui est celle du peuple même, quand il est réuni. C'est cette république qu'il nous faut. Cet idéal, toujours inaccompli. Mieux qu'un idéal : une utopie. Car l'idéal est un rêve, tandis que l'utopie est un projet[5].

Et tandis que se déploie sur la Maine un coucher de soleil opératique et sanglant, je me retourne une dernière fois sur le vieux quartier de la Doutre, et sa population disparue. J'y convoque ces utopistes d'hier, qui n'étaient pas des idéalistes ni des rêveurs, mais des hommes d'action. Volney « l'athée angevin », né dans le nord de l'Anjou, dont le pseudonyme était un composé de Voltaire et de Ferney. Le docteur Garnier, qui met son immense savoir au service des pauvres. Grégoire Bordillon, Alexandre Freslon, le docteur Lefrançois. Premiers, vrais républicains d'Anjou. Et tout ce peuple qui en avril 1848 ornait de rubans un arbre de la Liberté sur le quai de la Savatte, le quai des laveuses et des pêcheurs. Petit à petit, ils viennent tous nous rejoindre, les réfugiés polonais rescapés des grandes insurrections, invités aux grandes fêtes du printemps 1848 ; les révoltés des ardoisières de Trélazé ; Mme Gellerat et son « école mutuelle » laïque pour les enfants des deux sexes. Les ouvriers des cours du dimanche pour adultes. Augustine Giraud, la saint-simonienne. André Léo, la militante féministe, membre de la Ire Internationale. Ludovic Ménard, l'anarchiste mort à l'hospice, et l'abbé Jollec, déplacé pour avoir soutenu le Front populaire, puis blâmé par son évêque pour avoir aidé les enfants du camp de rétention des Tsiganes, à Montreuil-Bellay. Et les normaliens résistants, fusillés en 1943... Oubliés, le bocage et ses sombres idéaux, le séminaire de Beaupréau, le maréchal de Bourmont et la prise d'Alger au nom de la chrétienté ; oubliés, le comte de Falloux et sa loi scélérate, et Mgr Freppel, à la sombre hostilité de qui on doit, en réaction, certains des traits les plus âpres d'une république qui, en 1848, avait su s'ouvrir à l'espoir et au rêve...

Autour d'eux, sans ordre et sans chronologie, c'est la masse des sans-pouvoir, des anonymes, qui monte des quartiers de la basse ville et des bords de Maine par les chemins boueux de la rive, poêliers, chaudronniers, tanneurs, ferblantiers, couturières, plumassières, laveuses du faubourg. C'est 1793 avant la Terreur, avant que la file des condamnés, issus du même peuple, monte vers Avrillé et les fusillades du parc de la Haye. C'est 1848, avant que février sombre dans le massacre des insurgés de juin ; c'est « La Marianne », avant le bagne ; c'est la Commune, avant qu'elle soit écrasée par Thiers le fusilleur.

Tous, je les fais églantinards d'honneur.

1er novembre 2017

NOTES

1
« UN DES PLUS BEAUX PAYSAGES DU MONDE, OÙ SOUFFLE VERS LA MER LE VENT RÉPUBLICAIN »

1. Aragon, conférence sur David d'Angers, prononcée à Angers le 27 avril 1956.

2. Jules Barbey d'Aurevilly, *Un prêtre marié*, in *Œuvres romanesques complètes*, Gallimard, « La Pléiade », tome I, 1964.

3. « Les enterrements civils dans les premières décennies de la Troisième République », *Ethnologie française*, 1983, tome 13, p. 118.

4. « Le fatal triangle qui s'étend entre Bordeaux, Bayonne et Valence. On croit aux sorciers, on ne sait pas lire et on ne parle pas français en ces pays. [...] Il va sans dire que les prêtres sont tout-puissants dans ce fatal triangle », *Vie de Henry Brulard*, Gallimard, « Folio Classique », 1973.

2
LE « FATAL TRIANGLE »

1. André Siegfried, *Tableau politique de la France de l'Ouest sous la Troisième République*, 1913. Réédition université de Bruxelles, 2010 (poche).

2. Mahmoud Hussein, *Sur l'expédition de Bonaparte en Égypte*, Actes Sud, 1998.

3. Yves Auffret, René Lamandé, Thomas Saez et Clément Stéphan. Cf. http://musee-numerique.com/trelaze/sports/tag/michel-pauvert/

4. George Sand, *Le meunier d'Angibault* [1845], Le Livre de poche, « Classiques », 1990.

3
ENTRE L'ÉGLISE ET LE CHÂTEAU

1. Saluons la mémoire et l'œuvre de ce grand archiviste et historien de la seconde moitié du XIXe, auteur d'un monumental *Dictionnaire historique, géographique et biographique de Maine-et-Loire* en trois volumes. « Ardent républicain dans une région et à un moment où la république peinait à se faire admettre de la noblesse et de l'Église » (Élisabeth Verry), « Célestin Port fut un historien combattant, passionnément attaché aux idéaux de l'Instruction publique » (Archives départementales de Bretagne et des Pays de la Loire, 1992).

2. Georges Duby, *Le dimanche de Bouvines*, première parution 1973, Gallimard, « Folio Histoire », 1985.

3. Cf. mon *Dictionnaire amoureux de la Loire*, Plon, 2014.

4. Cité par Jean-Luc Coatalem dans son livre sur Segalen, *Mes pas vont ailleurs*, Stock, 2017.

4
LA RÉPUBLIQUE AU VILLAGE

1. Jean-Pierre Le Goff, *La fin du village. Une histoire française*, Gallimard, 2012. Deux livres aux titres voisins : Eugen Weber, *La fin des terroirs*, Henri Mendras, *La fin des paysans*.

5
TOILES PEINTES

1. Serge Chassagne, « Du nouveau sur un atelier de toiles peintes à Angers (1763-1807), contemporain de la manufacture de Tournemine », *Annales de Bretagne et des pays de l'Ouest*, tome 83, n° 1, 1976, p. 167-185. Serge Chassagne avait d'abord publié chez Klincksieck, Paris, 1971, sa thèse de 3e cycle, soutenue à Rennes en 1970, sur *La manufacture de toiles imprimées de Tournemine-lès-Angers (1752-1820)*.

2. Cf. http://www.savennieres.fr/wp-content/uploads/2015/06/Les-Peintures-sur-tentures-du-presbyt%C3%A8re-de-Savenni%C3%A8res-21.pdf.

3. Serge Chassagne, *La manufacture de toiles imprimées de Tournemine-lès-Angers (1752-1820)*, Paris, Klincksieck, 1971, 383 p.

4. Claude Petitfrère, « La jeunesse angevine et les débuts de la Révolution française », *Annales de Bretagne et des pays de l'Ouest*, tome 81, n° 4, 1974, p. 709-732.

6
« LA VENDÉE ET ENCORE LA VENDÉE, VOILÀ LE CHANCRE QUI DÉVORE LE CŒUR DE LA RÉPUBLIQUE »

1. Bertrand Barère, août 1793. Avocat né à Tarbes. Il préside le procès de Louis XVI et entraîne par ses discours les députés à voter la mort. Il entre ensuite au Comité de salut public. Il justifiera avec éloquence tous les massacres, toutes les exterminations. Au 9 thermidor, quand le vent tourne, il lâche Robespierre. Il sera néanmoins proscrit par le Directoire. Il compose des « carmagnoles », d'où son surnom d'Anacréon de la guillotine.

2. « La guerre fratricide de l'Anjou », Archives départementales de Maine-et-Loire. https://www.archives49.fr/histoire-de-lanjou/pages.../la-guerre-fratricide-de-lanjou/

3. Le mot « Guerche » entre Blois et Nantes désigne ces premiers châteaux forts, protégés par un tressage de branches, appelé « plessis » – mot qui figure aussi dans le nom de bien des châteaux. Guerche ce serait ça : gortia ou gortica, des haies serrées, naturelles ou non. D'où viennent aussi le latin *hortus*, l'anglais *garden* et l'allemand *Garten*. Le français est un plessis de langues, un tressage.

4. Victor Hugo, *Quatrevingt-treize,* Gallimard, « Folio Classique », 2001.

5. Né en 1847 à Saint-Vincent-Puymaufrais (Vendée), il signe ses ouvrages « Louis Brochet, agent voyer d'arrondissement, membre de la Société des antiquaires de l'Ouest ».

6. Louis Brochet, *La Vendée à travers les âges*, Champion et Pacteau, 1902.

7. Anne Rolland-Boulestreau, « Résonance d'une "perversion" : tanner la peau humaine en Vendée militaire (1793-1794) ».

8. Anne Rolland-Boulestreau, *Les colonnes infernales. Violences et guerre civile en Vendée militaire (1794-1795)*, Fayard, 2015, 335 p.

7
UNE ARCHITECTURE DE COMBAT : CHANZEAUX

1. Édités en 1880 par Célestin Port (aujourd'hui numérisés par Gallica).

2. Martine Maroni, *Un curé aux prises avec la Révolution*, thèse pour le doctorat d'histoire sous la direction de M. Jean-Marie Constant, université du Maine, 2010, http://cyberdoc.univ-lemans.fr/theses/2010/2010LEMA3009.pdf.

3. Laurence Wylie, *Chanzeaux, village d'Anjou*, Gallimard, « Témoins », 1970.

4. Guy Massin-Le Goff, « Châteaux et grandes demeures néogothiques en Anjou », *Sociétés & Représentations*, n° 20, 2005/2, www.cairn.info/revue-societes-et-representations-2005-2-page-133.htm.

8
LAURENCE FRÉMONDIÈRE, MA GRAND-MÈRE INSTITUTRICE

1. Archives départementales de Maine-et-Loire.

2. Jacques Levron, *Les saints du pays angevin*, Arthaud (1943).

3. Jacqueline Lalouette, « Expulser Dieu : la laïcisation des écoles, des hôpitaux et des prétoires », *Mots*, n° 27, *Laïc, laïque, laïcité*, juin 1991.

4. Jacqueline Lalouette, *ibid.*, p. 23-39.

5. G. Bruno, c'est Giordano Bruno, « généralement perçu, dans la France du dix-neuvième siècle, comme le type du savant, martyr de l'Église – ce qui renseigne assez sur les raisons du choix d'un tel pseudonyme ». Cf. Pierre Xavier Boyer, « Aux origines de l'élitisme républicain : Les aristocraties d'Alfred Fouillée », *Revue française d'histoire des idées politiques*, n° 22, 2005/2.

6. Juliette Grange, *L'idée de République*, Hachette, Agora, 2008.

9
L'ENFANT JETÉ SUR LES ROUTES

1. Albert Meynier, *Un représentant de la bourgeoisie angevine à l'Assemblée nationale constituante et à la Convention nationale*, Germain et G. Grassin, 1905.

10
TOCQUEVILLE AU SUPER U

1. Jérôme Grondeux, « Le citoyen, le consommateur et le sujet », sur le site « i-Philo », section politique, 6 mai 2013.

2. Son histoire commence en Loire-Atlantique, à Savenay, quand en 1894 un épicier, Auguste Juhel, décide de fédérer les commerçants de sa région pour qu'ils puissent faire face à la concurrence des grandes maisons.

11
L'ÉDIT DE NANTES À ANGERS

1. Ernest Mourin, « professeur d'histoire au lycée impérial et à l'école supérieure d'Angers », *La Réforme et la Ligue en Anjou*, 1856.

2. On se souvient que Guillaume des Roches avait édifié une forteresse au début du XIIIe siècle pour protéger la route de Nantes de leurs incursions.

3. Joël Cornette, « Henri IV, le premier laïque. Visionnaire. Il sème, trois siècles avant l'heure, les germes de la laïcité », *Le Point*, 16 décembre 2010.

4. « [Le duc de Bretagne] envoie la duchesse de Mercœur, avec sa fille, âgée de six à sept ans, seule héritière, trouver le roi à Angers. La capitulation fut que ledit duc se retirerait de Nantes avec tous les siens dans peu de jours, en ses terres de Lamballe, Moncontour et Guingamp, le gouvernement de la province demeurant en la disposition de sa majesté, et en outre que ladite fille épouserait le fils naturel de sa majesté, auquel il donnait pour héritage le duché de Vendôme et le faisait gouverneur de Bretagne. Il en fallut passer par là, encore que ce fut un grand crève-cœur que leur fille héritière épousât un bâtard, qui méritait bien un prince du sang, même peu souvent les rois ont-ils fait une plus riche fortune et si riche mariage. L'enfant donc fut gardé, et la mère avec le reste de son train se retirèrent comme est dit en leurs terres, et le roi vint à Nantes, où on lui fit de grandes fêtes. » Mémoires du chanoine Jean Moreau sur les guerres de la Ligue en Bretagne, 1606, publiés au XIXe siècle.

5. Louis Hogu, « Abbé Émile Pasquier. Un curé de Paris pendant les guerres de Religion. René Benoist, le Pape des Halles (1521-1608) », *Revue d'histoire de l'Église de France*, tome 4, n° 21, 1913, p. 271-276 (en ligne).

12
HAÏTI DANS UNE BOUÈRE DE LA LOIRE

1. Tome 107, n° 4, année 2000.

2. Charles Frostin, « Angevins de modeste condition établis à Saint-Domingue (Correspondance Labry, 1752-1778) », *Revue française d'histoire d'outre-mer*, tome 57, n° 209, 4e trimestre 1970, p. 447-468 (en ligne).

13
LE GRAND CHOC DE CHEMILLÉ – AVRIL 1793

1. http://www.histoire-en-questions.fr/guerre%20vendee/victoire-armes.html

14
« ICI COMMENCE LE PAYS DE LA GUERRE DES GÉANTS »

1. Lettre de Bordillon à Freslon, en date du 14 juillet 1861, « jour anniversaire de la prise de la Bastille ». Quelques-unes de ses lettres ont été publiées en 1868, quelques années après sa mort, par Élie Sorin, son biographe.

2. Voici les noms de ces douze braves : Pilet de la Grise, les deux frères Charruau, les deux frères Gallard, Hervé, Gannerau, Louis Desnoues, Godineau, Hétreau, Nicolas Pilet, alors maire, André Gaultier, tous habiles tireurs. Trois enfants les accompagnaient. Une chanson rappelle leur sacrifice :

> Ici le nombre est inutile,
> Ces braves sont des citoyens français,
> Pour vaincre ils sont contre dix mille
> Douze patriotes nueillais.

3. Dominique Lambert, dit Lambert de La Douasnerie, historien né à Angers, est notamment l'auteur d'un livre sur *Les martyrs d'Avrillé. Catholicisme et Révolution*. Également d'un autre sur le « comte de Chambord », préfacé par Hervé de Charette.

4. Notice Wikipédia.

15
« LA RÉVOLUTION EST UN BLOC ! »

1. *Les Ouled Sidi Cheikh*, Librairie militaire Henri Charles-Lavauzelle, 1891, sans nom d'auteur, numérisation Gallica.

2. Jean-Luc Marais, « Les Bretons, les curés, les patrons. L'immigration bretonne et l'Église à Trélazé et à Angers (1860-1939) », 1re partie, *Annales de Bretagne et des pays de l'Ouest*, tome 96, n° 1, 1989, p. 73-100.

3. Cf. Hérodote.net, Fabienne Manière. Un monument est inauguré par Soljenitsyne.

16
VERS BEAUPRÉAU, « OBSCURE MÉTROPOLE DE L'IDIOTISME DES MAUGES »

1. Kléber : « Les rebelles combattaient comme des tigres et nos soldats comme des lions. »

2. Stock, 1909.

3. Jean-Clément Martin, *Révolution et Contre-Révolution en France de 1789 à 1995. Les rouages de l'histoire*, Presses universitaires de Rennes, 1996.

17
METALLA : LES MAUGES OUVRIÈRES

1. *Annales de géographie*, tome 43, n° 241.

2. Le blog se veut « une source d'information sur la réalité de la France d'aujourd'hui, le danger extrême de l'Islam, danger à se faire envahir, danger des sectes ».

3. http://www.sevremoine.fr/media/collectedememoireoralelesmines-duranium__021136700_1424_28052011.pdf

18
« LA SAINTE ÎLE DE BÉHUARD »

1. René Bazin, « Les yeux tristes », *Le guide de l'empereur*, 1901.

2. Mgr Freppel d'après des documents inédits, Victor Retaux et fils, Libraires-Éditeurs 82, rue Bonaparte, Paris, 1893.

3. Pierre-Louis Augereau, *Les secrets des noms de communes et lieux-dits du Maine-et-Loire*, Cheminements, 2005.

4. Site : La Contre-Réforme catholique (ligue fondée par l'abbé Georges de Nantes en 1970). Mort en 2010, frappé de suspense *a divinis* par les autorités de l'Église catholique, l'abbé de Nantes était entré en 1942 dans les Chantiers de la jeunesse. Après la guerre, son projet intellectuel est de donner un fondement chrétien aux projets contre-révolutionnaires, entre autres, de Charles Maurras, lequel était athée. Il prend parti pour l'Algérie française et rompt avec l'Église, condamnant Vatican II et le pape qu'il accuse d'hérésie et de schisme.

5. Alphonse Dupront, *Du sacré. Croisades et pèlerinages. Images et langages*, Gallimard, 1987, p. 447.

19
DE SIMPLES COÏNCIDENCES ?

1. Cette apparition est commémorée à la chapelle de la rue du Bac à Paris et par une médaille dont le dessin aurait explicitement inspiré, avec ses douze étoiles en couronne, le drapeau européen.

2. Le 14 février 1961, le Saint-Siège ordonne que le nom de sainte Philomène soit retiré de tous les calendriers liturgiques. *Philoumena* en grec signifie « aimée », complétée par *theou*, « de Dieu », c'est une formule générique.

3. C'est l'affirmation de la doctrine Truman selon laquelle « les États-Unis doivent être les défenseurs du monde libre face aux tentatives d'asservissement de l'URSS ». Et la mise en place du plan Marshall. En France, les communistes font partie du gouvernement. En mai, devant les grèves et une vague de contestation face à la guerre d'Indochine, le socialiste Ramadier, président du Conseil, décide de les exclure. À partir de novembre, une vague de grèves secoue le pays. Le 29 novembre, les grévistes affrontent les nouvelles Compagnies républicaines de sécurité créées en 1944 par le général De Gaulle. Jules Moch fait appeler l'armée pour briser les grèves.

20
LES FILS DES CROISÉS NE RECULENT PAS DEVANT LES FILS DE VOLTAIRE

1. Cf. Fénelon Gibon, *Le comte de Montalembert*, Paris, 1913.

21
« FRANÇAIS, L'ÉCOLE ATHÉE INSULTE À NOTRE FRANCE ! »

1. Comte de Falloux, *Mémoires d'un royaliste*, 1888, 2 volumes, version numérisée par Gallica.

2. Henry Jouin, *Falloux et le monument commémoratif de la loi de 1850 sur la liberté d'enseignement : au Bourg-d'Iré (Maine-et-Loire), 7 juillet 1912*, Librairie académique Perrin et Cie, 1913 (version numérisée).

3. Nicole Croix-Bedos, « La propriété foncière dans le Segréen », *Norois*, n° 79, juillet-septembre 1973, p. 489-507 ; doi : 10.3406/noroi.1973.3310 ; http://www.persee.fr/doc/noroi_0029-182x_1973_num_79_1_3310.

4. Comme un seigneur des temps anciens, René Bazin fit ménager une chapelle dans sa propriété des Rangeardières, près d'Angers. Le curé du village venait y célébrer la messe.

22
NOYANT-LA-GRAVOYÈRE

1. Source : Société des mines de fer de Segré, http://www.patrimoine-minier.fr/haut-anjou/index.html.

2. Maurice Poperen, « Le mouvement ouvrier angevin (1914-1948) », texte inédit présenté et annoté par Frédéric Dabouis, *Les cahiers du CESA / Cercle d'études sociales angevin*, n° 3, mars 2012.

3. On lira sur ce sujet l'intéressant article de Jacques Jeanneau, « Maisons rurales et maisons ouvrières dans la banlieue d'Angers », in *Norois*, n° 63, juillet-septembre 1969, p. 423-432, http://www.persee.fr/doc/noroi_0029-182x_1969_num_63_1_1658.

23
RENÉ BROSSARD ET LES NORMALIENS RÉSISTANTS

1. Cf. Élise Péan, *La formation des instituteurs sous Vichy : l'exemple de l'IFP d'Angers* (mémoire), ESPE Nantes, 2014, https://dumas.ccsd.cnrs.fr/dumas-01141190/document.

2. Fédération nationale des anciens combattants d'Algérie, proche du parti communiste.

24
FOI ET POLITIQUE AU CŒUR DES FORÊTS

1. On peut lire en téléchargement un fascicule sur l'histoire de Combrée, « Combrée, deux siècles d'histoire », par Jean-Pierre Ariaux et Gérard Gendry, http://amicalecombree.fr/images/7-pdf/3-combree_aujourdhui/5-telechargements/LivreHistoireBicentenaire.pdf.

2. Le service est assuré depuis 1859 par les religieuses de la communauté des Filles de Sainte-Marie de Torfou qui « œuvrent dans la plus grande discrétion à différentes fonctions ». Henri Gazeau, maire de Combrée de 1977 à 1982, professeur d'histoire et ancien élève de l'Institution libre de Combrée : « Sœurs de la cuisine, au dur labeur ; sœurs de la lingerie, pareilles à des recluses, qui tirent l'aiguille à longueur de vie ; sœurs portières, qui se doivent de marier le plaisant au sévère et veillent fidèlement au seuil de la clôture », etc.

3. L'église de Noëllet abrite une curieuse relique : l'« os du coude de saint Maimbœuf », don en 1674 du chapitre religieux de Saint-Maimbœuf d'Angers.

4. René Bazin, *Carnets intimes*, Archives départementales de Maine-et-Loire.

5. Est-ce le même baron de Vaux qui fut l'auteur de plusieurs ouvrages, dont l'un, numérisé par Gallica, s'intitule *Les femmes de sport*, avec une préface d'Arsène Houssaye et une lettre de Catulle Mendès (Marpon et Flammarion, 1885) ? Ce véritable hymne à la femme moderne, à la moderne *sportswoman*, est tempéré par l'inquiétude de Catulle Mendès : « Qui peut prévoir jusqu'où s'émancipera la virilisation de la femme ? écrit-il dans sa lettre. Elle n'aura plus besoin que l'homme la défende. Hélas ! tristes hommes, inutiles désormais. L'habitude du duel fera perdre aux femmes l'habitude du duo. »

6. Pour compléter : http://www.cscfrance.org/content/basile-moreau.

7. http://www.eveilleursdesperance.fr/qui-sommes-nous/

25
L'ALGÉRIE, CE « PASSÉ QUI NE PASSE PAS »

1. Expression empruntée au livre de Henry Rousso, *Vichy, un passé qui ne passe pas*, Fayard, 1993.

2. Aide de camp du maréchal de Bourmont, intime d'un de ses fils, dans son *Dictionnaire historique, géographique et biographique des croisades embrassant toute la lutte du christianisme et de l'islamisme* (1852).

3. Même s'il n'y a pas de définition généralement admise, le terme de « crime contre l'humanité » désigne une « violation délibérée et ignominieuse des droits fondamentaux d'un individu ou d'un groupe d'individus inspirée par des motifs politiques, philosophiques, raciaux ou religieux ». L'expression « crime de lèse-humanité » avait été utilisée en 1794 à propos de l'esclavage des Noirs par un orateur de la Convention. Mais le concept de crime contre l'humanité apparaît pour la première fois dans le droit positif en 1945 dans le statut du Tribunal militaire de Nuremberg. Qui refuse délibérément que s'y applique le principe de non-rétroactivité (Wikipédia).

4. *Libération*, 16 février 2017.

5. Roman autobiographique inachevé de Camus, publié en 1994 aux Éditions Gallimard.

6. Revue en ligne des Études coloniales, 14 juillet 2012.

26
UN VENDÉEN FAUX ET HYPOCRITE

1. Dicté à Emmanuel de Las Cases qui, y voyant mal, se fait aider par son fils Emmanuel alors âgé de quinze ans. Devenu plus tard le directeur des mines du Layon, Emmanuel de Las Cases fils est l'époux d'Élisabeth de Sevret, aussitôt veuve, dont nous avons parlé au tout début de ce récit. Sa nièce, Marque de Las Cases, morte presque centenaire en 1974, était la fille de son frère Barthélémy. Elle a légué à sa nièce le domaine des Vaults à Savennières. Celle-ci en est toujours la propriétaire et l'exploite avec sa fille.

2. Bonaparte, devenu Napoléon, esquisse même en 1806 un projet de conquête de l'Algérie. Lire, préparés et commentés par Mahmoud Hussein, les témoignages croisés de Vivant Denon et Abdel Rahman el-Gabarti, Babel, 2008. « Mahmoud Hussein » est le pseudonyme de Bahgat El Nadi et Adel Rifaat.

3. https://fr.scribd.com/doc/102172660/Histoire-d-un-Parjure-michel-Habart)

4. Claude Vigoureux, « Napoléon III et Abd-el-Kader », *Napoleonica, la revue*, n° 4, 2009/1.

5. « Le document que nous présentons constitue le manuscrit du journal inédit que le Minorquin don Francisco Aledo écrivit en 1830 pour consigner tous les événements et faits quotidiens que vécut sa ville natale Mahon, lors de la conquête d'Alger par les Français. » Ahmed Abi Ayad, « Document – Un témoignage espagnol sur la prise d'Alger par les Français en 1830 », *Insaniyat*, 2003.

6. Algérie, extension d'Alger, n'apparaît dans l'usage qu'en 1838. Le ministre de la Guerre nomme Algérie par décision officielle du 14 octobre 1839 les possessions françaises dans le nord de l'Afrique (Michel Levallois, *Ismaÿl Urbain, une autre conquête de l'Algérie*, Maisonneuve et Larose, 2001, p. 44).

7. *Histoire universelle de l'Église catholique* en 29 volumes par l'abbé René-François Rohrbacher, 1842-1849, tome 26, 1845, p. 266.

8. Les saint-simoniens en reprendront le thème dans une « version laïcisée du vieil esprit de prosélytisme du christianisme occidental ». Henry Laurens, *Le royaume impossible*, Armand Colin, 1990.

27
LE SÉMAPHORE SACRÉ

1. Cf. François Lebrun, *Le diocèse d'Angers*, Beauchesne, 1981.

2. Depuis que la Vierge est opportunément apparue à Bernadette en 1858 à Lourdes, une vingtaine de « grottes de Lourdes » ont été édifiées en Maine-et-Loire. La plus ancienne en 1872. L'une des dernières a été creusée en 1949 à La Renaudière (commune du Marillais) par M. Brin pour le retour de ses fils de la guerre. Sauf exception, partout la laideur le dispute à la niaiserie.

3. Chanoine Houdebine, *Histoire religieuse de l'Anjou*, Société anonyme des Éditions de l'Ouest, Angers, 1926.

28
LA « SAIGNETTE » DE FREIGNÉ ET LES « FANATIQUES AU SUPERLATIF »

1. Jules Barbey d'Aurevilly, *Le chevalier des Touches* [1841], in *Œuvres romanesques complètes*, Gallimard, « La Pléiade », tome I, 1964.

2. « Histoire de la baronnie de Candé » par le comte René de l'Esperonnière, Angers, Lachèse Imprimeur, 1894. Sur le site d'Odile Halbert.

3. Toujours sur le site d'Odile Halbert, récit de l'Esperonnière : « Brusquement informé de l'approche des patriotes, M. Morin monta dans la cheminée, mais au moment où, pour s'assurer de la direction du détachement, sa tête dépassait le faîte, il fut aperçu ; quelques instants après, la maison était cernée. Immédiatement arrêté, le recteur eut à subir d'odieuses injures. On le traîna, garrotté, au pied de la croix du cimetière ; des gardes nationaux se prosternèrent devant lui d'une façon dérisoire, et l'un d'eux, affublé d'une aube, lui cracha au visage.

On était alors au commencement du carême de l'année 1794. M. Morin fut conduit à Angers et monta sur l'échafaud le jour du Jeudi-Saint. »

4. *Les Cahiers du Baugeois*, spécial Lézigué n° 2, *Guerre d'Algérie, 50 ans après, 1954-1962*, 2013.

5. Tel sera le cas lorsque l'État laïcise les écoles en 1879. Chassés des écoles publiques, les congréganistes fondent alors des écoles privées.

29
DES SIÈCLES DE SILENCE

1. Édouard d'Ault-Dumesnil, *Dictionnaire historique, géographique et biographique des croisades, embrassant toute la lutte du christianisme et de l'islamisme* (1852).

2. Édouard d'Ault-Dumesnil, 1796-1870, est salué en ces termes par Sainte-Beuve (tome II des *Premiers lundis*) : « Il a vu, dès l'abord, dans l'entreprise, une conquête de la civilisation chrétienne sur la barbarie. La colonisation lui apparaissait au-delà de la guerre, et tout en lui élargissait cette pensée. Rallié de cœur aux principes de cette philosophie catholique, dont MM. de La Mennais et Gerbet sont les principaux organes, M. d'Ault ne conçoit Alger tout à fait bien colonisé que lorsqu'il sera aussi un peu évangélisé. » Rappelons que Sainte-Beuve se disait athée.

3. Jules Michelet, *Histoire de France au XVIe siècle*, éd. Chamerot, 1857, tome 7, *Renaissance*, p. 161.

4. « Jaurès contre Casimir-Perier, contre l'oligarchie bourgeoise, 1894 », http://www.jaures.eu/ressources/de_jaures/jaures-contre-casimir-perier-contre-loligarchie-bourgeoise-1894/.

30
« UN SOUVERAIN PARESSEUX, ENTOURÉ DE CONCUBINES »

1. Dans la salle des Sociétés savantes à Paris, où il a été invité sous l'égide du Parti du peuple algérien.

2. *Dictionnaire amoureux de la Loire*, Plon, 2014, p. 32.

3. Pierre Gourinard, *Les royalistes en Algérie de 1830 à 1962. De la colonisation au drame*, Atelier Fol'Fer, 2012.

4. Gérald Gobbi, *Alfred de Falloux et Albert de Rességuier, une amitié dans le siècle*, Société des écrivains, 2013, https://books.google.fr/books ? isbn = 2342012608.

5. Ahmed Bouyerdene, Éric Geoffroy et Setty G. Simon-Khedis (dir.), *Abd el-Kader. Un spirituel dans la modernité*, Damas, Presses de l'Ifpo, 2012. En ligne : https://books.openedition.org/ifpo/1819 ? lang = fr. Bouyerdene est aussi l'auteur de *Abd el-Kader, l'harmonie des contraires* (Seuil, 2008).

6. Société angevine pour le placement des colons en Algérie, *Projet de colonisation*, Angers, Cosnière et Lachèse, 1847, p. 4. On lira aussi avec profit « Un pays pour la colonie. Mourir de nostalgie en Algérie française, 1830-1880 » de Thomas Dodman (*Annales*, n° 3, 2011).

7. Site « Vive le Roy », Philippe Montillet, *La science historique*, été-automne 1984.

8. Carole Boidin, « Le Jugurtha des Français ? Représentations d'Abd el-Kader dans la littérature et la culture de jeunesse françaises à l'époque coloniale » (en ligne).

9. *Tableau de la situation des établissements français dans l'Algérie*, Imprimerie royale, 1839.

31
LES « BÉDOUINS DES BORDS DE SEINE »

1. Théodore de Quatrebarbes, *Une paroisse vendéenne sous la Terreur*, Chanzeaux, 1877. Réédition Pays et terroirs, 2003.

32
FAIRE LE ZOUAVE

1. Gaston Gangloff, *Les zouaves*, V. Risser, 1893.

2. Par une coïncidence étrange, le maréchal Bugeaud, autre pacificateur radical de l'Algérie, était mort du choléra le 10 juin 1849. Non pas en Algérie, mais à Paris, en son hôtel, 1 quai Voltaire. D'un choléra venu de Marseille, comme en 1832. En Algérie, c'est l'occupation française qui a introduit le choléra.

3. Je résume ici la notice « Les Cathelineau et le combat pour la légitimité », par Frédéric de Natal, revue *L'Histoire*, novembre 2015.

4. *Annales de Bretagne et des pays de l'Ouest*, tome 90, n° 2, *L'espace et le sacré*, 1983, p. 145-155.

5. De Pie X, ex-patriarche de Venise, Mgr Duchesne, Breton né à Saint-Servan, disait : « C'est un gondolier vénitien dans la barque de saint Pierre : il est naturel qu'il la conduise à la gaffe… »

6. Bruno Neveu, « Mgr Duchesne et Madame Bulteau : une ami-

tié (1902-1922) », *Mgr Duchesne et son temps*, Rome, Publications de l'École française de Rome, 23, 1975, p. 271-303.

33
LE RETOUR DE BOU CHECHIA

1. François-Joseph Grille, *La Vendée en 1793*, Paris, Chamerot, 1852, tome III, p. 3-4.
2. Gilbert Meynier, *L'Algérie révélée : la guerre de 1914-1918 et le premier quart du XXe siècle*, préface de Pierre Vidal-Naquet, Genève, Librairie Droz, 1981.
3. Source : blog de René Merle, agrégé d'histoire, docteur ès lettres, chroniqueur, romancier, août 2014.
4. Numéro spécial de *Historia magazine* (273).
5. Blog de *L'Anjou laïque* du 12 mars 2014.

34
L'ESPRIT VIGNERON

1. « La taille de la vigne avec les armes de Jean du Mas, seigneur de l'Isle-Adam, conseiller et chambellan de Louis XI », dans le *Livre des propriétés des choses*, de Barthélemy l'Anglais, 1480, Fr 9140, folio 185v. Bibliothèque nationale de France, Paris.
2. Roger Dion, *Le paysage et la vigne*, Payot, « Bibliothèque historique », 2004.
3. La chaptalisation consiste en l'ajout de sucre au moût pendant la fermentation afin d'augmenter le degré d'alcool.
4. « Les viticulteurs angevins et le mouvement Croix de Feu – P.S.F. (1935-1939) », *Annales de Bretagne et des pays de l'Ouest*, tome 90, n° 3, 1983, p. 483-494.
5. Ou encore un peu plus loin : « Teinté de libéralisme, sans rien qui sente le mécréant, bien que sa pratique religieuse soit incertaine, il discute avec son curé, lui pousse bottes et pointes, l'amuse et l'irrite » Cf. aussi Michel Renou, *Les pressoirs de la république, les vignerons de l'Anjou au XVIIIe siècle*, Éditions Cheminements, 2003.
6. Comme on voit en Septembre ès tonneaux Angevins
Bouillir en écumant la jeunesse des vins,
Qui chaude en son berceau toute force gronde
Et voudrait tout d'un coup sortir hors de sa bonde,
Ardente, impatiente, et n'a point de repos
De s'effiler, d'écumer, de jaillir à gros flots,

Tant que le froid Hiver lui ait dompté sa force,
Rembarrant sa puissance ès prisons d'une écorce ;
Ainsi la Poésie en la jeune saison
Bouillonne dans nos cœurs, qui n'a soin de raison...

35
UN MONDE SANS DIEU(X)

1. Principe d'organisation de la république essentiel qui garantit l'unicité du peuple devant la loi et sa souveraineté pour délibérer sur l'intérêt général en dehors de toute « vérité révélée ».

2. Saint-Romain à Savennières : « Le prieuré Saint-Romain est fermé faute de moines. 14 oct. 1773 : un décret épiscopal autorise le dernier prieur à détruire la chapelle, à charge de la reconstruire dans un délai de dix-huit mois, obligation supprimée par décret du 18 avril 1774 à la condition d'élever sur la place un reposoir avec table et croix de pierre pour l'exposition du Saint-Sacrement le jour de la Fête-Dieu et de donner tous les ornements à l'église paroissiale. La chapelle sera remplacée par la suite par l'oratoire Saint-Romain. »

3. À Mme Roger des Genettes, 1861, *Correspondance*, t. III, p. 191. Cité par Benoît Dufau dans un article sur Flaubert, lecteur de Lucrèce.

4. Marcel Conche, *Épicure en Corrèze*, Stock, 2014, p. 98-100.

5. Michel Houellebecq, *Extension du domaine de la lutte*, Maurice Nadeau, 1997.

36
« EMPAREZ-VOUS DE CETTE TERRE. PRENEZ-LA. À QUI ? À PERSONNE »

1. Jean-Louis Benoît, « Tocqueville, le Coran, l'islam et la colonisation », *Revue des deux mondes*, 1er décembre 2016.

2. Cf. l'article de Michel Levallois, dans *El Watan* du 18 avril 2013 : http://www.elwatan.com/hebdo/france/a-part-l-independance-aucune-reforme-n-a-abouti-16-04-2013-210424_155.php (archive).

3. Simone Balazard et Michèle Hecquet, « George Sand et l'Algérie », revue *Les amis de George Sand*, nouvelle série n° 28, 2006.

4. Et il poursuit : « La Providence nous a appelés à répandre sur cette terre les bienfaits de la civilisation. Or qu'est-ce que la civilisation ? C'est de compter le bien-être pour quelque chose, la vie de l'homme pour beaucoup, son perfectionnement moral pour le plus grand bien. Ainsi élever les

Arabes à la dignité d'hommes libres, répandre sur eux l'instruction tout en respectant leur religion, améliorer leur existence en faisant sortir de cette terre tous les trésors que la Providence y a enfouis et qu'un mauvais gouvernement laisserait stériles, telle est notre mission : nous n'y faillirons pas. » René de Saint-Félix, *Le voyage de S.M. l'empereur Napoléon III en Algérie et la régence de S.M. l'impératrice Eugénie, mai-juin 1865*. Numérisation Gallica : gallica.bnf.fr/ark :/12148/bpt6k1063438.

5. N° 140 de la revue *L'Histoire* de janvier 1991.

6. Charles-Robert Ageron, « Abd el-Kader souverain d'un royaume arabe d'Orient», *Revue de l'Occident musulman et de la Méditerranée*, n° 8, 1970.

http://www.persee.fr/docAsPDF/remmm_0035 1474_1970_hos_8_1_1028.pdf

7. Bernard Taithe, « La famine de 1866-1868 : anatomie d'une catastrophe et construction médiatique d'un événement », *Revue d'histoire du XIXe siècle*, 2010.

8. Faussement attribuée à Theodor Herzl, la phrase est d'Israel Zangwill (1864-1926).

9. Léon Tolstoï, *Hadji Mourat*, 1896-1904, Gallimard « Folio ».

10. Calmann-Lévy, 1905.

11. René Pinon, « La séparation des Églises et de l'État en Algérie », *Revue des deux mondes*, 5e période, tome 42, 1907, p. 866-896.

12. Manuela Semidei, « De l'Empire à la décolonisation à travers les manuels scolaires français », *Revue française de science politique*, 16e année, n° 1, 1966, p. 56-86.

37
UNE HISTOIRE SUBIE PLUS QUE CHOISIE

1. Flaubert, *Correspondance*, Gallimard, « La Pléiade », tome 1, 1849, p. 137.

2. Jérémy Jeantet, « Réligion, inégalités : les défis de l'école républicaine », *Le lanceur*, 12 février 2016. « 47,7 % des élèves de confession musulmane vivent dans des logements HLM. »

3. Romain Ducoulombier, *Une guerre coloniale oubliée : le Rif, 1921-1926*, *La vie des idées*, 2008.

4. Pascal Jan, in *Stratégique*, 2009/1, nos 93-94-95-96.

5. André Marty, *On croit se battre pour la patrie*, Petite bibliothèque de l'ouvrier, du paysan et du soldat, Éd. de la région parisienne du PC, 1926. « On croit se battre pour la patrie » fait référence à

la fameuse phrase d'Anatole France après 14-18 : « On croit mourir pour la patrie, on meurt pour des industriels. » Au moment de la guerre d'Algérie : le 12 mars 1956, la majorité de l'Assemblée nationale, parti communiste compris, accordait les pouvoirs spéciaux au gouvernement du socialiste Guy Mollet pour poursuivre la guerre en Algérie.

6. Accords Sykes-Picot, 1916.

38
LES MONZAMIS

1. François Clément, « Les monnaies arabes et à légende arabe trouvées dans le Grand Ouest », *Annales de Bretagne et des pays de l'Ouest*, 115/2, 2008.

2. Anatole France, *La vie en fleur* (1924), livre de mémoires où celui-ci complète le récit de son enfance commencé avec *Le livre de mon ami*, Gallimard, « Folio ».

3. http://fresques.ina.fr/jalons/fiche-media/InaEdu04713/l-exposition-coloniale-de-1931-a-vincennes.html. Mis en ligne par l'INA.

4. Cf. sur l'Internet le blog http://chevrel.pagesperso-orange.fr/dossiers/ghernaout2.htm. Étude passionnante et documentée de la construction des stéréotypes, notamment dans les manuels scolaires.

5. Jules Michelet, *Histoire de France au* XVIe *siècle*, *op. cit.*, tome 7, *Renaissance*, p. 162.

6. Alain Rafesthain, *Monzami*, Éditions La Bouinotte, 2013.

7. « Ensemble de symptômes qui n'étaient pas connus en France avant la conquête de l'Algérie. » Marie-Christine Pouchelle, « La crise de foie : une affection française ? » revue *Terrain*, février 2007.

39
« TRABADJA LA MOUKHÈRE »

1. « Moukhère : 1. Femme arabe. 2. Femme de mauvaise vie. 3. Fille, femme en général (péj.). » *ABC de la langue française*, dictionnaire de français argotique. Le mot est entré dans l'argot parisien avec l'Exposition de 1889 ; vient de *mujer*, terme espagnol, passé par l'Algérie.

2. Voir sur YouTube (https://www.youtube.com/watch?v=Kfe7c3hdpU4) plusieurs reportages qui entourent l'exécution de la « chanson arabe » « Ali Ben baba » dont « Trabadja » est le refrain, ainsi que l'annonce d'un « cocktail » en l'honneur de Maurice Chevalier à Radio-Paris :

« Radio-Paris ment, Radio-Paris ment, Radio-Paris est allemand », jingle de la BBC chanté sur l'air de la « Cucaracha » (si vous l'avez oublié, demandez-moi).

3. Aphérèse de « arbicot », lui-même construit sur « arbi », « arabe ».

4. Refrain :

La fille du Bédouin
Suivait nuit et jour
Cette caravane
Ell' connut tour à tour
Les trois mill' Bédouins
De la caravane
Douze cents chameliers
Dix-huit cents âniers
Placèr'nt des bananes [Portèr'nt des bananes]
Dans le petit couffin [Et sans trouver la fin]
Qu'avait dans un coin [La fin du couffin]
La fille du Bédouin [D'la fill' du bédouin].

« Un peu fleur bleue, non ? » commente un blogueur nostalgique. Il existe une version dite « paillarde » qu'on ne citera pas ici.

5. Site : http://www.oran-memoire.fr/coutumes.html, « Coutumes de chez nous ». Cf. Marie-Jeanne Groud, *L'Algérianiste*, n° 82, juin 1998. Fondée en 1975, c'est la revue du Cercle algérianiste, Association culturelle des Français d'Afrique du Nord. Le numéro de 2014 porte en couverture un fac-similé de l'*Almanach du petit colon algérien* (1893).

40
VERS TRÉLAZÉ, PAR SAINTE-GEMMES

1. L'asile d'aliénés, devenu le Centre de santé mental angevin, est très connu en Anjou. « Bon pour Sainte-Gemmes » est ici l'équivalent de « bon pour Charenton ». Le docteur Baruch y avait créé un service ouvert pour les malades.

2. Natacha Bonnet, « Les Pays de Lathan. Histoire d'une famille angevine implantée à Saint-Domingue au XVIIIe siècle », *Annales de Bretagne et des pays de l'Ouest*, tome 107, n° 4, 2000.

3. Bruno Blanvillain, « La franc-maçonnerie en Anjou pendant la deuxième moitié du XVIIIe siècle », *Annales de Bretagne et des pays de l'Ouest*, tome 92, n° 4, 1985, p. 411-418.

4. Blog de Jean-Luc Pasquier, « L'infortuné Jean Desvignes (1762-1794) voiturier par eau et "brigand" de la Vendée », 11 mars 2013.

41
« GLOIRE ET HONNEUR À L'ÉCOLE LAÏQUE »

1. Collectif, *Le patrimoine des communes de Maine-et-Loire*, Flohic Éditions, 2001.

2. Jean-Luc Marais, « Les Bretons, les curés, les patrons », art. cité.

3. D'après le site « Alternative libertaire ».

4. Évêque d'Angers au VIIe siècle (ou au VIe ?), il aurait découvert l'usage des lauzes d'ardoise.

5. Collectif, *Le patrimoine des communes de Maine-et-Loire*, *op. cit.*

6. Paroles de Jean Bynat, musique de Francis Popy.

7. Laurent Frajerman, « Le rôle de l'Internationale des travailleurs de l'enseignement dans l'émergence de l'identité communiste enseignante en France (1919-1932) », *Cahiers d'histoire. Revue d'histoire critique*, 85 | 2001, p. 111-126.

8. Emprunté à la préface à la nouvelle édition de son *Cours sur l'histoire de la civilisation en France*, 1857.

42
« LA MARIANNE »

1. http://www.amis-robespierre.org/La-misere-sous-la-revolution.html : René Debarge, membre du comité de l'ARBR (Amis de Robespierre pour le bicentenaire de la Révolution).

« La misère sous la Révolution. L'exemple des luttes ouvrières des ouvriers de Trélazé », *L'incorruptible*, n° 87, 9 février 2015.

2. Claude Petitfrère, « La jeunesse angevine et les débuts de la Révolution française », *Annales de Bretagne et des pays de l'Ouest*, tome 81, n° 4, 1974, p. 709-732.

Cf. aussi F. Uzureau, « L'insurrection des perreyeurs, Andegaviana, 1928, p. 335-340, et F. Lebrun : "Les soulèvements populaires à Angers aux XVII et XVIII siècles", Actes du 90e congrès des soc. sav., 1965, section d'hist. mod. et cont., tome I, p. 119-140.

3. Voir l'article en ligne de Jean Sagnes, professeur émérite à l'université de Perpignan, qui a publié *Les racines du socialisme de Louis-Napoléon Bonaparte* (Privat) et *Napoléon III. Le parcours d'un saint-simonien* (Éditions Singulières) » : http://www.urbi-beziers.fr/articles/pauperisme_bonaparte.pdf.

4. Christophe Aubert, « Les missions politiques de la gendarmerie

en Maine-et-Loire sous la monarchie de Juillet et le Second Empire », *Annales de Bretagne et des pays de l'Ouest*, dossier 114-2, 2007.

5. Le *Dictionnaire universel théorique et pratique du commerce et de la navigation* de Gilbert-Urbain Guillaumin signale à l'article « Ardoises » la présence à l'exposition d'une « table de billard, magnifique monolithe, venant d'Angers ».

6. Alain Body, https://1851.fr/apres/marianne_angers/.

7. *La Marseillaise* sera revendiquée par la Commune dès sa proclamation, mais la IIIe République à ses débuts, celle de Mac-Mahon, se fait tirer l'oreille. Gambetta parvient finalement à l'imposer en 1879, mais alors ce sont les ouvriers qui la trouvent suspecte ! C'est, après 1888, *L'Internationale* qui va devenir l'hymne de la classe ouvrière.

8. 1807, paroles d'Alexandre de Laborde, musique attribuée à Hortense de Beauharnais.

9. Lachaud et Burdin, 1874. Mis en ligne par Gallica.

10. Boris Battais, « L'amnistie de 1859 et le retour des mariannistes en Anjou : entre pardon judiciaire et surveillance policière », *Annales de Bretagne et des pays de l'Ouest*, 117-2, 2010. Cf. aussi Jacques-Guy Petit « Marianne en Anjou : l'insurrection des ardoisiers de Trélazé », *Annales de Bretagne et des pays de l'Ouest*, 104-3, 1997, p. 188-200.

11. Alain Corbin, « Maurice Agulhon, *Marianne au combat. L'imagerie et la symbolique républicaines de 1789 à 1880* », *Annales. Économies. Sociétés. Civilisations*, 34e année, n° 6, 1979, p. 1266-1268.

43
LA FONDATION DE L'ÉGLANTINE DE TRÉLAZÉ

1. « L'Avenir du prolétariat » est le nom d'un système de solidarité imaginé en 1893 par Ferdinand Boire, receveur des postes, afin d'assurer une retraite aux ouvriers. Il s'agissait de collecter des cotisations auprès d'eux, et de les investir dans des immeubles de rapport.

2. INA, France Actualités, 28 avril 1944, 7'28 : « Pierre Laval et le cardinal Suhard accueillent le maréchal et entrent à Notre-Dame où va se dérouler un service funèbre à la mémoire des victimes des derniers bombardements. »

3. Jean-Luc Marais, « Les Bretons, les curés, les patrons. L'immigration bretonne et l'Église à Trélazé et à Angers (1860-1939) », 1re partie, art. cité, p. 73-100.

4. *Ibid.*

5. revolutionnairesangevins.wordpress.com.

44
LUDOVIC MÉNARD

1. Vivien García, *L'anarchisme aujourd'hui*, L'Harmattan, 1er juin 2007.

2. Cf. http://www.cnt-f.org/30/IMG/pdf/la_charte_d_amiens.pdf : Mémoire syndicale, *La charte d'Amiens*.

3. Les regroupements ont lieu entre 1808 et 1891, et donnent notamment naissance en janvier 1891 à la principale société d'extraction (85 % de la production), la société Commission des ardoisières d'Angers.

4. Cf. le site « Révolutionnaires angevins ».

5. Voir son portrait sur YouTube par Boris Rate, auteur de la notice sur Ménard dans le volume du « Maitron » consacré aux anarchistes (*Dictionnaire biographique du mouvement ouvrier, mouvement social*).

6. Cf. Jean-Joseph Chevalier sur le blog « Fragments d'histoire sociale en Pays de la Loire ».

45
LA CLOSERIE DE BEAUMANOIR

1. Christiane Choisnet, http://histoiredefillsursarthe.blogspot.fr/2008/07/demenagement-pour-la-cite-des-tellieres.html.

46
UNE HISTOIRE DE CHÂTEAUX

1. Cf. la revue *HCLM*, bulletin n° 22, et le *Dictionnaire* de Célestin Port.

2. Lire à ce sujet l'article éclairant de Juliette Grange, « Le peuple républicain dans *Le peuple* de Michelet », 2004, https://hal.archives-ouvertes.fr/halshs-00279807/document.

3. Mondialement connue par sa petite bouteille carrée de triple sec à base d'oranges, la maison Cointreau avait été fondée en 1849 par Adolphe Cointreau, un pâtissier, et son frère Édouard-Jean Cointreau. C'est une grande année de l'aventure industrielle après l'écrasement du 1848 ouvrier. L'entreprise connaît un fort développement, d'où dans l'entre-deux-guerres la construction, quai Gambetta à Angers, de son siège social, « témoin précieux de modernité industrielle » (notice de la

base Mérimée). Le dernier des Cointreau à Savennières, c'est Robert Cointreau, né à Feneu en 1921, mort en 2010.

4. Au nord de Paris, dans le Valois, à Ognon, fief de la famille du baron Seillière, le carré de la famille est séparé du reste des tombes, dont un carré militaire, par un enclos de murs percé d'une grille et surmonté d'une grande croix.

5. Paroles de la chanson destinée par Chamfort aux soldats se préparant à la bataille de Valmy. La formule fit condamner à l'exil le poète allemand Georg Büchner quand il la reproduit dans *Le messager hessois*.

47
ÉLOGE DE LA VIE FRUGALE

1. Maurice Agulhon, *Les métamorphoses de Marianne*, Flammarion, 2001.

2. François Bernard, Louis Bouët, Maurice Dommanget et Gilbert Serret, *Le syndicalisme dans l'enseignement*, document produit en version numérique par Claude Ovtcharenko, bénévole, journaliste à la retraite, dans le cadre de la collection « Les classiques des sciences sociales ». Site : http://classiques.uqac.ca/.

3. « *Video meliora proboque, sed deteriora sequor* », « Je sais où est le bien, mais je vais vers le mal ».

4. http://www.gauchemip.org/spip.php?article5041.

48
UN ENJEU : L'ENSEIGNEMENT PUBLIC DES FILLES

1. François Macé, *Les écoles primaires de Nantes*, publié par l'Association pour la conservation de la mémoire de l'école à Nantes et en Loire-Atlantique (Acmenela), 2015.

2. Guy Laperrière, *Les congrégations religieuses*, tome 2 : *Au plus fort de la tourmente 1901-1904*, Montréal, VLB Éditeur, 2013.

3. Colloque d'Angers sur l'œuvre de René Bazin, printemps 2016.

4. Site du Vatican, « Commission théologique internationale. La morale chrétienne et ses normes (1974) ».

5. Cf. Jean-Clément Martin, http://www.persee.fr/docAsPDF/abpo_0399-0826_1995_num_102_1_3807.pdf.

6. Source : Archives municipales de Saint-Georges, Archives départementales série O. Cf. http://www.saint-georges-sur-loire.fr/telech/sgm142-%20hiver2015.pdf.

7. Les Augustins de l'Assomption ont été fondés en 1845 à Nîmes par le père Emmanuel d'Alzon qui pense que l'enseignement est un moyen privilégié d'amener les jeunes à la foi.

49
L'ÉGALITÉ DANS LA SÉPARATION

1. Anne Verdet, *Slate*, 6 octobre 2016.
2. Geneviève Pezeu, « Une histoire de la mixité », *Cahiers pédagogiques*, n° 487, dossier « Filles et garçons à l'école ».

50
FRONT POPULAIRE ET GUERRE D'ESPAGNE

1. Nicole Masson, *Les victoires du Front populaire : avec les archives du journal* Le populaire, Éditions du Chêne, 2016.
2. Pascal Ory, *La politique culturelle du Front populaire français*, CNRS, « Biblis », 2016.
3. Maurice Poperen, « Le mouvement ouvrier angevin (1914-1948) », art. cité.
4. Freinet : « L'école sera centrée sur l'enfant. C'est l'enfant qui, avec notre aide, construit lui-même sa personnalité. »
5. Site « Alternative libertaire », juin 2004.
6. Makarenko, *Poème pédagogique*, tome 1, première partie, chapitre 2 : « Les débuts inglorieux de la colonie Gorki ».
7. La « Section française de l'Internationale ouvrière » est née en 1905, au congrès du Globe à Paris, qui fait suite au congrès socialiste international d'Amsterdam de 1904. Marquée par la personne de Jaurès, elle est en ses débuts violemment anticoloniale et antimilitariste. Mais en 1920, au congrès de Tours, elle se divise, le courant majoritaire crée un nouveau parti : la « Section française de l'Internationale communiste » qui deviendra le PCF.

51
PÈRE PACIFISTE ET PRISONNIER

1. André Delmas, secrétaire général du Syndicat des instituteurs dès l'ouverture du congrès de Lille en 1936. Cité par Jacques Girault, « Les instituteurs français, militants syndicalistes, face au fascisme dans les années 1930 », *Cahiers de la Méditerranée*, n° 61, 1, *Politique et alté-*

rité. La société française face au racisme (XXe siècle) [Actes du colloque de Nice, décembre 1999], 2000, p. 247-268.

2. Cité par Robert Maggiori, « Alain et l'autre. Trois inédits du philosophe et pédagogue pacifiste », *Libération*, août 2010.

3. Charles Péguy, *Victor Marie, comte Hugo*, 1910.

4. Nicole Racine, « Giono et l'illusion pacifiste », *L'Histoire*, n° 106, décembre 1987.

5. Titre du livre de Marc Bloch, Gallimard, 1990.

6. Lire à ce propos Marc-André Cotton, « Pourquoi Pétain renversa la République » (www.regardconscient.net), qui se réfère notamment à Henri Guillemin, *La vérité sur l'affaire Pétain*, Éditions Utovie, Diffusion Différente, 1996.

7. Marc Ferro, *Histoire des colonisations. Des conquêtes aux indépendances, XIIIe-XXe siècle*, Seuil, 1996.

52
DES CAMPS POUR LES ARABES...

1. « Sur 91 160 indigènes morts en faisant leur devoir (guerre 1914-1918), 21 seulement savaient lire et écrire, 21 seulement avaient reçu une partie de leurs droits, car l'instruction est un droit ; 21 seulement savaient pourquoi ils se battaient et pourquoi ils allaient mourir sur la Marne. Les autres, arrachés à leur gourbi, armés d'un fusil, allèrent se battre sans avoir entendu parler ni de la France ni de l'Allemagne » (Leïla Benammar Benmansour, Algeria-Watch, Informations sur les droits humains en Algérie).

2. Belkacem Becham, « Les indigènes nord-africains prisonniers de guerre (1940-1945) », cf. https://www.cairn.info/revue-guerres-mondiales-et-conflits-contemporains-2006-3-page-109.htm.

3. saumur-jadis.pagesperso-orange.fr/recit/ch47/r47d2frontstalag.htm.

53
... ET POUR QUELQUES AUTRES

1. http://www.memoires-tsiganes1939-1946.fr/accueil.html.

2. Interview sur YouTube : www.youtube.com/watch?v=1w7dTDXkSso.

3. Jacques Sigot, *Des barbelés que découvre l'histoire*, Éditions Walada, 2011.

4. François Labbe, *Dom Deschamps, le philosophe sous la bure*, L'Harmattan, 2015.

54
ANGERS ET SES JUIFS

1. Simone de Beauvoir, *La force de l'âge* [1960] Gallimard, « Folio », 1986, p. 191. Voir sur ce sujet mon essai *Castor de guerre*.
2. Tal Bruttmann, in *Archives juives*, vol. 41, 2008/1.
3. Cf. http://abpo.revues.org/1530?file=1.
4. http://bergson.paysdelaloire.e-lyco.fr/espace-pedagogique-d-etablissement/histoire-geographie-/des-lieux-d-histoire-et-de-memoire-de-la-resistance-et-de-la-shoah-de-l-anjou-a-cracovie-2014-/le-sort-des-juifs-de-l-arrondissement-d-angers--33585.htm.
5. Cf. le site « Saumur-jadis ».
6. Chef du KDS d'Angers, il s'enfuit lors de la libération de la ville. Réfugié en Allemagne, en zone sous contrôle américain d'abord, puis soviétique, il est condamné aux travaux forcés et emprisonné de 1947 à 1956. Libéré, il s'installe en Allemagne comme avocat, puis notaire. En France, il est condamné à mort par contumace par le tribunal de Metz, puis en 1954 par le tribunal de Paris pour la déportation de 5 000 personnes. Retrouvé en 1965 par les chasseurs de nazis, Serge et Beate Klarsfeld, il bénéficie des lois d'amnistie allemandes (notice Wikipédia).
7. Communiste puis fasciste, l'une des figures de proue du collaborationnisme français. Créateur de la LVF, il combat en Russie sous l'uniforme allemand.
8. Numérisation Gallica : gallica.bnf.fr/ark :/12148/bpt6k662639h/f1.
9. Cf. Sylvain Bertoldi, *Vivre à Angers*, n° 195, avril 1996.

55
« DÉMOLITION EXTÉRIEURE ET PUTRÉFACTION INTÉRIEURE : LES INSTITUTEURS » (PAUL CLAUDEL, 9 JUILLET 1940)

1. Christopher Flood, *Pensée politique et imagination historique dans l'œuvre de Paul Claudel*, Les Belles-Lettres, 1991.
2. Paul Claudel, *Journal*, tome 2, Gallimard, « La Pléiade », 1969.
3. Jean-Michel Barreau, Vichy contre l'école de la République, Flammarion, 2000, p. 42. Cité par Élise Péan, *La formation des instituteurs sous Vichy : l'exemple de l'IFP d'Angers, op. cit.*
4. Stéphanie Corcy (chercheuse associée au Centre d'histoire sociale du XXe siècle), « Vichy et la laïcité : les paradoxes de la neutralité scolaire », http://histoire-sociale.univ-paris1.fr/Collo/laicite/CORCY.pdf.

5. Cf. l'excellent dossier sur l'enseignement sous Vichy : https://cdn.reseau-canope.fr/archivage/valid/N-4549-12044.pdf.

6. Michel-Noël Bossard, « L'enseignement primaire en Maine-et-Loire de septembre 1942 à septembre 1944 », *Annales de Bretagne et des pays de l'Ouest*, tome 95, n° 2, 1988, p. 199-208.

7. Jean-Marie Mayeur, « La guerre scolaire, ancienne ou nouvelle histoire ? », *Vingtième siècle. Revue d'histoire*, n° 5, janvier-mars 1985, *Les guerres franco-françaises*, p. 159.

8. C'est Mgr Chappoulie qui prononcera le 10 octobre 1953 le discours pour l'inauguration du monument du cardinal Suhard, vichyste notoire, à Brains-sur-les-Marches. Brains-sur-les-Marches est à quelques dizaines de kilomètres de Segré.

56
MON PÈRE AU TYROL, MA MÈRE DANS SON ÉCOLE

1. Jacques Boussard, « Michel Colas des Francs (1911-1945) », Bibliothèque de l'École des chartes, 1948, tome 107, livraison 2, p. 324-325.

2. Andréas Kusternig, « Entre université et résistance : les officiers français prisonniers au camp XVIIA à Edelbach », *in* Jean-Claude Catherine (dir.), *La captivité des prisonniers de guerre*, Presses universitaires de Rennes (en ligne).

3. Cf. Fabien Théofilakis, « Les prisonniers de guerre français et allemands, acteurs de la dynamique européenne d'une guerre mondiale à l'autre ? », revue *Siècles*, 41, 2015.

4. Anatole France, *L'Humanité*, 18 juillet 1922.

57
L'ACADÉMIE D'ÉQUITATION D'ANGERS

1. Il s'agit d'Émile Duboys d'Angers, et non d'Ernest-Eugène, né à Angers, maire de cette ville sous le Second Empire, qui y fait installer la célèbre fontaine du jardin du Mail. Ni de son père, Jean-Jacques, magistrat et militaire, pour qui l'architecte Moll construisit le château de la Bizolière. On disait que l'un de ces Duboys avait voulu relever son nom en remplaçant le « i » par un « y ». Et qu'une dame de la bonne société, chez qui il dînait, lui présenta un plat en l'accompagnant de cette question : « Reprendrez-vous de ces petits po-ÿ-s ? »

2. Quinze partisans y avaient été exécutés le 10 août 1944.

3. Cf. Ferdinand Dreyfus, *Un philanthrope d'autrefois* : *La Rochefoucauld-Liancourt, 1747-1827*, Plon, 1903.

58
LA RÉPUBLIQUE EST DE RETOUR !

1. http://archives.angers.fr/chroniques-historiques/les-chroniques-par-annees/1989-1995/aout-1944-angers-est-liberee/index.html

2. *Ouest-France*, 4 septembre 2014, récit de Christine Chartier, la fille de Maurice Frouin.

3. *Le petit courrier* s'était d'abord appelé *Le courrier d'Angers*, lors de sa fondation en 1875. Il devient *Le petit courrier* en 1883, et quotidien à partir de 1889. Pendant la guerre, l'un de ses propriétaires – et son directeur – est le Choletais Anatole Manceau. Curieux personnage, esthète passionné d'aviation, sénateur, il défend le petit commerce et la petite industrie. Président du musée d'Art et d'Histoire de Cholet, il obtient que le château de Versailles lui confie le dépôt des douze grandes toiles de la galerie des généraux vendéens.

Le petit courrier cesse de paraître en août 44 ; en 1945, Anatole Manceau est inculpé d'actes nuisibles à la défense nationale. Il est reconnu coupable de « participation à une entreprise de démoralisation et de collaboration par la diffusion d'articles en faveur du racisme et de doctrines totalitaires. » Il est condamné à l'indignité nationale à vie et à la confiscation de la moitié de ses biens personnels.

Une avenue de Cholet porte toujours son nom.

4. Noëlline Castagnez, « La mobilisation du PS-SFIO sous la Quatrième République », *Vingtième siècle. Revue d'histoire*, n° 96, 2007/4 : https://www.cairn.info/revue-vingtieme-siecle-revue-d-histoire-2007-4-page-35.htm.

5. Cf. Michel Catala, « Victor Chatenay et l'évolution politique de la ville d'Angers de 1947 à 1959 », *Annales de Bretagne et des pays de l'Ouest*, tome 103, n° 1, 1996, p. 109-131.

6. In « Victor Chatenay et l'évolution politique de la ville d'Angers de 1947 à 1959 », *Annales de Bretagne et des pays de l'Ouest*, tome 103, n° 1, 1996, p. 109-131 (en ligne).

7. *D'amour*, Gallimard, 2002.

59
ILS RETROUVENT LEUR ÉCOLE

1. Rémy Handourtzel, « Vichy, ou l'"école nationale" (été 1940-été 1944) », *L'école et la nation*, ENS Éditions, 2013.

2. De 1928 à 1933, l'enseignement secondaire est devenu progressivement gratuit, mais le système scolaire est très marqué par l'origine sociale. Le lycée recrute ses élèves dans les couches sociales favorisées, souvent dès l'âge de cinq, six ans avec le système des classes du « petit lycée ». Qui n'ont disparu que dans les années 60 malgré leur suppression par les ordonnances des 28 janvier et 3 mars 1945. Aujourd'hui les « petits lycées » sont des établissements d'enseignement général privés sous contrat avec moins de 70 candidats au bac, et qui se classent parmi les meilleurs dans les palmarès.

3. Pierre Kahn, *De l'enseignement des sciences à l'école primaire. L'influence du positivisme*, Hatier, 1999.

60
LA LEÇON DES CHOSES ET LA LEÇON DES LIVRES

1. http://www.lecompendium.com/dossier_00_compendium_metrique/compendium_metrique.htm. C'est bien un compendium, un résumé, de la république et de son projet d'instruction : le mètre, le kilogramme et le litre sont les unités républicaines du « nouveau système » défini par le décret du 18 germinal, an III de la République (7 avril 1795).

2. Condorcet a été le conseiller de Talleyrand quand en 1790 celui-ci propose à l'Assemblée nationale de le créer. Il faudra attendre quelques années avant d'y parvenir : les étalons du mètre et du grave, en platine, prévus par les décrets de la Convention nationale, sont déposés aux Archives le 4 messidor an VII (22 juin 1799).

3. Portrait d'Octave Feuillet, *Revue des deux mondes*, 3e période, tome 103, 1891, p. 664-694.

4. Ferdinand Buisson, *Dictionnaire de pédagogie*, « La leçon de choses, toujours d'après nous, doit servir à former le jugement de l'enfant, à lui apprendre à vivre, à se rappeler, à décrire, à observer ce qui l'environne, et à s'en rendre un compte exact. Ce n'est pas le maître qui la fait, il n'est là que pour guider l'élève, le redresser, le ramener quand il s'écarte. »

62
LA BROUSSE ET LA CAMBROUSSE

1. Jules Ferry, Discours de Bordeaux, 30 août 1885.
2. Karl Marx, *Le 18 Brumaire de Louis Bonaparte*, GF, Flammarion, 2007.
3. Statuts de la première Association internationale des travailleurs, Londres, septembre 1871.

63
LA GUERRE SCOLAIRE

1. Le ministre de la Guerre, André Diethelm, exige que « soit vidé sur-le-champ ce produit de Vichy ».
2. Charles Barangé, qui a donné son nom à cette loi, est une personnalité angevine, la plus marquante du MRP et de la CFTC à ses origines : ancien employé du Trésor, ancien délégué de la CGT à la commission administrative de l'union locale d'Angers, député du Maine-et-Loire sous la IVe République.
3. Cf. Paul Carnot, *Hippolyte Carnot et le ministère de l'Instruction publique de la IIe République (24 février-5 juillet 1848)*, PUF, 1948.
4. Jean-Marie Mayeur, « La guerre scolaire, ancienne ou nouvelle histoire ? » art. cité, p. 101-110.
5. Cf. Claude Hollé, octobre 2009, sur http://www.laicitedaccord.com/loi%20carle.htm.
6. *L'Obs*, entretien avec Caroline Brizard, 23 octobre 2016.

64
« LA GUENON, MANGE TA BANANE ! »

1. Paul Valadier, « Permanence du théologico-politique. Politique et religion, de nouvelles donnes », *Recherches de science religieuse*, tome 94, 2006/4.
2. Marcel Gauchet, *L'avènement de la démocratie IV. Le nouveau monde*, Gallimard, janvier 2017.
3. Jérôme Fourquet et Hervé Le Bras, préface d'Emmanuel Todd, *La religion dévoilée. Nouvelle géographie du catholicisme*, Fondation Jean Jaurès, 2014.
4. Philippe Grosbois, lahorde.samizdat.net/2016/07/05/angers-integrisme-a-luniversite-catholique/.

5. *La Croix*, 21 juin 2017.

6. http://www.jeansevillia.com/lappel-de-la-croisade/

7. Laurent Theis, *Le Point*, 20 janvier 2015. Son article commentait le douteux jeu de mots de Jean-Marie Le Pen : « Je suis Charlie Martel. »

8. Mediapart, 1er novembre 2016.

65
« HAINE DE LA RELIGION » OU RETOUR DE LA QUESTION COLONIALE ?

1. Pierre Tevanian, *La haine de la religion*, La Découverte, 2013.

2. Yvon Quiniou, *Critique de la religion*, Éditions La ville brûle, 2014.

3. Karl Marx, *Critique de la philosophie du droit de Hegel* [1843], Aubier, 1930.

4. Jacques-Guy Petit, « Libéraux, démocrates et républicains angevins (1830-1848) », *Annales de Bretagne et des pays de l'Ouest*, volume 99, n° 4, 1992 (en ligne).

5. Compte rendu par Marc André, en ligne, sur le site « Lectures ».

6. www.cairn.info/revue-vingtieme-siecle-revue-d-histoire-2005-3-page-101.htm

7. Oissila Saaïdia, « L'anticléricalisme article d'exportation ? », *Vingtième Siècle. Revue d'histoire*, n° 87, 2005/3.

66
PREMIÈRES RUPTURES

1. L'instruction secondaire des filles a été tardivement installée en Anjou : c'est en 1913 seulement que s'ouvre rue Tarin un « cours secondaire de jeunes filles », à la demande des familles républicaines.

2. Louis Germain, « Les jardins et les parcs publics d'Angers », *Revue de botanique appliquée et d'agriculture coloniale*, 21e année, bulletin n° 239-240, juillet-août 1941, p. 365-386.

3. Fondées par Charles Baret, élève d'Antoine et organisateur de spectacles en 1891, elles continuent jusque dans les années 80.

4. Christian Baudelot et Roger Establet, *L'élitisme républicain : l'école française à l'épreuve des comparaisons internationales*, Seuil, coll. « La République des idées », 2009.

5. Claude Lelièvre, historien de l'éducation, sur son blog de Mediapart.

6. Michel Delord, « Note technique sur la “massification” », 2004, URL : http://michel.delord.free.fr/massif.pdf.

67
LA GÉOMÉTRIE ET LE LATIN

1. Xavier Darcos, *Virgile, notre vigie*, Fayard, 2017.

2. Marquis de Sade, « Français, encore un effort si vous voulez être républicains ». Pamphlet fictif inséré dans *La philosophie dans le boudoir* (1795). Texte magnifique – dès cette admonestation : « Français, je vous le répète, l'Europe attend de vous d'être à la fois délivrée du sceptre et de l'encensoir. »

68
ATOLL, UN TERRITOIRE PERDU POUR LA RÉPUBLIQUE

1. La Compagnie de Phalsbourg : « un ogre » selon *Ouest-France* (27 septembre 2013)... Inauguration en 2013 à Sarcelles par François Pupponi, le maire, d'un centre commercial de plus de 30 000 m^2. Ouverture à Tours en avril 2016 de « Ma Petite Madelaine » avec un « a », une parcelle de 12 hectares, 40 000 m^2 de planchers pour 31 500 m^2 de surfaces commerciales, 20 000 m^2 de bardages en bois, 1 000 places de parking, 32 magasins et restaurants, etc. « Le tout dans un cadre verdoyant. »

2. Mediapart, 19 mai 2016.

3. Blog de Dornier-Vayssette.

4. *Angers Mag*, 12 mars 2015.

69
LE CHAMP DES MARTYRS

1. *Histoire du Champ-des-Martyrs*, imprimerie Siraudeau à Angers, 1906.

2. Victor Godard-Faultrier, archéologue, né et décédé à Angers (1810-1895). Membre de la Société française d'archéologie dès 1838, correspondant du ministère de l'Instruction publique, membre de nombreuses sociétés et commissions (dont la Société d'agriculture, sciences et arts d'Angers), il a publié *L'Anjou et ses monuments* (1839), description des monuments de cette province des temps préhistoriques à la fin du XVIIe. Il fonde le Répertoire archéologique de l'Anjou (1858), publie

de nombreuses notices et brochures d'histoire et d'archéologie. Il dirigea les fouilles qui mirent au jour les vestiges de constructions romaines aux Châteliers de Frémur, fonda et développa le musée d'Antiquités d'Angers (site des Archives départementales de Maine-et-Loire).

3. Victor Godard-Faultrier, *Le champ des martyrs*, Angers, Lachèze, Belleuvre et Dolbeau, 1869, numérisé par Gallica : http://gallica.bnf.fr/ark:/12148/bpt6k62161695.

70
LA RUE DACIER

1. *Adieu*, P.O.L, 1988. « Quand j'ai pris mon premier appartement à Paris, il m'a dit : "si ça n'avait pas été si loin, je serais venu te le repeindre".

2. Michel Bréal, « L'enseignement en 1878 », *Revue des deux mondes*, 3e période, tome 30, 1878, p. 721-745.

3. On sait qu'Anatole France, lassé peut-être de rencontrer toutes les semaines l'un ou l'autre des quatre B, en tout cas d'avoir été l'un des seuls dreyfusards de la compagnie, choisit de ne plus y mettre le pied pendant dix ans.

4. Vincent Veschambre, « Symbolique des lieux et mémoire de pauvreté », *Revue Quart Monde*, n° 199 et « Forger la mémoire d'un avenir commun », *Revue Quart Monde*, année 2006. Vincent Veschambre est enseignant-chercheur en géographie sociale à l'université d'Angers. Il est le coauteur avec Thierry Bulot de *Mots, traces et marques. Dimensions spatiale et linguistique de la mémoire urbaine*, L'Harmattan, 2006.

71
L'ÉCOLE ET LES « CLASSES DANGEREUSES »

1. Cf. www.renaissancedeladoutre.fr/le-quartier-de-la-doutre-à-angers/histoire-du-quartier/.

2. Jean-Pierre Branchereau, « Les mutations d'un quartier pauvre à Angers : le quartier Saint-Nicolas dans la Doutre », *Norois*, n° 107, juillet-septembre 1980, p. 387-403.

72
GRÉGOIRE BORDILLON

1. Sur Grégoire Bordillon, lire Philippe Vigier, « Grégoire Bordillon », *Annales de Bretagne et des pays de l'Ouest*, tome 99, n° 4, 1992, *Républiques & républicains d'Anjou*, p. 431-440. Et Jacques-Guy Petit, « Grégoire Bordillon et la république romantique (1848-1849) », *in* Jean-Luc Marais (dir.), *Les préfets de Maine-et-Loire*, Presses universitaires de Rennes, 2000 (en ligne).

2. Sous le pseudonyme d'Ernest Mourin, Élie Sorin publie en 1869 *La vie politique en province, étude sur G. Bordillon* suivie d'extraits de sa correspondance, une étude sur la vie de Grégoire Bordillon, qu'il dédie à Alexandre Freslon alors ministre de l'Instruction publique, avec qui Bordillon avait fondé en 1840 ce journal au nom éloquent, *Le précurseur de l'Ouest*.

3. Jean-Claude Vimont, « George Sand et la République », entretien avec Michelle Perrot. 2012, https://criminocorpus.revues.org/1937.

4. Citée par Géraldi Leroy, « Une “chimérique insurrection” : la Commune de Paris dans les *Agendas* et la *Correspondance* de George Sand », *in* Noëlle Dauphin (dir), *George Sand, terroir et histoire*, Presses universitaires de Rennes, 2006 (en ligne).

5. Caroline Barrera, « Les étudiants polonais réfugiés en France (1830-1945), sources et pistes de recherche », *Les cahiers de Framespa*, 2010.

6. Philippe Vigier, « Grégoire Bordillon », art. cité, note 20.

7. Cf. Jacques-Guy Petit, « Marianne en Anjou », art. cité, et la lettre de Bordillon à Carnot, le 22 octobre 1855, dans Ernest Mourin [Élie Sorin], *La vie politique en province*, *op. cit.*

8. Christophe Aubert, *Le temps des conspirations : la répression politique en Maine-et-Loire entre 1814 et 1870*, Éditions Cheminements, 2006.

9. Ernest Mourin [Élie Sorin], *op. cit.*

10. André Léo, *La guerre sociale*, édité par Michelle Perrot, Le passager clandestin, 2011.

73
LE DOCTEUR GARNIER

1. Henri Bucher, *Une aventure, installer des écoles pour tous depuis la Révolution à Angers*, Angers, Édition de l'Amicale des anciens élèves de l'école normale d'Angers, 1993.

2. Toute l'affaire vaut d'être lue en détail dans le livre de F.G. Malvoisine, pseudonyme de Joseph Grille, *Le siège d'Angers, précédé et suivi de différents morceaux biographiques et littéraires*, Angers, 1841.

3. *Vie de Mgr Charles-Montault-des-Isles, évêque d'Angers*, par l'abbé Maupoint, curé de la Trinité d'Angers, chanoine honoraire de Rennes, *Revue de l'ordre social*, 1843. En ligne : https://books.google.fr/books ? id = fRlt2hlnr9UC.

4. Victor Godard-Faultrier, *Le champ des martyrs*, *op. cit.*, p. 48.

5. *Le courrier de l'Ouest*, 29 juillet 2016.

6. Catherine Fauchet, « Un philanthrope républicain : le docteur Garnier », *Annales de Bretagne et des pays de l'Ouest*, volume 99, n° 4, 1992, p. 423-429.

7. Mgr Freppel, *Œuvres pastorales et oratoires*, tome 9, 8 février 1885 (en ligne).

74
LA MÉMOIRE DES PAUVRES

1. Au mot « vermine », le dictionnaire de l'Académie dans sa 8e édition indique : « VERMINE. n. f. Ensemble d'insectes parasites, malpropres, nuisibles et incommodes, comme les poux, les puces, les punaises, etc. *Cet enfant est couvert de vermine. Il est dévoré de vermine. Ce logis est plein de vermine.* Il se dit figurément et familièrement de toute sorte de gens de mauvaise vie, de garnements dangereux ou incommodes pour la société. *Toute la vermine du quartier.* »

2. Louis Chevalier, *Classes laborieuses et classes dangereuses à Paris pendant la première moitié du XIXe siècle*, Plon, 1958.

3. Jean-Pierre Branchereau, « Les mutations d'un quartier pauvre à Angers : le quartier Saint-Nicolas », art. cité.

4. Vincent Veschambre, « Une mémoire urbaine socialement sélective : réflexions à partir de l'exemple d'Angers », *Les Annales de la recherche urbaine*, n° 92, 2002, *Ce qui demeure*, p. 65-73.

5. Jean-Claude Farcy, *Les camps de concentration français de la Première Guerre mondiale (1914-1920)*, Nanterre, Centre d'histoire de la France contemporaine, septembre 1994, dact., 268 f° ; Paris, Éditions Anthropos, 1995, 373 p.

6. Le philosophe Alain Supiot dans un livre récent considère que le fameux sermon de Bossuet sur *l'éminente dignité des pauvres* (1659) est en fait une conception subversive de l'« étrange inégalité » qui règne dans un monde où les riches « s'imaginent que tout leur est dû » et

« foulent aux pieds les pauvres ». Car si les riches n'y prennent pas garde, s'ils refusent de « porter le fardeau des pauvres », le poids de leurs richesses « mal dispensées » les fera « tomber dans l'abîme ». Alain Supiot a fondé en 1993 à Nantes l'Institut Ange Guépin – Ange Guépin, l'ami de Grégoire Bordillon.

75
GRAND FINAL DANS LA DOUTRE

1. Lénine, *L'impérialisme, stade suprême du capitalisme* [1917], Le Temps des cerises, 2001.

2. Edmund Husserl, *La crise des sciences européennes et la phénoménologie transcendantale*, trad. fr., Gallimard, 1976, p. 353-354.

3. www.printempsrepublicain.fr.

4. Philippe Marlière, Mediapart, 8 avril 2016.

5. Je dois cette distinction à une remarque de Dominique Eddé dans son beau livre *Edward Saïd, le roman de sa pensée*, La Fabrique Éditions, 2017.

REMERCIEMENTS

Mes remerciements chaleureux vont à Pascal Ory, qui a bien voulu mettre son savoir d'historien au service d'une relecture attentive de ce livre. Les erreurs ou approximations historiques qui subsistent sont donc entièrement de mon fait. La vérité des souvenirs ne coïncide pas toujours avec l'exactitude formelle.

J'ai consulté pour ce livre d'innombrables articles ou livres mis en ligne par le travail de chercheurs, historiens, d'amateurs éclairés : qu'ils soient assurés ici de toute ma reconnaissance. Et j'ai une immense dette, enfin, pour tous ceux qui, sur cette terre angevine, et au village de Savennières, m'ont aidée de leurs conseils, de leurs suggestions, de leurs souvenirs, d'école ou d'enfance.

Œuvres de Danièle Sallenave (suite)

Aux Éditions des Femmes

VILLES ET VILLES, 1991.

Aux Éditions Michalon

LETTRES MORTES, 1995.

Aux Éditions Bayard

L'AMAZONE DU GRAND DIEU, 1997.

Aux Éditions Textuel

À QUOI SERT LA LITTÉRATURE ?, 1997.
NOS AMOURS DE LA FRANCE (EN COLLABORATION), 2002.

Aux Éditions Actes Sud

LES ÉPREUVES DE L'ART, 1998.

Aux Éditions Stock

CARNET DE ROUTE EN PALESTINE OCCUPÉE, 1998.

Aux Éditions Plon

DICTIONNAIRE AMOUREUX DE LA LOIRE, 2014.

Aux Éditions Descartes & cie

LE FOND DE L'AIR EST FRAIS, 2015.

Composition Nord Compo
Achevé d'imprimer
sur Timson
par Normandie Roto Impression s.a.s.
61250 Lonrai, en mars 2018
Dépôt légal : mars 2018
Numéro d'imprimeur : 1800200

ISBN 978-2-07-017989-3 / Imprimé en France

300468